Wetterauer Geschichtsblätter

Beiträge zur Geschichte und Landeskunde

Band 63

Im Auftrag des Friedberger Geschichtsvereins und des
Geschichtsvereins für Butzbach und Umgebung
herausgegeben von Lutz Schneider

Verlag der Buchhandlung Bindernagel
Friedberg (Hessen) 2015
ISSN 0508-6213

Wetterauer Geschichtsblätter 63/2014
Beiträge zur Geschichte und Landeskunde

Im Auftrag des Friedberger Geschichtsvereins und
des Geschichtsvereins für Butzbach und Umgebung
herausgegeben von Lutz Schneider

Umschlagabbildung:
Wartturm 1928. Foto: M. Göllner Frankfurt a.M., Stadtarchiv Friedberg,
Abt. VIII, Nr. 228

Redaktion: Lutz Schneider
Redaktionelle Mitarbeit: Lothar Kreuzer, Friedberg
ISBN 978-3-87076-117-2

Satz und Gesamtherstellung
Druckerei Bingel GmbH, Rockenberg

Inhalt

Vorwort

Band 63 der Wetterauer Geschichtsblätter deckt mit fünf größeren und sieben kleineren Aufsätzen wieder ein umfangreiches Spektrum Friedberger und Wetterauer Geschichte ab.

Den Auftakt bildet der Aufsatz über den Friedberger Wartturm des Dresdner Historikers Dr. Konstantin Hermann. 2014 vorab in der *Hessischen Heimat* in einer gekürzten Version erschienen, schildert Hermann anhand der Akten aus dem Stadtarchiv die Baugeschichte eines *der schönsten und stimmungsvollsten Kriegerdenkmäler in Deutschland.*

Sowohl der 1928 in Betrieb genommene Wasserturm, als auch die 1932 eingeweihte Krypta, gehörten schnell zu den neuen Wahrzeichen Friedbergs und fanden in jeder Stadtinformation ihren Platz. Aber nicht auf der Planung und der Bautätigkeit liegt der Schwerpunkt des Aufsatzes, sondern auf der innerstädtischen Debatte zur Gestaltung des Wasserturms als Ehrenmal. Diese beginnt kurz nach Ende des Ersten Weltkrieges und findet erst mit der Einweihung der Krypta am 10. Juli 1932 ihren Abschluss. Die minutiöse Schilderung der jahrelangen politischen und taktischen Auseinandersetzung zwischen der Stadt, den Militärvereinen, den Mitgliedern des Denkmalausschusses, den Stadtverordneten sowie als Stimmungs- und Meinungsmacher, dem *Oberhessischen Anzeiger,* ist ein spannend zu lesendes Stück Friedberger Stadtgeschichte. An ihrem Ende steht die Friedberger Kombination aus Wasserturm und Weltkriegsehrenmal, die es wohl so in Deutschland kein zweites Mal gibt.

Gleich zwei Beiträge beschäftigen sich mit Leben und Werk Friedberger Burggrafen.

Der am 5. Juni 1577 mit großer Mehrheit zum Burggrafen gewählte Johann Eberhard von Kronberg bestimmte bis zu seinem Tod 1617 40 Jahre politisch, militärisch, wirtschaftlich und baulich die Geschicke der Burg. Manfred Breitmosers Versuch „ein Bild seines Lebens" zu zeichnen ist daher auch die Geschichte der Burg in dieser Zeit. Ein besonderer Dank gilt an dieser Stelle dem Vorsitzenden der *Vereinigung für Heimatforschung in Vogelsberg, Wetterau*

und Kinzigtal, Herrn Christian Vogel, der mit seinem großen historischen Sachverstand und Hintergrundwissen die Drucklegung dieses Aufsatzes begleitet hat.
Ähnlich wie bei Breitmoser liegt auch bei Harald Bechstein, der sich Leben und Werk des Burggrafen Waldbott von Bassenheim (1777-1805) widmet, der Schwerpunkt stark auf der Genealogie, sowie der Territorial- und Besitzgeschichte seiner Familie.
Seit Wilhelm Hans Brauns 1956 erschienener Abhandlung *Vom alten Fauerbach* wartet der Stadtteil weiterhin auf eine wissenschaftliche Aufarbeitung seiner Geschichte. Einen neuen Mosaikstein fügt Wilfried Jäckel hinzu, der die Beziehungen der Adelsfamilie von Dörnberg zu Fauerbach und dem Raum Friedberg untersucht.
Allen drei Autoren ist gemeinsam, dass sie keine wissenschaftlich ausgebildeten Historiker sind. Ihre Beiträge beweisen aber, dass geschichtlich interessierte Laien und engagierte Heimatforscher durchaus anspruchsvolle und lesenswerte Aufsätze abliefern können, die ihren Platz in den Wetterauer Geschichtsblättern verdienen und das umso mehr, da sie sich mit Themen und Zeitabschnitten der Friedberger Geschichte beschäftigen, die der Herausgeber eher selten angeboten bekommt.
Passend zur Biografie des Burggrafen Johann Eberhard von Kronberg präsentiert Pfarrer i.R. Norbert Bewerunge, einer der besten Kenner der Kloster Ilbenstädter Geschichte, die Aufzeichnung eines Malefiz- (Verbrechens) prozesses gegen drei Diebe im Freigericht Kaichen, das damals zum Herrschaftsgebiet der Friedberger Burg gehörte.
Dr. Heinz-Peter Mielke ist als Autor für die Wetterauer Geschichtsblätter kein Unbekannter. Anfang 2014 hielt er beim Friedberger Geschichtsverein einen Vortrag über den Renaissancekünstler Hans Döring (1490-1555). Döring war aber nicht nur Personenmaler, Zeichner und Landschaftszeichner, sondern auch Ideengeber und ausführender Modellschneider der Kachelserie vom Typ HANS HEFN. Diesen weniger bekannten Aspekt seines künstlerischen Schaffens untersucht Mielke in seinem Aufsatz. Besuchern des Wetterau-Museums sollte der Maler Hans Döring allerdings ein Begriff sein, sind doch seine Aquarelle der Friedberger Burg und der Mainzer-Tor-Vorstadt aus dem Jahr 1553 an prominenter Stelle in den Ausstellungsräumen platziert.
Nach dem in Band 52/2003 erschienenen Artikel von Rüdiger Jennert über die Zeit des Komponisten Paul Hindemith in Friedberg, kann Dr. Rudolf Roßbach zu diesem Thema eine weitere wichtige Ergänzung beisteuern; nämlich

die von ihm kommentierten Tagebuchaufzeichnungen seines Vaters Rudolf Roßbach, der zwischen 1913 und 1917 von Paul Hindemith Geigenunterricht im Haus Burg 24 erhielt.
Dr. Britta Spranger berichtet, welche Wertschätzung dem Architekten Wilhelm Jost, in Friedberg und Bad Nauheim (u.a. Bade-, Kur- und Wirtschaftsanlagen) durch seine Bauten kein Unbekannter, anlässlich seines 140. Geburtstages 2014 in Halle an der Saale entgegengebracht wird, wo er von 1912 bis zu seinem Tod 1944 lebte und wirkte.
Einer kleinen aber feinen Gattung von Sammlungsgut, den Schülerpostkarten der Augustinerschule, widmet Dr. Ulf Wielandt einen kleinen Beitrag.
Anlässlich ihrer runden Geburtstage im vergangenen Jahr erinnert der Vorsitzende des Friedberger Geschichtsvereins, Lothar Kreuzer, an die Verdienste um den Friedberger Geschichtsverein und die Friedberger Geschichte des Ehrenmitglieds Dr. Karlheinz Rübeling und des Ehrenvorsitzenden Hans Wolf.
Wie zuletzt in Band 55 der Wetterauer Geschichtsblätter enthält auch dieser Band eine Beilage: Die Doppel-CD „Die Glocken von Friedberg aus 8 Jahrhunderten. Die Geläute von 19 Glocken der 4 Kirchen in Friedberg." Produziert wurde sie von Rainer Gutberlet als Projektarbeit im Rahmen einer Lehrveranstaltung an der Technischen Hochschule Mittelhessen. Gutberlet, Toningenieur und wissenschaftlicher Mitarbeiter an der THM, geht in seinem Aufsatz ausführlich auf die Entstehung, die Gestaltung und den Inhalt der Doppel-CD ein. Neben den Hörbeispielen vermitteln die von Ernst Götz geschriebenen und von Günther Henne gelesenen Texte auch Informationen zur Geschichte Friedbergs sowie der Kirchen und ihrer Glocken.
Wie immer geht auch ein besonderes Dankeschön an den Vorsitzenden des Friedberger Geschichtsvereins, Lothar Kreuzer, der bei den formalen und inhaltlichen Textkorrekturen eine wertvolle Hilfe war.

Friedberg im April 2015

Lutz Schneider

Der Wartturm in Friedberg

Konstantin Hermann

Über die Frage, ob Schönheit objektiv oder subjektiv ist, streiten sich die Gelehrten. Sicher ist, dass der Friedberger Wasserturm ästhetisch und von der Konstruktion her eine hervorragende Leistung ist, die Aufmerksamkeit verdient. Es entsprach also nicht nur Lokalpatriotismus, dass bei der Einweihung der Krypta *alle, besonders auswärtige Besucher und Fachleute, übereinstimmten, dass Friedberg eines der schönsten und stimmungsvollsten Kriegerdenkmäler in Deutschland besitze.*[1] Als der Wasserturm und später auch die Ehrenhalle eingeweiht worden waren, gehörten beide zu den neuen Wahrzeichen Friedbergs, die in jeder Stadtinformation ihren Platz fanden.[2] Friedberg, so der Stadtarchivar Ferdinand Dreher, sei nun wieder die Stadt der drei Türme: Adolfsturm, der Turm der Stadtkirche und eben der neue Wartturm. Doch in den Jahrzehnten nach dem Zweiten Weltkrieg wurde es still um den Wartturm, zwar noch für den Volkstrauertag genutzt, aber nicht mehr im eigentlichen Interesse stehend. 2012 erschien in der *Frankfurter Rundschau* ein Beitrag, der dem Wasserturm die Schönheit absprach und auf seinen „Dornröschenschlaf" und die notwendige Sanierung hinwies, damit er auch wieder als Aussichtsturm zu begehen ist.[3] Dieses Gebäude als Ausdruck einer architektonischen Moderne harrt immer noch seiner völligen Wiederentdeckung. Die Aufnahme des Wartturms in die „Route der Industriekultur Rhein-Main" gibt dazu Hoffnung und auch dieser Aufsatz will die Aufmerksamkeit auf dieses einzigartige Denkmal richten. In stark komprimierter Form berichtete der Verfasser des vorliegenden Beitrags bereits im ersten Heft von 2014 der *Hessischen Heimat*, der Erinnerung an den Ausbruch des Ersten Weltkriegs sich widmend, über die Entstehungsgeschichte des Wartturms. Dieser Aufsatz war bislang die umfangreichste Darstellung zum Thema.[4]

Die Geschichte des Wartturms zu schreiben heißt, parallel seinen Charakter als Infrastrukturbau und als Kriegsgedenkstätte zu behandeln. Der Schwerpunkt liegt dabei in der Debatte zur Gestaltung des Wasserturms als Ehrenmal, während die Planung und Bautätigkeit nur umrissen werden sollen. Ausgewertet wurden die zeitgenössische und heutige Literatur sowie die ergiebigen Akten aus dem Stadtarchiv Friedberg.

Friedberger Wassertürme

Manche Geschichte beginnt unprätentiös: Die Friedberger benötigten mehr Wasser und vor allem hierfür die Lösung eines fast jahrhundertealten Problems mit der Wasserzufuhr. Von 1835 bis 1843 ließ die Stadt Wasserleitungen bauen, die den Beginn der modernen Versorgung bedeuteten.[5] Und so nüchtern war es dann auch, als 1882 der Wasserturm in der Burg auf dem heutigen Fritz Usinger Platz eingeweiht wurde. Zunächst sollte der Wasserspeicher im Dicken Turm errichtet werden. Die Vorgaben der Staatsregierung erwiesen sich jedoch als zu aufwendig, so dass Friedberg die Burg als Standort des neuen Wasserturms bestimmte. Es war zeittypisch, wie kurz die Zeitspanne zwischen Gemeinderatsbeschluss und Bau war: Nur knapp zwei Jahre vergingen, bis der Turm in Betrieb genommen werden konnte. Im Juni 1882 begannen die Erdarbeiten; durch den lang anhaltenden Regen verzögerten sich die Arbeiten bis zur Einweihung des Turms am 1. Dezember 1882. Turm und Kanalisation kosteten die beträchtliche Summe von 165.000 Mark.[6] Der Friedberger Stadtarchivar Ferdinand Dreher, der schon die Burgkirche von ihrer optischen Wirkung einen „Faustschlag“ nannte, charakterisierte den neu errichteten Wasserturm richtig als eine „bedauerliche Verschandelung des gesamten Burgbildes“.[7] Neben der ästhetischen Fragwürdigkeit war wohl

Abb. 1: Der Wasserturm in der Burg kurz vor seinem Abriss im August 1939. Stadtarchiv Friedberg: Fotosammlung

angesichts des Bevölkerungswachstums abzusehen, wann der neue Wasserturm mit seinen nur 200 cbm Speichervolumen zu klein werden würde.

Doch war der Wasserturm nur eine der ikonographischen Metaphern der stürmischen Entwicklung des 19. und 20. Jahrhunderts, in denen die Grundlagen der modernen Lebensweise gelegt wurden: Die industrielle Lebensmittelproduktion, die Fortbewegung durch Fahrzeuge aller Art, die kommunale Wasserversorgung und die Elektrizität mögen als Beispiele genügen. Die Dunkelheit der Städte, trotz der Einführung von Gaslaternen, ohne elektrisches Licht, kann man sich heute nicht mehr vorstellen; ebenso wenig wie eine fehlende moderne hygienische Infrastruktur des Wassers und Abwassers. Das Kaiserreich existierte erst elf Jahre, hatte schon die Gründerzeit und den Gründerkrach durchlebt und schien dennoch in den Urteilen vieler Zeitgenossen ein Staat zu sein, der, fest geschmiedet durch Bismarck, Jahrhunderte existieren würde. Das Großherzogtum Hessen, zu dem Friedberg gehörte, war, wie andere deutsche Mittelstaaten auch, von Napoleons Gnaden entstanden. Großherzog Ludwig IV. (1837-1892) sollte nur noch zehn Jahre regieren, bis zum Regierungsantritt seines letzten Nachfolgers im Amte: des begnadeten Ernst Ludwig. Kaum einer konnte sich das vorstellen, was Friedrich Engels 1887 schrieb: „Und endlich ist kein andrer Krieg für Preußen-Deutschland mehr möglich als ein Weltkrieg, und zwar ein Weltkrieg von einer bisher nie geahnten Ausdehnung und Heftigkeit. Acht bis zehn Millionen Soldaten werden sich untereinander abwürgen und dabei ganz Europa so kahlfressen wie noch nie ein Heuschreckenschwarm. Die Verwüstungen des Dreißigjährigen Kriegs zusammengedrängt in drei bis vier Jahre und über den ganzen Kontinent verbreitet; Hungersnot, Seuchen, allgemeine, durch akute Not hervorgerufene Verwilderung der Heere wie der Volksmassen; rettungslose Verwirrung unsres künstlichen Getriebs in Handel, Industrie und Kredit, endend im allgemeinen Bankerott; Zusammenbruch der alten Staaten und ihrer traditionellen Staatsweisheit, derart, daß die Kronen zu Dutzenden über das Straßenpflaster rollen und niemand sich findet, der sie aufhebt; absolute Unmöglichkeit, vorherzusehn, wie das alles enden und wer als Sieger aus dem Kampf hervorgehen wird“.[8] Die Prognose Engels´ war richtig, jedoch nicht das Fazit, wie so oft bei den „Begründern des Marxismus“: dass die Arbeiterklasse als Sieger dieser Auseinandersetzung hervorgehen würde. Auch die großherzogliche Krone rollte am 9. November 1918 auf das Straßenpflaster, jahrhundertealte Dynastien verloren ihren Rang, und kaum einer hätte es im Frühjahr 1914 glauben können, dass nur dreißig Jahre später russische Soldaten in Berlin und englische und amerikanische im Westen Deutschlands stehen würden. Die Brutalität, mit der der Erste Weltkrieg und auch der Zusammenbruch der Dynastien erfolgte, und die trotz aller Veränderungen doch strukturelle Konstanz der Landesherrschaft, die auf die Menschen einwirkte, muss bei vielen Entwicklungen nach 1918 mitgedacht werden, zum Beispiel auch, wenn es sich um den Wartturm in Friedberg handelt. Doch bis dahin sollten noch Jahre vergehen, die schneller verwehten, als sich die Menschen im Nachhinein wünschten.

Ein gescheitertes Wasserturmprojekt für Friedberg 1907

Nicht nur das Anwachsen der Bevölkerung, auch das Gewerbe und die Kleinindustrie verlangten nach mehr Wasser, so dass 1907 der Friedberger Stadtrat den Bau eines Wasser- und Aussichtsturms ausschrieb. Hintergrund dieser Planung war die Forderung des Staatsbades Bad Nauheim nach solch einem Wasserturm auf dem Gelände der Warte, dem höchstgelegenen Platz Friedbergs überhaupt. Ein Alternativstandort, der sich jedoch als unwirtschaftlich erwies, lag am Osthang des Taunus in der Gemarkung Ockstadt.[9] Ausgeführt wurde der Wasser- und Aussichtsturm aus unbekannten Gründen nicht, jedoch wurde er immerhin als so bedeutend empfunden, dass der Siegerentwurf in der Zeitschrift *Deutsche Konkurrenzen* abgedruckt wurde, die vorrangig öffentliche Gebäude als Beispiele für Architekten präsentierte.[10] Die eingehenden Entwürfe für den geplanten Turm wurden, wenn sie unter die besten drei kämen, mit 500 M, 300 M und 200 M dotiert. Der Preisjury gehörten der Geheime Oberbaurat Carl Hofmann (Darmstadt) (1856-1934), Professor Paul Meissner (Darmstadt) (1868-1939) und der Friedberger Bürgermeister und Baurat Karl Stahl an. Am 5. und 6. April 1907 wurden die eingereichten Zeichnungen begutachtet: 140 Entwürfe gingen ein; davon schieden 84 wegen *Minderwertigkeit oder als für die Ausführung nicht geeignet* aus. Von den verbliebenen 56 Arbeiten wurden 21 als weniger geeignet zurückgestellt und in der dritten Runde fielen bis auf acht alle aus dem Wettbewerb heraus. Ernst Müller aus Mülheim/Rhein erhielt mit seinem Entwurf *Schau' Schau'* den ersten, Caspar Lennartz (*März*), Assistent an der Technischen Hochschule Darmstadt den zweiten und Adolf Mössinger aus Stuttgart (*Lining*) den dritten Preis. Die Entwürfe wurden im Rathaus Friedberg ausgestellt. Lennartz' Entwurf orientierte sich bis auf den Turmabschluss am Adolfsturm; sowohl sein als auch Müllers Entwurf zeigten einen runden Turm, während Mössingers Skizze einen viereckigen Turm darstellte. Der Stuttgarter war kein unbekannter Architekt; Lennartz wurde später Professor. Aber nicht Müllers, sondern Lennartz´ Entwurf sollte ausgeführt werden. Die Stadt Friedberg war nicht verpflichtet, sondern konnte frei wählen, wessen Entwurf sie folgen würde. Der Plan wurde nicht verwirklicht; der Erste Weltkrieg, der erst sieben Jahre später begann, wird nicht der Grund dafür gewesen sein.[11] Das Thema Wasserversorgung in Friedberg blieb aktuell. Friedberg erhielt seit August 1907 Wasser aus Lauter; die Planungen für einen Wasserturmbau gingen jedoch weiter.[12] In der Sammlung der Baupläne und Risse des Hessischen Staatsarchivs Darmstadt existiert zumindest ein Lageplan für den geplanten Wasserturm mit Grünanlage vom März 1910.[13]

Abb. 2: Titelblatt der Zeitschrift Deutsche Konkurrenzen Band XXII 1907. Die in der Zeitung abgedruckten Entwürfe der drei Erstplatzierten sind am Ende des Aufsatzes abgedruckt.

Friedbergs neuer Wasserturm – der Wartturm

Wassertürme gelten als recht kurzes Phänomen, denn schon nach dem Zweiten Weltkrieg waren sie infrastrukturell kaum noch notwendig. Mit ihrer Gründerzeitarchitektur galten sie auch nicht als erhaltenswert und der Friedberger mit seiner Mittelmäßigkeit entsprach dem. So wurde auch der ästhetisch unbefriedigende Wasserturm in der Burg am 18. Juli 1939 von einer Hanauer Pioniereinheit fachgerecht gesprengt. Bernd und Hilla Becher, die Seismographen der Industriekultur, widmen sich in einem ihrer Bücher auch den Wassertürmen, die ähnlich wie Zechenbauten oder Werkshallen prägendes, aber gefährdetes industrielles Denkmal waren.[14] Wie andere Industriebauten auch waren Wassertürme besonders um 1900 und in den folgenden Jahrzehnten in ihrer architektonischen Gestaltung umstritten: Trafo- und Schieberhäuschen, Schornsteine, Brücken u.ä. Gerade Wassertürmen galt das Augenmerk der Architekten, stehen sie, zumindest in Kleinstädten und Dörfern, meist an erhöhten Landschaftspunkten, die sie weithin sichtbar machen. Diese Infrastrukturbauten waren unverzichtbar für die moderne Gesellschaft, doch sollte ihr Zweck nicht allzu deutlich hervortreten, so dass er mit dem jeweils aktuell modischen Bauzierrat übertüncht wurde. So finden sich Wassertürme in den camouflierenden Bauformen der Neorenaissance und des Neobarock, wie zum Beispiel der Mannheimer Wasserspeicher von 1886. Schornsteine in Städten wurden als Türme gestaltet. Industriebauten stellten daher hohe Ansprüche an die Architekten. In der Rückschau ist jedoch der Friedberger Wasserturm von 1882 in der Burganlage als völlig missglückt anzusehen. Industriebauten prägten und veränderten die Orte und Landschaftsbilder mehr als jedes Wohnhaus. Das 19. Jahrhundert, um es so unpersönlich zu formulieren, mit seiner Wirkungsmächtigkeit in Geschichte, Kultur und anderen Bereichen war auch in seiner Architektur voller Geltungsbewusstsein. Und wie so oft führt eine solche Entwicklung zur Gegenbewegung, hier, am beginnenden 20. Jahrhundert, zum Erstarken der internationalen Heimatschutzbewegung, der Architekturkritik, die sich vor allem eben auf jene Bauten der Gründerzeit bezog und die auch Werke wie den Friedberger Wasserturm im Burggelände, nur wenige Meter vom Adolfsturm entfernt, in ihrer künstlerischen Ausgestaltung als völlig verfehlt ansahen. Im Großherzogtum Hessen wirkte im Sinne des Heimat- und Naturschutzes der 1909 gegründete *Hessische Verein für ländliche Heimatpflege, Wohlfahrts- und Kulturpflege*, heute der *Hessische Heimatbund.*

Heimatschutzvereine widmeten sich neben der Volks- und Naturkunde vor allem der vorbildlichen Gestaltung von Industriebauten. Grundsätzlich sollte die Funktion der Zweckbauten zu erkennen sein – der Heimatschutz wollte keine der vorher so oft verwendeten Camouflagen von Industriebauten, diese sollten sich jedoch optisch der Umgebung anpassen. Allerdings gibt es Beispiele wie den 1907 errichteten Wasserturm Am Goldstein in Bad Nauheim, dessen Funktion kaum noch durch die Form erklärt wird. Diese zu empfehlende Gestaltung von Industriebauten reichte sogar länger, als auf den ersten Blick zu vermuten ist. *Der Bauberater,* das Werkblatt des *Bayerischen Landesvereins für Heimatpflege*, erschien mit einem Schwerpunktheft Wassertürme noch 1965 mit der für den Heimatschutz typischen Gegenüberstellung von „guten" und „schlechten" Beispielen. Die Heimatschutzvereine lehnten nicht die Industrialisierung oder die Veränderung von Ortsbildern ab, sondern versuchten mit ihren Empfehlungen und der Bauberatung, neu zu errichtende Gebäude an die bereits bestehende Architektur anzupassen. Dabei sollte nach der Intention des Heimatschutzes jedoch nicht einfach ein historischer Stil kopiert und adaptiert werden, sondern eine bewusste eigene Schöpfung entstehen. Wassertürme im Stile von Bergfrieden und Stadttürmen aus dem Mittelalter lehnte der Heimatschutz ebenso ab wie Pumpenhäuschen im ländlichen Raum mit dem Aussehen von kleinen Kapellen. Schon vor dem Ersten Weltkrieg, vor allem aber nach 1919, wurde die durch ihre Aufgabe notwendige Grundform der Wassertürme variiert und abwechslungsreicher gestaltet als 30 Jahre vorher.

Die Grundform unterlag auch der architektonischen Mode; wurden die Wassertürme im 19. Jahrhundert gern in einer Rundform gebaut, änderte sich dies mit dem architektonischen Expressionismus und dem bizarren Stil, dem art deco. In den 1920er Jahren sind daher sechs- oder achteckige Grundrisse vorherrschend. Einige Beispiele können dafür genannt werden: der Wasserturm in Bremen-Blumenthal von 1922, in Mayen bei Koblenz, in Halle-Süd/Saale am Lutherplatz (1927/28), Limbach-Oberfrohna (1926/27), Guben, in Fulda auf der Heidelsteinstraße (1926/27) und in Tönisvorst (1928). Architekt des Hallenser Wasserturms war Wilhelm Jost (1874-1944). Die Friedberger Kombination aus Wasserturm und Weltkriegsehrenmal scheint einmalig zu sein. Wassertürme wurden durchaus auch für Parallelzwecke genutzt, wie der 1925/26 in der Gemeinde Neuenhagen bei Berlin errichtete, der zugleich als Rathaus dient und Wohnungen integriert.[15] Einige Wassertürme aus der gleichen Entstehungszeit wie der Friedberger Wartturm weisen deutliche architektonische Parallelen auf. Der 1927 errichtete Wasserturm in Gremberg trägt beispielsweise die gleichen vorkragenden Regenabflüsse wie der in Friedberg, die an kleine Pechnasen erinnern. Von der äußeren Gesamtgestalt, zumindest was den unteren Teil des Friedberger Turms betrifft, ähnelt dieser etwas dem Wasserturm des Zollbahnhofs Perl, der von 1926 bis 1928 errichtet wurde.[16] So entspricht der Friedberger Wasserturm durchaus dem architektonischen Empfinden der Zeit, doch etwas zeichnet ihn aus, was andere nicht aufweisen: die noch stärkere Reduktion, die betont gedrungene Form und die Gestaltung der Fenster, die expressionistisch beeinflusst sein könnte. Stand der Wasserturm von 1882/83 auf historischem Boden Friedbergs, im Burggelände, so sollte sich auch der neue beabsichtigt auf geschichtlichem Areal befinden, oder, emotionaler ausgedrückt, auf blutgetränktem Boden.

Warte – Schlachtfeld – Erster Weltkrieg

Bis 1802 stand hier die „Waise“ oder „Fauerbacher Warte“ (manchmal auch „Weiße Warte“) der 1620 erloschenen Friedberger Burgmannenfamilie Wais(e) von Fauerbach. Baumeister Ludwig, der den Abriss durchführte, fertigte eine Zeichnung vom Abbruch des Rundturms, der auf dem Blatt nur noch zu einem Drittel auf Steinen steht, sonst schon auf eingezogenen, stützenden Hölzern.[17] Falls die Größenverhältnisse stimmen, muss er ungefähr acht bis zehn Meter hoch gewesen sein. Auf alten Stichen und Schnitten wirkt er nicht nur aufgrund des hohen Spitzdachs deutlich höher.[18]

Abb. 3: Abriss der Fauerbacher Warte 1802 nach einer Zeichnung von Baumeister Ludwig. Reprofoto. Stadtarchiv Friedberg: Fotosammlung

Im Ersten Koalitionskrieg (1792-1797) agierte das revolutionäre Frankreich so erfolgreich, dass nach 1795 mehrere Staaten aus dem Krieg ausschieden. Französische Truppen unter dem General Lazare Hoche waren im April 1797 in das westrheinische Gebiet eingebrochen und schnell bis Frankfurt und in die Wetterau gekommen. Der österreichische Feldzeugmeister Graf Wilhelm Ludwig Gustav von Wartensleben (1734-1798) war mit der ersten Kolonne seiner Truppen auf dem Rückzug und traf am 9. Juli 1797 in der Gegend zwischen Oberrosbach und Wöllstadt ein.[19] Er beabsichtigte, sich hinter den Main zurückzuziehen. Die zweite Kolonne kam bis Camberg. Der französische General Jean-Baptiste Kléber (1753-1800), der eine Division innerhalb der Sambre-Maas-Armee unter dem General Jean-Baptiste Jourdan (1762-1833) befehligte, setzte ihm nach. Wartenberg erhielt jedoch am Morgen des 10. Juli von Erzherzog Karl (1771-1847) den Befehl, die Friedberger Stellung nicht aufzugeben und nur unter Waffengewalt zu weichen. Wartensleben bereitete den Angriff vor und seine Truppen trafen auf die Franzosen, die sich ihrerseits ebenfalls bereits im Aufmarsch befanden. Wartensleben stellte seine Einheiten auf der Höhe auf, als das Gefecht entbrannte. Bis abends hielten die Österreicher die Stellung, zogen sich jedoch dann auf das linke Mainufer zurück: Die Franzosen hatten das Gefecht gewonnen. Friedbergs Name findet sich daher in Paris auf dem Triumphbogen. Wieviel Opfer zu beklagen waren, ist unbekannt. So schien kaum eine Stätte in Friedberg historisch geeigneter als die Oberwöllstädter Höhe. Und noch einen militärischen Bezug hat dieses Areal für Friedberg: Am 6. August 1914 verabschiedete Großherzog Ernst Ludwig die Friedberger Einheiten in den Ersten Weltkrieg. Eigenartig bleibt, dass dies als Argument für diesen Ort für den Wartturm kaum Verwendung fand.

Der Bau des Wartturms

Wann die Planungen für einen neuen Wasserturm begannen, ist bislang unbekannt. Im Januar 1927 stimmten die Stadtverordneten Friedbergs dem Bau des neuen Wasserturms auf der Oberwöllstädter Höhe zu, nachdem der Entwurf am 7. Dezember 1926 genehmigt worden war.[20] Zunächst mussten mehrere Enteignungsverfahren durchgeführt werden, um das Grundstück des Wasserturms überhaupt bebauen zu können. Die Frage der Kriegerehrung wurde ausdrücklich in dieser Sitzung außen vorgelassen. Dem Friedberger Bürgermeister Ludwig Seyd war aufgrund der Diskussion in den städtischen Gremien, mit den Militärvereinen und generell in der Öffentlichkeit deutlich bewusst, dass die Stadtverordneten zu dieser Zeit nur bei einer Entkopplung beider Fragen für den Wasserturm stimmen konnten. In diesem Aufsatz wird später dargestellt, wie es überhaupt zu dieser Entwicklung kommen konnte.

Man schreibt August Metzger, dem Architekten des Friedberger Wartturms vom Hessischen Hochbauamt, zu, dass er sich bei seinem Entwurf an der „Butterfaßform“ des Adolfsturms orientierte.[21] Zu Metzger liegt bisher keine Biographie vor; sein Leben und sein Werk bleibt wie bei vielen Baumeistern ein Desiderat. Nicht aus einer zugeschriebenen überhöhten Bedeutung ihrer Werke, sondern weil gerade die Bauten vor allem regional wirkender Architekten wirklich stadtbildprägend waren, sie diversen Einflüssen und Zwängen unterlagen, ihr Oeuvre aufgrund der regionalen Begrenzung sich gut nachzeichnen lässt und sie aus diesen Gründen kultur- und wissenschaftshistorisch interessante Biographien haben. Britta Spranger hatte Metzger zu seinem 120. Geburtstag einen kurzen Beitrag gewidmet, das Desiderat der Biographie ebenfalls beklagt und gleichzeitig seine Verbindung mit der architektonischen Moderne charakterisiert.[22] Metzger hatte 1933 auch die Bad Nauheimer Gedächtnishalle für die Kriegsgefallenen konzipiert. Dort errichtete er wenige Jahre vorher das architektonisch hervorragende Kerckhoff-Institut. In das Friedberger Hochbauamt trat er 1920 ein; als indirekter Nachfolger eben jenes Wilhelm Jost, der den Hallenser Wasserturm zur gleichen Zeit ,wie Metzger den Wartturm, plante. Ob sich beide kannten, ist unbekannt. Zur Wahrheit gehört jedoch auch, dass Metzger einer der „Märzgefallenen" war; einer von denen tausenden, die kurz vor der Aufnahmesperre zum 1. Mai 1933 in die *NSDAP* eintraten. August Metzgers Beitritt datiert vom 1. April 1933 mit der Mitgliedsnummer 1 694 849; er übte nach jetziger Kenntnis jedoch kein Parteiamt aus.[23] Bis zwei Jahre vor seinem Tod 1951 war er im Staatsdienst tätig. Metzger prägte als Architekt nicht nur den Bau, sondern auch die Debatten um den Einbau der Krypta in den Wasserturm und bildete mit dem Bürgermeister nicht nur qua Amt ein durchsetzungsfähiges Gespann.

Schon bei Baubeginn konsultierte Seyd Stadtarchivar Ferdinand Dreher und den Vorsitzenden des Friedberger Verkehrsvereins, den Kaufmann Willy Ulrich, auf der Suche nach einem geeigneten Namen für den Wasserturm aufgrund des historischen Platzes. „Wasserturm" war zu prosaisch für ein Gebäude mit Ehrenhalle, wie es auch Seyd vorschwebte. Dreher schlug vor, ihn am besten „Wartturm" zu nennen, eventuell auch nur „Warte" oder „Waise Warte".[24] Der Name zündete wohl sofort; nie, auch in keiner öffentlichen Diskussion, stand er in Frage. Befürchtungen einiger Stadtverordneter, die Friedberger könnten landläufig Wasserturm sagen, zerstreute Seyd. Der Begriff „Wartturm" war ideal: Er vereinigte die Geschichte des Platzes mit dem aktuellen Zweck, einem klingenden Namen für eine Kriegergedenkstätte.

Abb. 4: Oberbaurat August Metzger. Stadtarchiv Friedberg: Fotosammlung

Abb. 5 und 6: Baubeginn des Wartturms im April und Mai 1927. Stadtarchiv Friedberg: Fotosammlung

Zugleich schwang eine Wehrhaftigkeit mit, die gerade im Diskurs der Weimarer Republik keine geringe Rolle spielte. Zudem war „Warte" ein viel gängiger Begriff als heutzutage, als damals nicht wenige Zeitschriften für Jugendliteratur und für Vegetarismus sowie für viele andere Themen, den Begriff im Namen führten. Der Begriff „Wartturm" war also in mehrfacher Hinsicht populär. Dreher verortete später den Wartturm als Kriegerdenkmal im politisch rechten Sinne: „Möge das Ehrenmal als Mahnmal die Jahrhunderte überdauern und den Tag schauen, wo das 1914 überfallene, 1919 betrogene und versklavte deutsche Volk wieder geachtet und mächtig dasteht, dank der unversiegbaren Kraft deutschen Wesens."[25]

Die Baugrube wurde am 19. Februar 1927 abgesteckt.[26] Ein Bautagebuch zum Wartturm ist im Stadtarchiv Friedberg bis heute vorhanden. Das Friedberger Baugeschäft Heinrich Reuß (Inhaber Wilhelm Reuß) hatte den Auftrag für den Bau erhalten. Es verpflichtete sich zur Errichtung innerhalb von vier Monaten, benötigte jedoch wegen der Einschalarbeiten, die langsamer vorangingen als geplant, sechs Monate, ohne die vordere Wand mit dem Adlerwappen.[27] Mit dem Erdbehälterbau begann Reuß am 29. April 1927, mit dem Turmbau selbst erst ab Juni 1927. In einem Schreiben an die Stadtverwaltung lehnte Reuß die Verantwortung für die Verzögerung ab.[28] Anfang Mai 1927 hätte er mit dem eigentlichen Bau des Turmes beginnen sollen. Zur Verzögerung trug auch die Auseinandersetzung um die Zementart bei; Reuß lehnte den Zement von Dyckerhoff ab und bevorzugte Contex-Zement, der mit Salzsäure abgewaschen wurde und somit eine rauhe Oberfläche erhielt.[29]

Folgende Betriebe waren am Bau und der Ausstattung des Wartturms und – vorweggenommen – bei der Gestaltung der Krypta beteiligt:

- Georg Sommer, Weißbindermeister in Friedberg, für das Gewölbe und Verputzarbeiten
- Heinrich Reuß, Baugeschäft in Friedberg, für die Maurerarbeiten
- Heinrich Damm, Steinmetzmeister in Fauerbach, für den Fußbodenbelag
- Karl Boll, Steinwerke in Friedberg, für die Gedenktafeln
- Paul Friese, Bildhauer in Friedberg, für die Gedenktafeln
- Anton Hofmann, Steinmetzmeister in Friedberg, für die Gedenktafeln
- Hugo Siegler, Kunstbildhauer in Friedberg, für die beiden Adler und das Relief
- Otto Reichert, Offenbach, für die Beschriftung der Ehrentafeln
- Hubert Bendick, Kunstschlossermeister, für den Eichenlaubkranz, Lampen, Tor und andere Eisenarbeiten

- Johannes Thaler, Friedberg, für Schlosserarbeiten
- Julius Leiber, Friedberg, für die Elektroinstallation
- Carl Stock, Bildhauer in Frankfurt/M., für das Adlermodell
- Heinrich Wiltheiß, Friedberg, für Spenglerarbeiten
- Lina von Schauroth (1874-1970) und Otto Linnemann (1876-1961), Frankfurt, für die Glasmalerei der Fenster
- Heinrich Wiltheiß, Spenglermeister in Friedberg, für die Urkundenkassette
- Fritz Schmidt, Malermeister in Friedberg, für die Malerarbeiten
- Josef Porz aus Weibern für die Lieferung der Steine
- sowie die Stadt Friedberg für die gärtnerische Gestaltung.[30]

Am 20. Juni 1928 wurde der Turm der Stadt übergeben. Das Fassungsvermögen des Hochbehälters im Turm betrug 400 cbm. Im Tiefgeschoss befindet sich die Schieberkammer mit ihren technischen Anlagen. Die drei Erdbehälter vor dem Turm fassen je 400 cbm. Der umbaute Raum des Wartturms beträgt 6 937 cbm, wovon 3 430 cbm für Wasserversorgung genutzt werden.[31] Die Endabrechnung vom 31. Dezember 1928 wies Baukosten in Höhe von 215.611,91 RM aus.[32] Veranschlagt war eine nur geringfügig kleinere Summe, 210.000 RM. Es ist typisch für das 19. und die ersten Jahrzehnte des 20. Jahrhunderts, dass die tatsächlichen Baukosten nur gering über oder zum Teil sogar unter den Voranschlägen lagen, ganz anders als heute. Aus Gründen der

Abb. 7: Foto des Wartturmmodells aus den Bauakten. Stadtarchiv Friedberg: Abt. VIII, Bauakten Wartturm Nr. 239

Ersparnis sollten die hinteren Stützmauern der Erdbehälter, die seitliche Stützmauer und die vordere Treppenanlage weggelassen werden, da die Erdarbeiten Mehrkosten verursacht hatten. Auf diese Weise versuchte man, 10.000 RM einzusparen. Die Bildhauerarbeiten am Stadtwappen beliefen sich auf 2.500 RM.

Damit war eine Nutzung hergestellt: die Wasserversorgung. Die zweite, die Metzger vorgesehen hatte, die Ehrung der Toten des Ersten Weltkriegs, musste noch folgen. Dem waren jedoch Jahre intensiver Diskussionen vorausgegangen, die im folgenden als „Tiefenbohrung" wiedergegeben werden sollen, da die Dauer und die Intensität der Auseinandersetzungen als nicht typisch und zugleich im Diskurs der Weimarer Republik doch eben als typisch erscheint.

Der Wasserturm als Kriegerdenkmal

2011 entdeckten Archäologen ein Massengrab von Soldaten der Völkerschlacht bei Leipzig von 1813; schlecht ausgerüstete Männer, deren Leichen nicht selten noch tagelang in der Sonne lagen, die vorher noch aller Kleidungs- und Ausrüstungsgegenstände beraubt wurden. Die „Gefallenen für das Vaterland" hatten keinen Sonderstatus. Auch die Toten der Schlacht von Waterloo von 1815 wurden noch so ausgebeutet verscharrt. Diese Szenen unterscheiden sich deutlich von den Bildern einhundert Jahre später. Die Kriegstoten der Jahre 1914 bis 1918 wurden zwar eilig in Massengräber gelegt und zugeschüttet, doch etwas ist anders: das Totengedenken. Es entstanden schon im Krieg große Soldatenfriedhöfe, fast liebevoll geschmückt, die nach 1918 ihre Fortsetzung in den beeindruckenden Grabanlagen in Frankreich und Belgien fanden und in den geplanten monumentalen Totenburgen des Zweiten Weltkriegs von Wilhelm Kreis im Osten fast in einer Perversion endeten.

Was war in den einhundert Jahren passiert? Kurzgefasst: eine Sakralisierung der Opfer, der Toten eines „heiligen Kampfes", des „großen Völkerringens". Nicht wenige Historiker sehen in dieser Sakralisierung eine der Ursachen, dass der Erste Weltkrieg nicht früher beendet werden konnte. Der Umgang mit dem Tod änderte sich im 19. Jahrhundert; er wurde immer weniger ein Bestandteil des Lebens. Die Toten unterlagen mit der Verdrängung des Todes aus dem Bewusstsein immer mehr individueller oder kollektiver Erinnerungskonstruktionen.[33] Das moderne, prägende Gefallenengedenken ist eine Idee der Neuzeit. Es setzt zwei Dinge voraus: die Konstruktion des Opferns des eigenen Lebens für die höhere Idee - in der deutschen Geschichte das Streben nach einem geeinten Deutschland im 19. Jahrhundert - und die Individualisierung des Gefallenen. Das Gefallenengedenken der Neuzeit setzt also mehreres voraus; darunter ein neues Nationalgefühl, die Mobilisierung der gesamten Nation, Soldaten und Zivilisten, körperlich und geistig. Es entstand das bürgerliche Ideal des Einsatzes fürs Vaterland mit Waffen. Vorher war der Krieg vor allem Sache der Soldaten gewesen, nun wurde er Sache der Bevölkerung, vor allem der bürgerlichen Mittelschicht, die nicht selten kriegsbegeisterter war als der Adel, da sie sich sozialen Aufstieg und Teilhabe erhoffte. Das Volksheer, die allgemeine Wehrpflicht – der Glaube an die Sache-, der Bürger als Soldat, die Individualisierung der Personen führten zur Denkwürdigkeit der Soldaten, unabhängig vom Rang. Mit dem Ersten Weltkrieg begann eine neue Zeit des Gefallenengedenkens. Von der säkular-profanen Dreieinigkeit „Gott-König-Vaterland" blieb nur das Vaterland übrig. Übrigens bildet dies eine Kennzeichnung des sich verlierenden Fundaments der vormodernen Gesellschaft: Gott und König wurden in Abhängigkeit vom Individuum zunehmend politisch oder religiös und nicht mehr als allgemeingültige, verbindliche Sinnklammer des Staates und der Gesellschaft gesehen. Die Emanzipation davon führte zur Festigung des letzten verbliebenen Fundaments, des Vaterlands. Das Gefallenengedenken avancierte nun zum zentralen Bestandteil des Kriegserlebnisses der Bevölkerung, womit eine Mythisierung einherging. Die Toten waren nun keine „normalen" Gestorbenen mehr, sondern *Opfer auf dem Altar des Vaterlands*, wie eine bekannte Formel jener Zeit lautet. Mit dieser Last der Vergangenheit und Verantwortung musste auch die Friedberger Bevölkerung umgehen, als das Kriegerdenkmal geplant wurde. Dabei unterlag das Totengedenken in den wenigen Jahren der Weimarer Republik einem Wandel und keinesfalls einer durchgehenden Kontinuität; zu groß waren die politischen und sozialen Probleme, zu umstritten der erinnerungskulturelle Diskurs.

Die Jahre bis zum Bau des Denkmals spielten sich in relativ großer personeller Kontinuität ab, sowohl im großen hessischen als auch im lokalen Friedberger Rahmen ab.[34] Carl Ulrich (*SPD*) amtierte von 1919 bis 1927 als Minister- bzw. Staatspräsident des Volkstaats Hessen, der aus drei Teilen bestand: Oberhessen, in dem Friedberg lag, Rheinhessen und Starkenburg. Die Parteienkoalition hielt mit den Parteien bis 1931 und der Friedberger Bürgermeister begleitete die ganze Epoche der Diskussionen, Planungen und des Baus des Wartturms und der Krypta. Die Besetzung hessischen Landes bis 1930 darf als Moment des Kriegerdenkmals im Wartturm nicht vergessen werden, zumal in der späteren Diskussion die Frontstellung eines aufzustellenden Soldaten Richtung Frankreich offen aufgebracht wurde. Die Rheinlandräumung 1930 wurde in diesem Sinne passend in Deutschland auch nicht nur als Verhandlungserfolg angesehen, sondern vor allem in einen nationalen Kontext gestellt.

Bürgermeister Dr. Ludwig Seyd war von 1907 bis zum Ausbruch des Ersten Weltkriegs als Rechtsanwalt in Friedberg tätig gewesen, zog dann ins Feld, wo er in der Champagne eingesetzt war. Nach mehreren Lazarettaufenthalten und Krankheiten wie Typhus und Herzbeschwerden war er nicht mehr kriegsverwendungsfähig. 1919 wurde Seyd zum Bürgermeister ernannt und fühlte sich als Frontkämpfer, wenn auch nur kurz im Einsatz, seinen toten Kameraden verpflichtet. *Ewigen, unauslöschlichen Dank sind wir diesen Tapferen schuldig*, hatte Seyd in seinem Aufruf im Juli 1920 geschrieben.[35] Seyd wandte sich wegen eines Denkmals bereits 1919 an die Stadtverordneten und die Öffentlichkeit, nachdem er sich über entstehende und vorgeschlagene Beispiele in der Literatur informiert hatte. Er stellte am 9. Oktober in der Stadtverordnetenversammlung den Antrag, eine Ehrentafel für die Friedberger Gefallenen zu errichten, der Zustimmung fand. Die Stadtverordneten beschlossen die Einrichtung eines Denkmalsausschusses und im Juli 1920 rief der Friedberger Bürgermeister öffentlich zu Spenden auf. Die Sammlungen hatten im Oktober 1919 begonnen und wurden im Dezember des folgenden Jahres beendet. Um diese Zeit, im Sommer 1920, litt die Friedberger Bevölkerung unter mangelnder Brot- und Mehlversorgung. Hafermehl wurde um 30-50% gestreckt, so dass das Brot kaum noch zu essen war. Das Lebensmittelamt, am 1. Januar 1920 aus dem 1916 auf Stadtverordnetenbeschluss gegründeten Lebensmittelausschuss hervorgegangen, hatte die schwierige Aufgabe, nicht nur Lebensmittel, sondern knappe Naturalien aller Art zu bewirtschaften.[36] Einige der Mitglieder des Lebensmittelausschusses finden wir im Denkmal-

Abb. 8: Dr. Ludwig Seyd. Friedberger Bürgermeister von 1919 bis 1935. Stadtarchiv Friedberg: Fotosammlung

ausschuss wieder. Trotz der großen Not wurde also Geld in der Bevölkerung für die Ehrung der Kriegstoten gesammelt, doch nicht unumstritten, wie die folgende Entwicklung bewies.

Abb. 9: Heinrich Leuchtgens (1876-1959) um das Jahr 1950. Stadtarchiv Friedberg: Fotosammlung

Denkmäler durften, um eine massenhafte Aufstellung der schablonenhaften und meist kitschigen Siegesdenkmäler für 1870/71 zu vermeiden, nur nach Genehmigung des hessischen Innenministeriums errichtet werden. Dass Friedberger Denkmal für 1870/71 war relativ spät, am 19. Juli 1903, dem Tag der Kriegserklärung von 1870, eingeweiht worden, entsprach aber völlig dem Pathos jener Zeit. Schon im Ersten Weltkrieg selbst gab es, besonders durch Heimatschutzvereine, die Forderung nach künstlerisch vorbildlichen Mahnmalen. Doch der Bau von Denkmälern in der Notzeit nach 1919, in der Zeit der galoppierenden Inflation, war umstritten. Gerade linke Politiker und Medien geißelten die Geldausgabe zugunsten der Toten, zuungunsten der Lebenden. Als die Stadt Friedberg am 3. Juli 1921 einen Blumentag ausrichtete, der 5.366 RM an Einnahmen für das Kriegerdenkmal einbrachte, ließ die Reaktion der Presse nicht lange auf sich warten. Im *Oberhessischen Anzeiger* schrieb ein Ungenannter, das Geld solle lieber für Kinder in Not ausgegeben werden.[37] Seyd und die Mehrheit der Stadtverordneten verurteilten diese Meinung aufs Schärfste. Die Gefallenen hätten ihr Leben für die Lebenden gegeben, die Heimat vor dem Feind bewahrt und verdienten daher die Würdigung. Doch auch die Stadtverordneten waren sich nicht einig; Heinrich Leuchtgens schlug vor, dagegen Verwahrung einzulegen, der Schreinermeister Rudolf Judersleben stellte sich dagegen: Die Presse dürfe man nicht knebeln und überhaupt wäre es besser gewesen, mit dem Geld armen Kindern zu helfen. Leuchtgens (1876-1959) gehörte zu den exponierten und schillerndsten Friedbergern seiner Zeit.

Selbst Weltkriegssoldat und später Lehrer schrieb er seit 1919 für die *Neue Tageszeitung* des politisch rechten *Hessischen Landbundes*. 1925 bis 1931 vertrat er den *Bauernbund* bzw. *Hessischen Landbund* im Landtag, dessen Fraktionsvorsitzender er auch zeitweise war. Monarchist blieb er ein Leben lang, auch in der noch jungen Bundesrepublik bis zu seinem Tod.[38] Leuchtgens, dessen politische Bedeutung anders als bei den anderen Stadtverordneten weit über Friedbergs Grenzen reichte, spielte daher in den Diskussionen um das Kriegerdenkmal eine gewichtige Rolle im Stadtparlament.

Abb. 10: Einweihung des Friedberger Kriegerdenkmals für die Kriegstoten des Krieges von 1870/71 am 19. Juli 1903. Stadtarchiv Friedberg: Fotosammlung

Die Verwahrung der Stadtverordneten erschien am 8. Juli im *Oberhessischen Anzeiger*. Sammlungen wurden in der Stadt veranstaltet, aber auch, wie in anderen Städten üblich, gebürtige Friedberger, die auswärts wohnten, um Spenden gebeten. Gustav Führt, Sohn des in Wiesbaden wohnenden Rentners Josef Führt, der im Krieg zwei weitere Söhne verloren hatte, beabsichtigte die Stiftung von 25.000 Dollar (ca. 1 ½ Million RM). Seyd spekulierte auf die Möglichkeit, dass Führt eine noch größere Summe spenden würde, womit ein Heldenhain finanziert werden könnte.[39] Diese Stiftung erfolgte jedoch aus unbekannten Gründen nicht. Besonders auf die Amerikaner setzte Seyd mit seinen Bittbriefen. Im April 1920 schrieb er dem Kaufmann Siegfried Rothschild, der Teilhaber der Firma Nathan Rothschild war, und auch an William S. Strauss, Bruder des Friedberger Kaufmanns Hermann Strauss, und ebenso an seinen Freund Jean Kipp, der in Buenos Aires lebte. Die jüdische Gemeinde Friedbergs weihte ihre noch heute existierende Gedenktafel für die gefallenen israelitischen Soldaten am 2. Mai 1920 – ein deutliches Zeichen für den Patriotismus der jüdischen Deutschen, der so typisch war.[40] Seyd, der eingeladen, aber auswärts tätig war, ließ sich durch den Beigeordneten Karl Damm vertreten.

Am 11. April 1921 wählten die Stadtverordneten einen Ausschuss, der wiederum einen Ausschuss für die Kriegerehrung wählen sollte, dem einige Stadtverordnete und andere Friedberger Bürger angehören sollten. Dieser Wahlausschuss bestand aus Seyd als Vorsitzendem, Gustav Kühn, Geschäftsführer der Ortskrankenkasse, als Stellvertreter, Baurat Ludwig Haag als Vorsteher des Hochbauamts, Koch, Jakob Kurz, dem Arzt Dr. Karl Zang, Ernst Morschel, dem Zugführer Jakob Grochtdreis, dem Maler Carl Ferber sowie dem Bierbrauer Andreas Eisenbichler, der auf Vorschlag der *SPD* gewählt wurde.

Alle diese Pläne zerschlugen sich mit der extremen Inflation im Jahr 1923, die das gespendete Geld völlig entwertete. Friedberg war nur eine von vielen Gemeinden Deutschlands, in denen den Menschen drohte, nicht nur alles Geld, sondern angesichts der Lage auch den Verstand zu verlieren.

Ein neuer Beginn für das Kriegerdenkmal

Das entwertete Geld war nur die eine, die materielle Seite. Seit dem Kriegsende waren mehr als fünf Jahre vergangen, die kurzen „goldenen Zwanziger", die eigentlich nur für recht wenige wirklich golden waren, begannen. Damit veränderte sich auch die Auffassung zu Kriegerdenkmälern. Die Bevölkerung hatte schlicht viele andere Probleme, wie sich in den Folgejahren noch herausstellen sollte. Mit dem zunehmenden Abstand zum Krieg wurden die Frontkämpfer zumindest von Rechts heroischer gesehen, als sie waren, und sie wurden als Menschen von dem Mythos „Frontsoldat" immer stärker überformt. Die Rückschau aus einer für viele politisch unbefriedigenden Epoche gebar auf der rechten Seite das Ideal der „Frontgemeinschaft", das der Demokratie als Alternative gegenübergestellt wurde. Rechtsgerichtete Kräfte, darunter auch die Nationalsozialisten, verstärkten die Sakralisierung der Toten, die für ein imaginäres „neues Deutschland" gestorben sein sollten, als vorgebliche Vorkämpfer der „Schützengrabengemeinschaft". Die angebliche Aufhebung aller Schichtenunterschiede der Bevölkerung an der Front, die von den Nationalsozialisten gern als „Arbeiter der Stirn" und „Arbeiter der Faust" apostrophiert wurde, diente nun als Schablone für die Friedensgesellschaft. Die Flut der politischen Artikel und Broschüren in dieser Zeit war nicht mehr zu überschauen, die Suche nach einem, nach dem Weltbild einte viele, doch die demokratische Idee der Republik nur wenige. Die Sinngebung der Weltkriegsopfer war in der Weimarer Republik in der Tat schwierig. Für wen waren sie gefallen? Wenn nur für das Kaiserreich, worin lag dann die Bedeutung für die erste deutsche Republik? Der Friedberger Wartturm stellt ein fast prototypisches Beispiel für diesen Umgang mit Geschichte dar, zwischen Brauch und Missbrauch, wie sich noch erweisen wird.

Auch die Debatte um ein Reichsehrenmal, um ein Nationaldenkmal für die Gefallenen des Ersten Weltkriegs, war entbrannt; Städte und Gemeinden bewarben sich als jeweils der am besten geeignete Ort, Politiker, Militärverbände und andere stritten um den Platz, um das Aussehen und um die Aussage des Denkmals. „Den Gefallenen eine würdige Ehrenstätte" war die Parole und nicht nur ein Reichsehrenmal sollte entstehen – schließlich einigte man sich auf Bad Berka im Harz, was jedoch durch den Machtantritt der Nationalsozialisten nicht zum Zuge kam, da Hitler die Arbeiten ruhen ließ und 1934 handstreichartig Tannenberg zum Nationaldenkmal erklärte -, sondern auch ein hessisches Gefallenendenkmal, das auf dem Altkönig errichtet werden sollte, aber nie zur Ausführung kam. Zu widerstrebend waren bei diesen Großprojekten die Interessen, aber es könnte sein, dass diese Initiativen auch die Friedberger Militärvereine wieder aktivierten, ein eigenes Denkmal zu errichten, auch wenn es in den Dokumenten als Antrieb nicht expressis verbis erscheint. Zudem verfügten die meisten Nachbargemeinden Friedbergs inzwischen über Kriegerdenkmäler, so dass Friedberg bald eine der wenigen Städte ohne Gedenkort für die Weltkriegstoten war. Die Militärvereine sammelten in kurzer Zeit erneut 5.000 RM, zu denen die Stadt die gleiche Summe dazu stiftete. Doch für welche Art von Denkmal es sein und wo es stehen sollte, war noch völlig offen. Der Kriegsausbruch lag nur zehn Jahre zurück; fast jede Familie litt direkt oder indirekt an den Folgen des Weltkrieges und das Erinnern 1924 brachte eine Vielzahl von Memorabilien hervor, wie auch die Dichtung Otto Altendorfs *Gedächtnis und Gelöbnis*, das an der Augustinerschule aufgeführt wurde und 1924 bei dem Redakteur Emil Schäfer im Druck erschien. Das Jahr bildete zunächst einen Höhepunkt des Gedenkens; danach ebbte das Interesse der Bevölkerung ab, sicher auch im Zusammenhang mit der Besserung der wirtschaftlichen Situation im Reich.

Wir wissen leider nicht, wer sich hinter dem Pseudonym „Hermann von der Lahn“ versteckt, dessen Leserbrief im *Oberhessischen Anzeiger* vom 28. Juli 1924 abgedruckt wurde. Zehn Jahre nach Kriegsausbruch, zum Gedenken an 1914, so der Schreiber, würde das Fehlen eines Kriegerdenkmals in Friedberg deutlich bemerkt werden, das als eine der wenigen Gemeinden noch keins habe, und er rief zur Denkmalsstiftung auf. Sowohl vom Duktus als auch vom Pseudonym her kann an Heinrich Leuchtgens gedacht werden. „HL“ als Initialen stimmen überein; der Vater war Solmsscher Wagenmeister und Solms liegt an der Lahn bzw. auch Leuchtgens Geburtsort befindet sich in der Nähe des Flusses. Die Einschätzung des Verfassers stimmte jedoch nicht; wie im Dezember in der Bürgermeisterkonferenz in Frankfurt/Main festgestellt wurde, seien in mittleren Städten noch keine Denkmäler für Kriegsgefallene errichtet worden, außer in Bensheim.[41] Das *Drum munter, auf zur Tat* des Artikels verhallte nicht ungehört. Einen Monat später träumte „Hermann von der Lahn“ von einem Denkmal vor dem Bahnhofsgebäude, wie er in einem weiteren Leserbrief schrieb. Zuerst das Denkmal, dann der Wohnungsbau und zum Schluss das Vereins- und Versammlungshaus sei die richtige Reihenfolge.[42] Daraufhin erschien schon einen Tag später eine weitere Lesermeinung, signiert mit „F. C. K.“, lediglich eine Gedenkplatte in der Stadtkirche anzubringen und mystisch schrieb der Verfasser weiter: *Und wenn wieder die Zeit kommt, wie wir hoffen, dann wollen wir die Gedenktafel unseres Sieges, unserer Befreiung, in der anderen Turmhalle errichten* und den zweiten Stadtkirchenturm bauen. *Wir wollen aber jetzt auch noch etwas!,* heißt es weiter, nämlich die Gestaltung eines Hindenburgreliefs auf dem Winterstein.[43] Schließlich wurde 1925 von Oberst a.D. Adolf Soldan aus Bad Nauheim der Vorschlag gemacht, falls das Geld für ein Denkmal nicht zusammenkäme, unter den Sockel des 1870/71er-Denkmals einen größeren Sockel darunter zu schieben mit den Namen der Gefallenen. Der Friedberger Architekt Anton Hauer könnte eine Skizze liefern.[44] Alles Einzelmeinungen, möchte man heute zunächst sagen, doch sind es eben diese vorgeblichen Einzelmeinungen, die im Diskurs der Weimarer Republik teilweise typisch waren und mit ihrem Abdruck sicher die öffentliche Meinung beeinflussten.

Die Militärvereine regten ein Gespräch zum Thema Kriegerdenkmal an – ob der Artikel Veranlassung war oder von ihnen selbst veranlasst wurde, ist unklar. So trafen sich am 15. August 1924 Bürger der Stadt, darunter auch viele

Angehörige der Militärvereine; und alle wählten einen vorbereitenden Ausschuss, dem Ferdinand Damm (Mathilden-Stift), Ludwig Haag, Karl Fäuerbach, Franz Fourier, Morschel, Bürgermeister Seyd, Direktor Georg Schmitt, Dr. Wilhelm Schäfer, Emil Schäfer und Adolf Soldan angehörten. Die Treffen fanden, wie damals üblich, in verschiedenen Restaurants oder im Hotel Trapp statt. Noch 1924 stellte Seyd ein Zimmer im Rathaus für die Sitzungen bereit. Schon bei diesem ersten Treffen offenbarte sich eine grundsätzlich verschiedene Ausgangshaltung bei Seyd und den Militärvereinen. Letztere betrachteten die Finanzierung und den Bau des Kriegerdenkmals als ihre Angelegenheit; ganz anders der Bürgermeister, der dazu aufrief und den Antrag stellte, das *ganze Unternehmen auf eine breitere Basis* zu stellen; die Geistlichkeit aller Konfessionen, die Eltern von Gefallenen, Presse, Beamtenschaft, der Handel, das Gewerbe, die Industrie, die Parteien, insbesondere aber auch die Arbeiterschaft müssten in den Prozess mit einbezogen werden. Seyd drang mit seiner Vorstellung jedoch nicht durch, was sich in den folgenden Jahren als erschwerend herausstellen würde, ungeachtet dessen, dass er wiederholt dafür warb. Auch sein Vorschlag, Unterausschüsse mit Kunst- und Architekturexperten zu bilden, fand keine Mehrheit. Von Anbeginn der Diskussion stand immer ein Denkmal im Vordergrund, das allen Friedberger Kriegstoten gewidmet sein sollte, und keines lediglich für eine bestimmte Einheit. Die Ortsvereine der ehemaligen „168er“, also des Infanterie-Regiments Nr. 168, das in Offenbach, Butzbach und Friedberg in Garnisonen gestanden hatte, erwogen zunächst, in jedem Ort ein Denkmal zu errichten, was aber wegen der hohen Kosten illusorisch war.[45] Die Wahl fiel auf Offenbach, da es der Hauptstationierungsort war. Soldan als Vorsitzender des Vereins bat Seyd auch in dieser Angelegenheit um Geld, da *die Gefallenen und mit ihnen die ehemalige ruhmreiche unbesiegte deutsche Armee unsere Feinde von den deutschen Grenzen ferngehalten und unser Vaterland vor den Verheerungen des Krieges bewahrt* haben.[46] Das Denkmal wurde ab dem 17. August 1924 im neuen Waldpark an der Bieberer Straße in Offenbach (Leonhard-Eißnert-Park) errichtet, wo es noch heute steht. Der Finanzausschuss der Stadt Friedberg stellte die Bitte Soldans zurück, sagte dann jedoch 300 RM zu. Seyd nahm für Friedberg und Butzbach die Hammerschläge vor: Für Friedberg mit den Worten aus Tell: *`Nichtswürdig ist die Nation, die nicht ihr Alles setzt an ihre Ehre!´*; für Butzbach mit dem auf dem Moltkedenkmal in Berlin enthaltenen Motto: *Gottes Würfel fallen – wie sie fallen – immer auf die rechte Seite!*

Die Fauerbacher, so Seyd auf der Sitzung weiter, seien zu berücksichtigen, da deren gesammeltes Geld durch die Inflation ebenfalls verloren gegangen war und sie nach Seyds Meinung deshalb kein eigenes Denkmal errichten sollten. Doch die Fauerbacher sammelten schon selbständig für ihr eigenes Denkmal. Ein Entwurf war im August 1924 im Haus des Schreinermeisters August Scheuermann ausgestellt. Die Integration des ästhetisch gelungenen Fauerbacher Denkmals in die Friedhofsmauer beendete die Hoffnung Seyds auf ein gemeinsames Totengedenken.

Abb. 11: Das Fauerbacher Kriegerdenkmal an der Kirche im Jahr 1926. Stadtarchiv Friedberg: Fotosammlung

Das Geld blieb das größte Problem: Rückschauend meinte der Bürgermeister, dass nicht nur die Inflation den Denkmalsbau verzögert hatte, sondern auch ein Artikel des Lehrers Karl Heberer als Vertreter des *Reichsbunds der Kriegsbeschädigten, Kriegsteilnehmer und Kriegshinterbliebenen*, Ortsgruppe Friedberg im *Oberhessischen Anzeiger* vom 20. November 1920. In der Diskussion zur Geldbeschaffung erschienen die immer wieder vergleichbaren Aktivitäten: Haussammlungen (Seyd: private Sammlungen bringen weit mehr ein als die durch die Stadtverwaltung), Konzerte und Theateraufführungen, zu erwerbende „Bausteine", Blumentage sowie Spenden auswärtiger Friedberger. Schließlich wurde ein vorbereitender Ausschuss gebildet, dem Soldan als Vorsitzender, Seyd, Haag, Redakteur Emil Schäfer vom *Oberhessischen Anzeiger*, Fourier, Morschel, Schmitt, Damm und Fäuerbach sowie Redakteur Schäfer (*Neue Tageszeitung*) angehörten. Abgestimmt wurde die Haussammlung, zu der sich am 25. Oktober 1924 auf Seite Eins des *Oberhessischen Anzeigers* ein Aufruf von Seyd und Soldan fand. Für alle Bürger sei es eine *vornehme Ehrenpflicht*, sich an der Geldsammlung zu beteiligen, für die *größte Opferfreudigkeit* angebracht sein sollte. Die Einwerbung von Spenden hatte Erfolg: Im Februar 1925 hatte die Sammlung immerhin über 4.000 RM, im März schon fast 5.000 RM ergeben.[47] Offen blieb, ob die Militärvereine oder die Stadt das Denkmal errichten würden. Auf jeden Fall war eine Beteiligung der Stadt notwendig. In einem Gespräch stellten Soldan und Seyd am 13. Mai 1924 fest, dass die Aussichten für einen Denkmalbau nicht besonders günstig seien. 1925 fanden Spendenkonzerte in der Turnhalle des Gymnasiums und Sammlungen für das Denkmal während der landwirtschaftlichen Kreiswoche statt. Dagegen scheiterte ein Jahr später der Versuch, das Lustspiel „Pension Schöller", das mit seinem Hauptdarsteller Dr. Wilhelm Fleckenstein bereits zugunsten der Winterhilfe stattgefunden hatte und sich als ein voller Erfolg erwiesen hatte, erneut zugunsten des Denkmals aufzuführen. Ein Teil der Darsteller, so Soldan, sei nicht bereit, nochmals zu spielen.[48] Welche Gründe dafür eine Rolle spielten, ist unbekannt. Das 1890 uraufgeführte, sehr amüsante Stück war und ist bei Amateurtheatern beliebt und besonders die Verfilmung von 1960 mit Theo Lingen noch bekannt.

Letzten Endes stellte sich auch in Friedberg, wie in vielen anderen Städten und Gemeinden, das typische Schema vom Für und Wider, von diversen Interessen unterschiedlichster Interessenvertreter und Bürger, von Antipathien und Sympathien, von übler Nachrede, Unzuverlässigkeit und Taktik ein. Der *Reichsbund der Kriegsbeschädigten, Kriegsteilnehmer und Kriegshinterbliebenen* beschwerte sich bei Seyd, warum er in den Denkmalausschuss nicht eingebunden sei und ob sich die Stadt einbringe. Seyd und Soldan, beide im *Offizier-Verein*, waren sich einig, dieses Ansinnen zurückzuweisen.[49] Kriegsbeschädigte seien auch in den Militärvereinen Mitglied und damit ausreichend vertreten. Seyd ließ sich es nicht nehmen und wies die Ortsgruppe darauf hin, dass in ihrem bereits erwähnten Artikel von 1920 sie sich gegen ein Kriegerdenkmal gestellt hatte und ihr Aufruf, das Geld lieber den Lebenden zu geben, „Erfolg" hatte: Danach floss kaum noch Geld, so Seyd.

Bis dahin bestand die Beteiligung der Stadt am Denkmalsbau lediglich in der Teilnahme Seyds an den Sitzungen; finanziell hatte er keine Zusagen gemacht. Doch als er im Mai 1926 die Stadtverordneten unterrichtete, dass der Finanzausschuss, dem Seyd vorstand, für das Kriegerdenkmal 5.000 RM zur Verfügung stellen wolle, entbrannte die Diskussion in der Ausschusssitzung und führte zum Eklat.[50] Genau das war der zentrale Punkt der Diskussion. *Keine politische Frage!* hatte Seyd geschrieben, aber das Denkmal war natürlich ein Politikum. Wilhelm Raute (*SPD*) meinte, das Geld solle zurückgestellt werden, bis sich die allgemeine finanzielle Lage gebessert habe. *Vor der Sorge für die Toten habe die Fürsorge für die Lebenden Platz zu greifen.* Er sei jedoch kein prinzipieller Gegner des Denkmals und empfinde für die Toten nicht weniger als die anderen Mitglieder des Ausschusses. Seyd, Dr. Willy Rompf und Heinrich Leuchtgens äußerten ihre gegenteilige Ansicht. Der Antrag, 5.000 M bereitzustellen, fand mit vier gegen drei Stimmen einen erstaunlich knappen Zuspruch. Später sei zu diskutieren, ob man das Geld den Militärvereinen gebe oder das Denkmal in eigener Regie baue, so der Beschluss weiter. Raute gab sich mit dieser Abstimmungsniederlage nicht zufrieden und bat in der Stadtverordnetensitzung, die Seyd leitete, am 1. Juni 1926 um das Wort. Seyd lehnte ab und äußerte, er würde es bedauern, wenn wegen dieses Punktes eine größere Debatte entstünde, da er die Gründe der Bewilligung bereits erklärt habe. Leuchtgens stellte daraufhin den Antrag auf Bewilligung. Raute verwahrte sich gegen die Art der Geschäftsführung, da er in ihr *eine Vergewaltigung* erblickte. Seyd lehnte dies ab, es sei *keine Vergewaltigung* geschehen, er habe den Antrag Leuchtgens zulassen müssen, da Raute das Wort noch nicht erteilt war. Verfahrenstrick oder penible Auslegung der Geschäftsordnung? Die Stadtverordneten waren uneins: Beigeordneter Repp hielt die Handhabung der Geschäftsordnung für nicht richtig, während der Beigeordnete Adolf Windecker die Richtigkeit bestätigte. Nach der Feststellung Seyds verließen die Sozialdemokraten mit Ausnahme des Beigeordneten Georg Repp und des Stadtverordneten Wilhelm Beuttel den Saal. Die *Oberhessische Volkszeitung* berichtete voller Zorn über die Sitzung, was zugleich die aufgeheizte politische Stimmung der Zeit und den harten Umgang in Verbalinjurien trefflich wiedergibt: „*Gen. Raute erhielt vom Vorsitzenden* [Seyd] *das Wort in dieser Sache und beginnt seine Ausführungen. Eine Atempause desselben benutzt der Spardiktator und beantragt zur Geschäftsordnung, ohne Debatte über den Punkt abzustimmen. Der*

Vorsitzende läßt unberechtigterweise auch abstimmen und es wird gegen die Linke der Titel genehmigt. Eine derartige Vergewaltigung eines Abgeordneten war wohl noch nicht da, einem Dr. Leuchtgens sieht das ja ähnlich, aber daß ein unparteiischer, juristisch vorgebildeter Vorsitzender dies mitmacht, so etwas muß doch einen wundernehmen. Als Protest gegen dieses Mundtotmachen verließen unsere Genossen die Sitzung. Nachträglich versuchte man die Sache zu bemänteln und sagt, unser Redner hätte noch nicht gesprochen, aber es steht einwandfrei fest, daß Gen. Raute begonnen hatte: Meine Herren, es ist ja vorauszusehen gewesen, daß die berühmte Spitzfindigkeit die Tatsachen verdreht.“[51] Leuchtgens galt die besondere Ablehnung der Sozialdemokraten, die ihn in diesem Beitrag als *Quertreiber und Schädling schlimmster Art* bezeichneten. Er selbst hatte die Dinge in einem Artikel in der *Neuen Tageszeitung* aus seiner Sicht und ganz anders beschrieben. Politisch linke Kräfte wehrten sich überhaupt gegen die Tätigkeit staatlicher Behörden bei dem Entwurf von Kriegerdenkmälern. *Das staatliche Hochbauamt baut Kriegerdenkmäler! Auch eine nützliche Beschäftigung* titelte eine Zeitung im November 1926.[52]

Nach der Genehmigung des Wasserturmbaus durch die Stadtverordneten sah Seyd die Militärvereine am Zug, Stellung zur Kriegerdenkmalsfrage zu beziehen.[52] Noch war alles unklar: Ort und Aussehen des Denkmals. Exemplarisch lässt sich damit an Friedbergs Gefallenendenkmalsdiskussion ein Befund verdeutlichen, der wesentlich für die Denkmäler des Ersten Weltkriegs ist, vor allem im Vergleich mit den Denkmälern von 1870/71. Verkürzt kann es auf die Formel gebracht werden: Die Siegesdenkmäler des deutsch-französischen Krieges befanden sich an einer zentralen Stelle eines Ortes und waren überladene historistische Demonstrationen des Triumphs – wie eben das Friedberger auf der Kaiserstraße. Ganz anders die Weltkriegsmahnmale: Nur selten findet man sie auf den Marktplätzen, meist auf Friedhöfen, in und bei Kirchen, in Grünanlagen. Die Stille sollte der „heiligen Ruhe“ der Gefallenen entsprechen, die eben nicht siegreich aus dem Krieg heimgekehrt waren. Die bewusste Platzierung der Denkmäler in der Stille spiegelt auch die Wucht des Kriegserlebnisses wieder, die Niederlage, die nach Meinung vieler Deutscher nicht mit einem militärischen Versagen verbunden war. Sicherlich spielen dabei auch die Überlegungen „heiliger Haine“ einer Rolle, die mit dem im Kaiserreich breit aufkommenden Interesse an germanischer Geschichte populär wurden und vollends diesem Ansatz der Kriegerdenkmäler entsprachen. Daher waren gerade Grundstücke mit altem Baumbestand für die Errichtung solcher Denkmäler attraktiv. In die Entscheidung, welcher Ort zu wählen sei, flossen viele Kriterien ein. Neben den „harten Standortfaktoren“ entpuppte sich die Frage des Platzes jedoch als wichtigstes und vielschichtiges Problem, das sicher auch eines der verschiedenen Generationen und politischen Richtungen war. Für Ältere und politisch rechte Kräfte war ein „Verstecken“ eines Denkmals in einem Park kaum erträglich und so verliefen die Konfliktlinien in vielen Fällen quer durch die Gemeinde und die Stadt.

In Friedberg manifestieren sich diese beide Denkweisen in den Plätzen Oberwöllstädter Höhe und vor der Augustinerschule. Zwei Jahre intensive Diskussionen in den Jahren 1926 und 1927 waren die Folge. Soldan und die Militärvereine favorisierten den Platz vor dem Gymnasium, zentrumsnah, aber nicht zentral im Sinne des eben Geschriebenen. Alternativen wie die Dieffenbachstraße, die Mainzer-Tor-Anlage, die Kaiserstraße, der Burggarten oder die Burg selbst schieden nach kurzer Zeit aus. Das zur Verfügung stehende Geld setzte jedoch enge Grenzen; vorhanden waren lediglich 10.500 RM. Die Kosten für die Herstellung des Platzes vor der Augustinerschule sollten sich bereits auf 8.000 bis 10.000 RM belaufen. Hinzu kamen die Kosten für das Denkmal, das der Berliner Bildhauer und Major d.R. Hans Dammann, der für zahlreiche Gemeinden Weltkriegsdenkmäler errichtete, für Friedberg entworfen hatte: einen stehenden Soldaten. Schon im November 1924 hatte Dammann einen ersten Entwurf für die Plastik erstellt und am 10. Oktober 1925 diesen auch an die Friedberger Stadtverwaltung geschickt. Auch andere Künstler, jedoch kein Friedberger, boten Entwürfe an. Erst im September 1926 fragte der Friedberger Bildhauer Hugo Siegler, ob es noch ein Preisausschreiben für ein Denkmal geben würde. Dammann wurde übrigens bei seinen Besuchen auf Kosten des Denkmalausschusses im Hotel Trapp untergebracht.

Seit der Genehmigung des Wasserturmbaus war jedoch die Oberwöllstädter Höhe in den Blickpunkt gerückt und avancierte zu einer starken Konkurrenz des ursprünglich bald konkurrenzlosen Augustinerschulplatzes. Soldan hielt an der Soldatenfigur vor der Schule fest. August Metzger hatte dem Denkmalausschuss am 11. Juni 1926 seine Pläne für einen Wasserturm mit Weltkriegsdenkmal vorgelegt, der schnell Befürworter unter den Mitgliedern des Ausschusses wie Raute, Morschel, Fleckenstein, Professor Theodor Werner, Emil Schäfer und Koch fand. Seyd beschloss daraufhin, Dammann, der immer noch von einer Soldatenfigur vor dem Gymnasium ausging, zu informieren, dass auch der Wasserturm in Frage käme.[54] Warum Seyd auf den Gedanken verfiel, dem Bauausschuss der Stadt vorzuschlagen, dass die Wahl des Aussehens, die Durchführung des Denkmalbaus und die Geldbeschaffung Angelegenheit der

Militärvereine sei, ist zumindest expressis verbis unbekannt.[55] Er kalkulierte jedoch sicher damit, dass die Stadt nach außen hin mit dem Denkmalvorhaben nichts zu tun hätte und so freier agieren könne. Am 15. August 1926 wurde daher ein neuer Denkmalausschuss unter dem Vorsitz Soldans gebildet. Der *Reichsbund der Kriegsbeschädigten* meldete sich nun wieder zu Wort, der nach eigenen Angaben mit 200 Mitgliedern größter Verein dieser Art in Friedberg war und nicht einbezogen wurde, zumal sich die Stadt mit 5.000 RM beteiligen würde.[56] Die Militärvereine hätten sich gegen eine Aufnahme des Reichsbunds ausgesprochen. Die *Oberhessische Volkszeitung* druckte die Resolution des Reichsbundes ab und brachte sie so in die Öffentlichkeit.[57] Die Ortsgruppe stellte bald überhaupt die Entscheidungskompetenz des „`sog.´ Denkmalausschusses" und der „`sog.´ Militärvereine" in Frage.[58] Seyd antwortete am selben Tag: Die Errichtung des Gefallenendenkmals sei von den Militärvereinen in die Hand genommen worden, die Stadt habe keinen Einfluss mehr darauf. Er erläuterte nochmals die Bedingungen für die Zahlung der 5.000 RM. Außerdem, so Seyd weiter, käme der Reichsbund sowieso zu spät, da alle Beschlüsse dazu schon gefasst worden seien. Der Ausschuss setze sich zusammen aus dem *Militär-Veteranen-Verein, Offizier-Verein, Verein ehemaliger Leibgardisten (115er), Verein ehemaliger 166er, Verein ehemaliger 168er, Marineverein, Kavallerie- und Trainverein, Artillerie- und Pionierverein sowie dem Stahlhelmbund.* In allen Vereinen seien zahlreiche Kriegsbeschädigte, sodass deren Interessenvertretung gewahrt sei, so Seyd weiter.

Das Aussehen der Plastik wurde und wird durch den Platz bestimmt. Dammann erwuchs neben Metzger zu dem wichtigsten künstlerischen Berater Seyds, besuchte mehrere Male Friedberg und stand im regen Kontakt mit dem Bürgermeister. Zuerst hielt Dammann am Platz vor der Schule fest, der der *schönste und geeignetste* sei. Der Berliner Künstler, der zu der Zeit schon Kriegsdenkmäler für 20 Regimenter und 80 Orte (!) geschaffen hatte, wies auf die Entwicklung hin, dass die Kriegerehrung nicht außerhalb des Ortes, aber wegen des Lärms auch nicht auf dem Markt stattfinden sollte. Der Wasserturm sei zwar schön, aber die Bevölkerung erwarte, dass der Ort einzig den Toten gewidmet sei und keine Kombination. Wenn man den Wasserturm nutzen müsse, dann mit dem angebrachten Wappen der Stadt oder etwas streng Stilisiertem. Dammann empfahl sich, die Soldatenplastik aus Muschelkalk für 10.000 RM herzustellen, der Sockel sollte 1,80 m, die Figur selbst 3,60 m messen. Der Soldat würde so gestaltet sein, *wie er war, wie er stand, wie er starb.*[59] Den Wasserturmplan solle man fallen lassen, da der Turm zu weit von der Innenstadt entfernt sei und der Wasserturm immer eine *höhere Geltung* haben würde. Das änderte sich wiederum schnell.

Der unter den Stadtverordneten ausgebrochene Streit um die Finanzierung setzte sich bei der Standortfrage fort, als Franz Josef Jakob am 3. Mai mit Kollegen den Antrag stellte, die Kriegerehrung mit dem zu errichtenden Wasserturm zu verbinden. Nun bemühte sich die Stadtverwaltung, wieder Einfluss in dem Denkmalausschuss zu gewinnen und stellte die 5.000 RM Zuschuss unter die Bedingung, dass mindestens drei städtische Vertreter in den Ausschuss kämen und das Modell des Denkmals den Stadtverordneten vorab gezeigt werden müsse. Unter einigen Stadtverordneten war sowieso schon in der Sitzung vom 6. September 1926 der Eindruck einer „Majorisierung" durch die Angehörigen der Militärvereine im Ausschuss entstanden, was Soldan zurückwies.[60] Neun Vertretern der Militärvereine ständen zehn Vertreter der Bürgerschaft (u.a. Seyd, Morschel, Fleckenstein, Dr. Schaefer, Oberbaurat Haag, Fäuerbach, Fourier, Schmidt, Redakteur Emil Schäfer, Damm) sowie drei Stadtverordnete (Werner, Koch, Raute) gegenüber. Einige Vertreter der Bürgerschaft dürften jedoch auch Angehörige des einen oder anderen Militärvereins gewesen sein. Am 14. September beschloss der Denkmalausschuss endgültig, die Soldatenfigur vor der Augustinerschule zu errichten. Die Namen der Toten sollten aus Platzgründen nicht auf dem Denkmal erscheinen. Den Auftrag für die Plastik solle Dammann erhalten, den Sockel ein hiesiger Handwerker ausführen.[61] Schon eine Woche später schickte der Bildhauer eine Maßzeichnung der Plastik mit nun 4,40 m Gesamthöhe. Die *Oberhessische Volkszeitung* wollte den Beschluss als Steilvorlage nutzen und schrieb: *Wenn wir uns Kriegerehrung auch in ganz anderem Sinne vorstellen, dem sich ja leider die Mehrheit nicht anschließt, so finden wir uns auch mit der Errichtung von Denkmälern ab. Aber die hier geplante Ehrung müssen wir bekämpfen und vor allem auch die ganze Art der Organisation.*[62] Man habe nur einen Berliner Künstler beauftragt, damit nicht ein Friedberger einen Entwurf einbringen könne, der eine *wahre* Gefallenenehrung darstellt. Die Zeitung griff nun diverse Gerüchte auf, die kursierten, dass das Denkmal bereits fertiggestellt auf Lager läge, ursprünglich für Breslau bestimmt sei und Dammann beauftragt worden sei, weil der Bruder Soldans ebenfalls in Charlottenburg wohne. Tatsächlich meldeten sich in mehreren Zeitungen Friedberger, die in Frage stellten, warum das Denkmal ein Berliner Künstler und keiner aus Friedberg selbst erstellen müsse. *Der Bericht über die Sitzung [...] hat in allen Kreisen der Bevölkerung einen Sturm der Entrüstung hervorgerufen,* so ein Leser.[63] Vor allem die fehlende

Nennung der Toten sorge für Verbitterung; die Bevölkerung werde im Unklaren gelassen. In der nächsten Stadtverordnetensitzung am 29. September stellte Seyd klar, dass diese Gerüchte falsch seien. In einem Gespräch zwischen Seyd und Soldan am selben Tag teilte letzterer mit, dass die Militärvereine einstimmig beschlossen hätten, eine Soldatenplastik aufzustellen. Dammann habe er gewählt, da er zu einem Festpreis arbeite, während andere Bildhauer lediglich freie Angebote machten. In Gießen habe dies dazu geführt, dass die Denkmale für das Infanterieregiment Nr. 116 und in Offenbach das für das Infanterieregiment Nr. 168 doppelt so teuer wie veranschlagt geworden seien. Die Annahme, die Figur sei bereits fertig, sei irrig, nur die Steine lägen unbearbeitet in Würzburg. Dammann habe zugesagt, die Plastik bis Anfang Mai 1927 fertigzustellen.[64] Auch das Material, Muschelkalk, stieß auf Kritik; viele wünschten sich ein Denkmal aus Metall, worauf viel leichter die Namen der Gefallenen aufzubringen waren. Die vielen Irrtümer, Gerüchte und die Kritik veranlassten Soldan als Vorsitzenden des Ausschusses zu einer längeren Richtigstellung.[65]

Die Platzfrage, so Dammann, solle nun endlich geklärt werden. Aus verständlichen Gründen drängte der Bildhauer, doch Seyd taktierte entgegen dem Beschluss vom 14. September. Siegler hatte inzwischen mit Dammann wegen des anzufertigenden Sockels gesprochen, der von einem Friedberger Handwerker herzustellen war. Seyd vergewisserte sich am 23. Oktober 1926 bei Soldan, ob auf der Sitzung am 14. September ein fester Auftrag bei Dammann ausgelöst worden sei. Als Soldan verneinte, war Seyd klar, dass er trotz der Beschlüsse Spielraum hatte, zumal es gegen eine Aufstellung des Kriegerdenkmals vor der Augustinerschule im Ausschuss genug Gegenstimmen gab und Seyd diese Lösung ebenfalls nicht bevorzugte. Gegen die Aufstellung vor der Augustinerschule sprach einiges: Die Figur sei in der geplanten Größe zu klein dafür, die Ausführung in Muschelkalk aufgrund des Materials sei riskant, so dass Gewehr und Bajonett nicht in Muschelkalk möglich seien, sondern in Metall ausgeführt werden müssten, was optisch nicht optimal erscheine. Die Kosten für die notwendigen gärtnerischen Anlagen schätze man auf 10 000 RM, wofür kein Geld vorhanden sei. Weitere Monita waren der zu geringe Platz am Heldenhain, so dass ein Aufmarsch der Vereine nicht möglich sei. Strittig blieb die Frage, in welche Richtung der Soldat überhaupt stehen solle: Richtung Schule oder zur Kaiserstraße – letzteres war aus ästhetischen Gründen zu empfehlen - dies hätte aber den Abbruch des davorstehenden Häuserblocks Kaiserstraße 130, 132 und 134 verlangt. Diese Maßnahme war zwar bereits vorgesehen, aber wegen der aktuellen Wohnungsnot zu dieser Zeit völlig unmöglich gewesen.

Die Lage drängte zur Entscheidung. In der Sitzung des Ausschusses am 11. November 1926 wurde trotz des Beschlusses vom September die Platzfrage neu aufgerollt. Haag bezifferte die Kosten für eine Aufstellung vor dem Gymnasium auf 8.000 bis 10.000 RM; im Ganzen seien jedoch nur 10.500 RM vorhanden. Koch und Raute wollten von dem Dammann-Projekt absehen, andere wie Soldan drängten zur Eile und zur Einhaltung des Beschlusses, die Soldatenfigur vor der Schule aufzustellen. Es unterliegt keinem Zweifel, dass Seyd das Folgende vorher abgesprochen hatte, als er um prinzipielle Vorschläge bat. Koch meinte, er kenne neue Pläne, worauf Haag den bereits bekannten Plan Metzgers nochmals vorstellte, die Kriegerehrung mit dem Wasserturm zu verbinden, aber nicht mehr unbedingt als Figur vor dem Turm, sondern mit einer Ehrenhalle im Inneren. In der Krypta oder am Turm könne eine Soldatenfigur als Relief angebracht werden.[66] Morschel, Haag, Koch, Raute, Seyd und Fleckenstein sprachen sich dafür aus, Dr. Schäfer und Schwarz votierten dagegen. Die Vorteile lagen auf der Hand: Die Kosten, vor allem für die Figur und die Tafeln in der Krypta, würden kaum den Betrag von 10.000 RM erreichen. Die Hauptkosten kämen vor allem durch die Figur und die Tafeln in der Krypta zustande. Für den Turm war eine Feuerschale vorgesehen, die *bei nationalen Feiern* sehr eindrucksvoll wirken würde, die Freitreppe genug Platz für Aufmärsche bieten. Langsam schwand auch in den Militärvereinen die Opposition gegen diese Verbindung. Schließlich beschloss der Ausschuss den Verzicht der Aufstellung des Soldaten vor dem Gymnasium und stattdessen den Wasserturm zu einem *Ehrenturm* umzufunktionieren, womit man sich gleichzeitig eine Belebung des südlichen Stadtteils erhoffte.[67] Vor allem waren auch die Kosten überschaubar, die durch die Nutzung des Turms für die Gefallenenehrung kaum ins Gewicht fielen, da die Außenanlagen und der baukünstlerische Schmuck sowieso vorgesehen waren. Die Treppen und Wangen sollten aus Bruchsteinen gemauert werden, der Fußboden aus Quarzitplatten. Die Fassaden würden sandgestrahlt, so Haag an Seyd, der die Kosten für die Kriegerehrung auf 4.000 RM schätzte.[68] Falls der Wasserturm nur als solcher genutzt werden würde, eigne sich als Schmuck zur Frankfurter Straße der Friedberger Adler, falls als Ehrenturm, dann Schmuck mit dem Thema Krieg. Am 18. Dezember brachte die Zeitung eine Zeichnung des geplanten Wasserturms ohne die Soldatenfigur, der als Relief einen Roland zeigte, der sich auf einen Schild mit Balkenkreuz, aber ohne Waffen, stützte.[69] Der Entwurf, der bei den Fried-

Abb. 12: Zeichnung des geplanten Wasserturms mit Kriegerehrenstätte, Oberhessischer Anzeiger 18.12. 1926

bergern auf große Zustimmung traf, sollte jedoch noch dahingehend geändert werden, dass anstelle des Rolands eine andere Figur zu sehen sein werde.

Damit schien der „Gordische Knoten" zerhauen: *All die Vielen, welchen in der Zwischenzeit der neue Plan des Hochbauamts zu Gesicht gekommen ist, äußern sich geradezu begeistert,* so der *Oberhessische Anzeiger*. Doch die Stadtverordneten machten zunächst einen Strich durch die Rechnung.[70] Aufgrund der hohen Kosten für den Wasserturm verweigerten sie die Zustimmung für die Mitnutzung als Gefallenenehrenmal. Haag und Seyd sprachen sich daher für eine Vertagung der Entscheidung aus. Der *Oberhessische Anzeiger* bedauerte diese Entscheidung sehr: *Wir glauben sagen zu können, daß es sich hier um eine ganz bedeutungsvolle Schöpfung handelt, die ihresgleichen in Oberhessen nicht hat. Es würde hiermit für Friedberg endlich einmal ein ausgesprochener Anziehungspunkt geschaffen. [...] Einem genialen Gedanken lege man keine Fesseln an.*[71] Die Stadtverordneten versuchten, Möglichkeiten zur Einsparung zu finden, doch die Baufachleute bestätigten, dass durch den Verwendungszweck des Turms auch die Formgebung bestimmt werde; Ideen, wie die im Januar 1927 von Leuchtgens aufgebrachte, den Wasserbehälter einfach auf fünf oder sechs Betonpfeiler zu stellen, fielen durch. In dieser Stadtverordnetensitzung am 21. Januar blieb die Frage der Kriegerehrung weiterhin außen vor; gestritten wurde über die Außenanlagen wie Freitreppe und Stützmauer, die

Mehrkosten von 25.000 bis 30.000 RM bedeuten würden. „Sparsamkeitskommissar" Leuchtgens, wie er von den Linken genannt wurde, lehnte solche Außenanlagen mit dem Argument ab, dass die Stadt nicht einmal die Bismarck- und die Hanauer Straße pflastern könne. Es kam jedoch zu einer merkwürdigen Einigkeit, wenn auch aus verschiedenen Motiven. Auch die Linken wie Ihl (*SPD*) wollten lieber das Geld in den Wohnungsbau geben, als damit teure Außenanlagen zu finanzieren. Stadtverordneter Jakob sah in Leuchtgens´ Vorschlag lediglich den Versuch, über diese Schiene noch die Verbindung Wasserturm mit Kriegerehrung zu verhindern. Metzger schlug vor, Kosten durch auf den ersten Blick nicht sichtbare Änderungen einzusparen, z.B. durch kleinere Zier- und Stützmauern, was 15.000 RM Ersparnis bringe. Schließlich stimmten die Stadtverordneten den Plänen Metzgers und dem Wasserturmbau zu, die Frage der Totenehrung blieb davon getrennt.

Seyd drängte nun den Denkmalausschuss, Stellung zu den neuen Plänen zu beziehen; vor allem die Militärvereine hatten sich nun wieder in größerer Zahl dagegen ausgesprochen. Soldan teilte Seyd daher mit, dass sie eine eigenen Lösung suchen und dafür Geld sammeln, da die Militärvereine einstimmig gegen die Wasserturmlösung optiert hätten.[72] Damit war (fast) das Tischtuch zerschnitten; die Stadtverordneten sahen diesen Beschluss der Militärvereine als Brüskierung an. Wie dieser Meinungsumschwung kam, ist offen. Die Sozialdemokraten bezogen es auf sich: *Trotz der Möglichkeit, daß die Anlage einen Tummelplatz für hurrapatriotischen Tummel abgeben könnte, begrüßten auch wir die zweckmäßige Verbindung von lebenswichtigem Betrieb und Gedächtnisstätte für die Gefallenen. Ob gerade unsere Stellungnahme mißfallen hat?*[73] Seyd mahnte daher eine Lösung an, die im Sinne der Toten sei.[74] In der Sitzung des Denkmalsausschusses am 10. Februar 1927 prallten die Meinungen in der scheinbar unendlichen Geschichte aufeinander; Seyd bat um Aufhebung des Beschlusses, Soldan hielt dagegen und stellte es den Vereinen frei, neu abzustimmen. Die Militärvereine nahmen den Beschluss zurück. Alles wurde wieder auf Anfang gesetzt: Die Platzfrage stand erneut zur Debatte, nun traten auch diejenigen auf, die einen Standort inmitten der Stadt favorisierten. Erneut kam auch die Idee wieder auf, den Soldaten nicht als Relief auszuführen, sondern als freistehende Figur vor dem Wasserturm. Rektor Koch thematisierte die große Zahl von Vertretern der Militärvereine im Ausschuss, da man die Mitglieder der Stadtverwaltung hinzuzählen müsse, die auch in Militärvereinen tätig waren. Soldan wies das zurück. Zu dieser Zeit bestand der Ausschuss aus neun Mitgliedern der Militärvereine sowie zehn Vertretern der Bürgerschaft: Seyd, Haag, Bauunternehmer Morschel, Kaufmann Fauerbach, Flekkenstein, Ferdinand Damm, Tierarzt a.D. Dr. Schaefer, Redakteur Schäfer, Direktor Schmidt und Franz Fourier, der jedoch einige Monaten zuvor verstorben war sowie drei Stadtverordneten (Wilhelm Raute, Prof. Theodor Werner, Rektor Philipp Koch). Seyd lockte mit Geld für eine Einigung; er stellte eine zweite Rate von 5.000 RM in Aussicht, falls das Wasserturmprojekt beschlossen werde, zumal private Sammlungen angesichts der wirtschaftlichen Situation kaum möglich seien.[75]

Für die nächste Stadtverordnetensitzung strebte Seyd einen endgültigen Beschluss an; als letzte Möglichkeit stand auf seinem Vorbereitungszettel: *Rückzug fällt schwer. Ehrenvoller Rückzug.* Doch der Bürgermeister versuchte alles, um das Wasserturmprojekt durchzusetzen; neben Geld und Überzeugungsarbeit bat er Oberbaurat Hofmann, der das Vorhaben für *äußerst günstig und ideal* hielt, um eine schriftliche Begründung, die Seyd bei den Stadtverordneten einsetzen könne.[76] Hofmann äußerte die Bedenken, die an die allgemeine Entwicklung des Totengedenkens nach dem Ersten Weltkrieg anschlossen, und lehnte aus diesen Gründen ein Gedenken im Stadtzentrum ab. Die *heilige Ruhe*, die für die Weltkriegstoten die angemessene sei, sei, anders als nach 1871, nur außerhalb des Zentrums möglich. Das Modell des Turms mit dem Soldaten wurde für einige Tage im März im Möbelhaus G.M. Reuß ausgestellt, was eine *Anzahl Friedberger Bürger* veranlasste, zu monieren, dass es so aussähe, als wenn der Soldat den Wasserturm bewache.[77]

Es blieb zunächst bei der Ablehnung der Militärvereine. Der neu gegründete *Friedberger Verkehrsverein* äußerte sein Unverständnis darüber und votierte für das Wasserturmprojekt, das ein weiteres Juwel im Ortsbild werden würde.[78] *Hier müssen alle kleinen Bedenken schweigen,* schon das Denkmal vor dem Amtsgericht biete keinen Anreiz, Friedberg aufzusuchen, noch weniger ein weiteres Kriegerdenkmal in der Stadt. Bei dem Wartturm wäre dies völlig anders. In die auch publizistisch geführte Diskussion schaltete sich Studienrat Ruppel ein, der angesichts der *Heiligkeit des Gegenstandes* schrieb, keiner käme auch auf die Idee, einen Wasserbehälter in eine Kirche einzubauen, obwohl es aus praktischen Gründen gut möglich sei.[79] Ein Adler auf einem zu errichtenden Gedenkturm könne Richtung des Rheins blicken und auf einer Pechpfanne bei vaterländischen Feiern Flammen lodern. *Man verschone uns auch mit einem Adler auf dem Turm,* entgegnete entnervt der *Friedberger Verkehrsverein* in einer *Entgegnung auf eine Entgegnung Ruppels.* Man solle nach Jahrzehnten angeblicher verpasster Gelegenheiten in Friedberg nun nicht eine weitere hinzufügen.[80]

Die Rolle Soldans, der sich mit Seyd überwarf, wurde mit der Zeit immer unklarer. Ob Soldan Getriebener der Militärvereine war oder er das Wasserturmprojekt ablehnte, er aber nach außen anderes vorgab? Im März 1927 kam es zu einem Gespräch zwischen Soldan und dem Bürgermeister. Der Oberst schlug eine Sitzung des Denkmalausschusses vor, damit dieser endgültig Stellung nehme. Auch der *Offiziersverein* müsste nun, so Soldan, für oder gegen das Wasserturmprojekt stimmen; Seyd mahnte daraufhin einen Beschluss des Vereins an. Seyd gab sich mit der folgenden Antwort zufrieden: Da fast alle Offiziere Anhänger des Wasserturmprojekts seien, erübrige sich ein Beschluss des *Offiziersvereins* und Soldan würde daher im Namen dieses Vereins in der Sitzung des Denkmalausschusses für den Wasserturm mit Kriegerdenkmal stimmen. In der nächsten Sitzung des Ausschusses am 24. März wurde eine Kommission aus Damm, Soldan, Seyd, Kreuder und Karl Walker gewählt.[81] An der Figur des „Feldgrauen“ sollte, so der Beschluss, unbedingt festgehalten werden. Wie uneinig man sich noch grundsätzlich war, zeigen die Diskussionen um die Vertretung von Opferverbänden, so dass Morschel forderte, die Stadt solle die Kriegsbeschädigten vertreten. Der Ausschuss selbst lehnte nun mit 6:14 Stimmen das Wasserturmprojekt ab und sprach sich für den Platz vor der Augustinerschule aus. Dieses Zahlenverhältnis war es, was Seyd aufmerken ließ. Er war vor der Abstimmung von mindestens sieben Ja-Stimmen für das Wasserturmprojekt ausgegangen (Soldan, Seyd, Haag, Morschel Fleckenstein, Koch, Raute, Werner auch, aber zur Abstimmung krank). Seyd stellte Soldan zur Rede, der sich wand und zunächst meinte, er habe „Ja“ auf den Abstimmungszettel geschrieben, später meinte er „Dafür“. Wenige Tage später kam Koch zu Seyd und Koch war sich sicher, dass Soldan nicht die Wahrheit sage, sondern trotz aller Beteuerungen mit „Nein“ gestimmt habe. Direktor Schmitt wunderte sich, so in einer Versammlung der Offiziere, bei der Soldan nicht anwesend war, dass dieser für das Wasserturmprojekt spreche, obwohl Soldan bei den Militärvereinen immer dagegen gewesen war. Der *Offiziersverein* fühlte sich hintergangen und beschloss eine schriftliche Umfrage unter seinen Mitgliedern.[82] Seyd war schon aufgefallen, das merkwürdigerweise alle Militärvereine gegen die Verbindung waren, der *Offiziersverein*, in dem er selbst Mitglied war, jedoch nicht. Ulrich bezeugte Seyd nun wiederum, Soldan habe ihm kurz nach der Abstimmung gesagt, dass er gegen die Verbindung Wasserturm und Kriegerdenkmal gestimmt habe. Soldan muss psychisch angeschlagen gewesen sein, denn gegenüber Seyd erklärte er, die vielen Angriffe und Artikel im *Oberhessischen Anzeiger* hätten ihn *außerordentlich verstimmt und nervös* gemacht. Seyd gegenüber versicherte er nochmals, für das Projekt gestimmt zu haben. In der Denkmalsauschusssitzung beantragte Soldan ein Vertrauensvotum für ihn, da er sonst nicht in der Lage sei, weiterhin den Vorsitz zu führen. Es blieb jedoch dabei: Der Ausschuss empfahl den Stadtverordneten, für den Platz vor der Augustinerschule zu stimmen.[83]

Die Folge war ein zweiter Neubeginn. Erneut schaltete sich Dammann ein, der nun wieder zu denen gehörte, die den Platz vor der Schule favorisierten.[84] Am 8. April fand eine weitere Besichtigung möglicher Plätze für ein Ehrenmal statt; diskutiert wurde nun über eine Aufstellung im *äussersten westlichen Zipfel* des Burggartens, der jedoch wieder den Nachteil mangelnden Raums für Aufmärsche hatte.[85] Nicht zu unterschätzen ist bei dieser Diskussion um das Totengedenken die Rolle der Presse; der *Oberhessische Anzeiger* griff wiederholt interne Informationen aus den Sitzungen des Denkmalausschusses auf und veröffentlichte sie. Die Redaktion der Zeitung vertrat von Beginn an als ideale Lösung die Verbindung von Wasserturm und Totengedenken.[86] Die Mehrheit der Friedberger Bürger sprach sich, wenn man den veröffentlichten Zeitungsmeinungen glauben kann, für das Wasserturmvorhaben aus. Der Denkmalsausschuss votierte am 21. April dennoch für den Platz vor der Schule.

Daraufhin wandte sich Seyd erneut an Dammann und befragte ihn zu seiner Meinung. Seyd bezeichnete sich in seinem Brief als *unbedingten Anhänger* des Wasserturmprojekts. Dammann schwankte zwischen Ideal und Praktikabilität. Man habe sich inzwischen viermal getroffen; der Platz vor der Schule sei schön, wenn die drei Häuser davor abgerissen werden könnten. Dies sei jedoch nicht möglich; die Vorderseite des Soldaten Richtung Schule zu stellen, ginge aus ästhetischen Gründen nicht. Die Mainzer-Tor-Anlage sei nur ein Notbehelf, der Platz an der Dieffenbachstraße sei zwar möglich, aber nicht ideal. Dammann hielt daher nun den Platz vor dem Wasserturm für am schönsten. Dammann sprach sich gegen ein Relief am Turm aus, da ein Relief generell lediglich Beiwerk sei. Nun solle, so habe Dammann gehört, eine Soldatenfigur vor dem Turm aufgestellt werden. Soldan stimmte, so Dammann, der mit ihm in Friedberg war, nun diesem Standort zu. Außerdem würde sich Neu-Friedberg um den Turm entwickeln, der architektonisch hervorragend schön und monumental sei.[87] Seyd gab Dammanns Schreiben in der Mai-Sitzung des *Offiziersvereins* zur Kenntnis.

An demselben Tag, an dem der Bildhauer den Brief an Seyd schrieb, erschien der Stadtverordnete Koch von der *Demokratischen Partei* bei Seyd. Er zeigte eine schriftliche Übereinkunft seiner mit der *Deutschen Volkspartei*, dem *Zentrum*, der *Handwerker-*, der *Mieterpartei* und der *SPD*, die sich für die Verbindung Wasserturm mit Kriegerehrung aussprachen. Koch beabsichtigte, mit Dr. Rompf zu sprechen (Seyd strich in seiner Notiz „Leuchtgens" und setzte Rompf ein), ob dieser sich nicht auch dafür ausspreche. Koch glaubte, dass sich die Parteien auch für eine Soldatenfigur aussprechen und dass ein neuer Denkmalausschuss gebildet werden würde – die Parteien hatten wohl kein Verständnis mehr für die Haltung der Militärvereine. Seyd hielt nicht alle diese Vorschläge für zweckmäßig, schlug jedoch Koch vor, einen neuen Antrag in die Stadtverordnetenversammlung einzubringen. Das geschah auch am 3. Mai 1927, als die Stadtverordneten Philipp Koch, Wilhelm Raute, Karl Ferber, Prof. Theodor Werner, Franz Jakob und Theodor Morschel folgenden Antrag für die nächste Sitzung unterbreiteten: die Verbindung Wasserturm mit Kriegerdenkmal sei zu beschließen. Seyd war bewusst, was auch seine Notiz dazu ausdrückt, dass dies *keine politische Frage* werden darf, sondern über die Parteigrenzen hinweg Einigkeit in dieser Angelegenheit bestehen müsse. Er informierte Soldan über diese neue Entwicklung und mahnte nochmals an, endlich einen Weg zu finden, der der Meinung der Mehrheit der Bevölkerung entspricht.[88]

In der nächsten Sitzung des Denkmalausschusses am 17. Mai polemisierten Emil Schäfer, Damm und der Musikdirektor Schäfer gegen das Wasserturmprojekt. Ursprünglich war Seyds Plan, den Beschluss vom 23. April zurückziehen zu lassen und erneut abzustimmen, er zog aber diesen Plan zurück. Seyd hatte extra vorher seine „Getreuen" aufgefordert, zur Sitzung zu erscheinen.[89] Stattdessen beschlossen die Stadtverordneten die Verbindung des Kriegerdenkmals mit dem Wasserturm.[90] Auch der von Seyd kontaktierte Denkmalpfleger Walbe (Seyd: *scharfer Meinungsstreit in Friedberg über Denkmal entbrannt*)[91] sprach sich aus historischen und praktischen Gründen für den Wasserturm als Weltkriegsgedenkstätte aus, obwohl es mit dem Platz vor dem Gymnasium, in den Mainzer-Tor-Anlage und auf der Kaiserstraße weitere Möglichkeiten gebe. Doch ohne Erfolg: Der zweite Anlauf, nach den Bemühungen gleich nach dem Ersten Weltkrieg, und denen von 1924 bis 1927, war gescheitert. Offiziell beendet wurde die Verbindung von Ehrenhalle und Wasserturm, der einige Monate später vollendet wurde, nicht. Walbe hatte noch 1930 vorgeschlagen, die St. Georgs-Kapelle auf der Seewiese als Soldatengedenkstätte umzuwidmen; da diese in der Gemarkung Ockstadt stand und sich im Besitz des Freiherrn von Franckenstein befand. Da aber hier die Platzverhältnisse nicht günstig waren, kam dieser Vorschlag gar nicht erst in die Diskussion.[92] Walbe schwebte die Entfernung des Altars zugunsten eines Kruzifixes vor, im Chor sollten die Namen der Toten aufgeschrieben werden. Seyd lehnte dies ausdrücklich ab. Dabei war die Nutzung kleiner Kirchen für das Erinnern an die Weltkriegstoten in ganz Deutschland nicht selten; in Hessen beispielsweise in Alsfeld und in Schlitz.[93]

Wie das Reich geriet auch der Volksstaat Hessen in eine schwere politische Krise, die in der Machtergreifung durch die Nationalsozialisten kulminierte. 1929 gab es erste Anzeichen für die beginnende Weltwirtschaftskrise, die im Juli 1931 mit dem Zusammenbruch ganzer, auch hessischer Banken, und einem Ansturm auf die Geldhäuser offensichtlich wurde. Zunächst hatte der hessische Landtag, um die *NSDAP* nicht zum Zuge kommen zu lassen, die Legislaturperiode um ein Jahr, bis 1931, verlängert. Bei den Landtagswahlen vom 15. November 1931, die aufgrund eines Einspruchs am 19. Juni 1932 wiederholt werden mussten, etablierten sich die Nationalsozialisten als größte Fraktion. Es gelang den Parteien im Landtag nicht, eine Koalition zu schmieden, weshalb die alte Regierung unter dem Sozialdemokraten Bernhard Adelung geschäftsführend im Amt blieb. Eine tolerierte Regierung, die kaum noch gestaltungsfähig war – wie im Reich, so in Hessen.

Fast drei Jahre lang, von 1927 bis 1930/31, hatte die Frage geruht, ob das Denkmal mit dem Wasserturm verbunden werden sollte, kam aber kurz vor dem Höhepunkt der Krise erneut auf. Seyd behauptete sogar 1931, dass man bewusst die Angelegenheit hatte ruhen lassen, bis die Militärvereine sich wieder melden würden.[94] Es ist durchaus möglich: Dem Bürgermeister wird bewusst gewesen sein, dass es 1927 nicht weiterging. Der Denkmalausschuss tagte weiter und hielt die Pause für geeignet, um neue Wege zu gehen; im September 1929 wurde erneut über das Wasserturmprojekt debattiert. Die Ausschusskommission hatte sich um „neue" Plätze für ein Denkmal bemüht – heraus kam allerdings wieder der Platz vor der Augustinerschule. Soldan, immer noch Vorsitzender, strebte eine Wiederaufnahme des Spendensammelns an, was Fleckenstein als erfolglos bezeichnete. Der Rechtsanwalt warb wie bereits Jahre vorher für die Verbindung von Wasserturm und Ehrenhalle.[95] Soldan wurde vom Ausschuss ermächtigt, den Plan der Denkmalsaufstellung vor dem Gymnasium den Stadtverordneten vorzulegen, Seyd wiederum hoffte, dass diese an den Denkmalausschuss herantreten würden, um das Wasserturmprojekt zu retten. Immer deutlicher wurde es, dass die Militärvereine, an die Seyd die Verantwortung delegiert hatte, nicht in der Lage waren, ein solches Denkmal zu errichten oder zumindest die verschiedenen Überlegungen zu diskutieren, zu kanalisieren und zu bewerten bzw. zur Ausführung zu bringen. Der *Stahlheim-Bund* hielt weiter an der Soldatenplastik fest. Briefe der *Vereinigung ehemaliger hessischer Leibgardisten (115er)* und des evangelischen Kirchenvorstands, die vor einer Zersplitterung in der Denkmalsfrage warnten und die Errichtung eines Denkmals anmahnten, waren der Auslöser für Soldans Vorschlag, die Verantwortung für die Auswahl und die Errichtung eines Mahnmals an die Stadt Friedberg zurückzugeben.[96] Seyd bildete daraufhin einen neuen Denkmalausschuss. Leuchtgens bestritt die Notwendigkeit: Seyd sehe mit der Übernahme der Entscheidungsgewalt die Frage, wo das Denkmal gebaut werde, für erledigt an – das Wasserturmvorhaben sei für ihn damit beschlossen, damit, so Leuchtgens, sei keine Kommission mehr nötig. Leuchtgens selbst widersprach Seyd, der behauptet hatte, Leuchtgens sei gegen das Wasserturmprojekt gewesen; er habe nur gegen eine Ehrenhalle im Turm votiert. Die neue Kommission integrierte deutlich mehr politische Strömungen und gesellschaftliche Gruppen und beseitigte damit die Fehler der alten Denkmalkommission: Seyd, drei Mitglieder der Militärvereine (Lehrer Hans Stumpf, Obersteuersekretär Karl Reutzel und Lokomotivführer Eugen Seidel), ein evangelischer und ein katholischer Pfarrer (Lic. Samuel Gengnagel und Pfarrer Johannes Blatz), Religionslehrer Alfred Seelig als Mitglied der israelitischen Gemeinde, ein Mitglied des Reichsbundes der Kriegsbeschädigten (Ludwig Scheibel), zwei Bausachverständige (Gombel, Metzger) sowie sieben Mitglieder des Stadtrats (zwei aus der *SPD*, zwei aus der Arbeitsgemeinschaft der Mitte, einer aus der Arbeitsgemeinschaft der bürgerlichen Mitglieder), darunter zwei Beigeordnete (Adolf Windecker und Jakob Ihl). Seyd hatte zwar Jahre vorher betont, die ganze Angelegenheit sei keine politische Frage, jedoch war sie eine, auch wenn der politische Konsens der Denkmalserrichtung von den meisten Parteien im Stadtparlament getragen wurde. Die Militärvereine hatten inzwischen 8.000 RM gesammelt, hinzu kam der Zuschuss der Stadt von 5.000 RM. Die Kommunisten stellten das Denkmal generell in Frage. Stadtratsmitglied Loth verwies in der Debatte auf die Notverordnungen und *auf all die gesetzlichen Bestimmungen, die dem Volk Fesseln auferlegen*, und bezeichnet es als etwas Sinnloses, *Kriegerehrenmäler zu schaffen, wenn man die Lebenden hungern lasse* – Äußerungen, wegen denen ihm Seyd nach mehrmaligen Ermahnungen zur Sachlichkeit und dreimaligen Verwarnungen das Wort entzog.

Loth sprach weiter, so dass Seyd die Sitzung aussetzen musste. Nach der Pause beschlossen die Stadtverordneten die Entsendung der Stadtverordneten Wilhelm Raute, Arthur Ehemann, Peter Dickler, Stahl und Rüster in die neue Denkmalkommission.[97]

Auch Dammann wartete immer noch auf den Auftrag zur Herstellung des Denkmals und appellierte an den Reserveoffizier Seyd, er solle ihm *als Kamerad treu zur Seite stehen*; es bedürfe doch nur eines Machtworts des Bürgermeisters und Durchdrücken des Dammannschen Entwurfs bei den Stadtverordneten: *Also sprechen Sie ein Machtwort, verehrter Herr Kamerad.*[98] Er habe schon 32 Kriegerdenkmäler für Regimenter und 65 für Städte und Gemeinden entworfen, er mache *so viele Denkmäler wie kein anderer.* Er habe zum Beispiel in Bad Homburg den Brunnen und die Tempelanlagen über die Elisabethquelle *im Auftrag des Kaisers* geschaffen. Die Form des Denkmals sei durch den Zweck und ästhetische Regeln bestimmt: Nur mannhafte, feldgraue Figuren erfreuen sich der Beliebtheit, so Dammann. Nackte Gestalten verstünde der *kleine Mann* nicht, weibliche, trauernde gehörten auf einen Friedhof, Ritter seien für Rathäuser und Kirchen geeignet, Madonnen, Kruzifixe und St. Georg gehörten nach Süddeutschland, aber nicht nach Hessen. Denkmale mit Löwen und Adler seien schon nach 1870 tausende entstanden. *Architekturen ohne plastisches Gestein sind totes Gestein.* Das Publikum wünsche sich aber etwas, was etwas ausdrücke und *zu Herzen geht.* Also käme, so Dammann in seinem Fazit, immer wieder der kraftvolle Feldgraue in Front in Frage, *wie er war.*[99] Im Frühjahr 1932 solle das Denkmal stehen. Seyd versicherte dem sich monatlich per Brief meldenden Bildhauer, falls *keine wichtigen Gründe* dagegen sprächen, ihm den Auftrag für das Denkmal zu erteilen, doch sonst hielt sich Seyd zurück und antwortete ihm auch nicht auf jeden Brief.[100] Die Passage der *wichtigen Gründe* boten dem Bürgermeister genug Möglichkeiten des Ausweichens. Fast in Trommelfeuermanier hämmerte Dammann auf Seyd ein, wiederholte immer wieder seine Argumente. Dammann sah – und musste es auch verständlichen Gründen auch sehen – dass das *Interesse an den Gefallenen* stetig abnahm, zumal damit auch ein Preisverfall für Denkmäler verbunden war.[101] Anscheinend hatte Soldan ihn in dem Glauben bestärkt, dass Seyd energisch für ihn im Stadtparlament wirken würde.

In der Sitzung der Denkmalkommission am 23. November 1931 äußerte Seyd, dass Denkmal endlich zu errichten, das *für Jahrhunderte als Wahrzeichen dienen* solle. Dammann solle seinen Entwurf vorstellen können, da dieser mit Soldan bereits in sehr fortgeschrittenen Verhandlungen stehe. Doch in der

Sitzung gab es eine Wendung: Der Stadtverordnete Dickler warf die Frage auf, ob man es nicht bei einer Ehrenhalle im Wasserturm belassen könne und die Aufstellung einer Soldatenfigur verzichtbar sei, worauf Metzger entgegnete, dass auch er von Beginn an die Aufstellung für *nicht sympathisch* gehalten habe und als einzigen Schmuck die Zahlen „1914 1918“ vorsah. Aufgrund des Beschlusses für eine Soldatenfigur habe er den Plan, nur eine Krypta einzubauen, nicht weiter verfolgt. Die Verbindung Wasserturm mit Ehrenhalle wurde vom Denkmalausschuss einstimmig beschlossen; über die Frage der Aufstellung einer Soldatenplastik sollte später entschieden werden. Die Kosten einer acht Meter hohen Figur schätzte Dammann auf 30.000 RM; viel zu viel für den Etat der Stadt und das gesammelte Geld der Militärvereine. Eine kleinere Figur kam jedoch nicht in Frage, da sie unverhältnismäßig klein vor dem hohen Wasserturm ausgesehen hätte. Dammann bezweifelte, dass ein Friedberger Bildhauer die Arbeit ausführen könne, aber Metzger kannte Hugo Siegler von den Arbeiten am Kerckhoff-Institut und sah ihn vor.[102] Metzger empfahl eine liegende Figur oder überhaupt den gänzlichen Verzicht auf eine Plastik.

Möglich seien die Jahreszahlen 1914 und 1918 sowie ein Stahlhelm in kupferner Ausführung. Zunächst hatte er an einen Kranz an der Rückwand der zehn Meter Durchmesser umfassenden Krypta gedacht, dann favorisierte er ein Gemälde, final schlug er eine aufgemalte Flamme vor. Beide Fenster sollten mit Glasmalereien geschmückt werden. Die *Darmstädter Zeitung* fühlte sich später bei der Gestaltung der Krypta an die Berliner Gedenkstätte in der Alten Wache erinnert.[103] Die Stadt Friedberg sei übrigens auch nicht an Dammann gebunden und frei in ihren Entscheidungen, so Metzger weiter. Das Modell des Denkmals von Metzger wurde den Stadtverordneten und dem Denk-

Abb. 13: Kunstbildhauer Hugo Siegler (1875-1937). Stadtarchiv Friedberg: Fotosammlung

malausschuss vorgestellt, das vom Ausschuss einstimmig angenommen wurde; die Stadtverordneten stimmten mit einer Gegenstimme (Loth, *KPD*) und zwei Stimmenthaltungen (Leuchtgens und Thurn) zu.[104] Beiden sagte die Art der Ausführung nicht zu. Nun sagte Seyd auch Dammann ab.[105]

Gewünscht wurde die Anbringung aller 400 Namen, alle vom 1. August 1914 bis 10. November 1918 in Friedberg wohnenden Gefallenen bzw. Gestorbenen sollten berücksichtigt werden. Doch stieß die Sammlung der Namen auf Schwierigkeiten, wie sie auch aus anderen Städten bekannt sind: Das Desinteresse der Bevölkerung war einfach zu groß; weder die Vereine noch die Friedberger reagierten in nennenswerter Zahl auf den Aufruf vom 16. Januar 1932, die Namen und Daten der Gefallenen zu melden.[106] Ein eigener Listenprüfungsausschuss hatte erst 250 Namen ermitteln können. Der *Oberhessische Anzeiger* druckte am 6. Februar 1932 die Namen der bisher bekannten Gefallenen und Gestorbener ab.

Nummer 31 — Beilage des Oberhessischen Anzeigers und Friedberger Zeitung — Samstag, den 6. Februar 1932

Das Namen-Verzeichnis der Kriegsopfer der Stadt Friedberg.

Jeder Name mit vollständigen Angaben wird auf Tafeln in der Gedächtnishalle im neuen Wartturm angebracht.

Abb. 14: Überschrift der Namensliste für die Gefallenen und Kriegstoten aus dem Ersten Weltkrieg, Oberhessischer Anzeiger 6.2. 1932

Im Frühjahr 1932 lag dann eine fertige Liste vor. Der *Reichsbund der Kriegsbeschädigten* bemängelte, dass nur die Namen der an Kriegseinwirkungen Gestorbenen auf den Tafeln angebracht werden sollten, nicht aber der Soldaten, die nie an der Front standen und in der Heimat an Krankheiten starben. Das widersprach Seyds Auffassung jedoch deutlich.[107] Der Denkmalausschuss folgte ihm. Den Hinweis auf Chefarzt Dr. Krombach, den der Reichsbund als Beispiel dafür nannte, dass auch Soldaten ohne Fronteinsatz auf den Tafeln genannt würden, wies der Ausschuss zurück, da Krombach längere Zeit im Reservelazarett Metz tätig gewesen sei.[108]

Als Spruch für das Denkmal schlug Metzger *Ihren im Weltkrieg gefallenen Söhnen! Die Stadt Friedberg* vor. Die beiden Pfarrer im Ausschuss wollten

Abb. 15: Die Krypta des Wartturms 1932. Foto M. Göllner Frankfurt a.M. Stadtarchiv Friedberg, Abt. VIII Bauakten Wartturm Nr. 228

Abb. 16: Eine der Ehrentafeln mit den Namen der Gefallenen in der Krypta des Wartturms. Foto M. Göllner Frankfurt a.M. Stadtarchiv Friedberg, Abt. VIII Bauakten Wartturm Nr. 228

daneben Sätze aus der Bibel anbringen lassen, die jedoch viel zu lang waren wie *Niemand hat größere Liebe denn die, dass er sein Leben lässet für seine Freunde.* oder *Und sie haben ihn überwunden durch des Lammes Blut und durch das Wort ihres Zeugnisses und haben ihr Leben nicht geliebt bis an den Tod.* Metzger favorisierte den kräftigen Satz *Wir gedenken Euer,* dem sich die Mitglieder des Ausschusses anschlossen.[109]

Nach dieser Entscheidung begannen die Arbeiten an der Krypta unverzüglich. Die Stadt wollte die Ehrenhalle am Volkstrauertag 1932 einweihen. Den Ausbau übernahm die Firma Georg Sommer, die mehrere Koksöfen aufstellte, damit die Arbeiten trotz der kalten Witterung vorangehen konnten.[110] Um möglichst viele Friedberger Firmen teilhaben zu lassen, wurden die Arbeiten geteilt. Das Problem war, dass die meisten Angebote der einheimischen Gewerbetreibenden höher als die der auswärtigen waren; übrigens ein Phänomen, was wechselseitig bei vielen Bauprojekten zu konstatieren ist. Metzger „drückte" daher die Preise, um Friedberger zu berücksichtigen. Die Steinmetzarbeiten führte die Firma Heinrich Damm aus, die zwölf Tafeln mit den Namen der Toten die Geschäfte Paul Friese, Karl Boll (beide jeweils sechs Tafeln), Hugo Siegler und Anton Hofmann (beide jeweils drei Tafeln).[111] Da das Einmeißeln jeden Namens 10 RM kostete, warb Seyd bei der Bevölkerung um Spenden. Aufgrund der steigenden Zahl der ermittelten Namen stiegen die Kosten für das Einmeißeln auf 3.627 RM statt der veranschlagten 2.838 RM.

Ursprünglich war der 26. Juni als Einweihungstag vorgesehen, der jedoch nicht einzuhalten war. So wurde die Weihe auf

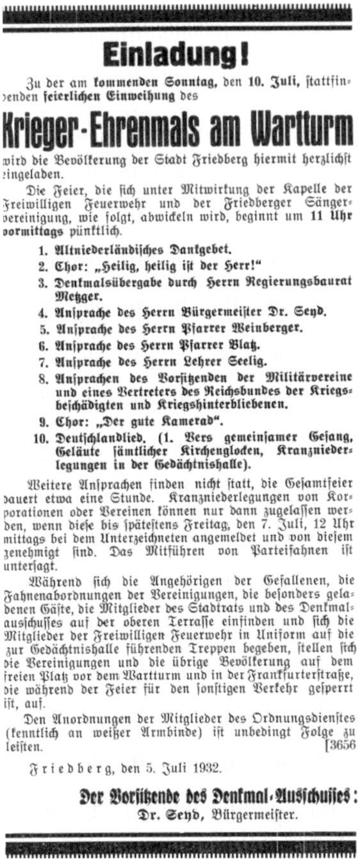

Einladung!

Zu der am **kommenden Sonntag,** den **10. Juli,** stattfindenden **feierlichen Einweihung** des

Krieger-Ehrenmals am Wartturm

wird die Bevölkerung der Stadt Friedberg hiermit herzlichst eingeladen.

Die Feier, die sich unter Mitwirkung der Kapelle der Freiwilligen Feuerwehr und der Friedberger Sängervereinigung, wie folgt, abwickeln wird, beginnt um **11 Uhr vormittags** pünktlich.

1. **Altniederländisches Dankgebet.**
2. **Chor: „Heilig, heilig ist der Herr!"**
3. **Denkmalsübergabe durch Herrn Regierungsbaurat Metzger.**
4. **Ansprache des Herrn Bürgermeister Dr. Seyd.**
5. **Ansprache des Herrn Pfarrer Weinberger.**
6. **Ansprache des Herrn Pfarrer Blaß.**
7. **Ansprache des Herrn Lehrer Seelig.**
8. **Ansprachen des Vorsitzenden der Militärvereine und eines Vertreters des Reichsbundes der Kriegsbeschädigten und Kriegshinterbliebenen.**
9. **Chor: „Der gute Kamerad".**
10. **Deutschlandlied. (1. Vers gemeinsamer Gesang, Geläute sämtlicher Kirchenglocken, Kranzniederlegungen in der Gedächtnishalle).**

Weitere Ansprachen finden nicht statt, die Gesamtfeier dauert etwa eine Stunde. Kranzniederlegungen von Korporationen oder Vereinen können nur dann zugelassen werden, wenn diese bis spätestens Freitag, den 7. Juli, 12 Uhr mittags bei dem Unterzeichneten angemeldet und von diesem genehmigt sind. Das Mitführen von Parteifahnen ist untersagt.

Während sich die Angehörigen der Gefallenen, die Fahnenabordnungen der Vereinigungen, die besonders geladenen Gäste, die Mitglieder des Stadtrats und des Denkmalausschusses auf der oberen Terrasse einfinden und sich die Mitglieder der Freiwilligen Feuerwehr in Uniform auf die zur Gedächtnishalle führenden Treppen begeben, stellen sich die Vereinigungen und die übrige Bevölkerung auf dem freien Platz vor dem Wartturm und in der Frankfurterstraße, die während der Feier für den sonstigen Verkehr gesperrt ist, auf.

Den Anordnungen der Mitglieder des Ordnungsdienstes (kenntlich an weißer Armbinde) ist unbedingt Folge zu leisten. [3656

Friedberg, den 5. Juli 1932.

Der Vorsitzende des Denkmal-Ausschusses:
Dr. Seyd, Bürgermeister.

Abb. 17: Einladung der Stadt Friedberg zur Einweihung des Kriegerehrenmals, Oberhessischer Anzeiger 5.7. 1932

den 10. Juli 11 Uhr, gelegt. Am 23. Juni fanden nochmals Besprechungen mit dem Denkmalausschuss und den Militärvereinen bei Seyd statt, um die Organisation des Einweihungsaktes vorzustellen. Bereits die Einladung an die Vereine zeigt den hohen Grad der Organisation der ehemaligen Soldaten. Soldan war für den *Offiziersverein* anwesend, Oberpostsekretär Walker für den *Verein der ehemaligen 168er*, Jakob Sang für den *Kavallerie- und Trainverein*, Lehrer Stumpf für die 115er, Obersteuersekretär Karl Reutzel für den *Marineverein*, Johannes Schwarz und Walter Kunze für den *Stahlhelm-Bund*, Ernst Keßler für die 116er und Frank als Vertreter des *Militär- und Veteranenvereins*.

Seyd achtete, wie bereits zuvor, auf die Einbindung aller relevanten Strömungen. Er beteiligte die drei großen Religionsgemeinschaften Friedbergs mit eigenen Redebeiträgen, die Militärvereine und die Kriegsbeschädigten. An *den Reichsbund jüdischer Frontsoldaten*, Ortsgruppe Friedberg, ging eine besondere Einladung, die das Interesse der Stadt an dessen Mitwirkung unterstreicht.[112]

Aufgrund der Position der *KPD* in der Stadtverordnetenversammlung befürchtete der Bürgermeister Störungsversuche von kommunistischer Seite, *eventuell durch Kinder.*[113] Auch bestünde die Möglichkeit, dass Kommunisten Ansprachen halten würden. Seyd versuchte dies zu verhindern und bezog das Polizeiamt ein. Um alle Parteipolitik aus der Weihefeier herauszuhalten und ihr damit die zustehende Würde zukommen zu lassen, untersagte Seyd das Mitführen von Parteifahnen. Übrigens verbot das Polizeiamt den Militärvereinen das Führen der Fahnen auch am Totensonntag. Ansprachen und Kranz-

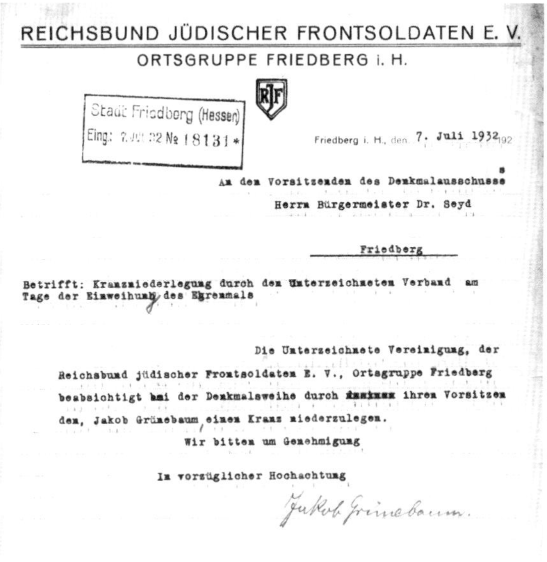

REICHSBUND JÜDISCHER FRONTSOLDATEN E. V.
ORTSGRUPPE FRIEDBERG i. H.

Stadt Friedberg (Hessen)
Eing.: 7. JUL 32 № 18131 *

Friedberg i. H., den 7. Juli 1932

An den Vorsitzenden des Denkmalausschusses
Herrn Bürgermeister Dr. Seyd

Friedberg

Betrifft: Kranzniederlegung durch den Unterzeichneten Verband am Tage der Einweihung des Ehrenmals

Die Unterzeichnete Vereinigung, der Reichsbund jüdischer Frontsoldaten E. V., Ortsgruppe Friedberg beabsichtigt bei der Denkmalsweihe durch ~~xxxxxx~~ ihren Vorsitzenden, Jakob Grünebaum, einen Kranz niederzulegen.

Wir bitten um Genehmigung

In vorzüglicher Hochachtung

Jakob Grünebaum.

Abb. 18: Anmeldung des Reichsbunds Jüdischer Frontsoldaten zur Kranzniederlegung in der Krypta des Wartturms. Stadtarchiv Friedberg, Abt. VIII Bauakten Wartturm Nr. 228

niederlegungen waren nur nach vorheriger Genehmigung möglich. Neben dem *Reichsbund jüdischer Frontsoldaten* legten die *Freiwillige Sanitätskolonne vom Roten Kreuz*, der *Volksbund Deutscher Kriegsgräberfürsorge*, der *Verein für Bewegungsspiele*, die *Evangelische Vereinigung*, der *Jungdeutsche Orden*, das *Rote Kreuz* und der *Alice-Frauen-Verein*, die *Turngemeinde* und der *Eisenbahnverein* Kränze am Tag der Einweihung nieder. Die musikalische Ausgestaltung oblag dem Lehrer Funk mit seiner *Sängervereinigung*.

Soldan wollte zwischen der Ansprache Seeligs und seiner eigenen nochmals die *Sängervereinigung Friedberg* ein Lied vortragen lassen; auch wünschte er als Abschluss das Singen der ersten und vierten Strophe des Deutschlandlieds, die Albert Matthai 1921 dichtete (*Deutschland, Deutschland, über alles und im Unglück nun erst recht*) und die es in den Folgejahren zu großer Popularität brachte. Doch durchsetzen konnte sich Soldan damit nicht; es blieb bei der ersten Strophe, der Nationalhymne.

Für dasselbe Wochenende meldete der *Oberhessische Anzeiger* aus dem Kreis Friedberg ernste Zusammenstöße zwischen Angehörigen verschiedener politischer Gruppierungen – das Ende der ersten deutschen Republik nahte, nicht zuletzt auch wegen der Wirkungsmächtigkeit des untergegangenen Kaiserreichs. So wurde die Flaggenfrage in der Vorbereitung der Weihe diskutiert – der Flaggenstreit war symptomatisch für das Verhältnis von Kaiserreich und Weimarer Republik. Bürgermeister Seyd hatte ursprünglich die Reichskriegsflagge aufstellen wollen, da jedoch keine vorhanden sei, habe man sich aus *historischen Gründen* entschlossen, die schwarz-weiß-rote Fahne neben der schwarz-rot-goldenen und zwei hessischen aufzustellen. Seyd glaubte nicht, dass dies zu Widerstand zu führen würde. Ehemann lehnte als Kriegsbeschädigter und Sozialdemokrat jedoch die Aufstellung der schwarz-weiß-roten Fahne ab: *Insbesondere stehe die sozialdemokratische Partei auf dem Standpunkt, daß die Gefallenen nicht für die Flagge `Schwarz-Weiß-Rot´ gefallen seien. Die Flagge des deutschen Vaterlandes sei heute `Schwarz-Rot-Gold´ und die Ehrung der Gefallenen müsse unter diese Flagge erfolgen.* Seyd entgegnete, die alte Reichsflagge habe nichts mit Politik zu tun, sondern sei die Fahne, unter der die Soldaten im Weltkrieg gefallen seien.[114] Die Flaggenfrage wurde in der nächsten Sitzung erneut aufgeworfen. Ehemann hielt an seinen grundsätzlichen Bedenken fest und wies darauf hin, dass er nicht garantieren könne, dass die von ihm vertretenen Bevölkerungskreise das Feiern unter der alten Reichsfahne verstehen würden. Mit seiner Gegenstimme wurde die Aufstellung der schwarz-weiß-roten Flagge beschlossen.

Abb. 19: Der Wartturm 1928. Foto M. Göllner Frankfurt a.M. Stadtarchiv Friedberg, Abt. VIII Bauakten Wartturm Nr. 228

Abb. 20: Der Friedberger Wartturm im festlichen Fahnenschmuck am Tag der Einweihung der Krypta, 10.7. 1932. Stadtarchiv Friedberg: Fotosammlung

Die Berichterstattung in den lokalen Medien war für Tage von den Einweihungsfeierlichkeiten geprägt. Der *Oberhessische Anzeiger* war voll des Lobes für den Bürgermeister: *allen Unbilden zum Trotz, das Ziel erreicht, das Ergebnis stillen Abwartens und kluger Voraussicht. Wir beglückwünschen Bürgermeister Dr. Seyd aufrichtig zu diesem wirklich großen Erfolg und desgleichen den hervorragenden Baumeister, Reg.-Baurat August Metzger.*[115] Die Weihefeier entsprach in allem den Traditionen der Kaiserzeit. Das „Altniederländische Dankgebet", Teil des Großen Zapfenstreichs, bildete die Einleitung der Gedenkfeier. Das Lied vom „guten Kameraden" gehörte ebenfalls zum festen Repertoire der im Kaiserreich volkstümlich gewordenen Lieder, obwohl sie viel älteren Ursprungs waren. Nach der Ansprache Metzgers folgten die Beiträge des Bürgermeisters, der Geistlichen der evangelischen und katholischen Gemeinde sowie der des Lehrers Seelig für die jüdische Gemeinde Friedbergs. Den Abschluss bildete das Deutschlandlied mit dem Läuten der Kirchenglokken. Metzger übergab den Schlüssel des Bauwerks an Seyd mit den Worten *Der Tod für das Vaterland ist ewiger Verehrung wert* und nannte in seiner kurzen Ansprache die Meinungsverschiedenheiten über die Form der Ehrung. Seyd erinnerte in seiner betont patriotischen Festrede an die *Pflicht zum Aufbau*, für die die Kriegstoten die Saat gewesen seien. Man befinde sich in der schwersten Schicksalsstunde der Nachkriegszeit, mit einem *dumpfen Gefühl der Verzweiflung*, aber man habe *immer den Kopf in die Höhe gereckt. Über allen Träumen des Weltbürgertums stehe die reale Wirklichkeit des Vaterlandes, in dem allein die starken Wurzeln unserer Kraft beruhen,* so Seyd weiter. Nach den Ansprachen der Geistlichen und des Lehrers Seelig gedachte Soldan *in markigen Worten der ruhmvollen Taten der alten Armee und des Opfertodes der Gefallenen für Volk und Vaterland.* Artur Ehemann gedachte ebenfalls der Toten und gab der Hoffnung Ausdruck, dass die Welt von einem abermaligen Krieg verschont bleibe. Bei der Einweihung kreiste ein Flugzeug der Fliegergruppe des Polytechnikums über dem Denkmal und warf *vom sonnendurchglühten Himmel einen Kranz als letzten Gruß an die toten Krieger* ab. Die Militärvereine marschierten unter Soldan zum alten Kriegerdenkmal auf der Kaiserstraße und legten dort ebenfalls einen Kranz nieder.[116]

Die Gesamtkosten der Kriegerehrung betrugen 16.433,29 RM, wovon 15.194,65 RM durch das deponierte Guthaben beim Mathildenstift gedeckt waren. Der Staat Hessen stellte der Stadt für Metzgers Bauleitungskosten 730 RM in Rechnung. Von diesem Posten wollte Seyd abgehen und Leuchtgens erhielt den Auftrag, im Finanzministerium mit Metzger vorzusprechen. Doch es blieb bei der Summe.[117]

Nicht nur die Medien, auch die Friedberger Bevölkerung selbst nahm das Denkmal an. Allein am 17. Juli, einem Sonntag, wurden 1 168 Besucher gezählt. Der Besucherstrom war vor allem in der ersten Zeit sehr stark; in der ersten Woche nach der Weihe war der Turm 49 Stunden geöffnet (10-13 Uhr, 15 bis 19 Uhr) und ihn sahen sich 3 055 Personen an, in der zweiten Woche 2 060.[118] Der Turm wurde von dem Kriegsbeschädigten Armin Adler bewacht, der einen Tageslohn von 4 RM erhielt, was Seyd als zu hoch befand.

Ragender Turm - Heilige Mahnung!

Stark steht der Turm
Euch zur Ehr
Der Heldenwehr
Im Schlachtensturm!

Ihr habt das Leben
Das göttliche Gut
Im Opfermut
Für uns gegeben!

Die Ihr gefallen
In blutigem Streit
In Einigkeit
Dank Euch allen!

Ueber allem stand
Für Euch Großen
Im Waffentosen
Das Vaterland!

In Todesahnung
Habt Ihr gestritten
Und — ausgelitten!
Ragender Turm — Heilige Mahnung!

Ph.

Abb. 21: Gedicht zur Einweihung der Kriegergedenkstätte im Wartturm, Oberhessischer Anzeiger 9.7. 1932

Der Finanzausschuss blieb in seiner Sitzung vom 11. Juli 1933 jedoch dabei. Adler ging am 17. Juli, also ein Jahr nach der Weihe, nach Wilhelmshaven. Über den Nachfolger gab es Streit zwischen der Stadt und der *NSDAP*-Stadtratsfraktion mit ihrem Vorsitzenden Heinrich Dörr. Der Finanzausschuss favorisierte den Versorgungsanwärter Bellersheim, die *NSDAP* den arbeitslosen Wilhelm Jörg, der dann auch zum Nachfolger ernannt wurde.[119]

Die Umwidmung der Krypta durch die Nationalsozialisten

Nach Seyds Vorstellungen war die Kriegerehrung kein politisches Thema; die Auseinandersetzungen zwischen den Stadtverordneten und sicher auch in der Bevölkerung sagen etwas anderes aus. Schon bald gerieten das Denkmal und der Bürgermeister selbst zwischen die politischen Fronten. Am 11. Juli 1932 beantragten die Friedberger Nationalsozialisten, einen Kranz während der Feier niederlegen zu dürfen. Seyd, der mit NSDAP-Mitgliedern schon am 8. Juli darüber gesprochen hatte, argumentierte, jede Partei habe dazu das Recht, dies gelte jedoch erst nach der Einweihung. Auch dürften keine *verletzenden oder verhetzenden Inschriften am Kranz angebracht oder Ansprachen aufreizenden Inhalts gehalten werden,* so Seyd weiter.[120] Die Nationalsozialisten erklärten sich damit einverstanden. Noch am gleichen Tag sprach sich dies unter den Stadtverordneten herum; Seidel war erbost, es sei nun klar erwiesen, dass Seyd mit den Nationalsozialisten sympathisiere. Seidel versuchte dies später gegenüber Seyd abzuschwächen, aber dieser lehnte jede Unterhaltung darüber ab.[121] Der Finanzausschuss schloss sich am 11. Juli der Ansicht Seyds an, dass es nach der Einweihung keiner Partei verboten werden könne, Kränze niederzulegen. Lediglich bei der Einweihung habe es darum gehen müssen, dass nicht *irgendwelcher Misston das Empfinden der Hinterbliebenen stören* dürfe. Einen Tag später rief Polizeidirektor Klapproth den Bürgermeister an und befragte ihn ebenfalls zur Kranzniederlegung durch die Nationalsozialisten. Seyd blieb bei seiner Ansicht und teilte mit, dass auch das *Reichsbanner* oder die *Eiserne Front* Kränze niederlegen dürften. Wenige Tage später legten tatsächlich Wiener Arbeiterfußballer einen Kranz nieder. Klapproth schloss sich dem Ausgeführten an und bemerkte lediglich kritisch, warum der *Stahlhelmbund* an den Einweihungsfeiern teilnehmen durfte. Nach Seyds Ansicht stehe der „Stahlhelm" zwar politisch rechts, sei aber eine nationale, keine politische Organisation, wie das *Reichsbanner.*

Bald, nur wenige Monate später, waren diese Gedanken allesamt Makulatur. Nach dem 30. Januar 1933, der Ernennung Hitlers zum Reichskanzler, ging es mit der Errichtung der Diktatur Schlag auf Schlag, nicht nur auf den Ebenen des Staates und der Länder, die als solche aufhörten zu existieren, sondern auch in den Städten und Gemeinden. Am 6. März 1933 hatte Reichsinnenminister Wilhelm Frick dem Landtagsabgeordneten Heinrich Müller die Polizeigewalt kommissarisch übertragen und damit de facto die hessische Landesregierung abgesetzt. Ähnliche Prozesse lassen sich auch in anderen deutschen

Ländern finden. Wie sich die Machtergreifung in Friedberg vollzog, ist durch Michael Keller gründlich aufgearbeitet wurden. Am 17. Mai 1933 trat die sozialdemokratische Fraktion der Stadtverordnetenversammlung gezwungen zurück; in dieser Sitzung wurden Hitler und Hindenburg zu Ehrenbürgern Friedbergs ernannt. In derselben Sitzung beschlossen die Stadtverordneten, in der Krypta des Wartturms auch Albert Leo Schlageter zu gedenken, der gegen die französische Besatzungsmacht kämpfte und dafür erschossen wurde. Die Stadtverordneten beschlossen schließlich am 27. September 1933, dass die gefallenen Kommunalbeamten, -angestellten und –arbeiter mit einer Ehrentafel im Rathaus zu ehren seien. Auch diese Ehrung entsprach der Haltung der Stadtparlamente in vielen deutschen Städten.

Die Nationalsozialisten erweiterten die Sakralisierung der Kriegstoten durch eine Gleichsetzung von Landes- mit Parteiinteressen. Die toten Soldaten von 1914 bis 1918 wurden mit den „Gefallenen der Bewegung", der „Kampfzeit", gleichgesetzt, da beide nach Logik der *NSDAP für Deutschland gefallen waren*. Am 9. November 1933, dem Jahrestag des misslungenen Hitlerputsches von 1923, enthüllte die Partei unter Beteiligung der Stadtverwaltung eine von Metzger entworfene, quadratmetergroße Platte mit überdimensionierten Hakenkreuz und der Gedenkinschrift *Dem Andenken der zur Erneuerung Deutschlands Gefallenen von SA, SS, HJ und der St.*[122] Auf der Feier am 9. November, 11 Uhr, sprach, nachdem die *SA des Sturmbannes I/222* und

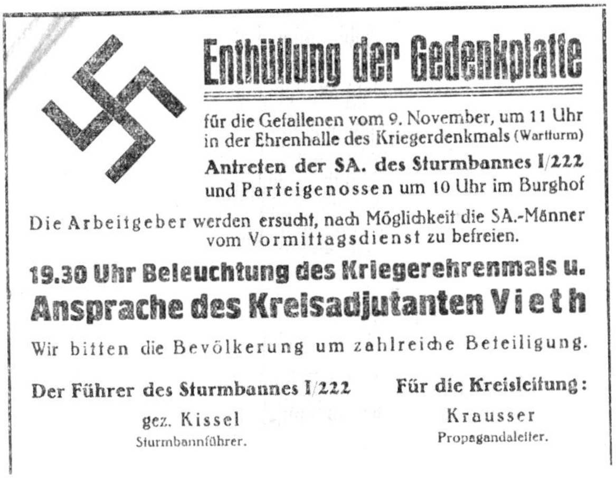

Abb. 22: Einladung zur Enthüllung der Gedenkplatte in der Krypta des Wartturms, Oberhessischer Anzeiger 8.11. 1933

die *NSDAP*-Mitglieder im Burghof angetreten und zum Denkmal marschiert waren, der Bürgermeister Seyd die Worte: *Namens der Stadt übernehme ich diese Ehrenplatte, welche dem Andenken derjenigen gewidmet ist, welche als treue Mitkämpfer unseres großen Führers für Deutschlands Ehre, Größe und Freiheit ihr Leben ließen, in treue Obhut. Möge der Geist, der diese Kämpfer beseelte, stets der Geist aller Deutschen sein, dann wird auch unser Vaterland wieder aufsteigen.*[123] Diese heroische Aussage stand in völligem Gegensatz zu den 92 RM Herstellungskosten, um die sich ein Kleinkrieg zwischen *NSDAP* und Stadtverwaltung entspann. Letztere stellte sich auf den Standpunkt, dass die Platte nicht die Stadt, sondern Standartenführer Schäfer bestellt habe und es eine Ehrung durch die Standarte sei. Dieser drohte allen Ernstes, bei Nichtbezahlung der Rechnung durch die Stadt die Tafel wieder abzunehmen. Die Stadt lehnte die Übernahme der Rechnung ab. Da an den Wänden kein Platz mehr für die anscheinend von der Stadtverwaltung ungeliebte Tafel war, wurde in der Mitte des Fußbodens ein Steinsockel mit der Bronzeplatte aufgestellt. Gleiches – der Unterschied zwischen Ideal und finanziellem Streit - galt für den Kunstschlossermeister Hubert Bendick, der u.a. den Eichenlaubkranz

Abb. 23: Parade des Infanterie-Regiments Nr. 36 am Wartturm, vermutlich anlässlich des Heldengedenktages am 12. März 1939. Stadtarchiv Friedberg: Fotosammlung

gefertigt hatte.[124] Bendick war verschuldet, ein Gläubiger beantragte die Versteigerung des Grundstücks. Der Kranz war gegenüber ursprünglichen Planungen größer und dicker geworden und Bendick war der Meinung, die Mehrkosten müsse die Stadt tragen. Seine Gläubiger forderte der Kunstschlosser daher auf, ihre offenen Forderungen bei der Stadt anzumelden, die ihm noch Geld schulde. Metzger sagte eine Teilvergütung zu, lehnte jedoch alle weiteren Mittel ab. Bendick konnte die Steuerschulden bei der Stadt nicht begleichen, so dass sich der hessische Landeshandwerksführer 1934 einschaltete. Schließlich einigten sich Stadt und Bendick auf einen Steuernachlass und auf Bendicks Verzicht seiner Forderungen.

Die neue Rolle, die dem Turm 1933 zugewiesen wurde, setzte sich nach dem Ausbruch des Zweiten Weltkriegs nahtlos und erstaunlich früh fort. Schon 1940 erhielt die Totenehrung im Wartturm einen Zusatz: die Gefallenen des Zweiten Weltkriegs. Auf der Umfassungsmauer sollten nun nicht mehr nur die Jahre 1914 bis 1918, sondern auch die Jahre „1939-1940 FÜR DEUTSCHLAND“ genannt werden. Der Plan wurde wohl nicht ausgeführt. Dafür entstand 1940 ein Ehrenfeld auf dem Friedhof, auf dem gestorbene Soldaten ihre letzte Ruhe fanden. In den Jahren des Zweiten Weltkrieges sollen 32 Soldaten und sieben Kriegsgefangene hier beerdigt worden sein.[125]

Der Wartturm nach 1945

In einem Schreiben an das Stadtbauamt Friedberg 1968 wiesen die Stadtwerke 40 Jahre nach der Einweihung auf den inzwischen schlechten Zustand des Turmes hin: Die beiden Decken zwischen dem Hochbehälter und der oberen Halle und der obersten, freien Plattform seien wasserdurchlässig und der Estrich auf der Plattform an vielen Stellen gerissen. Die Nutzung der Plattform, so die Stadtwerke weiter, fördere den Wasserdurchtritt und damit die Trinkwasserverunreinigung.[126] Man schätzte die Kosten für eine Renovierung auf 300.000 DM.[127] Auch die imitierten Regenabweiser erwiesen sich 1983 als schadhaft. Um das Äußere des Turmes ansprechender zu gestalten, hielt es der Friedberger Bürgermeister Dr. Ludwig Fuhr (*SPD*) 1979 für dringend erforderlich, den Turm anzustreichen. Die Stadtwerke rieten davon ab, da damit die Wirkung des Sichtbetons aufgehoben werden werde. 1980 schrieb die Stadt die Malerarbeiten in der Krypta aus. Das war jedoch nur der Prolog zu einer Diskussion der Stadtverwaltungsspitze mit den Stadtwerken in den Folgejahren. Die Stadtwerke vertraten den Standpunkt, dass, da der Turm sowieso nur zu einem geringen Teil für die Wasserversorgung, aber vielmehr als Ehrenmal genutzt werde sowie ursprünglich die Funktion als Aussichtsturm mit Restaurantbetrieb vorgesehen gewesen sei, dies eigentlich weniger eine Angelegenheit der Stadtwerke als der ganzen Stadt sei.[128] So kam es am 23. Januar 1984 zum Stadtratsbeschluss, die Renovierung des Turms mit einem Viertel der Gesamtkosten von 90. 000 DM, also 22.500 DM, *aufgrund des ortsprägenden Charakters* zu unterstützen, da der Turm zum Vermögen der Stadtwerke gehörte. Immer drängender wurde die Sanierung, denn 1986 konstatierte das Friedberger Stadtbauamt, dass sich die Betonmauer, die durch freiliegendes Eisen zerstört wurde, sowie der Treppenbereich und der gesamte Denkmalplatz in einem schlechten Zustand befänden.[129] So wurde 1988 die Firma Höller beauftragt, bis zum Volkstrauertag am 13. November 1988 einige Sanierungsmaßnahmen auszuführen. In Abstimmung mit dem Denkmalamt wurde die Eibenhecke, die sich bei den Gerüstarbeiten *im Weg befand*, gerodet und dafür Rankpflanzen gepflanzt. Für die Zeit der Erbauung des Wartturms ist fest davon auszugehen, dass auch die Bepflanzung einer durchdachten Konzeption folgte. Die Eibe, einer der wichtigsten Bäume im Volksglauben und wahrscheinlich die Yggdrasil, der Weltenbaum bzw. Lebensbaum in der germanischen Mythologie, war ein „Zaubergewächs", mit dessen Zweigen nach der Überlieferung Hexen und böse Magie abgewehrt werden konnten. Gleichzeitig galt die Eibe wegen ihrer giftigen Nadeln und Früchte, auch mit ihrer berauschenden Wirkung, als Totenbaum, der häufig auf Friedhöfen angepflanzt wurde.[130] So entsprach auch die Umpflanzung des Wartturms mit Eiben alter Überlieferung. Welchen Stellenwert dabei der Germanenbezug spielte, der gerade in dieser Zeit nicht selten eine Rolle spielt, ist unklar, da zu der gärtnerischen Gestaltung des Wartturms keine Unterlagen existieren. Von 2009 bis 2013 wurden das Innere des Wasserturms und die Wasserkammern saniert, damit die Wasserqualität weiterhin gewährleistet werden konnte. Durch die Innensanierung erfüllt der Wartturm für die nächsten Jahrzehnte weiterhin seinen Zweck. [131]

Das Gedenken nach dem Zweiten Weltkrieg

Die oft apostrophierte „Stunde Null", die es so nie gab, sorgte zunächst, auch auf alliierten Druck, für die Beseitigung der sichtbaren Relikte der NS-Zeit. Dem fiel auch die künstlerisch wertlose, hakenkreuzverzierte Bronzeplatte von 1933 zum Opfer. Wann sie im Jahr 1945 eingeschmolzen wurde, ist heute unbekannt. Das Denkmal auf der Kaiserstraße, das wie viele, ganz im Sinne der immer wiederkehrenden Ironie der Geschichte, dass die Kriegerdenkmäler „Opfer“ des neuen Krieges wurden, im Zweiten Weltkrieg schon „torsiert“ wurde – die bronzenen Kanonen wurden eingeschmolzen – sollte nach dem Willen der *SPD*-Stadtratsfraktion schon 1950 abgerissen werden. Es fiel dann endgültig 1956; einzelne Steine fanden ihren Platz in dem Sockel eines Eichenlaubkranzes vor dem Wartturm.[132] Das Denkmal für 1870/71 musste schon 20 Jahre vorher wegen der Errichtung einer Bedürfnisanstalt versetzt werden.[133] Mit der Aufgabe dieses Denkmals wurde der Wartturm zur zentralen Soldatengedenkstätte für alle Kriege aufgewertet, der zum ersten Mal zum Volkstrauertag am 16. November 1958 in einer Feierstunde diese Funktion hatte. Wenige Wochen später wurde die neugestaltete Anlage durch einen Akt des Vandalismus zerstört und u.a. ausgerechnet die Tafel „Schützt Eure Anlagen“ herausgerissen. Durch die Neuerrichtung der Stützmauer waren allerdings die Reste der Inschrift zerstört worden, so dass eine neue Inschrift und das Anbringen des Eisernen Kreuzes anstatt des Stahlhelms folgte. 1954 wurde die Krypta schon renoviert. Auch das Gedenken an die Toten des Zweiten Weltkrieges folgte bald. Am 20. November 1961 wurde ein Ehrenbuch mit dem Namen der 365 Toten hergestellt, das in einer Bronzekassette in der Krypta abgelegt wurde, nachdem am 3. Juli 1961 eine Gedenktafel für die Kriegstoten der drei Einigungskriege angebracht wurde. Das Ehrenbuch ist jedoch nicht vollständig, da einige Angehörige keine Namensnennung wünschten. Es fand genau dort seinen Platz, wo die Bronzeplatte von 1933 eingelassen war. Zu dem Charakter als zentrale Gedenkstätte des Wartturms gehörte auch die Integration des 600 kg schweren Ankers des Linienschiffes „Hessen“ des Ersten Weltkrieges, der nach Magistratsbeschluss vom 22. Januar 1979 ursprünglich an ein Fachmuseum abgegeben werden sollte. Ein Jahr später beschloss der Stadtrat, das Bauamt mit der Suche nach einem geeigneten Platz vor dem Wartturm zu beauftragen.[134] Der Anker war Teil des am 29. Mai 1938 eingeweihten Skagerrak-Denkmals auf dem gleichnamigen Platz (in der Bugform eines Schiffes), bis er im Hof des Wetterau-Museums zwischengelagert wurde.[135] Die *Marinekameradschaft* hatte den Anker aus den Beständen des Kieler Marine-Arsenals gekauft und am 3. März 1937 der Stadt Friedberg geschenkt.

Stille Mahnung ersetzte nach 1945 die Sakralisierung der Kriegstoten des Ersten Weltkriegs. Bis heute finden die Gedenkfeiern des Volkstrauertags am Wartturm statt. Dieses Gebäude als Ausdruck einer architektonischen Moderne harrt seit einigen Jahren unverdient noch seiner völligen Wiederentdeckung.

Die Aufnahme des Wartturms in die *Route der Industriekultur Rhein-Main* gibt dazu Hoffnung.[136] Industriekultur liegt im Trend; ganz anders als das Totengedenken für gestorbene Soldaten. Mit dem Sterben der Erlebnisgeneration und der Mittlergeneration, die indirekt, über die Erzählungen der Eltern bzw. Großeltern, Bezug zum Zweiten Weltkrieg haben, steht die gesamte Gedenkkultur für Gefallene vor grundsätzlich neuen Sichten. Geht der persönliche Bezug, wie bei den Toten des Ersten Weltkriegs, abhanden und wird nicht erinnerungsgeschichtlich eine Klammer, die einen Teil der Bevölkerung verbindet, angelegt wie sie beim Totengedenken der Engländer und Franzosen an die Gefallenen des Ersten Weltkriegs im Sinne eines nationalen und übergreifenden gesellschaftlichen Konsenses existiert, sinken die Totenmahnmäler zu bloßen (lokal)politischen Erinnerungsstätten an die Kriegsausbrüche und -enden herab, mit denen die nachfolgende Generation keine persönlichen Beziehungen unterhält. Notwendig ist eine Sinnsuche, die sich nicht in der wichtigen, existenziellen Mahnung zum Frieden erschöpfen kann, sondern konkretere Bezüge herstellen muss, damit der Wartturm nicht nur als wünschenswerte Aussichtsplattform dient, sondern auch wieder der zentrale Ort Friedberger Gedenkens neben anderen wichtigen Gedenkorten wird.

Entwürfe für den Wasserturm aus dem Jahr 1907

— 4 —

7. Kennwort: „*März*".

Der äussere Aufbau und die Konstruktion sind in diesem Entwurf lobend hervorzuheben. Die sparsame Verwendung von Werkstein und steinsichtigem Bruchsteingemäuer sichert eine zweckentsprechende Ausführungsweise. Die Anordnung des Wasserbehälters ist nicht zu beanstanden, dagegen ist die Wendeltreppe zum Aussichtsturm in ihrer Lichtweite etwas eng bemessen.

8. Kennwort: „*Knorrig*".

Das Projekt ist in der Konstruktion nicht einwandfrei, zeigt eine interessante Umrisslinie, die hauptsächlich durch die eigenartigen Eindeckungen der einzelnen Baukörper hervorgerufen wird.

Für die Preisverteilung wurde einstimmig der Entwurf mit dem Kennwort „*Schau, Schau*" an erste Stelle gesetzt, dem Entwurf mit dem Kennwort „*März*" der zweite Preis und dem mit dem Kennwort „*Lining*" der dritte Preis zugesprochen.

Ferner beschloss das Preisgericht, den Entwurf mit dem Kennwort „*Stein*" und den mit dem Kennwort „*Heimat*" dem Stadtvorstand zum Ankauf für je 100 Mark zu empfehlen.

Bei Eröffnung der Umschläge ergaben sich als Verfasser der preisgekrönten Entwürfe:

I. Preis. „*Schau, schau*": Architekt *Ernst Müller* in Mülheim a. Rh.

II. Preis. „*März*": Architekt *Kaspar Lennartz*, Assistent an der Grossh. Techn. Hochschule Darmstadt.

III. Preis. „*Lining*": Architekt *Adolf Mössinger*, Stuttgart

und als Verfasser der zum Ankauf empfohlenen Entwürfe

„*Stein*": Architekt *J. Steyer*, Lehrer am Technikum Rudolstadt.

„*Heimat*": Architekt *Hans Jooss*, Geisslingen-Kassel.

Bauausführung.

Der mit dem 2. Preis gekrönte Entwurf „*März*" des Herrn *Kaspar Lennartz*, Architekt und Assistent an der Techn. Hochschule in Darmstadt, wird ausgeführt.

— 5 —

Nr. 1. (Kennwort: *Schau' Schau'*.) 1. Preis *Ernst Müller*-Mülheim a. Rh.

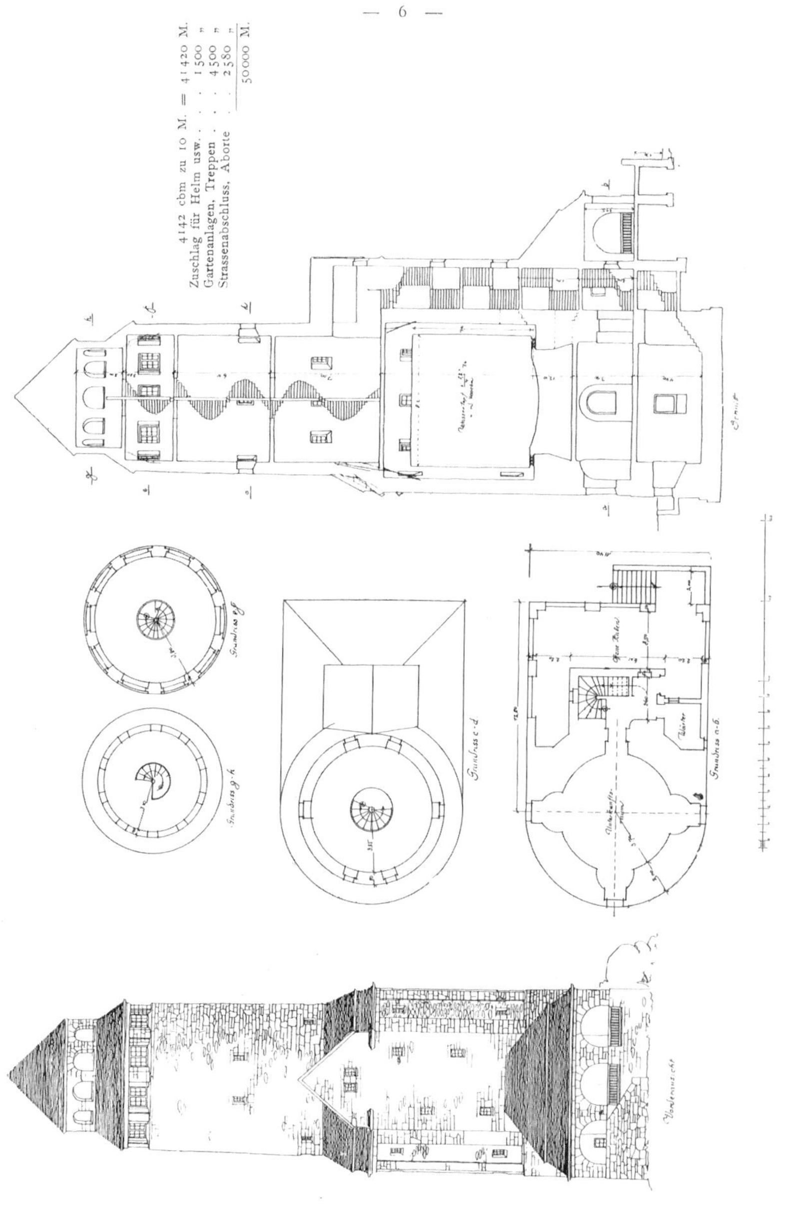

Nr. 1. (Kennwort: *Schau' Schau'.*) 1. Preis. *Ernst Müller*-Mülheim a. Rh.

Nr. 2. (Kennwort: *März.*) 2. Preis. *Kaspar Lennartz*-Darmstadt.

Nr. 2. (Kennwort: *Marz.*) 2. Preis. *Kaspar Lennartz*-Darmstadt.

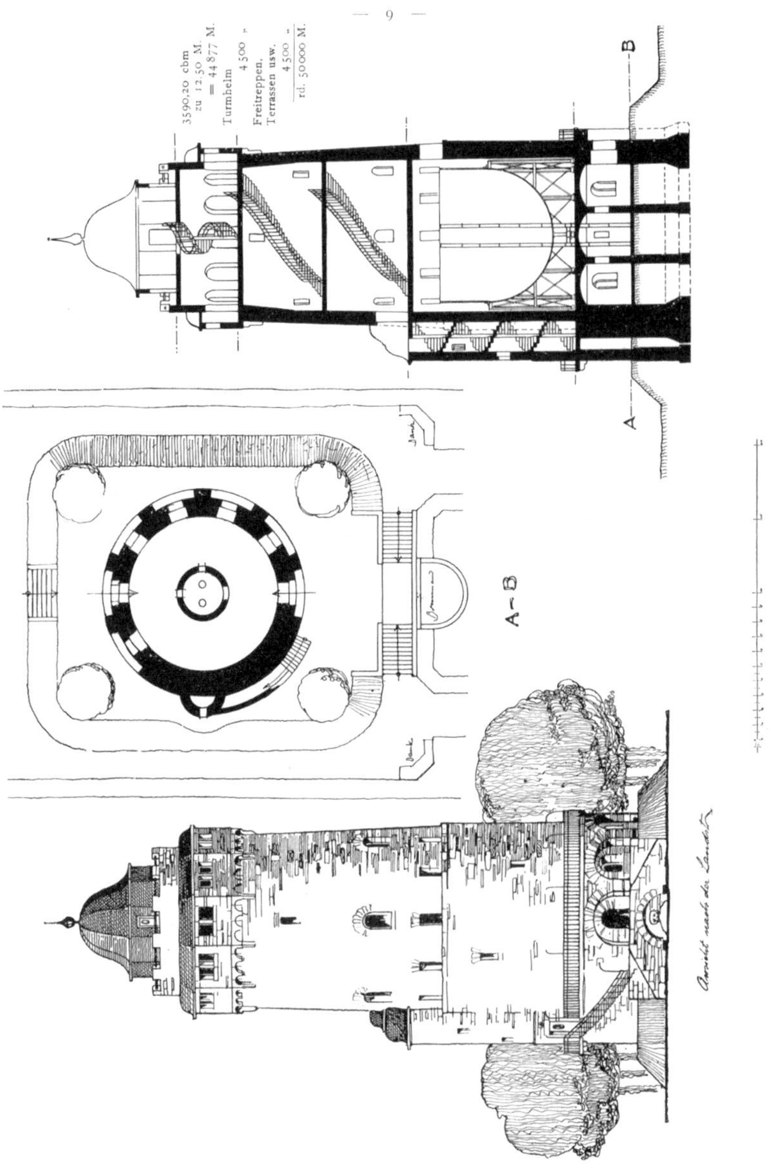

Nr. 2. (Kennwort: *März.*) 2. Preis. *Kaspar Lennartz*-Darmstadt.

6

Nr. 3. (Kennwort: *Lining.*) 3. Preis. *Adolf Mössinger*-Stuttgart.

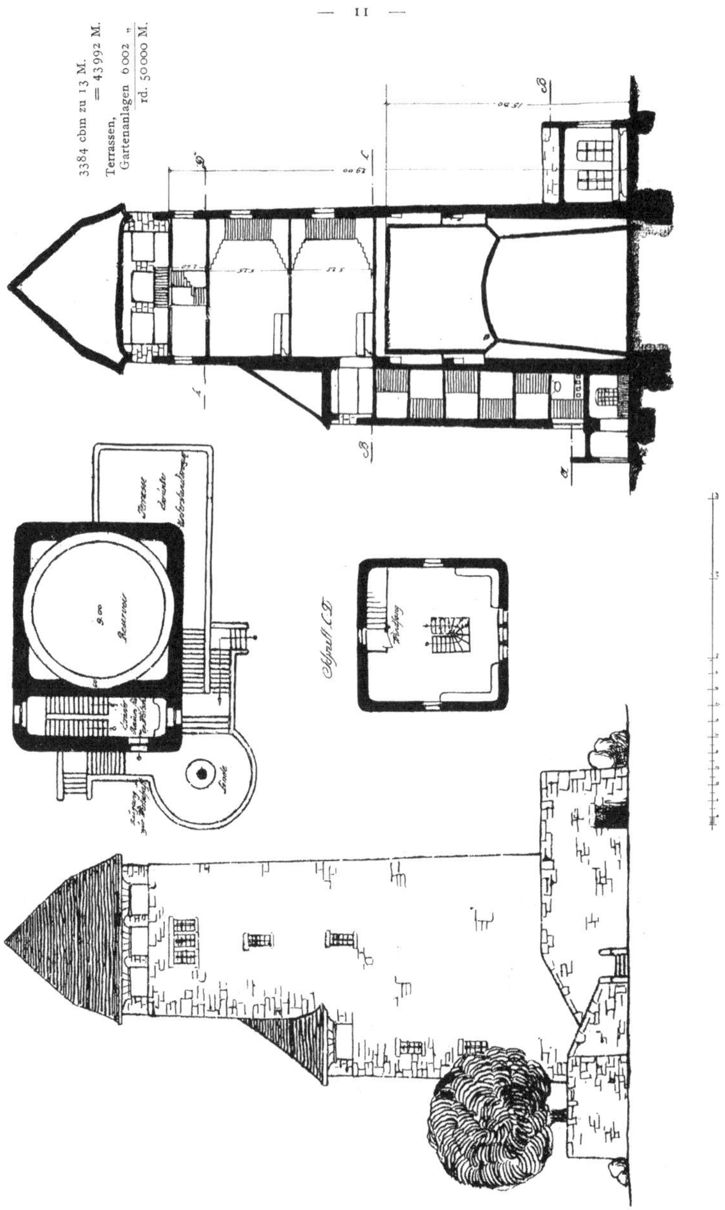

Nr. 3. (Kennwort: *Lining.*) 3. Preis. *Adolf Mössinger*-Stuttgart.

6*

Nr. 4. (Kennwort: *Stein.*) Angekauft. *J. Steyer*-Rudolstadt.

— 13 —

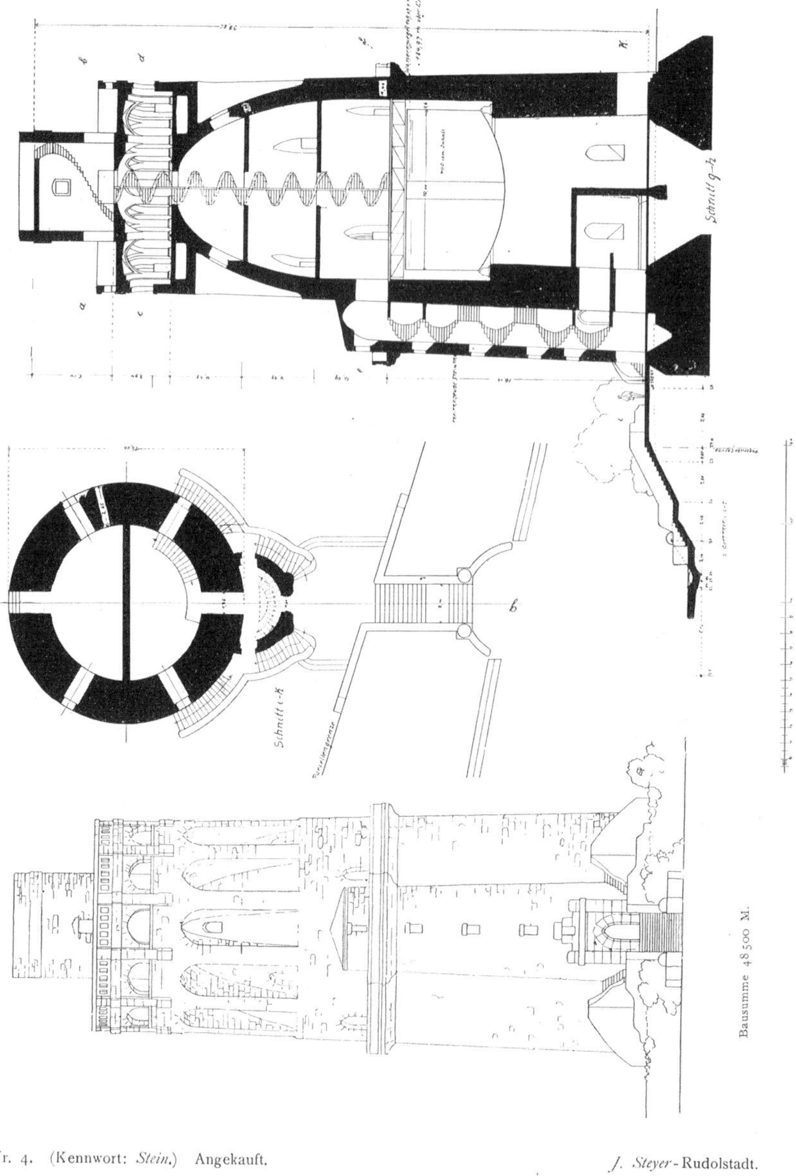

Bausumme 48500 M.

Nr. 4. (Kennwort: *Stein.*) Angekauft. *J. Steyer*-Rudolstadt.

Nr. 5. (Kennwort: *Heimat.*) Z. A. e. *Hans Jooss*-Geislingen, Kassel.

— 15 —

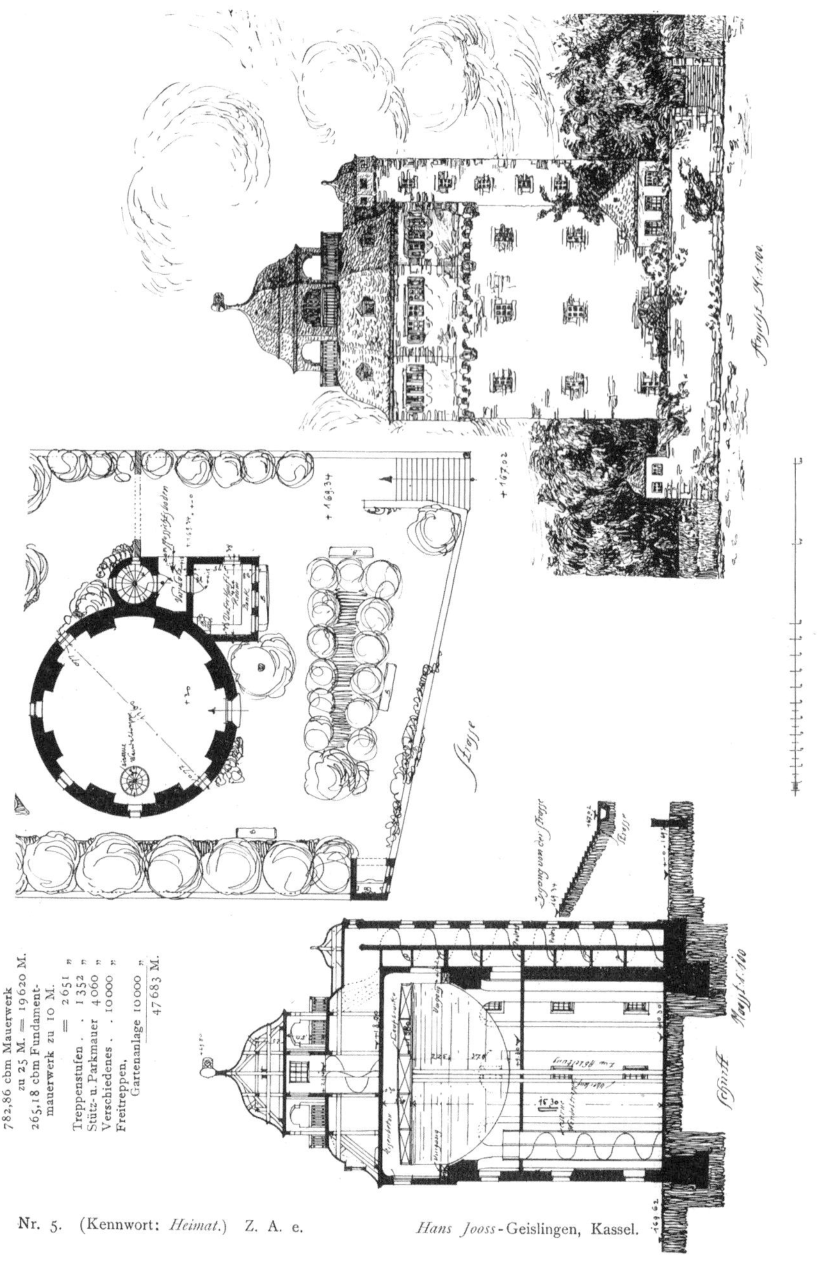

Nr. 5. (Kennwort: *Heimat.*) Z. A. e. *Hans Jooss*-Geislingen, Kassel.

— 16 —

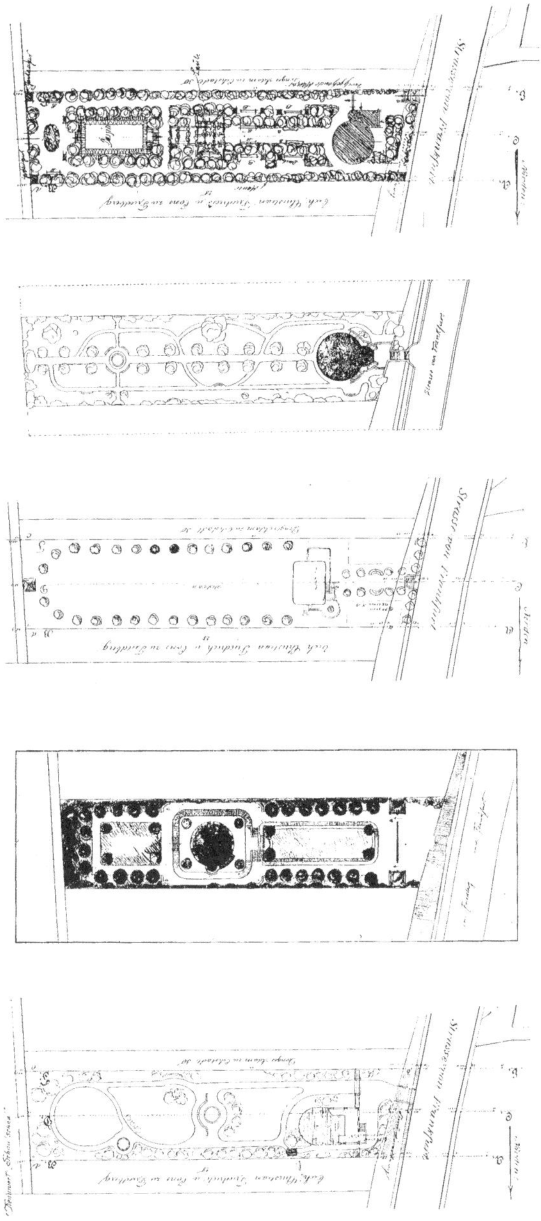

Nr. 1. (Kennwort: *Schau' Schau'.*) 1. Preis. *Ernst Müller*-Mülheim a. Rh.

Nr. 2. (Kennwort: *März.*) 2. Preis. *Kaspar Lennartz*-Darmstadt.

Nr. 3. (Kennwort: *Lining.*) 3. Preis. *Adolf Mössinger*-Stuttgart.

Nr. 4. (Kennwort: *Stein.*) Angekauft. *J. Steyer*-Rudolstadt.

Nr. 5. (Kennwort: *Heimat.*) Z. A. e. *Hans Jooss*-Geislingen, Kassel.

Lagepläne.

1 244 Kriegerehrenmal, Bericht von Adler, 25.7.1932. Alle Akten stammen aus dem Stadtarchiv Friedberg und sind unpaginiert. Die zitierten zahlreichen Zeitungsartikel sind den Akten als Ausschnitte beigefügt und in der Regel datiert.

2 Z.B.: Wilhelm Philipps: Friedberg in Hessen, Friedberg [s.a., um 1930]; Das schöne alte Friedberg in Hessen, [s.l.] 1938; Quer durch und rund um Friedberg in Hessen, 4. Auflage Friedberg 1938; Ferdinand Dreher: Zum Gedächtnis und Gelöbnis. Friedberg in Hessen, [s.l., s.a., nach 1933].

3 Detlef Sundermann: Friedberg. Der Wartturm ist Wasserspeicher, Kriegerdenkmal – aber kein Aussichtsturm, in: Frankfurter Rundschau, 21.1.2012. (http://www.fr-online.de/vilbel-/blick-uebers-land.1472868.11488070.html. letzter Abruf: 21.4.2014).

4 Konstantin Hermann: Der Wartturm in Friedberg – Heldenkrypta und Wasserturm, in: Hessische Heimat, 64 (2014), 1/2, S. 9-14.

5 Siehe dazu: Für 230.000 Mark wurde Friedbergs Wasserproblem gelöst, in: Friedberg Magazin. Sonderbeilage der Wetterauer Zeitung, 6 (1992), November.

6 Ferdinand Dreher: Aus der Reuß´schen Chronik. 17. Der Wasserturm in der Burg (1882), in: Friedberger Geschichtsblätter, Heft IV, Friedberg 1921, S. 47f.

7 Ferdinand Dreher: Führer durch Friedberg i.H. in Wort und Bild, Friedberg 1925, S. 65.

8 Friedrich Engels, Einleitung, in: Sigismund Borkheim: Zur Erinnerung für die deutschen Mordspatrioten. 1806-1807, Hottingen-Zürich 1887, S. 350f.

9 Wasserturm auf der Warte in Friedberg, Bericht der Werkleitung der Stadt Hessen, 18.11.1969, S. 1.

10 Deutsche Konkurrenzen, Bd. XXII (1907), Nr. 255/56, S. 2-16.

11 Die bisher aufgefundenen Quellen sagen dazu nichts aus.

12 Nach anderen Quellen schon 1906. Siehe dazu: Zentralblatt der Bauverwaltung 1907, S. 56 und 214.

13 Hessisches Staatsarchiv Darmstadt, Lageplan zum geplanten Bau eines Wasserturms in der Mitte der Frankfurter Straße und einer kreisförmig um ihn angeordneten Grün- und Straßenanlage in Flur 6 zu Friedberg, 1910, HStAD\P 11\17557. Siehe auch: HStAD, G 15 Friedberg Y 490.

14 Bernd und Hilla Becher: Die Architektur der Förder- und Wassertürme, München 1971.

15 In Triest fand am 24. Mai 1927 die Einweihung des Siegesleuchtturms statt, der im unteren Teil ein Ossarium birgt, ein Beinhaus für die Seekriegsgefallenen.

16 Albermann: Die Hochbauten des neuen Grenz- und Zollbahnhofes Perl, in: Zentralblatt der Bauverwaltung 48 (1928) 39, S. 625-630. Digital unter: europeanalocal.de/eld/fedora/zbbv/ZBBauverw_1928_39.pdf.

17 Abgebildet in: Für 230 000 Mark wurde Friedbergs Wasserproblem gelöst.

18 So z.B. auf dem Stich Merians von 1655.

19 Ferdinand Dreher: Neue Beiträge zur Leidensgeschichte von Friedberg und der Wetterau im Ersten Revolutionskriege, 1792-1797, 4. Fortsetzung, in: Friedberger Geschichtsblätter, Heft V, Friedberg 1922.

20 Es sei allgemein auf die Protokollbücher der Stadtverordneten-Versammlung verwiesen; StA Friedberg, Protokollbuch der Stadtverordneten-Versammlung der Stadt Friedberg vom 14. Dez. 1922-1927; dass., 14.12.1927-1938.

21 Frankfurter Straße 23: Wasserturm, in: Heinz Wionski: Kulturdenkmäler in Hessen: Wetteraukreis II: Friedberg bis Wöllstadt, Darmstadt 1999, S. 606f.

22 Britta Spranger: Architekt August Metzger zum 120. Geburtstag, in: Archiv für hessische Geschichte 61 (2003), S. 357-360.

23 Bundesarchiv Berlin, ehem. Berlin Document Center, NSDAP-Gaukartei.

24 227, Notiz Seyd, 20.4.1927.

25 Oberhessischer Anzeiger, 19.7.1932.

26 241, Voranschläge 1927/28.

27 241, Reuß an das Hessische Hochbauamt Friedberg, 2.12.1927.

28 241, 29.6.1928.

29 242, Schriftverkehr mit Fa. Reuß, 1927/28. Siehe auch: 236, Rechnungen der Fa. Heinrich Reuß, 1927-1928. Die Gesellenstunde wurde mit 1,70 RM, die Hilfsarbeiterstunde mit 1,40 RM berechnet. Auch: 235, Niederschriften und Arbeitsvergebungen 1927-1928; 237, Rechnungen 1927 über die anderen Gewerke (Schlosserarbeiten usw.), Ausschreibungen in der Zeitung; 238: Lohnlisten 1927-1928 von Heinrich Reuß; 239 Schriftverkehr; 240: Pläne, 1927; 243: Statistische Berechnungen mit Zeichnungen, 1927.

30 160, Einweihung des Kriegerdenkmals.

31 Wasserturm auf der Warte in Friedberg, S. 1.

32 241, Voranschläge 1927/28.

33 Siehe dazu: Manfred Hettling; Jörg Echternkamp (Hrsg.), Gefallenengedenken im globalen Vergleich. Nationale Tradition, politische Legitimation und Individualisierung der Erinnerung, München 2012. Auch: Jörg Koch: Von Helden und Opfern. Kulturgeschichte des deutschen Kriegsgedenkens, Darmstadt 2013.

34 Siehe dazu allgemein: Uwe Schultz: Die Geschichte Hessens, Stuttgart 1983.

35 234, Ehrung gefallener Krieger (1914-1918) 1920-1924, Seyd, Aufruf vom Juli 1920.

36 Heinrich Ludwig Langsdorf: Die Lebensmittelversorgung der Stadt Friedberg im Weltkrieg, in: Friedberger Geschichtsblätter , Nr. 21 vom 3.4.1921, S. 84f.

37 Oberhessischer Anzeiger, Nr. 155 vom 6.7.1921.

38 Zu Leuchtgens liegt noch keine Biographie vor. Siehe: http://de.wikipedia.org/wiki/Heinrich_Leuchtgens (Abruf 19.9.2014).

39 234, Ehrung gefallener Krieger (1914-1918) 1920-1924.

40 221, Errichtung eines Nationaldenkmals für die im Weltkrieg Gefallenen, 1920-1928.

41 227, Auszug aus der Konferenz vom 25.12.1925.

42 Oberhessischer Anzeiger, Nr. 192 vom 16.8.1924.

43 Oberhessischer Anzeiger, Nr. 195 vom18.8.1924.

44 227, Gespräch Seyd mit Soldan, 12.9.1925.

45 VIII, 233, Krieger-Ehrung für das IR 168, 1924-1930.

46 VIII, 233, Krieger-Ehrung für das IR 168, 1924-1930, Soldan an Seyd am 27.3.1924.

47 227, Gespräch Seyd mit Soldan, 15.2.1925. Oberhessischer Anzeiger, 2. und 6.3.1925.
48 227, Gespräch Seyd mit Soldan, 10. und 25.2.1926.
49 227, Schreiben der Ortsgruppe vom 2.9.1924, Antwort Seyd vom 25.9.1924.
50 227, Protokoll 28.5.1926.
51 Oberhessische Volkszeitung, Nr. 127 vom 4.6.1926.
52 Oberhessische Volkszeitung, Nr. 260 vom 6.11.1926.
53 227, Seyd an Soldan, 26.1.1926.
54 227, Niederschrift Sitzung Denkmalausschuss, 11.6.1926.
55 227, Notiz Seyd zur Sitzung Bauausschuss, 15.6.1926.
56 227, Reichsbund an Seyd, 24.9.1926.
57 Oberhessische Volkszeitung, Nr. 225 vom 27.9.1926.
57 Oberhessischer Anzeiger, 21.4.1927.
59 227, Brief Dammann an Seyd, 25.8.1926.
60 227, Stadtverordneten-Sitzung 6.9.1926. Notiz Seyd vom 15.9.1926.
61 227, Sitzung, 14.9.1926.
62 Oberhessische Volkszeitung, Nr. 226 vom 28.9.1926.
63 Oberhessischer Anzeiger, 14.10.1926.
64 227, Gesprächsnotiz Seyd mit Soldan, 29.9.1926.
65 Neue Tageszeitung, Nr. 249 vom 20.10.1926.
66 227, Protokoll Seyd, 15.12.1926.
67 Oberhessischer Anzeiger, Nr. 270 vom 17.11.1926 und 282 vom 2.12.1926.
68 227, Schreiben Haag an Seyd, 14.12.1926.
69 Oberhessischer Anzeiger, Nr. 297 vom 18.12.1926.
70 227, Sitzung vom 16.12.1926.
71 Oberhessischer Anzeiger, Nr. 297 vom 18.12.1926. Der Bericht erwähnt, daß die Pläne für den Turm vom Kulturbauamt stammten, während die architektonische Bearbeitung durch das Hochbauamt erfolgte.
72 227, Soldan an Seyd, 4.2.1927.
73 227, Undatiert, Mitte Februar.
74 227, Sitzung des Denkmalsausschusses, 10.2.1927.
75 227, 10.2.1927.
76 227, Am 24.2.1927 fand eine Ortsbegehung mit Hofmann statt.
77 Oberhessischer Anzeiger, Nr. 61 vom 14.3.1927.
78 Oberhessischer Anzeiger, Nr. 41 vom 19.2.1927.
79 Oberhessischer Anzeiger, Nr. 44 vom 22.2.1927.
80 Oberhessischer Anzeiger, Nr. 47 vom 25.2.1927.
81 227, Sitzung, 24.3.1927.
82 227, Sitzung des Offiziervereins, 11.4.1927
83 227, 21.4.1927.
84 227, Brief Dammanns an Seyd, 7.4.1927.
85 227, Notiz Seyd, 11.4.1927.

[86] Oberhessischer Anzeiger, 20.4.1927.

[87] 227, Brief Dammann an Seyd, 29.4.1927.

[88] 227, Seyd an Soldan, 9.5.1927.

[89] VIII, Kriegerangelegenheiten Abschnitt Kriegerdenkmäler, 228 Ehrung gefallener Friedberger 1914-1918, 1927-1932. Notiz Seyd 17.5.1927.

[90] 228, Seyd an Soldan, 20.5.1927.

[91] 232, Kriegerehrung, hier: Neuer Vorschlag des Denkmalpflegers. Seyd an Walbe, 2.6.1927; Antwort 19.6.1927.

[92] Ebd., 26.4.1930.

[93] Ebd., Schreiben Walde vom 6.1.1930. Die Besprechung der Beigeordneten fand am 13.1.1930 statt, die sich dem Votum Seyds anschlossen.

[94] 228, Sitzung Denkmalausschuss, 23.11.1931.

[95] 228, Sitzung 21.9.1929.

[96] 228, Sitzung Denkmalausschuss, 30.10.1930.

[97] 228, Sitzung Stadtrat, 17.4.1931.

[98] 228, Dammann an Seyd, 15.5.1931 und 18.6.1931.

[99] 228, Dammann an Seyd, 22.8.1931.

[100] 228, Seyd an Dammann, 28.11.1930.

[101] 228, Dammann an Seyd, 6.11.1931.

[102] 228, Sitzung Denkmalausschuss, 30.11.1931.

[103] Darmstädter Zeitung, Nr. 163 vom 14.7.1932.

[104] 228, Beschluss des Stadtrats vom 12.1.1932.

[105] 228, Seyd an Dammann, 11.1.1932.

[106] 228, Sitzung Denkmalausschuss, 8.1.1932.

[107] 228, Seyd an Reichsbund, 3.3.1932.

[108] 228, Sitzung Denkmalausschuss, 7.3.1932.

[109] 228, Sitzung Denkmalausschuss, 12.4.1932 sowie 7.6.1932.

[110] Oberhessischer Anzeiger, Nr. 36 vom 12.2.1932.

[111] 228, Hochbauamt an Seyd, 22.2.1932.

[112] 228, Schreiben an der RJF.

[113] 228, Protokoll der Besprechung Seyds mit den Militärvereinen am 23.6.1932.

[114] 228, Ortsbesichtigung des Denkmalausschusses am 28. Juni 1932.

[115] Oberhessischer Anzeiger, Nr. 147 vom 25.6.1932.

[116] Oberhessischer Anzeiger, Nr. 160 vom .. 7.1932.

[117] VIII, 230, Kriegerehrung, hier: Forderung des Staates für die Bauleitung. Leuchtgens schrieb am 3.2.1932 noch an den Innenminister und bat ihn um finanzielle Unterstützung.

[118] 244, Kriegerehrenmal. Bericht vom 25.7.1932.

[119] 244, Kriegerehrenmal.

[120] 244, Notiz Seyd, 11.7.1932.

[121] 244, Notiz Seyd, 22.7.1932.

122 Stadtarchiv Friedberg, 231, Enthüllung einer Gedenkplatte für die Gefallenen vom 9. November in der Ehrenhalle des Kriegerdenkmals.

123 Oberhessischer Anzeiger, Nr. 262 vom 8.11.1933; 244, Kriegerehrenmal, Notiz Seyd zum 9.11.1933.

124 229, Kriegerehrenmal, hier: Nachforderung des Kunstschlossermeisters Hubert Bendick, Friedberg, 1932-1935.

125 223, Anlage eines Ehrenfeldes für Kriegsgefangene, 1941-1947.

126 49, Stadtbauamt Friedberg Renovierungen 1970-1979. Schreiben vom 1.8.1968 und 27.8.1979.

127 Wasserturm auf der Warte in Friedberg, S. 1.

128 50, Stadtbauamt, Schreiben vom 8.9.1983.

128 50, Stadtbauamt, Sanierung, Sachstandsbericht des Stadtbauamts 18.11.1986.

130 Eibe, in: Hanns Bächtold-Stäubli: Handwörterbuch des deutschen Aberglaubens, Bd. 2, Berlin; Leipzig 1927, S. 643f.

131 Sanierung Trinkwasser-Hochbehälter Wartturm in Friedberg, in: gwf-Wasser/Abwasser, 154 (2013), Dezember, S. 1288-1291.

132 224, Beseitigung des Kriegerdenkmals in der Allee auf der Kaiserstraße, 1950-1957.

133 220, Errichtung eines Kriegerdenkmals 1870/71, 1899-1939.

134 06/2012 Stadtbauamt, 50, Sanierung des Wasserturms Wartturm, 1980-1988, Pläne.

135 Friedberg-Magazin, 7. Jg., Nov. 1993

136 Die Informationsbroschüre siehe: http://www.krfrm.de/c/rdik/download/lokalerroutenfuehrer/friedberg.pdf (letzter Abruf: 21.4.2014). Siehe auch: Detlef Sundermann: Friedberg. Der Wartturm ist Wasserspeicher, Kriegerdenkmal – aber kein Aussichtsturm vgl. Endnote 3.

Die Familie von Dörnberg und ihre Erben in Friedberg und Fauerbach

Wilfried Jäckel

Wenn man an Adelsgeschlechter denkt, die in der Geschichte Fauerbachs eine Rolle spielten, so fallen einem zunächst die Waiß von Fauerbach sowie die Familie von Bünau ein. Erstere, weil sie als langjährige Inhaber von Besitzungen und Rechten in Fauerbach ihren Namen von dem Ort ableiteten, während die Familie von Bünau, die in jüngerer Zeit auftrat, Geschichtsinteressierten bekannt ist, weil sie noch immer sichtbare Spuren in Form ihres Familienwappens hinterließ. Dieses befindet sich an der Decke des Patronatsgestühls in der Fauerbacher Kirche, darüber hinaus auf dem im Wetterau-Museum befindlichen Bünau-Epitaph, einem Auferstehungsbild sowie an verschiedenen Stellen im Bereich des ehemaligen Gutshofes.

Wenn man sich dagegen etwas näher mit der Geschichte Fauerbachs befasst, wird man überrascht sein über die örtliche Bedeutung einer Adelsfamilie, die man gemeinhin eher mit Nordhessen verbindet, auf die letztlich aber der Fauerbacher Besitz der Bünaus zurückgeht: Die Familie von Dörnberg.

Wilhelm Hans Braun, dessen 1956 erschienene Abhandlung *Vom alten Fauerbach* als das wohl grundlegendste Werk über die Geschichte Fauerbachs gilt, widmete der Familie nur wenige Worte, obwohl sie letztlich bedeutend länger als die Familie von Bünau mit Fauerbach verbunden war. Dies soll Grund sein, sich etwas näher mit den Beziehungen dieser Familie zu Fauerbach sowie dem Friedberger Raum zu beschäftigen.

Ursprung der Familie von Dörnberg

Über lange Zeit, bis in das 17. Jahrhundert hinein, lautete die Schreibweise des Familiennamens *Döringenberg*.

Der Name der Familie ist abgeleitet von dem Ort Dörnberg im Habichtswald bei Kassel, der wiederum wohl seinen Namen von dem in seiner Gemarkung liegenden Berg gleichen Namens hat. Historiker vermuten, dass auf der unweit Dörnbergs liegenden Igelsburg die Herren von Dörnberg ursprünglich ihren Stammsitz hatten.

Die Familie von Dörnberg gehört zum hessischen Uradel, ist Mitglied der Althessischen Ritterschaft und seit Beginn ihrer urkundlichen Erwähnung eng mit dem hessischen Landgrafenhaus verbunden. Bereits 1211 soll ein Johann von Dörnberg Brautführer der Heiligen Elisabeth gewesen sein, als er sie von Ungarn an den hessischen Landgrafenhof holte. Er wurde zum Lohn dafür mit Frankenhausen bei Eschwege belohnt. Der für die Familie namengebende Ort spielte bald keine Rolle mehr in der Familiengeschichte.

Einer seiner Nachkommen war der in hessischen Diensten stehende Hans von Dörnberg, erster Amtmann auf der 1415 von Landgraf Ludwig I. von Hessen über dem Tal der Werra erbauten Burg Ludwigstein, der heutigen Jugendburg bei Witzenhausen. Dieser war wiederum Vater des gleichnamigen Hofmeisters Hans von Dörnberg, der in der Geschichte Hessens eine große Rolle spielte. Auf ihn soll später noch näher eingegangen werden.

Neben dem Hofmeister war das wohl bekannteste Mitglied der Familie der am 14. April 1768 auf Schloss Hausen geborene Wilhelm Caspar Ferdinand Freiherr von Dörnberg, welcher zunächst in den hessischen Militärdienst eintrat und später als Offizier in verschiedenen Diensten gegen Napoleon kämpfte.

Abb. 1: Stammwappen der Familie von Dörnberg 1663: Schild von Gold und Rot gespalten. 2 gekrönte Helme mit rot-goldenen Decken; auf dem rechten 2 goldene, abgestumpfte Turnierlanzen, die rechte golden, die linke rot; auf dem linken 2 Turnierlanzen, sog. Krönelanzen mit Griffeinschnitt und dreispitzigem Ende, die rechte rot, die linke golden.

Nach der Bildung des Königreichs Westphalen trat er zwar in Jeromes Dienste, zettelte dann jedoch am 22. April 1809 einen Aufstand gegen die französische Fremdherrschaft an und zog mit einer Truppe aufständischer Bauern von Homberg (Efze) gegen Kassel. Bei der Knallhütte südlich Kassels kam es zu einer kurzen Schlacht, in deren Verlauf der Aufstand niedergeschlagen wurde. Dörnberg floh ins Ausland, von wo aus er immer wieder gegen Napoleon kämpfte.

In der Schlacht bei Waterloo am 18. Juni 1815 verwundet, trat er anschließend in den hannoverischen Militärdienst, wurde Generalleutnant und 1842 Gesandter am Zarenhof in Sankt Petersburg. Am 19. März 1850 starb er in Münster.

Der Hofmeister Hans von Dörnberg

Im 15. Jahrhundert verlagerte sich der Schwerpunkt der Familie, beginnend mit Hans/Johannes von Dörnberg (1427 - 1506), durch den Erwerb von Besitz nach Süden.

Hans von Dörnberg wurde am 23. Juli 1427 als Sohn des bereits oben erwähnten gleichnamigen Amtmanns Hans von Dörnberg auf der Burg Ludwigstein, die erst kurz zuvor von Landgraf Ludwig I. von Hessen erbaut worden war, geboren. In seinen frühen Jugendjahren soll er am sächsischen Hofe gewesen sein und etwa im Alter von 18 Jahren bereits in hessischen Diensten gestanden haben, in denen er für Hessen an verschiedenen Kämpfen beteiligt gewesen war.

1457 heiratete Hans von Dörnberg Anna von Ebersberg aus dem mächtigen, in der Rhön sesshaften Adelsgeschlecht der Herren von Ebersberg gen. Weyers. Etwa zur gleichen Zeit wurde er Amtmann zu Ziegenhain. 1461 nannte ihn Elisabeth, die Witwe des letzten Grafen von Ziegenhain, *ihren Amtmann*.

Nach ihrem Tod trat Hans von Dörnberg in die Dienste des hessischen Landgrafen Heinrich III., der als Landesherr von Oberhessen in Marburg seine Residenz hatte, aber auch treuhänderisch für die noch minderjährigen Söhne seines verstorbenen Bruders Niederhessen regierte. Hans von Dörnberg übernahm in Marburg die Stelle des Hofmeisters.

Ludwig Zimmermann beschreibt in seinem Buch *Die Zentralverwaltung Oberhessens unter dem Hofmeister Hans von Dörnberg* ausführlich die Funktion und Bedeutung dieses Amtes. Ursprünglich nur, wie es der Name sagt, für die Bewirtschaftung der Hofhaltung zuständig, nahm der Zuständigkeitsbereich und damit auch dessen Bedeutung unter der Amtszeit Hans von Dörnberg immer mehr zu. Er drängte die alten Ämter, etwa den Landvogt, zurück und wurde schließlich als Leiter der gesamten Landesregierung engster Ratgeber des Landgrafen und dessen Vertreter. Sein politisches Gewicht drückte sich auch dadurch aus, dass er zum Vormund der noch minderjährigen Nachfolger nach dem Tod des Landgrafen bestellt wurde.

Er übte dieses Amt 35 Jahre aus und wurde nach dem Landgrafen zur einflussreichsten Persönlichkeit der Landgrafschaft Oberhessen, so dass er auch als „heimlicher Landgraf" bezeichnet wurde.

Es überrascht nicht und ist fast selbstverständlich, dass Hans von Dörnberg Ämterpatronage betrieb. Er umgab sich mit Personen seines Vertrauens, darunter vielen Verwandten, und verhalf diesen zu leitenden Positionen. So wurde sein Neffe Apel von Greussen Rat und Hofmeister der Landgräfin Elisabeth. Der nach ihm mächtigste Mann in der Landgrafschaft, der Marschall Johann Schenck zu Schweinsberg, gehörte mit ihm 1483 - 89 zu den drei Statthaltern, die die Vormundschaft des noch unmündigen Landgrafen Wilhelm III. inne hatten. Er war mit Hans von Dörnberg über seine Ehefrau Margarete von Schlitz gen. Görtz, zu deren Familie seine erste Ehefrau Anna von Ebersburg enge Verhältnisse hatte, verschwägert. Johanns Bruder Hermann Schenck zu Schweinsberg war Rat Landgraf Heinrichs III., später Wilhelms III. sowie 1509 - 1514 Mitregent. Ferner verschaffte Hans von Dörnberg seinem Neffen Johannes die Stellung eines Amtmannes zu Ziegenhain sowie eines Rates Landgraf Wilhelms III.

Zusammenfassend kann man über sein Wesen sagen, dass er, eigentlich aus einer nicht gerade begüterten Ritterfamilie stammend, neben seinem scharfen Verstand auch einen starken Willen zur Macht besaß und damit zum Herrschen und Regieren geboren war. Zum Ausdruck kommt dies auch durch seine Selbsteinschätzung und Selbstdarstellung in seinem Testament. Darin schreibt er, dass er von seinem Vater nichts überkommen habe, dass der gewaltige Reichtum, den er vererbe, sein ureigenstes Werk und nur durch seine Klugheit und rastlose Mühe erworben worden sei.

Der Giftanschlag auf die letzte Gräfin von Katzenelnbogen

Eine scheinbar dubiose Rolle spielte Hans von Dörnberg im Rahmen des Anfalles des reichen Katzenelnbogener Erbes an das hessische Landgrafenhaus. Ihm wurde 1474 vorgeworfen, den Pfarrer Hans von Bornich angestiftet zu haben, Anna von Nassau, die Ehefrau von Philipp I., des letzten Grafen von Katzenelnbogen, zu vergiften (wonach die Landgrafen von Hessen als Erbe aufgetreten wären).

Der angebliche Giftanschlag misslang zwar, doch wurde Hessen ungeachtet dessen nach dem Tod Philipps über dessen Tochter, die Heinrich III. von Hessen geheiratet hatte, Erbe der reichen Katzenelnbogener Grafschaft, die dem Haus u. a. Rheinfels und umfangreichen Besitz um Darmstadt einbrachte.

Hans Döring wurde vor das Hochgericht zu Köln geladen, welches den Fall untersuchte, von diesem jedoch aus Mangel an Beweisen freigesprochen. Der Pfarrer hatte im Gefängnis erklärt, der Hofmeister habe nie mit ihm darüber gesprochen. Bei dieser Aussage war er bis zu seiner Hinrichtung geblieben.

Die Erwerbungen des Hans von Dörnberg

Als Landgraf Heinrich III. am 13. Januar 1483 im Alter von erst 42 Jahren starb, wurde Dörnberg Vormund seines noch minderjährigen Sohnes Wilhelm III. und damit zum eigentlichen Herrscher der Landgrafschaft.

Als Lohn für seine Dienste, aber auch durch Ankauf, erhielt Hans von Dörnberg zahlreiche Lehen in Form von Höfen, Zehnten, Burgsitzen und Dörfern, deren vollständige Aufzählung den Rahmen dieser Ausarbeitung sprengen würde.

Zu erwähnen ist das 1463 als Lehen erworbene Schloss Hausen, welches noch heute Wohnsitz der Familie ist. Ferner erhielt er die Burg Herzberg mit einem Teil des Gerichtes Breitenbach von Landgraf Heinrich III. zum Lehen, weil dieser ihm eine größere Geldsumme schuldig war. Die Burg ließ er von dem berühmten Festungsbaumeister Jakob von Ettlingen ausbauen.

1477 verpfändete ihm der Mainzer Erzbischof Stadt und Amt Neustadt. Während der Pfandherrschaft, die bis 1549 in Händen der Familie lag, ließ Hans von Dörnberg um 1480 den nach ihm benannten Junker-Hansen-Turm erbauen, ebenfalls von Jakob von Ettlingen. Dieser ist der wohl größte Fachwerkrundbau der Welt und das Wahrzeichen Neustadts.

Die verpfändeten „Reichskleinodien“

Ein besonders gutes Verhältnis hatte Hans von Dörnberg zu dem aus der hessischen Landgrafenfamilie stammenden Kölner Erzbischof Hermann IV. (1449/50 – 1508), der 1486 in Aachen den späteren Kaiser Maximilian I., genannt der letzte Ritter, zum deutschen König krönte.

Durch diese Verbindungen wirkte der hessische Hofmeister weit über die Landgrafschaft hinaus. Seine Kontakte und sein Reichtum zeigten sich durch die wenig bekannte Tatsache, dass er zusammen mit dem Inhaber des hessischen Marschallsamtes, Johann Schenck zu Schweinsberg, und dem kaiserlichen Rat Wilhelm von Bibra Maximilian I. 1486 vor seiner Wahl zum König die ungeheure Summe von 26.666 Gulden lieh, die dieser wohl zu einem großen Teil zum „Kauf“ der Stimmen für seine Wahl einsetzte. Als Pfand für dieses Darlehen wurde den drei Gläubigern Kleinodien verpfändet, die zwar teilweise als ein Teil der Reichskleinodien bezeichnet werden, jedoch nicht zu diesen im engeren Sinne gehörten. Zu dem Pfand gehörte neben zahlreichen wertvollen Edelsteinen das „Ainkhürn-Schwert“, ein goldbeschlagenes Schwert mit einem Griff aus Narwalzahn. Von diesem nahm man seinerzeit an, er stamme vom sagenhaften Einhorn. Pulver aus dem Horn schrieb man zu, es könne Gift sichtbar machen und neutralisieren. Das vermutlich in zweiten Viertel des 15. Jahrhunderts gefertigte „Ainkhürn-Schwert“ stammte aus dem reichen Erbe, welches durch die Heirat Maximilians mit der Tochter Karls des Kühnen, Maria von Burgund, an das Haus Habsburg gekommen war.

Die Rückzahlung des Darlehens und die Einlösung der Kleinodien, die Kaiser Maximilian während seiner Lebzeiten nicht vornahm, ist bis heute nicht vollständig geklärt. Entsprechende Verhandlungen zogen sich über mehr als 100 Jahre hin.

Die verpfändeten Kleinodien werden wohl lange Zeit in der Reichsburg Friedberg aufbewahrt worden sein, in der Hans von Dörnberg einen Burgsitz hatte. Dies geht aus einer Urkunde vom 27. Mai 1520 hervor, die die Schlichtung eines Streites mit der Familie von Löwenstein, die über Anna, die Nichte des Hans von Dörnberg, zu seinen Erben gehörte, regelte. Danach sollen die von Dörnberg Annas Ehemann Johann von Löwenstein oder seinen Erben wissen lassen, wann die in Friedberg verwahrten „kaiserlichen Kleinodien“ wieder ausgelöst werden und ihnen ihren Teil davon aushändigen.

Später ist der Verbleib der Kleinodien auf der Burg Schweinsberg sowie auf Schloss Hermannstein bei Wetzlar nachgewiesen, vor allen Dingen aber werden sie auf der stark befestigten Dörnbergischen Burg Herzberg aufbewahrt worden sein.

Letztlich wurden 1630 Teile der Kleinodien, insbesondere das Schwert sowie ein wertvoller in Gold gefasster Smaragd, von dem Fuldaer Fürstabt Johann Bernhard Schenck zu Schweinsberg für 6.000 Reichstaler, zahlbar in 4 Raten von je 1.500 Reichstalern, erworben. Für den Kaufpreis verbürgten sich der fuldische Hofmarschall Otto Sebastian von Hoerda sowie der fuldische Hofmeister und Neffe des Fürstabtes, Volpert Daniel Schenck zu Schweinsberg, selbstschuldnerisch (HStAM Urk. 75 Nr. 1833).

Abb. 2: Ruine Herzberg bei Breitenbach. Stahlstich von L. Thümling. Stadtarchiv Friedberg: Graphische Sammlung

Johann Bernhard Schenck zu Schweinsberg machte das Schwert und den Smaragd dem Habsburger Kaiser Ferdinand II. noch im gleichen Jahr zum Geschenk; mit welcher Absicht, ist unbekannt.

Die Kleinodien waren nach dem Aufsatz von Sieburg -*Die Verpfändung der Reichskleinodien durch Maximilian I. an die von Dörnberg, die Schencken zu Schweinsberg und die von Bibra 1486*- seinerzeit bei einem Kaufmann „Porsten“ in Frankfurt hinterlegt. Vermutlich handelt es sich um einen der Gebrüder Johannes und Johannes Jacob Porß, die das Verlags- und Buchhandelsgeschäft ihres Vaters Valentin Porß, welcher übrigens als Sohn des Pfarrers Porsius aus Echzell in der Wetterau stammte, übernommen hatten und zu erheblichem Reichtum gekommen waren.

Caspar Magnus Schenck sollte im Auftrag der Verkäufer die Kleinodien dort abholen, um sie dem Fürstabt zu überbringen. Dabei wurde ihm auch ein Schlüssel für ein Kästchen ausgehändigt, welches die Kleinodien betreffende Dokumente enthielt, sich seinerzeit in der Burg Friedberg befand und welches er mitbringen sollte. Der Burggraf weigerte sich jedoch, die Dokumente herauszugeben, die daher in der Burg verblieben.

Heute wird das Schwert in der Schatzkammer der Wiener Hofburg aufbewahrt (Schatzkammer, Inv.-Nr. WS XIV 3). Der Verbleib des wertvollen Smaragdes und der übrigen Edelsteine ist dagegen ungeklärt.

Hans von Dörnberg und sein Besitz zu Friedberg und Fauerbach

Seine erste mir bekannte Beziehung zur Wetterau datiert vom 3. Oktober 1476: Caspar von Carben und seine Frau Margarethe (eine geb. von Schwalbach?) verkaufen ihr Haus in der Burg Friedberg *zwischen denen von Schwalbach und der Blanken* für 280 Gulden Rheinischer Währung an Hans von Dörnberg und quittieren den Empfang der Kaufsumme. Burggraf, Baumeister und Burgmannen der Burg Friedberg setzen den Käufer *mit Helm und Mund* (ein Begriff aus der Rechtsgeschichte, vergleichbar mit der heutigen Auflassung) in den Besitz ein.

Ludwig Zimmermann schreibt zwar in seinem Buch *Die Zentralverwaltung Oberhessens unter dem Hofmeister Hans von Dörnberg*, dass dieser durch die Mutter seiner zweiten Ehegattin Luckel von Hatzfeld, einer geborenen Waiß zu Fauerbach, eine Verbindung zu den Burggrafen von Friedberg schuf, doch fand die Eheschließung laut Buttlars -*Stammbuch der Althessischen Ritterschaft*-1483 statt, so dass der Erwerb des Burgsitzes sowie weiterer, in der Folge erwähnter Erwerbungen in und um Friedberg in den Jahren 1480 und 1482 gegen diese Annahme sprechen.

Es sei an dieser Stelle darauf hingewiesen, dass in der Literatur unterschiedliche Angaben über seine zweite Ehefrau gemacht werden. Laut Buttlar lautete ihr Vorname Lucie (= Luckel), was auch durch eine Friedberger Urkunde von 1491 bestätigt wird. Bezeichnet wird ihre Mutter als eine Maria geb. Waiß von Feuerbach, sicherlich abgeleitet aus der Stammtafel zur Genealogie der Waiß zu Fauerbach aus dem bereits 1707 erschienenen und immer noch oft zitierten Standardwerk des Johann Maximilian von Humbracht *Die höchste*

Zierde Teutsch-Landes. Dort wird jedoch erwähnt, dass sie auch Gutta geheißen haben könnte. Dieser Vorname wird dann auch in den Stammtafeln zur Familie Hatzfeld gebracht.

Sechs Jahre nach dem Kauf des Burgsitzes erwirbt Hans von Dörnberg am 24. April 1482 erneut ein Gebäude in der Burg. Gilbrecht Waiß von Fauerbach und seine Frau Margarete verkaufen ihm ein Haus mit Stallung im Beisein des Burggrafen Ludwig Waiß von Fauerbach und diverser Burgmannen. Dieses grenzte direkt an seinen bereits erworbenen Burgsitz, denn die Urkunde beschreibt seine Lage wie folgt: *...Inn eyner ecken eins ussgangs by Hansen von Doringenberg, zu der zytt hovemeister, Inn der burge Friddeberg gelegen, das an eyner siten stosset an Reinharten von Swalbach und an der anderen siten an des itgenanten Hofemeisters wonung, mit eyner stallung hart daneben, und dartzu das ander cleyn huselin, auch in der gemelten burge, und stoisst mit eyner siten an den genannten Reynhart von Swalbach und an der anderen siten mit eynem keller zught iss uf die Strass gheyn dem borne...* (Ludwig Baur, Hessische Urkunden, Bd. 5, Darmstadt 1873, Nr. 542, S. 513-514).

Neun Jahre später verkaufte Hans von Dörnberg beide Grundstücke an den Deutschen Orden. Friedrich Carl Mader schreibt dazu in seinem 1767 erschienen Buch *Sichere Nachrichten von der Kayserlichen und des heiligen Reichs Burg Friedberg: Um dieses Jahr (1491) hat der hohe teutsche Orden und zwar die Land-Commende zu Marburg Hansen von Doringenberg seine Behausung in der Burg, welche er Anno 1476 und 1482 von Caspar von Carben und Gilbrecht Weyen von Fauerbach erkaufet hatte, abgekaufet, und in diesem jahrhundert ein neues sehr ansehlich Gebäu auf diesem Platz aufgeführet.* Es handelte sich somit um das nördlich des Kronberger Hofes gelegene Deutschordenshaus, welches heute vom Finanzamt genutzt wird.

Hans von Dörnberg hatte die Grundstücke seiner zweiten Frau Luckel von Hatzfeld bei seiner Heirat als Heiratsgut überschrieben, denn sie stimmte in einer Erklärung vom 6. Juli 1491 diesem Verkauf zu.

Zwischenzeitig hatte er in der Umgebung weiteren Besitz erworben: Das Stift St. Alban zu Mainz besaß seit Jahrhunderten die Hälfte des Zehnten zu Fauerbach, von der das Kloster Limburg an der Hardt die andere Hälfte innehatte. Am 14. Mai 1480 verkauft der damalige Inhaber des dem Stift St. Alban zustehenden Halbteils des Lehens über den Zehnten zu Fauerbach an Hans von Dörnberg, Hofmeister des Landgrafen von Hessen (Staatsarchiv Würzburg). Dieser Akt wird vom Stift mit Urkunde vom 25. Mai 1480 bestätigt.

Abb. 3: Fauerbacher Kirche um 1930. Foto: Bildarchiv Foto Marburg

Aus einer weiteren Urkunde vom 19. August 1481erfahren wir mehr über den Inhalt des Verkaufs. Danach bestehen die Rechte aus *...dem Kleinzehnten, dem Ölzehnten, dem Zehnt im Holz zu Fauerbach, der Hälfte des Fischwassers zu Fauerbach sowie die Gartenzinsen in Friedberg in der Vorstadt vor dem Fauerbacher Tor.*

Scheinbar war der Erwerb des Lehens und die Tatsache, dass Hans von Dörnberg in der Burg Friedberg einen Burgsitz besaß, Grund für sein Interesse, seine Besitzungen im Raum Friedberg zu erweitern.

Von Gilbrecht Waiß von Fauerbach erwarb Hans von Dörnberg auch 4 ½ Huben Land im Fauerbacher Feld, die ersterer von Mainz zum Lehen hatte und die nun vom damaligen Mainzer Domprobst 1482 erneut als Mannlehen verliehen wurden.

Weiteren erheblichen Besitz in der Wetterau erwarb Hans von Dörnberg, als er mit Urkunde vom 16. Mai 1485 vom Grafen Philipp von Solms-Münzenberg das Dorf Fauerbach zum Mannlehen erhielt, vorbehaltlich der Oberherrschaft, also der Gerichtsbarkeit, des Hauses Solms.

Am 22. Juli 1486 bekundete Gottfried von Eppstein-Münzenberg, dass er dem Hofmeister Hans von Dörnberg für 1.200 Rheinische Gulden sein Viertel des Schlosses Ober-Rosbach verkauft hat.

Vom 7. Januar 1490 datiert ein Lehensbrief, der Hans von Dörnberg als Lehensinhaber eines Hofes in Blofeld bestätigt.

Wahrscheinlich war es auch der Hofmeister Hans von Dörnberg, der zusammen mit seinem Bruder Wilhelm am 17. März 1491 ein Haus und Hof in Echzell von den Brüdern Henne und Werner von Echzell erwarb, wofür sie 1.200 fl. zahlten.

Am 22. Januar 1494 schließlich erhielt Hans von Dörnberg, diesmal zusammen mit seinem Neffen Johannes, von Graf Philipp von Solms-Münzenberg eine jährliche Gülte von 22 Gulden Frankfurter Währung aus der Kellerei Lich zum Mannlehen.

Nachdem Hans von Dörnbergs erste Ehefrau Anna 1481 kinderlos gestorben war, ging er 1483 eine zweite Ehe mit Luckel von Hatzfeld ein. Da auch diese Ehe ohne Kinder blieb, dachte er wohl um 1498, mittlerweile 71 Jahre alt, sein Erbe zu regeln. Er ließ daher Johannes und Wilhelm von Dörnberg, die Söhne seines Bruders Wilhelm (1425 - 1496) in viele Lehen einbeziehen.

Um die Jahrhundertwende ging dann die Ära des mächtigen Haushofmeisters zu Ende. Im Februar 1500 starb Landgraf Wilhelm III. von Oberhessen bei einem Jagdunfall, ohne männliche Erben zu hinterlassen. Die Teilgrafschaft Oberhessen fiel daher an seinen Vetter Wilhelm II. von Niederhessen, der damit wieder die Landgrafschaft Hessen in einer Hand vereinigte.

Wilhelm II. war jedoch nicht gut auf Dörnberg zu sprechen und enthob ihn seines Amtes, was ihn jedoch zunächst nicht davon abhalten sollte, mit Hans von Dörnberg Geschäfte zu machen. So lieh er sich noch im November 1501 eine größere Summe Geld von ihm und dem Friedberger Burggrafen Emmerich von Karben und setzte die Städte Marburg und Gießen als Bürgen für das Darlehen ein.

Nachdem der ehemalige Hofmeister jedoch seinen mächtigen Gönner verloren und er sich sicherlich nicht viele Freunde geschaffen hatte, sahen Letztere eine günstige Gelegenheit, „offene Rechnungen“ mit ihm zu begleichen. Hilfreich war ihnen dabei, dass einer der Günstlinge des Hofmeisters, der Kammerschreiber Johannes Fleck, 1501 der Untreue und Unterschlagung überführt wurde.

1505 strengte Landgraf Wilhelm II. einen Prozess gegen Hans von Dörnberg an, in dem ihm Landesverrat, Untreue, Bestechung, ja sogar Mord vorgeworfen wurde. Der Anklage entzog sich Dörnberg durch Flucht auf die Burg Friedberg, wo er kurze Zeit später im Jahr 1506 starb und im Kirchenschiff der alten Friedberger Burgkirche beigesetzt wurde.

In der Elisabethkirche in Marburg befindet sich sein Grabdenkmal sowie das seiner beiden Frauen Anna von Ebersberg gen. Weyers und Luckel von Hatzfeld, die 1499 vor ihm verstarb.

Nach dem Tod des ehemals mächtigen Hofmeisters wurde der Prozess gegen ihn gegen erhebliche Zahlungen seiner Erben eingestellt, doch konnten diese die wesentlichsten Familienbesitzungen erhalten.

Es wird wohl nicht der einzige Fall in der Geschichte sein, in dem sich ein Landesherr durch eine Anklage gegen einen hohen Verwaltungsbeamten, der gleichzeitig Gläubiger war, ein Großteil seiner Verbindlichkeiten entledigte.

Hans von Dörnbergs Erben

Er wäre wohl kein guter Verwaltungsfachmann, hätte er nicht rechtzeitig dafür gesorgt, dass der Fortbestand des riesigen angesammelten Vermögens für die Familie gesichert blieb. Da Hans von Dörnberg keine Kinder aus beiden Ehen besaß, hatte er die Söhne seines Bruder Wilhelm, der bereits 1496 vor ihm verstarb, mit in die Lehensverhältnisse einbezogen, doch wurden auch die Nachkommen von Schwestern bedacht.

Der Ältere seiner beiden Neffen, Johannes von Dörnberg, der Hausen, den Stammsitz der Familie und die Burg Herzberg besaß, obwohl der größte Teil des Erbes scheinbar noch nicht endgültig aufgeteilt war, hatte sich 1486 mit Elisabeth, der Tochter des Lissberger Amtmannes Hermann von Nordeck zur Rabenau und einer geborenen Waiß zu Fauerbach vermählt und starb bereits 1505 im Alter von erst 40 Jahren in Erfurt.

Ein auf ihn zurückgehender Familienzweig, welcher im Mannesstamme auf dem alten Familiensitz Hausen noch heute blüht, wurde durch seinen Sohn Hermann fortgesetzt. Hermann war als 1496 geborener jüngster Sohn zunächst für den geistlichen Stand bestimmt und studierte auf verschiedenen Universitäten. Er heiratete jedoch nach dem frühen Tod seiner beiden älteren Brüder Johannes (* 1488) und Ludwig (* 1491) im Jahr 1523 Anna, die Tochter des Georg von Hopfgarten.

Obwohl sein Landesherr, Philipp von Hessen, sich zu jener Zeit der Reformation noch nicht geöffnet hatte, führte Hermann, der vielleicht schon im Zuge seiner Studien auf sächsischen Universitäten und seinen zahlreichen Beziehungen zu Geisteswissenschaftlern jener Zeit mit der neuen Lehre konfrontiert worden sein könnte, bereits im Jahr 1523 in seiner Patronatsgemeinde Breitenbach am Herzberg die Reformation ein.

Von Hermann von Dörnberg berichten Familienüberlieferungen auch, dass er zu jener Truppe von Rittern gehörte, die 1521 Martin Luther überfallen und auf die Wartburg zu dem dortigen Burghauptmann Hans von Berlepsch in Sicherheit gebracht haben soll, doch ist dies bis heute nicht urkundlich belegt.

Hermann von Dörnberg wurde ebenfalls nicht alt. 1529 war er noch Begleiter des Landgrafen Philipp von Hessen auf dem Reichstag zu Speyer, auf dem bekanntlich die protestantischen Fürsten und Reichsstädte gegen die Reichsacht gegen Martin Luther protestierten, was wiederum die Entstehung des Begriffs „Protestanten" zur Folge hatte. Kurze Zeit später starb er am 5. Juni 1529 und wurde in der Kirche St. Quintin zu Mainz beigesetzt. Seine Witwe heiratete den langjährigen und wohl bedeutendsten Friedberger Burggrafen Johann Brendel von Homburg, welcher 1533 als Burgmannenhaus den heute so genannten „Schillerbau" errichten ließ und dessen Grabplatte sich im Hof des Wetterau-Museums befindet.

Von Hermann von Dörnberg sind drei Söhne bekannt: Emmerich, Wilhelm und Adolf Wilhelm (Buttlar kennt nur Letzteren), wovon jedoch nur Adolf Wilhelm (* 1525) den Familienzweig fortsetzte.

Der jüngere Neffe des Hofmeisters, Wilhelm von Dörnberg, war auf den Neustädter Besitzungen der Familie sesshaft und ist sicherlich ein Beispiel für die geschickte Heiratspolitik seines Vaters. Er wurde am 14. Januar 1500 als Burgmann der Reichsburg Friedberg aufgenommen und vermählte sich 1501 mit Margarethe, der Tochter des seinerzeitigen Friedberger Burggrafen Emmerich von Karben und dessen Frau Barbara von Mansbach. Diese Ehe brachte ihm umfangreichen Besitz in der Wetterau ein, über den sich ca. 100 Jahre später die Erben vor dem Hofgericht Marburg stritten; nämlich Grundstücke, Renten und Zehnten zu Wisselsheim, Mörlen, Fauerbach, Melbach und Echzell sowie zu Dorsheim in der Pfalz.

Nicht geklärt ist der Hintergrund einer Urkunde vom 13. Oktober 1506, wonach ein Johann von Weitershausen für die Erben des verstorbenen Hofmeisters Hans von Dörnberg 1.500 fl. von den 2.000 fl. bezahlt, die die Erben dem Landgrafen schulden. Aus Buttlars Stammtafel über die Familie von Dörnberg gibt es keinen Hinweis auf eine familiäre Verbindung, auch in der genealogischen Literatur über die Familie von Weitershausen wird seine Ehefrau nicht genannt. Johanns 1506 bereits verstorbener Vater Tammo/Damme war Rat des Landgrafen, dessen Bruder Senand Hofmeister, eine Heiratsbeziehung zur Familie von Dörnberg läge also durchaus im Bereich des Möglichen.

Doch könnte Johann von Weitershausen natürlich auch eine Kaufpreisschuld aus einem von den Dörnberg'schen Erben erworbenen Besitz direkt an den Landgrafen gezahlt haben.

Dagegen spricht jedoch wiederum der Inhalt einer Urkunde vom 8. Januar 1515. Darin verkaufen Simon und Johannes von Grüßen (wohl Greußen), Johannes von Weitershausen und seine Ehefrau Katharina, Volkmar von Tottleben und seine Frau Anna , Reinhard von Hausen und seine Ehefrau Margarete sowie Christoffel „von Sebach (Selbach?)" und seine Frau Magdalene den von Hans von Dörnberg ererbten Zehnten zu Fauerbach, den dieser 1480 erworben hatte und den das Stift St. Alban in Mainz jeweils zum Lehen gab, an Heinrich von Vilbel und seine Ehefrau Margarete. Dies lässt den Schluss zu, dass auch die Nachkommen einer Schwester des Hofmeisters, die laut Buttlar mit Hans von Greußen, dem Vater des Apel von Greußen, Amtmann auf der Landsburg bei Allendorf, verheiratet war, in seinem Testament bedacht wurden, zumal sein Neffe Apel von Greußen bereits neben seinem Bruder Wilhelm von Dörnberg 1487 in die Belehnung der Burg Herzberg mit einbezogen wurde.

Was die Belehnung von Fauerbach durch die Grafen von Solms angeht, so liegen mir zwar keine Nachrichten über deren Übertragung auf die nächste Generation vor, doch scheint dies geschehen zu sein. Die Neffen des Hans von Dörnberg waren bereits verstorben, als Rabe oder Raban von Dörnberg, als der zu diesem Zeitpunkt Älteste des Stammes, für sich, Wilhelm, den Sohn seines verstorbenen Bruders Hans sowie die Söhne Adolf Wilhelm, Emmerich und Wilhelm (Buttlar zeigt nur Adolf Wilhelm) seines ebenfalls bereits verstorbenen Vetters Hermann am 23. Januar 1542 die Verleihung des Dorfes Fauerbach zum Mannlehen erneut von Graf Philipp von Solms-Münzenberg entgegennahm und den Lehnseid leistete. Gleichzeitig wurde den Lehensnehmern neben Fauerbach auch anstelle einer Hans von Dörnberg 1494 verschriebenen Zahlung von 22 Gulden aus der Kellerei Lich ein Freihof in Echzell verliehen.

Raban von Dörnberg wird zeitweilig als *zu Wisselsheim* bezeichnet, scheint also wohl die ererbten Güter seiner Großmutter Margarethe von Carben besessen zu haben.

Am 29. Mai 1549 erfolgt wieder eine Lehenserneuerung, diesmal durch Graf Reinhard von Solms-Münzenberg. Bei den Mitbelehnten fehlte lediglich gegenüber 1542 Wilhelm, der bei Buttlar nicht genannte Sohn Hermanns, der wohl zwischenzeitig verstorben war.

Die nächste Lehenserneuerung, soweit sie Fauerbach betrifft, erfolgte am 15. Dezember 1558, dann noch einmal am 24. September 1563. Dieses Mal werden als Lehnsnehmer Kaspar von Dörnberg, dessen Bruder Carl, sein Vetter Wilhelm sowie Adolf Wilhelm von Dörnberg genannt.

Da Kaspar von Dörnberg 1567 und Wilhelm von Dörnberg am 19. November 1568 in Friedberg verstarben und keine männliche Nachkommen hinterließen, tauchten in einer Lehenserneuerung vom 29. September 1593 nur noch Carl sowie Adolf Wilhelms Sohn Johann Adrian von Dörnberg auf, desgleichen im Jahr 1602.

Carl von Dörnberg

Fast einhundert Jahre nach dem Tode des Hans von Dörnberg bestand die Familie nur noch aus zwei von seinem Bruder Wilhelm abstammenden lehnsberechtigten Mitgliedern im Mannesstamm. Da war zunächst Johann Adrian von Dörnberg (* 1553), ein Urenkel von Wilhelms Sohn Johannes (1465 – 1505). Von dessen Bruder Wilhelm (1478 – 1530) dagegen stammte Carl (* 1543) ab, der Sohn des Raban von Dörnberg zu Wisselsheim.

Johann Adrian hatte aus seiner Ehe mit Gertrud von Calenberg zwölf Kinder, von denen jedoch acht jung verstarben. Letztlich erreichten nur zwei Söhne das lehnsfähige Alter: Ludwig (* 1585) und Burghard (* 1588).

Carl von Dörnberg, Amtmann zu Fürsteneck, vermählte sich 1568 mit Anna Catharina von Schachten. Ihr Vater, Wilhelm von Schachten, war Mitglied des hessischen Regentschaftsrates, der während Landgraf Philipps Gefangenschaft die Regierungsgeschäfte führte. Durch seine Frau Elisabeth von Schlitz gen. Görtz war er in den Besitz der Hälfte der Herrschaft Schlitz gekommen. Die Familie hatte sich daraufhin in Schlitz die bekannte „Schachtenburg" gebaut.

Wilhelms Tochter Anna Catharina erbte wiederum und brachte somit ihrem Mann ein Viertel der als Ganerbschaft bestehenden Herrschaft Schlitz ein, was noch lange zu Auseinandersetzungen und Prozessen mit der alteingesessenen Familie von Schlitz gen. Görtz führen sollte.

Von ihren Kindern erreichten sechs das heiratsfähige Alter, nämlich sein Sohn Raban Oyer (* 1568) sowie fünf Töchter. Raban Oyer vermählte sich 1601 mit Gutta Klauer zu Wohra, deren Mutter ebenfalls eine geb. von Dörnberg war, starb jedoch 1605 ohne Nachkommen, so dass dieser Familienzweig nur noch aus Töchtern bestand.

In diesem Zusammenhang ist es interessant, sich die Ehepartner dieser Töchter anzusehen. Deren Familien zählten zu den einflussreichsten der Landgrafschaft Hessen, was auf eine geschickte Heiratspolitik des Vaters schließen lässt. Die Liste der Ehemänner seiner Töchter liest sich wie das „Who is Who" der seinerzeitigen Führungselite der Landgrafschaft.

Clara Anna (* 1569) war verheiratet mit Heinrich von Cramm, dem Sohn des Statthalters an der Lahn und Hofrichters zu Marburg, Burkhard von Cramm, welcher aus einer niedersächsischen uradeligen Familie, die auf Schloss Oelber bei Hildesheim residierte, stammte. Heinrich von Cramm, der 1596 Kammerjunker war, sein Vater Burkhard und dessen gleichnamiger Vater standen in hessischen Diensten und besaßen hessische Lehen, u. a. das ehemalige Klosteranwesen Lippoldsberg. Heinrichs Mutter Catharina Zenger von Trausnitz gehörte einem mächtigen Geschlecht aus der nördlichen Oberpfalz an. Das Wappen der Familie von Cramm befindet sich am 1596 erbauten Elisabethbrunnen bei Schröck.

Margarethe Elisabeth (* 1570) war verheiratet mit Georg Christoph von Buchenau, dem Sohn des Fuldaer Amtmannes zu Burghaun, Eberhard von Buchenau, und seiner Frau Margarete Goldacker zu Weberstedt. Georg Christoph von Buchenau war, wie sein Schwiegervater, Amtmann auf der fuldischen Burg Fürsteneck. Die von Buchenau waren ein reiches Adelsgeschlecht mit eigener Grundherrschaft, dessen Namen auf Buchen bei Eiterfeld zurückzuführen ist. Um jene Zeit befand sich das Geschlecht in seiner Blütezeit, wovon das zweiflügelige Renaissanceschloss Buchenau noch heute zeugt.

Anna Katharina (* 1573) heiratete 1591 Johann Georg Schenck zu Schweinsberg, dessen Familie das hessische Schenkenamt erblich besaß (und heute noch immer besitzt). Anna Katharina verdient insofern besondere Aufmerksamkeit, als über sie die Besitzfolge Fauerbachs verlaufen sollte. Dabei waren in ihrer Familie tragische Ereignisse zu verzeichnen. Von ihren acht Söhnen starben drei im Kindesalter. Drei weitere waren um 1630 im 30jährigen Krieg gefallen, als am 2. September 1635 einer der beiden verbliebenen Söhne, der in schwedischen Diensten stehende Rittmeister Johann Reinhard (* 1612), zusammen mit dem Mann seiner Schwester Elisabeth, Ernst von Linsingen, in Jesberg von einem Trupp kaiserlicher Dragoner gefangen genommen und im Wald unweit Amöneburgs bei der Brücker Mühle ermordet wurde. Beide wurden am 10. des Monats in der St.-Elisabeth-Kirche in Marburg beigesetzt. Elisabeth Schenk zu Schweinsberg, die erst ein Jahr zuvor Ernst von Linsingen geheiratet hatte, vermählte sich später mit Rudolf von Bünau, dem späteren Inhaber Fauerbachs.

Margaretes (* 1577) Ehemann Eitel von Berlepsch († 1625) war Hofrichter zu Marburg. Sein gleichnamiger Vater (1539 - 1602) war der 11. hessische Erbkämmerer, Hofrat und Kammermeister zu Kassel, später Hauptmann der Festung Ziegenhain.

Sidonie (* 1578) war verheiratet mit Volpert Riedesel zu Eisenbach († 1632), dem 11. Inhaber des der Familie zustehenden hessischen Erbmarschallamtes, ferner Geheimer Rat, General und Kommandant zu Kassel. Beider Sohn Conrad (* 1603) wurde später 13. Erbmarschschall und Hessischer Oberstleutnant.

Abb. 4: Stammwappen der Familie Schenck zu Schweinsberg vor 1561: Schild geteilt oben in blau ein schreitender goldener Löwe, unten von silber und rot gerautet. Auf dem Helm mit rot-silbernen Decken ein Wolfsrumpf, in den Ohren mit eine roten und silbernen Feder bestückt.

Zu erwähnen ist auch, dass Carl von Dörnberg 1589 zu der bereits 1480 erworbenen Hälfte der Vogteirechte an Fauerbach von Jost Rau von Holzhausen die aus dem Erbe der Waiß von Fauerbach stammende Hälfte des Stiftes Limburg hinzuerwirbt, so dass erstmals alle Besitzrechte in einer Hand vereint sind.

Mit dem Tode Carl von Dörnbergs am 26. Januar 1608 war Johann Adrian von Dörnberg als letzter im Mannesstamme berechtigt, die Lehen der Familie zu empfangen. Mit Urkunde vom 29. Juli 1608 durch Hermann Graf von Solms erfolgte seine alleinige Belehnung mit Fauerbach und dem Hof in Echzell. Da jedoch auch die Dörnbergischen Töchter in einigen Fällen Erbrechte besaßen, da nicht alle Besitzungen Mannlehen waren, kam es in der Folge zu einem Streit zwischen den Erben Carls von Dörnberg und Johann Adrian von Dörnberg um den Besitz der Lehen- und Stammgüter der Familie, der vor das Reichskammergericht in Wetzlar getragen wurde. Der Streit endete mit einem Vergleich dergestalt, dass die Erben Carls alle Besitzungen in der Wetterau und der Grafschaft Nidda erhalten sollten und dafür dem weiterhin bestehenden Mannesstamm alle anderen Güter, insbesondere Hausen und der Herzberg, zugesprochen wurden.

Graf Friedrich von Solms bekundete daher am 24. August 1618, dass er den zwischen Georg Christoph von Bünau, Johann Georg Schenk zu Schweinsberg, Volprecht d. Ä. Riedesel zu Eisenach, Eitel von Berlepsch sowie Anna

Abb. 5: Der Dörnberger Hof um 1900 in der Haagstraße 10. Hier handelt es sich um das 1533 errichtete Stadthaus der Adelsfamilie von Dörnberg. 1840 kaufte es der Hofgerichtsadvokat Wilhelm Trapp III. der 1844 wohl im Garten des Dörnberger Hofs ein neues Haus errichtete, unmittelbar an der Ecke Haagstraße/Färbergasse. 1875 geht das Grundstück in den Besitz des Vorschuss- und Kreditvereins Friedberg über, der das alte Wohnhaus mit dem Treppenturm 1906/1907 zugunsten eines Neubaus abreißen lässt. (Anmerkung des Herausgebers). Stadtarchiv Friedberg: Fotosammlung

Clara, der Witwe von Heinrich von Cramm einerseits und den Brüdern Ludwig und Burghard von Dörnberg geschlossenen Vertrag billigt und Erstere in das Lehensverhältnis einsetzt.

Die Brüder Ludwig und Burghard von Dörnberg errichteten daraufhin aus ihren Gütern einen Fideikommiss, um für die Zukunft ähnliche Streitereien zu vermeiden. Buttlar schreibt in seinem *Stammbuch der althessischen Ritterschaft* dazu: „…nachdem die 5 Töchter Carls von Dörnberg, Erbinnen der Allodialgüter in der Wetterau und in der Grafschaft Nidda und des Antheils an den verpfändeten Reichskleinodien ihnen viel Schaden angerichtet hatten“.

Bereits vorher scheint es zu einer stillschweigenden Duldung einer Verfügung über die Rechte an Fauerbach gekommen zu sein, schreibt doch Wilhelm

Hans Braun, dass mit Einwilligung der Verwandten der Ehemann Anna Catharinas von Dörnberg, Johann Georg Schenck zu Schweinsberg, 1615 das Erbe in Fauerbach antrat.

Dies darf jedoch nicht wortwörtlich verstanden werden, denn noch immer stand das Fauerbacher Lehen allen Erben des Carl von Dörnberg zu. Johann Georg Schenk wird es wohl eher treuhänderisch verwaltet haben und so befand es sich noch immer bei dessen Tod am 5. April 1630 im Besitz der Erbengemeinschaft.

Bei dieser Gelegenheit sei erwähnt, dass die von Dörnberg auch Grundbesitz in der Stadt Friedberg hatten. Dies geht aus einer aus dem Jahr 1693 stammenden Akte des Reichskammergerichtes hervor, vor dem eine Beschwerde der Stadt Friedberg verhandelt wurde, nach der der damalige Burgmann und Hauptmann der Reichsritterschaft und Urenkel Carls von Dörnberg, Günther von Bünau, den städtischen Pfarrer Vitriarius im Besitze des von ihm angekauften *Döringenbergschen Hausplatzes zu Friedberg* störte. Dieses Grundstück, dessen Lage unbekannt ist, musste sich also zumindest zu Dörnbergischen Zeiten im Besitz der Familie befunden haben.

Die Familie von Dörnberg als Friedberger Burgmannen

Laut Albrecht Eckhardts Ausführungen *Die Burgmannenaufschwörungen und Ahnenproben der Reichsburg Friedberg in der Wetterau 1473 – 1805* sind die von Dörnberg von 1487 bis 1568 als Friedberger Burgmannen genannt.

Da wäre zunächst der Hofmeister Hans von Dörnberg, welcher 1487 erwähnt wird, der eventuell jedoch schon früher aufgenommen worden sein könnte, da er zu diesem Zeitpunkt bereits über einen Burgsitz verfügte.

Von seinen Neffen Johannes und Wilhelm von Dörnberg, die Hans in die Belehnung seines Wetterauer Besitzes mit einbeziehen ließ, erscheint 1500 lediglich Wilhelm als Burgmann. Sein Bruder Johannes wird nicht genannt, dafür dessen Söhne Johannes (1488 - 1522), Ludwig (1491 - 1522) und Hermann (1496 -1529), die im Alter zwischen 23 und 25 Jahren als Burgmannen aufgenommen wurden.

Von Wilhelms Söhnen sind Hans, Raban und Emmerich als Burgmannen nachweisbar, zusammen aufgenommen im Jahr 1528. Insbesondere Raban hatte enge Beziehungen zu Friedberg. Er war mit Clara, der Tochter des Hans von Frankenstein und der Erbin von Ockstadt, Irmel von Cleen, verheiratet, wird als *zu Wisselsheim* genannt und soll 1556 zu Friedberg gestorben und in einer Gruft in der alten Friedberger Burgkirche unweit der Begräbnisstätte seiner Großonkels Hans von Dörnberg beigesetzt worden sein.

In der nächsten Generation erscheint Hermann von Dörnbergs Sohn Adolf Wilhelm (1525 - 1567) und zuletzt wurde Raban von Dörnbergs Sohn Carl (1543 - 1608) am 4. September 1568 als Burgmann aufgenommen.

Eckhardt sieht in dem 1568 aufgenommen Carl irrtümlich einen Sohn von Caspar von Dörnberg, der in zweiter Ehe mit Jutta Löw zu Steinfurth und in dritter Ehe mit einer Clara Waiß von Fauerbach verheiratet war und 1567 in Friedberg gestorben sein soll. Dies ist aber eindeutig nicht der Fall, zumal auch Buttlar keinen Sohn Caspars kennt.

Carl von Dörnberg, der die Wetterauer Besitzungen der Familie übernommen hatte, war das letzte Mitglied der Familie, welches als Burgmann genannt wird. Da er 1608 starb, müsste zu diesem Zeitpunkt die Ära der Familie von Dörnberg in der Geschichte der Friedberger Burgmannen zu Ende gegangen sein. Von seinen Schwiegersöhnen ist mir lediglich Volprecht Riedesel zu Eisenbach als Mitglied der Burgmannschaft bekannt.

Ob die Familie von Dörnberg nach dem Verkauf ihres Burgsitzes im Jahre 1491 wieder einen Burgsitz erwarb, ist nicht belegt, doch liegt dies nahe, denn Hans von Dörnberg soll 1506 in Friedberg gestorben sein.

Da Raban von Dörnberg in Friedberg beigesetzt wurde und laut Buttlar auch Rabans Sohn Caspar 1567 und sein Neffe Wilhelm, genannt der Kleine, am 19. November 1568 jeweils zu Friedberg gestorben sein sollen, liegt es nahe, dass sie dort auch gewohnt haben.

Nach 1568 sind mir keine Nachrichten über die Familie Dörnberg, die Burg Friedberg betreffend, bekannt. Der letzte Inhaber der Wetterauer Besitzungen der Familie, Carl von Dörnberg, starb 1608 in Hausen.

Dass der Friedberger Burgsitz der Familie von Bünau, die später das Dörnberger Erbe in der Wetterau übernahm, ebenfalls aus dem Erbe stammt, ist aufgrund der großen Zeitspanne eher nicht wahrscheinlich.

Rudolf von Bünau

Zu einer neuen Ära in der Geschichte der Fauerbacher Lehensverhältnisse kam es, als am 24. Juli 1648 die Erbengemeinschaft dem ebenfalls zu den Erben gehörenden Kommandanten der hessisch-darmstädtischen Festung Rüsselsheim und Obristen Rudolf von Bünau für 9.000 Gulden Dorf und Gericht Fauerbach mit Zubehör, namentlich Gefälle zu Schwalheim, Fauerbach und

Florstadt, verkauften (HStD Best. B 9 Nr. 1271). Die entsprechende Belehnung durch Graf Johann August von Solms als Ältestem des Hauses Solms-Lich erfolgte am 12. Mai 1651. Ausgenommen bei diesem Vorgang waren bekanntlich die separat durch das Stift Limburg sowie St. Alban, Mainz, zu vergebenden Vogteirechte. Diese scheinen jedoch später ebenfalls der Familie Bünau zugefallen zu sein. Zumindest für die dem Stift St. Alban zustehende Hälfte liegt eine Verleihungsurkunde vom 30. Juni 1687 vor.

Rudolf von Bünau stammte aus einer Naumburger Uradelsfamilie, die als Wappen ein viergeteiltes Schild führt, wobei versetzt zwei der Felder in rot einen goldenen Löwenkopf aufweisen, während die restlichen zwei Felder rotweiß geteilt sind. Bereits 1166 wurde ein Rudolf von Bünau als Zeuge in einer Schenkungsurkunde des Bischofs Udo von Naumburg genannt. Der Familien-

Abb. 6: Stammwappen der Familie von Bünau seit 1496: Schild geviert 1. und 4. von Rot und Silber gespalten 2. und 3. ein vorwärts gekehrter goldener Löwenkopf mit einer goldenen Lilie im Rachen. 2. Helm; auf dem rechten mit rot-goldenen Decken ein hermelingestulpter Kurhut, beiderseits mit einem natürlichen Pfauenwedel an goldenem Stiele bestückt; auf dem linken gekrönt mit rot silbernen Decken ein offener, rechts rot, links silberner Flug.

name soll von einem der Orte Beuna bei Merseburg, Bona bei Teuchern oder Büna bei Arnsgrün abgeleitet sein.

Eine gleichnamige Familie taucht bereits 1172 im Bereich des Kinzigtals auf und zwar als Burgmannen von Gelnhausen und Hanau. Heinrich Bingemer weist ihnen zwar in seinem *Frankfurter Wappenbüchlein* das oben genannte Wappen der sächsischen Familie zu und vermutet einen Zusammenhang mit dieser, gibt jedoch leider keinen Quellenhinweis für diese Annahme. Dem gegenüber steht die bereits 1865 in Gustav Simons *Die Geschichte des reichsständigen Hauses Ysenburg und Büdingen* aufgestellte These, dass der Familienname der hessischen Bünau eventuell von dem bei Wächtersbach im Kinzigtal liegenden Ort Aufenau, früher Uffenau oder Ubinau, abgeleitet sein könnte.

Ein Kopialbuch des Hermann von Bünau weist zahlreiche Besitzungen der Familie u. a. in Alten- und Niedermittlau, Altenhaßlau, Gelnhausen, Hailer,

Hüttengesäß, Lieblos, Mittelbuchen, Meerholz, Orb, Ranstadt, Somborn, Selbold, Salmünster, Seligenstadt und Wachenbuchen auf.

Der zu dieser Familie gehörende Ludwig von Bünau tauchte Mitte des 15. Jahrhunderts in Mainz als Schultheiß auf. Eine Tochter war verheiratet mit Bruno von Hohenweisel, dem Untervizedom des Rheingaues und Sohn des Geisenheimer Schultheißen Henne von Hohenweisel, eine zweite laut Humbracht mit dessen Bruder Arnold. Ludwig starb 1494 und wurde in der Pfarrkirche zu Geisenheim, wo sein Schwiegersohn Besitz hatte, begraben. Seine nicht mehr vorhandene Grabplatte soll als Wappen einen Schrägrechtsbalken aufgewiesen haben. Das gleiche Wappen zeigt bereits das Siegel des Eckart von Bünau, Burgmann zu Gelnhausen, der am 23. September 1350 eine Korngülte an das Kloster Meerholz verkauft, womit wohl Bingemers Wappenzuordnung und seine geäußerte Abstammung von der sächsischen Familie, die Wilhelm Hans Braun in seiner Ausarbeitung über die Geschichte Fauerbachs übernommen hat, nicht zutreffend sein dürfte.

Mit den Kindern des Ludwig von Bünau scheint die Familie ausgestorben zu sein. Vermutlich war ein Philipp von Bünau, dessen hinterlassene Güter 1526 zwischen Arnold von Hochweisel und David Truchsess von Rieneck erbgeteilt wurden, Ludwigs Sohn.

Doch zurück zu Rudolf von Bünau: Er scheint über den Militärdienst in die Gegend gekommen zu sein. 1639 wird er als kaiserlicher, später als hessisch-darmstädtischer Obrist bezeichnet. Dies ist vor dem Hintergrund zu sehen, dass die beiden hessischen Landgrafschaften in einen Bruderkrieg verwickelt waren, der auf Erbstreitigkeiten, aber auch auf unterschiedliche konfessionelle Einstellungen zurückzuführen war. Das reformiert-calvinistische Hessen-Kassel stand im Rahmen des damals andauernden 30jährigen Krieges auf Seiten der protestantischen Union, das lutherische Hessen-Darmstadt dagegen auf Seiten der kaiserlichen katholischen Liga und überließ dieser einige Regimenter. Rudolf von Bünau war daher sicherlich zunächst in die Dienste der Landgrafen von Hessen-Darmstadt getreten und gehörte zu den dem Kaiser überlassenen Truppen. 1648, aber auch die Jahre danach, wird er wieder als hessischer Obrist und als Kommandant der Festung Rüsselsheim bezeichnet,

Rudolf von Bünau hatte zuvor, wohl kurz nach 1635, Elisabeth, die Tochter von Johann Georg Schenck zu Schweinsberg und der Anna Katharina von Dörnberg, geheiratet, nachdem diese auf die geschilderte tragische Weise ihren ersten Mann verloren hatte. Eventuell stand diese Eheverbindung in Zusammenhang mit einer anderen Heirat: Elisabeths Vetter Ludwig Schenck zu

Schweinsberg, der Sohn ihres Onkels Ebert, war mit Anna Margareta von Weiters, der Tochter des hessischen Hofmeisters Jost von Weiters verheiratet, der wiederum eine Susanna von Bünau zur Ehefrau besaß, deren Herkunft jedoch noch nicht geklärt werden konnte.

Rudolf von Bünau scheint über ein großes Vermögen verfügt zu haben. Bereits 1646 hatte er seinen Schwägern Curt Riedesel zu Eisenbach und Christoph Wilhelm Diede zum Fürstenstein 2.500 Reichstaler geliehen, die diese zur Erfüllung einer vertraglichen Verpflichtung benötigten und von diesen deren aus dem Dörnbergschen Erbe stammenden Anteil an einer Salzsode zu Wisselsheim verpfändet bekommen.

Nur wenige Jahre nach der Übernahme des Fauerbacher Besitzes wurde Rudolf von Bünau 1652 als Friedberger Burgmann aufgenommen, zugleich in den engeren Führungskreis, das Burgregiment, berufen und bekleidete um 1662 sogar das Amt des Burgbaumeisters. In jener Zeit hat er vermutlich auch ein Gebäude in der Burg Friedberg erworben, welches an der Burgmauer östlich des Adolfsturmes lag. Seine Nachkommen rissen es ab und errichteten 1712 erneut einen repräsentativen Bau, welcher noch heute als „Bünauscher Hof" bezeichnet wird.

Abb. 7: Der 1713 errichtete Bünauische Hof (Burg 23). Von 1832-1886 Amtsgebäude des neu geschaffenen Kreises Friedberg. Foto: Werner Stolz. Stadtarchiv Friedberg: Fotosammlung

Laut Braun soll Rudolf von Bünau am 18. März 1666 gestorben sein. Seine Frau Elisabeth, geb. Schenck zu Schweinsberg, überlebte ihn 26 Jahre und starb im Jahr 1692.

Die aus Stuck gearbeiteten Wappen der Familien von Bünau und Schenck zu Schweinsberg befinden sich, datiert mit der Jahresangabe 1685, als Ehewappen an der Decke des Herrenstuhles der Fauerbacher Kirche und wurden vermutlich von ihr in Auftrag gegeben.

Die Kinder Rudolfs von Bünau

Geht man vom Altarbild, dem sog. „Bünau-Epitaph" aus, welches 1711 von der Familie der Fauerbacher Kirche gestiftet wurde und welches von Wilhelm Hans Braun in den Wetterauer Geschichtsblättern 1963 beschrieben wurde, muss Rudolf von Bünau 12 Kinder gehabt haben, denn es befinden sich insgesamt 14 Personen auf dem Bild, davon zwei gewickelte Kleinkinder, womit zwei seiner Kinder wohl kurz nach der Geburt gestorben sein dürften. Von seinen zehn ins Erwachsenenalter gekommenen Kindern, davon je fünf Söhne und Töchter, lassen sich neun Kinder nachvollziehen:

a) Rudolf der Ältere, 1668 als Friedberger Burgmann aufgenommen

b) Rudolf der Jüngere, 1670 als Friedberger Burgmann aufgenommen

c) Heinrich, 1661 stud. Gießen, 1671 als Friedberger Burgmann aufgenommen, 1681 Mitglied des Burgregiments

d) Günther, 1676 als Friedberger Burgmann aufgenommen

e) Maria Dorothea, † 1664, oo Johann Adam von Wallbrunn zu Ernsthofen, dieser 1668 als Friedberger Burgmann aufgenommen

f) Agnes/Sophie, oo Johann Daniel von Dernbach, dieser 1672 als Friedberger Burgmann aufgenommen, Hofmeister und Rat der Grafschaft Sayn-Altenkirchen, welche seinerzeit zu Sachsen-Eisenach gehörte

g) Elisabeth, oo vor 1673 Otto Rudolf Rau zu Holzhausen, * um 1643, † 5. 9. 1685, 1668 als Friedberger Burgmann aufgenommen

h) Anna Lukretia, oo 1692 Maximilian Friedrich Stockhorner von Starein, oo II. nach 1697 Levin von Kniestedt

i) Anna Sibylla, 1671 genannt

Abb. 8: Auferstehungsbild der Familie von Bünau, im Jahr 1711 von Rudolf von Bünau gestiftet. Früher Kirche Fauerbach, heute Wetterau-Museum. Foto: Wetterau-Museum

Die Ahnenproben, die die Gebrüder von Bünau bei ihrer Aufnahme als Burgmannen abzuliefern hatten, befinden sich im Staatsarchiv Darmstadt.

Es sei an dieser Stelle erwähnt, dass nach einem alten Familiengesetz derer von Bünau deren männliche Mitglieder nur die drei Vornamen Rudolf, Heinrich und Günther haben dürfen, was natürlich die Erforschung der Familiengeschichte erheblich erschwert, da – wie in obigem Falle – bei einer größeren Anzahl von Söhnen ein Vorname doppelt vergeben werden muss. Es ist daher nicht nachzuvollziehen, welcher der beiden Rudolf später in die Dienste Hessen-Kassels ging.

Als am 20. Mai 1671 ein der Familie gehörendes Rittergut in Ginsheim von der Witwe des Obersten Rudolf von Bünau und deren Kinder an Ludwig von Geismar verkauft wird, werden neben Heinrich, Günther, Elisabeth, Anna Sibylla und einer Lukretia von Bünau noch die beiden Söhne Rudolf der Ältere und der Jüngere genannt (Maria Dorothea war bereits gestorben). Später erscheint nur noch einer dieses Namens, der am 9. November 1696 als Obrist der Garde, später als Generalmajor erwähnt wird. Als er 1706 von Solms erneut mit Fauerbach belehnt wird, waren seine beiden Brüder wohl schon gestorben.

Heinrich von Bünau wird 1681 als hessen-darmstädtischer Oberstleutnant, später auch als Oberamtmann der Grafschaft Nidda bezeichnet. Sein Bruder Günther schlug ebenfalls die Militärlaufbahn ein. Er war 1693 Hauptmann und später als Oberstleutnant Kommandeur der *Burg Friedberg/ritterschaftlichen Unions-Kompanie*. Von beiden sind weder Ehegatten noch Nachkommen bekannt.

Über die Ehen der Bünauschen Töchter erfährt man aus den späteren Unterlagen über den Verbleib des Erbes, in denen die Familien von Wallbrunn, von Dernbach, Rau von Holzhausen und Stockhorner von Starein genannt werden.

Hier soll ausnahmsweise nur auf die letztgenannte Familie etwas näher eingegangen werden, da ihr Vorkommen in Hessen sehr ungewöhnlich ist: 1692 heiratete Anna Lukretia von Bünau den in württembergischen Diensten stehenden Offizier Maximilian Friedrich Stockhorner von Starein. Er war der Sohn des Johann Friedrich Stockhorner von Starein, dessen Familie ursprünglich aus Niederösterreich stammte, wo sie bis in das 13. Jahrhundert zurückreicht und auf Seiten des Winterkönigs gestanden hatte, also protestantisch war.

Als Johann Friedrich Stockhorner von Starein bereits in jungen Jahren starb, die Familie in wirtschaftliche Schwierigkeiten geriet und man befürchten musste, dass die noch minderjährigen Kinder unter katholische Vormundschaft gestellt werden könnten – so berichten Familienüberlieferungen - , zerstreuten sie sich in verschiedene Länder und so kam Maximilian Friedrich in jungen Jahren nach Frankfurt, wo er Ladendiener bei einem Kaufmann Backhausen gewesen sein soll. Als man von seiner Abstammung erfuhr, soll er von diesem an den Hof von Landgraf Georg I. von Hessen-Darmstadt gebracht worden sein, wo er als Page diente. Später schlug er die militärische Laufbahn ein und wurde Oberst in einem kaiserlichen Regiment, welches in Spanien gegen die französischen Truppen im Einsatz war. Im Juli 1697 fiel er dort in der Nähe von Barcelona. Aufgrund seiner kurzen Ehe hinterließ er nur einen Sohn, Johann Friedrich Heinrich Günther, welcher am 5. Februar 1694 in Fauerbach geboren wurde und 1756 als württembergischer Oberkammerherr kinderlos in Stuttgart starb.

Anna Lukretia geb. von Bünau heiratete nach dem Tod ihres Mannes zum zweiten Mal den württembergischen Obervogt von Leonberg und Ober-Stallmeister Levin von Kniestedt (1638 – 1719), dessen Familie ursprünglich aus der Gegend um Hildesheim stammte. Dieser war in erster Ehe mit Anna Eleonore von Wachenheim verheiratet gewesen, deren Familie übrigens in Löhnberg bei Weilburg Besitz hatte. Die zweite Ehe von Anna Lukretia blieb jedoch kinderlos.

In diesem Zusammenhang sei auf die interessanten mehrfachen Heiratsbeziehungen zwischen den alle zur Friedberger Burgmannschaft gehörenden Familien von Bünau, Schenck zu Schweinsberg und von Wallbrunn hingewiesen.

Das letzte männliche Familienmitglied scheint Rudolf von Bünau, der hessen-kasselsche Generalmajor, gewesen zu sein. Er soll um 1672 eine Schenck zu Schweinsberg geheiratet haben, die dann wohl verstorben ist, denn nach 1677 heiratete er Hedwig Sophia, Tochter des aus Sachsen-Anhalt stammenden Joachim Friedrich Brandt von Lindenau, Erbherr auf Hohenziatz, Medewitz und Groß Briesen, und der Dorothea von Rochow. Am 24. Februar 1712 starb Rudolf von Bünau kinderlos. Daher schenkte er wohl auch kurz vor seinem Tod der Kirchengemeinde Fauerbach das heute im Wetterau-Museum befindliche „Bünau-Epitaph".

1720 veräußern die Bünauschen Erben ihre gemeinschaftlichen Besitzungen in Wisselsheim (immerhin 17 Hufen!) nebst anderen Besitzungen in der Umgebung, darunter auch ein Anteil am Rockenberger Markwald, an die Familie Löw zu Steinfurth, nach der vermutlich noch heute das auf dem Gelände der ehemaligen Salzsode befindliche Hofgut „Löwenthal" nahe den Salzwiesen genannt wird. Als Verkäufer traten, neben seiner ledigen Schwester Anna Sibylle von Bünau, seine Neffen Johann Rudolf von Wallbrunn, Georg Heinrich von Dernbach, Johann Adam und Georg Ludwig Rau zu Holzhausen sowie Friedrich von Stockhorner zu Starein, auf.

Damals besaß jedoch noch Heinrich Christoph Schenck zu Schweinsberg ein Sechstel dieses Gemeinschaftsbesitzes, welches von seiner Großmutter Anna Dorothea Schenck von Schweinsberg, einer Schwester der mit Rudolf von Bünau verheirateten Elisabeth Schenck zu Schweinsberg, herrühren könnte.

Über das Schicksal des Fauerbacher Besitzes der Familie, der letztlich 1724 an einen der Miterben, Georg Ludwig Rau von Holzhausen ging, berichtet Wilhelm Hans Braun in seiner Abhandlung über die Geschichte Fauerbachs.

Mit dem Verkauf des Dörnbergischen Besitzes an Rudolf von Bünau und dessen Neubelehnung endete die von 1480 bis 1648, also fast 170 Jahre, dauernde Beziehung der Familie von Dörnberg - wenn auch zuletzt nur in Form einer Erbengemeinschaft - zu Fauerbach. Die Rolle der, bezogen auf Fauerbach, sehr viel mehr bekannten Familie von Bünau dauerte noch nicht einmal halb so lange. Es lag mir daher am Herzen, einmal in dieser Form an die Rolle der Familie von Dörnberg in der Geschichte Fauerbachs zu erinnern.

Als kleine Besonderheit und „genealogische Spielerei" sei am Rande erwähnt, dass die von Dörnberg, obwohl ein niederadeliges Geschlecht, durchaus auch zu den Vorfahren von königlichen Familien gehören:

Ludwig von Dörnberg, der mit Vertrag von 1618 auf den Anteil am Allodialbesitz in Fauerbach verzichtet, ist über seinen Sohn Hans Kaspar, dessen Tochter Sophie, die in Familie der Riedesel zu Eisenbach einheiratete, und die Familie Haucke, die zu den Vorfahren der Familie Mountbatten gehört, 8. Urgroßvater des englischen Prinzgemahls und Herzogs von Edinburgh, Philip Mountbatten.

Die älteste Tochter Carls von Dörnberg, die mit Heinrich von Cramm verheiratete Clara Anna, ist über ihren Sohn Karl von Cramm Vorfahrin von Armgard von Cramm (1883 - 1971), der Großmutter von Königin Beatrix der Niederlande.

Literaturverzeichnis

Bingemer, Heinrich, Das Frankfurter Wappenbüchlein, Frankfurt a.M. 1953.

Braun, Wilhelm Hans, Vom alten Fauerbach, in: Festschrift 100 Jahre Männergesangverein „Eintracht" Fauerbach, Fauerbach 1956.

Braun, Wilhelm Hans, Die Anordnung der Wappen auf dem Fauerbacher Bünau-Epitaph, in: Wetterauer Geschichtsblätter, Band 12, Friedberg 1963, S. 149 - 152.

Buttlar-Elberberg, Rudolf von, Stammbuch der Althessischen Ritterschaft, Kassel 1888.

Eckhardt, Albrecht, Die Burgmannenaufschwörungen und Ahnenproben der Reichsburg Friedberg in der Wetterau 1473 - 1805, in: Wetterauer Geschichtsblätter, Band 19, Friedberg 1970, S. 133 - 167.

Hermann, Fritz H., Drei Pläne der Burg Friedberg aus dem 18. Jahrhundert, in: Wetterauer Geschichtsblätter, Band 19, Friedberg 1970, S. 173 - 190.

Humbracht, Johann Maximilian, Die höchste Zierde Teutschlands und Vortrefflichkeit des Teutschen Adels…Frankfurt a.M. 1707.

Justi, Karl Wilhelm, Hessische Denkwürdigkeiten, Marburg 1805.

Rack, Klaus-Dieter, Die Burg Friedberg im Alten Reich, Quellen und Forschungen zur hessischen Geschichte, Band 72, Darmstadt und Marburg 1988.

Rübeling, Karlheinz, Die alte Friedberger Burgkirche, in: Wetterauer Geschichtsblätter, Band 14., Friedberg 1965, S. 1 - 30.

Schäfer, Martin, Das Geschlecht v. Bünau zu Aufenau, in: Heimat-Jahrbuch des Kreises Gelnhausen, Gelnhausen 1972, S, 108 - 111.

Schunden, Friedrich, Die von Löwenstein, Lübeck 1955.

Sieburg, Dankward, Hermann von Döring und die hessische Reformation, in: Schwälmer Jahrbuch 1984.

Sieburg, Dankward, Die Verpfändung der Reichskleinodien durch Maximilian I. an die von Dörnberg, die Schencken zu Schweinsberg und die von Bibra 1486, in: Schwälmer Jahrbuch 1985.

Simon, Gustav, Die Geschichte des reichsständigen Hauses Ysenburg und Büdingen, Frankfurt a.M. 1865.

Stockhorner von Starein, Otto Freiherr von, Die Stockhorner von Starein, in: Blätter des Vereins für Landeskunde von Niederösterreich, Wien 1894.

Zimmermann, Ludwig, Die Zentralverwaltung Oberhessens unter dem Hofmeister Hans von Dörnberg, Quellen und Forschungen zur hessischen Geschichte, Bd. 28, Darmstadt und Marburg 1974.

Die von Dörnberg und ihre

Hans v
zu Frankenhausen, Amtmanr

Wilhelm von Dörnberg
zu Frankenhausen
* 1425, + 1496
oo I. 1456 N.N.
oo II. 1463 Eva von Eschwege

Johannes von Dörnberg
auf Burg Herzberg und in Hausen
wird 1498 mit seinem Bruder Wilhelm in
die Belehung Fauerbachs mit einbezogen
* 1465, + 1505
oo Elisabeth von Nordeck zu Rabenau

Hermann von Dörnberg
auf Burg Herzberg und in Hausen
* 1496, + 1529 Mainz
oo Anna, T. d. Georg von Hopfgarten

Adolf Wilhelm von Dörnberg
* 1525 Herzberg, + 1567 Marburg
oo Anna, T. d. Adrian von Zerssen

Johann Adrian von Dörnberg
* 1553, + 1611
zu Herzberg
klagt 1584 als "zu Fauerbach"
beim Reichskammergericht
* 1553, + 1611
oo 1578 Gertrud, T. d.
Heidenreich von Calenberg

Raban von Dörnberg
zu Wisselsheim, 1550 Amtmann zu Birstein
+ 1555 Friedberg
oo 1531 Clara, T. d. Hans von
Frankenstein u. d. Irmel von Cleen

Caspar von Dörnberg
+ Friedberg 1567
oo I. N. N. von Lehrbach
oo II. Jutta Löw zu Steinfurth
oo III. Clara Waiß von Fauerbach

oo 156
erwirbt
Fauerba

Clara Anna von Dörnberg
* 1569, + vor 1622
oo 1592 Heinrich
von Cramm, + 1608

Margarethe Elisabeth von Dörnberg
* 1570
oo I. Georg Christoph v. Buchenau
oo II. Conrad v. Selbach gen. Quadfasel

Karl von Cramm
oo Eulalie Margarete
von Cramm

Anna Margarete von Buchenau
oo 1612 Reinhard
von Eschwege

Johann Carl Schenk zu Schweinsb
+ 1641
oo Sabine Catharin
von Wangenheim

[box] = Burgmann zu Friedberg

ɹerbach und Friedberg

380 -1438

Hans von Dörnberg
hessischer Hofmeister
erster Besitzer von Burg Herzberg und Hausen
erwirbt 14.5.1480 den halben Zehnten zu Fauerbach
* 1427, + 1506 Friedberg
oo I. 1457 Anna von Ebersberg gen. Weyers
1483 Luckel, T. d. Gottfried von Hatzfeld u. d. Jutta Waiß zu Fauerbach

Vilhelm von Dörnberg
:u Neustadt bei Treysa
mit seinem Bruder Johannes in
ɹng Fauerbachs mit einbezogen
* 1478, + 1530
501 Margarete von Carben

Johannes von Dörnberg
+ 1530 Neustadt
oo Anna, T. d. Johannes Schlitz
von Görtz u. d. Anna von Mörle gen. Böhm

usen
Schachten
der Vogtei
Holzhausen

Wilhelm von Dörnberg
+ Friedberg 19. 11. 1568
oo 1569 Margarethe
von Boineburg

rg
erg

Raban Oyer von Dörnberg
* 1568, + 1608
oo 1601 Gutta Klauer
zu Wohra, kinderlos

Margarete von Dörnberg
* 1577, + 1613
oo Eitel
von Berlepsch

Sidonie von Dörnberg
* 1578
oo 1598 Volprecht
Riedesel zu Eisenbach

Anna Elisabeth
schenk zu Schweinsberg
1631 I. Ernst von Linsingen
oo II. nach 1635
Rudolf von Bünau

Anna Elisabeth von Berlepsch
oo 1621 Johann Fried
rich von Buchenau

Anna Catharina von Berlepsch
oo 1622 Christoph Wilhelm
Diede zum Fürstenstein

Anna Sidonie von Berlepsch
oo 1616 Joh. Heiden-
reich von Calenbach

Curt/Conrad Riedesel zu Eisenbach
* 1603, + 1665
hess. Erbmarschall

Johann Eberhard von Kronberg

Ein Friedberger Burggraf und sein Umfeld

Manfred Breitmoser

Übersicht

Johann Eberhard von Kronberg

Ein Friedberger Burggraf und sein Umfeld

Manfred Breitmoser

Johann Eberhard von Kronberg stieg vom einfachen Junker erst zum Amtmann in Alzenau und 1577 zum Burggrafen von Friedberg auf. Er versah diese Aufgabe bis zum Vorabend des 30jährigen Krieges. Vorliegende Arbeit beschreibt Wirkungskreis und Umfeld dieses Mannes aus einem alten Niederadelsgeschlecht und versucht, aus den unterschiedlichsten Primär- und Sekundärquellen ein Bild seines Lebens zu zeichnen.

Das Geschlecht derer von Kronberg, das im Frankfurter Raum beheimatet war, hatte sich in drei Linien gespalten, die als „Kronenstamm“, „Ohrenstamm“ und „Flügelstamm“ bezeichnet werden. Dem „Kronenstamm“, der eine Krone auf dem Wappenschild trug, entstammte unter anderem der Erzbischof Johann Schweickard von Kronberg, der von 1604 bis 1626 die Geschicke des Mainzer Erzstiftes lenkte und als Erbauer des Aschaffenburger Schlosses in die Kunstgeschichte einging[1].

Abb. 1: Flügelstamm der Linie von Kronberg

Der im 14. und 15. Jahrhundert nur kurze Zeit existierende „Ohrenstamm“ wurde von Frank VIII. begründet, als er Loretta von Reifenberg heiratete und die Helmzier der Reifenberger, zwei Eselsohren, übernahm[2]. Johann Eberhard von Kronberg, der spätere Burggraf, war ein

Spross des katholischen „Flügelstammes“ und der letzte seiner Linie. In seinem Wappen bildet ein Flügelpaar die Helmzier („offener Flug“).

Johann Eberhard von Kronberg wurde am 1. Juni 1542 als Sohn der Eheleute Georg von Kronberg, Mainzer Amtmann in Gernsheim, und der Margarethe von Fleckenstein geboren. Als der Vater am 30. Dezember 1542 starb, war sein Sohn Johann Eberhard erst ein halbes Jahr alt und die Mutter musste ihren Sohn alleine großziehen. Über die schulische Ausbildung und den Studiengang des jungen Mannes ist zum jetzigen Zeitpunkt nichts bekannt. Dass er ein fundiertes Universitätsstudium durchlaufen und auch abgeschlossen hat, ist auf Grund seiner späteren, großen juristischen und auch politischen Begabungen anzunehmen.

Abb. 2: Johann Reichard Brömser von Rüdesheim (1566-1622), Kurfürstlich-Mainzischer Rat, Großhofmeister, Oberamtmann von Königstein, Vicedom in Mainz und später im Rheingau. Öl auf Leinwand (Ausschnitt), Schloß Johannisberg, Fürst von Metternich-Winneburg´sche Domäne Schloß Johannisberg, im Weinbaumuseum der alten Brömserburg in Rüdesheim. Foto: M. Breitmoser

Im Jahre 1563 wurde dem jungen Johann Eberhard zusammen mit seinem Onkel Kaspar[3] aus dem „Flügelstamme“ und Hartmut dem Älteren[4] aus dem „Kronenstamm“ vom Grafen Ernst von Solms das Mannlehen zu Schönberg und Eschborn verliehen, wofür sie den Lehnseid leisteten[5]. In einer Urkunde [6], die 12 Jahre später, am 20. Juli 1575 ausgestellt wurde, traten beide als älteste Vertreter ihrer Familie auf. Sie vergaben ein Burglehen und den dazugehörigen Zehnten zu Rohrbach bei Büdingen an die Brüder Philipp den Jüngeren[7] und Ludwig Eisenberger [8]. Mitglieder dieses Beamtengeschlechtes stellten unter anderem Keller und Amtmänner im Eppsteinischen, später Stolbergischen Amt Ortenberg [9]. Die Eisenberger Sippe gehörten ursprünglich nicht zur Ritterschaft, sondern zu den nichtadeligen Söldnern und Amtsträgern bürgerlicher Herkunft, die sich im Kriegsdienst und in Ämtern bewährten und schrittweise mit Lehen bzw. Burglehen begabt wurden[10]. 1563 wurde die Familie in den erblichen Ritterstand erhoben und ist bereits 1607 mit dem Tod von Philipp Eisenberger dem Jüngeren im Mannesstamm ausgestorben.

Im Jahre 1565 wurde Johann Eberhard von Kronberg als *aufgeschworener* Burgmann der Burg Friedberg aufgenommen[11]. Noch im selben Jahr heiratete er mit 23 Jahren Anna Riedesel von Eisenbach, eine Tochter des Hermann Riedesel von Eisenbach und der Margarethe von Malsburg[12]. Mit seiner Tochter starb der „Flügelstamm“[13] aus.

Tochter Anna Margarethe von Kronberg war das einzige Kind dieser Ehe[14]. Sie heiratete am 16. September 1588 in Kronberg einen hohen Beamten des Mainzer Kurfürsten, Johann Reichard Brömser von Rüdesheim, Vicedom im Rheingau und häufig in diplomatischen Missionen unterwegs[15].

Mit ihm hatte Anna Margarethe zwei Söhne: Adam Schweikard, der bereits als Kind starb, und Johann Heinrich (1601-1668), der letzte männliche Spross der Familie Brömser von Rüdesheim, der ebenfalls in Kurmainzer Diensten stand und das Erzstift bei den Friedensverhandlungen 1648 in Münster vertreten hat[16]. Neben den zwei Söhnen hatten sie noch zwei Töchter: Anna Eleonore, die mit Wilhelm von Metternich verheiratet war, und Anna Sidonia, geboren 1589, die 1606 Hermann von Kronberg aus dem Kronenstamm heiratete und mit ihm sechs Söhne und fünf Töchter hatte. Sie starb 1619, kurz nach der Geburt ihres elften Kindes, und wurde daher auch die „Kinderreiche“ genannt[17]. Nach ihrem Tod wurde Anna Sidonia von Kronberg geb. Brömser von Rüdesheim, in der Katharinenkirche von Oppenheim beigesetzt. Ihr Epitaph ist unter den vielen Grabdenkmälern der Kirche nicht mehr zu finden.

Amtmann in Alzenau

Dienst für zwei Herren stand am Anfang. Johann Philipp von Kronberg, ein Onkel Johann Eberhards, war Mainzer Domherr. Bei dieser verwandtschaftlichen Beziehung verwundert es nicht, dass Johann Eberhard in den Dienst der Mainzer Kurfürsten trat[18]. So wurde er im Juli 1569 von Kurfürst Daniel Brendel von Homburg in Orb belehnt. Auch war er Lehensträger des gräflichen Hauses zu Hanau. Mit diesen wechselseitigen Lehen stand er in der Pflicht von zwei Herrschaften, was sicherlich beitrug zu seiner Berufung zum Amtmann im Freigericht Alzenau, einem Kondominium von Kurmainz und

Abb. 3: Hermann von Kronberg, Rat und Amtmann in Kurmainz, Ehemann der Anna Sidonia Brömser von Rüdesheim, einer Enkeltochter des Burggrafen, Nach ihrem Tod vermälte er sich mit Madalena von Spiering, geboren 11.5.1583, gestorben 1626 in Oppenheim. Öl auf Leinwand, Schloß Johannisberg, Fürst von Metternich-Winneburg´sche Domäne Schloß Johannisberg, aus: Ronner Wolfgang, *Die von Kronberg und ihre Frauen, Begegnungen mit einem Rittergeschlecht*, Neustadt an der Aisch 1992, S. 151

Hanau[19]. Bei einem Treffen der Mainzer und Hanauer Räte 1572 in den Räumen der Burg Alzenau[20], bei dem beraten wurde, wer der nächste Amtmann im Freigericht werden sollte, schlugen die kurfürstlichen Beamten den Junker Johann Eberhard von Kronberg vor, die Hanauer Deputierten hingegen bevorzugten einen anderen Kandidaten. Nach längeren Disputen schaltete sich der Mainzer Kurfürst Daniel Brendel von Homburg ein. In einem Schreiben vom 20. Dezember 1572 an die Hanauer Regierung plädierte er für Johann Eberhard von Kronberg mit folgenden Argumenten: *Er sei sowohl Lehensträger des Mainzer Kurfürsten wie des Hanauer Grafen und überdies mit dem Menschenschlag im Kahlgrund vertraut. Er brächte somit die besten Voraussetzungen mit, die der neue Amtmann zur Erfüllung seiner Aufgaben bräuchte.*

Am 23. Januar 1573 war das Grafenhaus in Hanau mit der Ernennung einverstanden. Kurfürst Daniel Brendel von Homburg und Graf Philipp Ludwig I. von Hanau bestätigten in einer Urkunde vom 21. Februar 1573 Johann Eberhard von Kronberg zum neuen Amtmann im Freigericht Alzenau[21]. Nun musste er zuerst dem Kurfürsten und anschließend dem Grafen zu Hanau den Diensteid leisten. Die Bestallungsurkunde wurde in der Kanzlei des Mainzer Kurfürsten ausgestellt und anschließend in Hanau mit dem gräflichen Siegel versehen. Sein jährliches Salär betrug neben Naturalien und Anderem 120 Gulden. Johann Eberhard stellte nun im Gegenzug einen sogenannten Reversbrief aus, mit dem er seine Anstellung bestätigte und sich verpflichtete, sein Amt ordnungsgemäß zu führen.

Abb. 4: Die Burg Alzenau von Süd-Osten. Die Burg Alzenau, durch den Mainzer Kurfürst-Erzbischof von 1395 bis 1399 im spätgotischen Stil erbaut und als Verwaltungssitz genutzt. Um- und Erweiterungsbauten aus der zweiten Hälfte des 16. Jahrhunderts durch Amtmann Johann Eberhard von Kronberg. Foto: M. Breitmoser

Seine Amtseinführung fand am 7. März 1573 durch den Aschaffenburger Vicedom Melchior von Graenroth und den Hanauischen Oberamtmann Hans Georg von Erthal statt. Hierzu war die Bevölkerung des Freigerichtes mit ihren vier Pfarreien und der Zent Mömbris auf dem Alzenauer Kirchberg zusammengekommen, um dem neuen Amtmann den schuldigen Gehorsam zu versprechen. Mit seinem Amtsantritt zog Johann Eberhard mit Frau Anna und der Tochter Anna Margarethe nach Alzenau in die Räume der dortigen Burg.

Durchgreifende Tätigkeit im Freigericht folgte. Dort hatte er nicht nur die marode Amtsverwaltung, sondern auch den baulichen Zustand der Burg wieder in Ordnung zu bringen.

Mit Zustimmung der Kurmainzer Regierung konnte er seinen Amtssitz, der sich im Alleinbesitz des Kurfürstentums befand, umbauen. Der Baueifer Kronbergs fand beim Kurfürsten großen Zuspruch, erregte bei der Bevölkerung hingegen großes Unbehagen, da er sie zu den unterschiedlichsten Frondiensten heranzog. Bauern, die Pferde hatten, wurden gegen Verköstigung mit Brot und Wein verpflichtet, Steine, Holz und sonstige Materialien herbeizuschaffen. 1574 war Kronberg genötigt, einige Bauern, die den Frondienst verweigerten, gefangen zu nehmen und über Nacht „in den Stock setzen zu lassen“[22]. Die verärgerten Bauern erinnerten den Amtmann Kronberg an eine landesherrliche „Begnadigung“, die 1529 vom damaligen Mainzer Kurfürst Albrecht von Brandenburg (1514- 1545) und Graf Balthasar von Hanau ausgestellt worden war, demzufolge sie für ewige Zeiten von „Beede", „Dienst" und „Atzung" befreit sein sollten. Die andauernden Streitigkeiten zwischen den Bauern und dem Amtmann wurden von Kurmainz untersucht und geschlichtet; sie zogen sich bis zum Abschluss der baulichen Maßnahme 1576 hin[23]. Über die umstrittenenen Frondiensten heißt es in einem Jurisdiktionalbuch von 1667: *Thun keiner Herrschaft einige Frohn, außer das sie Ambthaus mit nöthigem Brennholtz versehen, wie auch die Frucht- und Weinbestallung einem zeitlichen Ambtmann abzuholen schuldig seindt*[24].

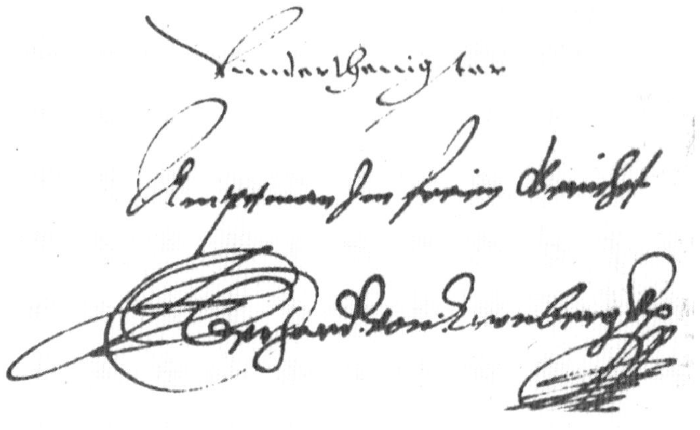

Abb. 5: Eigenhändige Unterschrift von Johann Eberhard von Kronberg unter einem Brief vom 10. Mai 1576, Staatsarchiv Würzburg. MRA 314/19: *Underthenigter Amptman Im freien Gericht Eberhard von Cronbergk.*

1576 wurde von Kurmainz und Hanau beschlossen, eine beständige Ordnung im Freigericht zu schaffen. Am 31. Januar 1577 wurde in Aschaffenburg, im Beisein des Kurfürsten selbst, eine Verhandlung über die Verhältnisse im Freigericht geführt[25]. Bei den unterschiedlichsten Abmachungen einigten sich die beiden Herrschaften auch darauf, eine Wald-, Untergerichts- und Polizeiordnung für das Freigericht zu erarbeiten. Das Verfertigen der Ordnungen zog sich jedoch über einen längeren Zeitraum hin. Kronbergs Briefe und Gutachten, die er der kurfürstlichen Regierung unterbreitete, dürften wohl in den Text der Ordnungen mit eingeflossen sein, obwohl er nicht unmittelbar an der Abfassung beteiligt war. Erst in der Zeit vom 3. bis 5. Januar 1578 konnte die Untergerichts- und Polizeiordnung sowie die überarbeitete Waldordnung von 1573 in Hörstein verkündet werden. Bis zum Endes des Jahres 1577 wohnte

Kronberg wahrscheinlich nur noch zeitweise auf der Alzenauer Burg und 1578, nun zum Burggraf gewählt, verlegte er seinen Wohnsitz in die Burg zu Friedberg[26].

Wahl zum Burggrafen von Friedberg

Als *aufgeschworener* Burgmann trat Johann Eberhard bereits 1565 in die Reichsburg Friedberg ein; zwischen 1566 und 1575 erschien er nur dreimal bei Vollversammlungen der Burgmannen, den sogenannten *Gemeinen Verboten*, erst ab 1576 nahm er regelmäßig an diesen Treffen teil[27]. Für den 24. Mai 1577 ist Johann Eberhard auf einem Rittertag in Mainz belegt. Anlässlich des Rheinischen und Wetterauer Ritterabschieds wurden die erschienenen Ritter in Gruppen aufgeteilt. Neben Quirin von Karben und Heinrich von Selbold[28], Vicedom, Hofrichter und Großhofmeister zu Mainz, war auch Johann Eberhard von Kronberg als Vertreter des Adels und allgemein als Repräsentant der Burg Friedberg entsandt: *diese drei von Adel sind auch für sich selbst erschienen*[29].

Seine Wahl zum Burggrafen erfolgte 1577. Im Frühjahr hatte, beim *gemeinen Verbott*, der amtierende Burggraf Johann Oyger Brendel von Homburg zum wiederholten Male angesucht, *ihn wegen seiner Leibes-Schwachheit* aus seinem Amt zu entlassen[30]. Nun wurde ein Termin für die Wahl seines Nachfolgers angesetzt. Am 5. Juni 1577 kamen die Burgmannen zusammen, um einen neuen Burggrafen zu bestimmen[31]. Mit 28 Ja - Stimmen von 32 wahlberechtigten Burgmännern wurde Johann Eberhard von Kronberg zum neuen Burggrafen der Reichsburg Friedberg gewählt[32].

Zum Zeitpunkt seiner Wahl war Kronberg noch, wie oben beschrieben, bei zwei Reichsständen in Stellung. Dies musste nun aufgelöst werden. Der mit Kronberg in enger Verbindung stehende Burgmann Heinrich von Selbold[33], der in erster Ehe mit Klara von Kronberg (1555-1592) verheiratet war, und dessen Schwager Hartmut XV. von Kronberg[34] wurden nun beide beim Mainzer Kurfürsten und Erzbischof vorstellig und baten um Johann Eberhards Entlassung. Im Hanauer Grafenhaus hingegen bemühten sich die beiden Baumeister Quirin Flach von Schwarzenburg[35] und Hans Daniel von Bellersheim[36] um seine Aufkündigung.[37].

Im Jahre der Wahl von Kronberg schlossen sich die Reichsritterschaften in Schwaben, in Franken und am Rhein (die reichsunmittelbaren Ritter und ihre Kleingebiete, die keinem der Reichsstände unterstanden und direkt unter dem

Kaiser eine Sonderstellung hatten) zu einer gemeinschaftlichen Organisation zusammen, die wiederum 15 „Ritterorte" umfasste, so dass zwischen diesem Zusammenschluss und dem Dekret Rudolfs II. an die Burg ein enger Konnex bestehen dürfte[38]. Damit endeten auch die jahrzehntelangen Auseinandersetzungen um die Reichssteuerpflichtigkeit der Burg Friedberg. Die Burg wurde wie die Reichsritterschaft durch ein endgültiges Dekret Kaiser Rudolfs II. von der Zahlung der Reichs- und Kreissteuern befreit und gleichzeitig die Zugehörigkeit zur Reichsritterschaft bestätigt.

Zum Rheinischen Ritterkreis gehörten die Ritterkantone Oberrhein, Mittelrhein (einschließlich der Landschaft Wetterau) und Unterrhein[39]. Der Hauptstützpunkt dieses großen Bereiches war hierbei die zentral gelegene Reichsburg Friedberg in der Wetterau. Sie nahm somit, als eine der ältesten reichsritterschaftlichen Einrichtungen, einen herausragenden Platz ein. Demgemäß erhielten Ritterschaftsrat und Kanzlei der Mittelrheinischen Reichsritterschaft ihren Sitz in der Burg Friedberg[40].

Die Bestätigung der Wahl erging nach drei Jahren am 11. Februar 1580 durch Kaiser Rudolf II. (1576-1612). Danach wurde dem neuen Burggrafen von der Stadt Friedberg gehuldigt[41]. Diese althergebrachte *Ehrerweisung* wurde, wie bei seinem Vorgänger Johann Qyger Brendel von Homburg, in der *Schießhütt*, vor der Burg, *von Bürgermeistern Rath und gemeiner Bürgerschaft* feierlich vorgenommen[42].

Als „Burggraf" und damit ranghöchstes Mitglied der Burgmannschaft regierte Kronberg jetzt eine Art „Adelsrepublik", der Mitglieder von Niederadelsfamilien der Wetterau und weiteren Umgebung angehörten. Er war oberster königlicher Verwaltungsbeamter und Richter[43] in der Burg, und somit Inhaber königlicher Auftragsgewalt im weiteren Umkreis der Burg. Sein Tätigkeitsbereich erstreckte sich aber nicht nur auf die Burg und die dieser zugeordneten Gebiete, sondern auch auf die Wetterau, ja auf die gesamte Mittelrheinregion. 1595 wird Kronberg als Hauptmann in der Wetterau, im Westerwald und im Ringgau erwähnt[44]. Dort übte er in königlichem Auftrag für die Reichsritterschaft herrschaftssichernde und vogteiähnliche Funktionen aus[45].

Er verkörperte als oberster Amts- und Funktionsträger die hoheitlichen Rechte der Burgmannenschaft über das Burgterritorium, wozu auch die Ansiedlung „Zu den Gärten" gehörte. Die Bewohner dieser „Vorstadt zum Garten" waren seit der ersten urkundlichen Erwähnung der Ansiedlung 1306 bereits burgabhängige Beisassen. Diese kleine Siedlung am Fuße des westlichen Burggartens bekam von König Wenzel (1378-1419) die Stadtrechte verliehen und wurde ausdrücklich der Burg unterstellt[46]. Maßgeblich beteiligt war die Burg auch an der Regierung der Reichsstadt Friedberg. Weitere Rechte nahm sie in der Freigrafschaft Kaichen mit ihren zugehörigen Dörfern wahr[47]. Zu dem Gerichtsverbund gehörte auch die oberhalb der Ansiedlung Kaichen gelegene Gerichtstätte unter den Linden[48], auf der unter freiem Himmel Recht gesprochen wurde. Neben den 260 Morgen großen Markwiesen zwischen Ossenheim und Dorheim,[49] die zur Grundversorgung der Pferde der Burgmannen mit Heu dienten, standen der Burg auch der Wildbann im Taunusgebiet zwischen der Usa und dem Erlenbach zu. Des Weiteren nahm der Burggraf stellvertretend für alle Burgleute die der Burg zustehenden Rechte an der Mörler- [50], Altenstädter- [51] und Karbener Mark[52] wahr. Neben diesen Rechten standen der Burg seit 1405 auch Mitrechte an der „Ganerbschaft Staden" zu, mit ihrem Gericht, dem Schloss sowie den Dörfern Ober- und Unterflorstadt, Stammheim und den untergegangenen Orten Birx und Appelshausen[53].

Amt und Einkünfte

Zum Amt des Burggrafen gehörten die militärische Führung der „Burghut" und des „Burgschutzes" [54] sowie die Ritterhauptmannschaft der Mittelrheinischen Reichsritterschaft[55]. Auch verfügte der Burggraf in ihr stellvertretend für die Burg über Sitz und Stimme, ohne auf die gewöhnliche Weise einer Ritterschaftsmitgliedschaft steuerpflichtig zu sein. Das Amt des Ritterhauptmanns, das erstmals 1548 von Kaiser Karl V. dem Burggrafen Johann Brendel von Homburg dem Älteren und Franz Konrad von Sickingen zugesprochen wurde, fand 1577 die kaiserliche Anerkennung[56].

Der Burggraf vollzog und repräsentierte den politischen Willen der Gemeinschaft nach innen und nach

Abb. 6: Wächter der Burghut mit Helebarde und Wappen der Freien Reichsstadt Friedberg, Malerei auf Putz des Bad Nauheimer Künstler Otto Franz Kutscher (OFK) (1890-1971) im 1. Stock des alten Rathaus zu Friedberg, Kaiserstraße. Foto: M. Breitmoser

außen an erster Stelle, was von ihm Präsenz in der Burg erforderte. Zum Ende des 16. Jahrhunderts reduzierte sich allerdings die ursprünglich in der Epoche noch strikt praktizierte „Residenz- und Burghutpflicht"[57] des Burggrafen, analog zu Regiment und ganz allgemein der Burgmannschaft.

Die Besoldung entsprach den vielfältigen Aufgaben und dem militärischen Rang des Burggrafen. Diese Entlohnung mit Geld und Naturalien erhöhte sich bis zum Ende der Burgexistenz kontinuierlich.

So betrug das jährliche Salär des Burggrafen Johann Eberhard von Kronberg 210 Gulden, Frankfurter Währung als rein pekuniäre Amtsbestallung sowie 87 weitere Gulden für Tätigkeiten in der Stadt, am Burggericht, bei Audienzen sowie für Winterkleidung seiner Diener und für eine Tonne Hering in der Fastenzeit. Zusätzlich erhielt der Burggraf 20 Ellen Tuch, 23 Morgen Wiesen auf dem See (Friedberger Seewiese) und im Ockstädter Grund, die Burggärtennutzung wie sein Vorgänger im Burggrafenamt, Leibhühner, Fischwasser zu Okarben sowie die Abgaben der Friedberger Judenschaft gemäß Privileg von 1275[58].

Im Jahr 1583 erhielt Kronberg zu seiner jährlichen Besoldung von 200 Gulden weitere 40 Gulden für seine Tätigkeit als Burgrichter und 12 Gulden für Audienzen in seinen Burggemächern. Die Zahlungen erfolgten, aufgeteilt, an vier festgesetzten Tagen des Jahres. Die erste Zahlung erfolgte an *Circumcisio* (1. Januar). die zweite an *Pentecostes*, (Pfingsten), die dritte an *Crucis altatio* (Kreuzerhöhung, 14. September); die vierte und letzte an *Lucia* (13. Dezember). Neben den unterschiedlichsten Zuwendungen bekam der Burggraf auch bei der Teilnahme an den sporadisch stattfindenden Ratssitzungen der Stadt jeweils einen *Alten Thournosen*[59].

Diese beträchtlichen burggräflichen Einkünfte waren wohl auch ein materieller Anreiz, das höchste Amt der Burg zu übernehmen. Der hervorgehobene Nutznießer der Burgherrschaftseinkünfte war zu allen Zeiten der Burggraf. Er wurde von der Burg reichlich bemessen versorgt, so dass er nicht auf zusätzliche Einnahmen zur Bestreitung seiner Lebensführung angewiesen war[60].

Die Burgmannenschaft um 1600

Auch während der Regierungszeit von Kronberg stagnierte der Neuzugang von Burgmannen beträchtlich. Zwischen 1576 und 1600 wurden nur 22 *Junker* zugelassen, im Durchschnitt nicht einmal einer im Jahr. Die strengen Kriterien zur Aufnahme in die Burgmannschaft und andere Voraussetzungen, wie das Erbrechtsprinzip, waren ein Grund für den Rückgang. Der Erwerb der Burgmitgliedschaft beruhte auf dem durch Geburt oder Heirat ererbten Burgmannschaftsrecht. *In diese Löbl. Burgmannschaft kann keiner gelangen, er sey dann eines Burgmannes Sohn oder heurathe eines Burgmannen Tochter*[61].

Abb. 7: Schloss Eisenbach bei Lauterbach, Sitz der Familie von Riedesel, Foto: M. Breitmoser

Abweichend von der Regel dieses Erbrechtes nahmen der Burggraf und seine Baumeister verschiedentlich nichtberechtigte Bewerber auf. 1586 wurde erstmals ein Adliger offenbar ohne Erbberechtigung als Burgmann aufgenommen. Dabei handelte es sich um Heinrich von Mauchenheim, genannt von Bechtolsheim, kurpfälzischer Amtmann zu Otzberg.[62] Er wurde nach seinem Ansuchen und der Hinterlegung von 50 Gulden Rezeptionssumme am 25. Mai 1586 vom Burggrafen Johann Eberhard von Kronberg in die Burgmannschaft aufgenommen.

Seine Enkelsöhne, Johann Heinrich[63] und Philipp Eberhard[64] zu Heldenbergen, kamen nun durch ihren Großvater in den Genuss des Erbrechtes. Johann Heinrich wurde 1616 Burgmann, 1617 Mitglied im Burgregiment und am 13. November 1617 zusammen mit Johann Eustachius zu Frankenstein zum Baumeister gewählt[65]. Sein Bruder Philipp Eberhard wurde 1617 in die Burgmannschaft aufgenommen.

Eine gescheiterte Aufnahme eines nichtberechtigten Niederadeligen ist 1609 während der Regierungszeit Kronbergs belegt. Die Übernahme von Johann von Hattstein kam nicht zustande, weil er die von der Burg geforderte

Rezeptionssumme von 100 Goldgulden nicht begleichen wollte. Auch als der Betrag auf hundert Reichstaler vermindert wurde, war er nicht gewillt, für seine Aufnahme zu zahlen. Einige Mitglieder aus den verschiedenen Hattstein-Linien waren in der Burgmannschaft vertreten, nur Johann von Hattstein schwor nie auf[66]. Grund für die rückläufige Belegung der Burg war zum einen die wirtschaftlich immer bedrohlicher werdende Lage des Adels, zum anderen die lange Friedenszeit, in denen die „Ritter“ sich bei keinem Kriegsdienst *verdingen* konnten[67]. 1617, im Todesjahr von Burggraf Kronberg, zählte die Burgmannschaft einschließlich dreier neu aufgenommener Mitglieder nur noch 30 Personen.

Burggräfin Anna geb. von Riedesel

Anna von Riedesel wurde 1549 auf Schloss Eisenbach bei Lauterbach als Tochter des Erbmarschalls Hermann Riedesel von und zu Eisenbach[68] und der Margarethe von Malsburg[69] geboren. Anna hatte neben ihren drei Brüdern Hermann, Johann und Vollbrecht auch noch vier Schwestern: Katharina, Klara, Sidonia und Ursula. Alle vier waren standesgemäß verheiratet[70].

In der evangelischen Kirche zu Lauterbach haben sich 13 Renaissance-Epitaphe des 16. und 17. Jahrhunderts von Mitgliedern der Familie Riedesel von Eisenbach erhalten. Eines dieser vollplastischen Denkmäler zeigt das Elternpaar von Anna Riedesel und ihren Brüdern und Schwestern, die zu Füßen ihrer Eltern Hermann und Margarethe detailgetreu dargestellt sind. Die drei Söhne sind links, unterhalb des Vaters, in voller Rüstung dargestellt.

Alle fünf Töchter tragen schöne Kleider und Kopfbedeckungen. Zu Füßen von Katharina befindet sich das Wappen von Anton von Versabe, den sie 1562 geheiratet hatte. An der Darstellung von Margarethe ist ebenfalls ein Wappen aufgebracht, das derer von Kronberg. Diese beiden Wappenschilde zeigen, dass zum Zeitpunkt der Aufstellung des Steines beide dargestellte Frauen schon verheiratet waren.

Die vollständige Identifizierung dieser Nebenfiguren erfreut den Familienforscher und zeigt zugleich, welche bedeutende Rolle die Frauen bzw. Kinder in den Familien und ihren Überlieferungen gespielt haben[71]. Rechts und links des Epitaphs sind die jeweiligen Wappen der Vorfahren sorgfältig ausgearbeitet und farbig gefasst. Die Ahnenreihen beider Ehepartner reichen bis zu den Ururgroßeltern zurück[72].

Nachdem Eberhard 1577 Burggraf zu Friedberg geworden war, zog Anna mit ihrem Mann und der Tochter Anna Margarethe 1578 von Alzenau nach Friedberg. Hier in der Burg bewohnten sie die Gemächer des Burggrafen. Anna von Riedesel war von der einfachen Hausfrau eines Amtmannes zur Burggräfin aufgestiegen und musste die unterschiedlichsten Aufgaben an der Seite ihres Mannes übernehmen. Zu ihnen gehörten, neben der Beaufsichtigung ihrer Bediensteten und der Organisation ihres Haushaltes, auch Betreuungsaufgaben bei Feierlichkeiten und Empfängen sowie hohen Besuchen in der Burg. Bei der Organisation des Hauhalts unterstützte sie ein „Stubenknecht", der auch dem Burggrafen zur Seite stand[73].

„Lustbarkeyten" und Feste

Während der Wintermonate herrschte in der Burg reges Treiben, das mit allerlei Festlichkeiten verbunden war. Vor Weinachten, um Martini, zogen bestimmte Burgmannen mit ihren Söhnen und Knechten in die Burg, um hier bis Aschermittwoch *gerüstet* zu verbleiben. Dieser alte Brauch, der eine lange Tradition hatte, nannte sich *Heu verdienen*[74]. Das Heu für ihre Pferde erhielten die Burgmannen nur, wenn sie über das ganze Jahr Pferde hielten, die mindestens vierjährig sein mussten, für den Kriegsdienst tauglich waren und ausschließlich zu diesem Zweck in den Burgställen bereit standen. Während des winterlichen Aufenthalts in der Burg wurde zu Neujahr und speziell in der Zeit vor dem „eschetag", dem Aschermittwoch, *Fastnachts-Ergötzungen mit allerley kurzweyl spill danz und Schmauch gehuldigt.*

Anna von Kronberg war als Burggräfin während dieser Zeit mit unterschiedlichen Aufgaben betraut und auch für das Abhalten von *Lustbarkeyten* verantwortlich. Um bei kleinen oder größeren Feierlichkeiten in der Burg mit Musik und Tanz aufwarten zu können, musste um ihre Erlaubnis gebeten werden: *sollen vermög alten üblichen herkomens ohne Vorwissen und Erlaubnis der Frau Burggräfin jemand, er seye frembd oder einheimisch, zu gefallen, besondere Täntze nicht angestellet und gehalten werden Sollen die Täntze am gewöhnlichen Orte gehalten werden. Sollen die Spielleute mit keinem Frembden ohne Beysein eines Heuverdienenten Burgmanns zu reyen* [Tanzen] *umgehen*[75].

Bei den Musikanten, die bei solchen Feiern aufspielten, handelte es sich meistens um die *Thürmer* der Burg mit ihren Gesellen, die neben ihrem Wachdienst auch alle ein Blasinstrument, zumindest aber eine Flöte beherrschen mussten. Im Friedberger Intelligenzblatt vom Jahre 1836 wird folgendes berichtet: *Doch lieblicher als dieses ertönte Morgens um 11 Uhr und Abends um 8 Uhr ein das Herz ergreifender Choral, welcher von den Thürmern und seinen musikalischen Gehülfen mit Zinke und Posaunen aus diesen Fenstern* [Turm der alten Burgkirche] *herausgeblasen wurde, und wie aus einer höheren Region fast geisterähnlich zum täglichen Lobe des Schöpfers aufmunterte.*[76]

Abb. 8: Anna Riedesel von und zu Eisenbach (1549-1606) in standesgemäßer Mode, faltenreiches Kleid mit schulterbetonenden Mahoitres. Spitzenhalskrause des Unterkleides mit Goldschmuck versehen. Großer runder Hut mit goldverziertem Rand und einer Pfauenfeder, Grabepitaph in der Stadtkirche zu Lauterbach (Detail), Foto: M. Breitmoser

Bei den Feierlichkeiten an Fastnacht wurde nicht nur ausgiebig in *reihen umgangen*, getanzt, sondern auch ausgiebig *getafelt*. Diese öfters stattfindenden Zusammenkünfte nannte man *zum Ruben gehen (daß unter denen währenden Heuverdienens vorgegangenen Fastnachts- Ergötzungen auch gewöhnlich gewesen, die Ruben zu geben oder zum Ruben zu gehen).*

Eine Besonderheit und Mittelpunkt jeder dieser „Essgelage" war ein sogenannter „Rubenkuchen"[77], der mit Äpfeln und Wein gereicht, mit „Lattwergen" bestrichen und mit Zucker bestreut ausgiebig verzehrt wurde. Kinder, Junker, ältere Burgmannen mit ihren Frauen oder auch Witwen labten sich alle an diesen besonderen „Rüblikuchen" [78]. Auch Burggräfin Anna von Kronberg und ihr Mann dürften den Kuchen nicht verschmäht haben.

Neben Annas Aufsicht über Musik und Tanz wird sie wohl auch ein Auge auf die Vorbereitungen zu solchen Festen gerichtet haben.

Von einer Friedberger Hochzeit, zu der 144 Gäste geladen waren, erfahren wir aus dem Jahr 1593. Diese prunkvolle Vermählung zeigt uns, mit welchem Luxus das Friedberger Bürgertum zum Ende des 16. Jahrhunderts feierte. Am 9. Januar 1593 vermählte sich Zacharias Scheibel mit Margarethe Kempff, die beide aus vermögenden Ratsfamilien stammten[79].

Neben 23 geladenen Junggesellen und 23 Jungfrauen waren noch 98 weitere Personen anwesend. Bräutigam Zacharias Scheibel hatte all die Namen seiner Gäste in seine Friedberger Nachrichten geschrieben. So erschienen mit ihren Ehefrauen der Burggraf Johann Eberhard von Kronberg, Burg-Syndicus Dr. Gödt, Burgpfarrer Velten, Münzmeister Engelbrecht von Gandersheim und viele mehr. In welchem Gasthaus, Saal oder Räumlichkeit diese fürstliche Hochzeit stattfand, ist nicht überliefert. Dass aber bei einer solch großen Hochzeit ausgiebig getafelt, getanzt und ausgelassen gefeiert wurde ist wohl anzunehmen. Hochzeiten jener Zeit unterlagen, bezüglich des sittlichen Ablaufs, einer bürgerlichen Zucht- und Polizeiordnung.

Eine Solmser Ordnung von 1603 regelte solche Feierlichkeiten: *wann aber hochzeiten sindt, mag man ziemlich dantzen, doch dass solches nicht unter der predigt, oder zu zeit wann man den Catechismus hält dazu ehrlicher weise geschehen und das nachtdantzen, des gleichen das abstoßen am Dantzen, auch das herumb werffen, verdrehen und sonst alle unzüchtige Geberde und Wortt gäntzlich unterlassen und vermieden werden. Doch wollen wir hiermit Gnädig zugelassen und bewilligt haben, dass nach gehaltenem Abendessen ein ehrliches Züchtiges, doch über eine Stund nicht wehrendes Däntzlein gehalten möchte werden*[80].

Von geistlichen Schauspielen gab es nur noch einen Rest. Im spätmittelalterlichen Friedberg wurden sie seit Beginn des 15. Jahrhunderts meist an Fronleichnam, Ostern, Pfingsten, Weihnachten oder andern bestimmten Tagen des Kirchenjahres aufgeführt. Aufführungsort dieser sog. Passionsspiele war meist die Stadtkirche, es gab aber auch andere Spielstätten. Neben diesem Spiel bildete sich eine Prozession heraus, in der außer den im Spiel agierenden Personen und Gruppen auch Figuren mitgingen, die als lebende Bilder das Heilsgeschehen verkörperten.

Am Morgen des Spieltages fand in der Stadtkirche zunächst ein feierliches Hochamt statt, an dem auch die Mitwirkenden der „processio ludi“ teilnahmen. Danach zogen diese als Prozession unter Mitführung des Sakraments durch die Stadt zu dem jeweiligen Aufführungsort. Die Aufführungen, die vor der Reformation stattfanden, wurden hauptsächlich von Mitgliedern der Michaels- Bruderschaft und später auch zusätzlich noch von der Sebastians-Bruderschaft aufgeführt. Neben den Mitgliedern der beiden Bruderschaften war auch eine Vielzahl von Bürgern der Stadt beteiligt. Die Kontinuität der Aufführungen blieb bis in die ersten Jahre der Reformation hinein erhalten.

Doch aufgrund reformatorischer Tendenzen wurden solche Passionsspiele dann strikt abgelehnt. Von 1523 bis 1530 fanden noch einige Spiele statt, aber von da an lassen die Quellen keine weiteren Spiele erkennen. Die Erinnerung an die vorreformatorischen Passionsspiele blieb jedoch lebendig. 1595 wird wieder von einem Spiel an Kirchweih berichtet, dessen Aufführungsinhalte nun meist Themen aus dem Alten Testament und weniger die Passion bzw. Heilsgeschichte Christi waren. Aufgeführt wurden die Spiele in dem mit viel Grün geschmückten Hauptschiff der Stadtkirche, vor dem erleuchteten Hochaltar[81]. Am 25. Juli 1597 wurde in der Stadtkirche das *Spiel vom König Salomon* in einer Privatvorstellung der Friedberger Lateinschüler vorgeführt. Neben dem Burggrafen Johann Eberhard von Kronberg und „seinen Leuten" waren auch der gesamte Stadtrat und angesehene Männer aus Friedberg geladen[82].

Tod von Burggräfin Anna

Burggräfin Anna lebte vorwiegend in der Privatresidenz, der Burg in Groß-Karben. Wenn ihre Anwesenheit in der Burg zu Friedberg erforderlich war, nahm sie an der Seite ihres Mannes die Pflichten einer Burggräfin wahr.

1609 erscheint Anna von Kronberg noch einmal in den Quellen. Jetzt bestätigte sie das 1565 aufgerichtete Testament ihrer Mutter Margarethe, einer geborenen von Malsburg, die kurz danach verstorben war. Wie in dem Schreiben von 1609 vermerkt ist, verlangen Anna und ihre vier Schwestern jeweils 200 Gulden Reichsmünze. Bei der Forderung ging es um eine von der Mutter Margarethe erkaufte Mühle zu Fischborn, die ihren Söhnen Johannes und Vollpert von Riedesel vererbt wurde.

Diesen Brief mit ihren Forderungen hat Anna von Kronberg kurz vor ihrem Tod schreiben lassen, denn sie verstarb noch im selben Jahr am Michaelistag, dem 29. September. Das Schreiben, das in Friedberg erstellt wurde, endet mit folgender Schlusspassage: *Dessen zur Uhrkundt habe Ich mein adelich Ring Pietschaft hirvor gedrucket Undt Mich mitt eigenten Handen Underschrieben, So gebenn Undt geschehen zue Friedbergk, den 8d Aprilis An 1609 anna von Cronberg geborene riedesel zu eisenbach*[83]..

Anna wurde nach ihrem Tod in der Johanniskirche von Kronberg beigesetzt, in der auch 1617 Johann Eberhard seine letzte Ruhestätte fand. Das heute nicht mehr vorhandene Grabepitaph der beiden Eheleute trug folgende Inschrift:

Anno Dni MDCXVII den 8 tag octobris starb der Wohledel und gestreng Johann Eberhardt von und zu Cronbergk, weiland Jörgen seelig Sohn, des H. Reichs burggraff zur Kayerl. Burgk und Stadt Friedberg, auch Maintzischer Churfürstlicher Rath, seines Alters 75 jahr 4 Monat und 8 tag.- Anno Dni 1609 uff Sanct Michaelistag alten Calenders starb die Wohledele ehrendugendreiche frau Anna von Cronberg, geborene Riedeselin zu Eisenbach, ihren Alters 60 Jahr, beide Eheleute, deren Seelen der Allmächtige in Freuden pflegen und an jenem grossen tag eine fröhliche ufferstehung mildiglich verleyen wolle. Amen[84].

Neben diesem Grabstein in Kronberg wurde zu Ehren des Burggrafen und seiner Ehefrau auch in Friedberg von den Burgmannen ein Erinnerungsepitaph aufgestellt, das sich an der Wand des Chores hinter dem Hochaltar der alten St. Georgskirche befand. Beim Abriss des Gotteshauses 1798 ist der Stein, neben vielem Anderem, verlorengegangen[85].

Die Residenz in Groß-Karben

Einige Jahre nach seiner Wahl zum Burggrafen verlagerte Kronberg seinen privaten Wirkungskreis allmählich nach Groß-Karben.

Hier übernahm er die ehemalige Burg der „Dugel von Carben“[86], einer alten Wetterauer Niederadelsfamilie. In den folgenden Jahren entfaltete er eine rege Bautätigkeit und gestaltete die vormals bescheidene Burg zu einem standesgemäßen Adelssitz um. Der sandsteinerne Ziehbrunnen und die Wappensteine auf dem ehemaligen Burgareal, der heutigen Schlossanlage des Freiherrn von Leonhardi, verdeutlichen dies. In der Friedberger Burg residierte Kronberg als Burggraf, in Groß-Karben privat. Hierhin in seinen „Cronbergischen Hof“ zog er sich gerne von seinen Amtsgeschäften zurück. Wie Haushaltsrechnungen um die Jahrhundertwende belegen, scheint Kronberg seinen ständigen Wohnsitz in der Groß-Karbener Burg gehabt zu haben[87]. Hier lebte er mit Ehefrau Anna und seinen Bediensteten.

Weitere Liegenschaften wurden aufgekauft, nachdem Kronberg in Groß-Karben festen Fuß gefasst hatte.

1587 bat er bei der Burg Friedberg um die Überlassung der Schäferei und die Fischwasser von der Karbener Dogelmühle bis zum Wehr der Scharrmühle bei Rendel[88] zu Erblehen. Sechs Jahre später, 1593, wiederholte er seine Ansuchen und bekam 1595, jetzt mit kaiserlicher Bestätigung, die Lehen übertragen[89] *(Unser der Burg Schäfferey zu Groß und Kleinen Carben, mit aller derer daselbsten und herumb anhangenden gewöhnlichen Trifften, Nutzbar- und Gerechtigkeiten).*

1589 erwarb Johann Eberhard von Mitgliedern der Familie von Karben *zwo huben landtes so wir Inn Großen und Kleinen Carben terminey liegen haben.*

Abb. 9: Leonhardisches Schloss in Groß-Karben, heutiges Anwesen mit Um- und Anbauten aus der Mitte des 19. Jahrhunderts, Foto: M. Breitmoser

Die neuerworbenen Lehen brachten in den Jahren 1593/96 die ersten *Gefälle.* Von der Rendeler Herrschaftsschäferei, die jeweils auf sechs Jahre gegen Bestandsgeld *verlehnt* war, wurden jährlich zwei Osterlämmer (Hämmel) geliefert, die an den Burggrafen nach Friedberg und auch nach Kronberg ins Flügelstammhaus der Burg kamen. Diese Lämmer verblieben gewöhnlich im Pferch des Schäfers und wurden erst als ein- oder zweijährige *Pächthämmel* abgeliefert. Abrechnungen über diese Lieferungen sind aus den Jahren 1592 bis 1608 erhalten; so wurden 1603 Osterlämmer bzw. mehrere Hämmel aus der Groß-Karbener Mark direkt an *Herrn Burgkgraven behausung zu großen Carben gelieffert* [90].

1598 kauft Kronberg von den Brüdern Philipp Wilhelm und Johannes Eustachius Specht von Bubenheim zu Eichenzell[91] *unser frey, Erbeigener ohnbeschwehrter Hoff und die dazu in Großen Carber und Rendtler Termineyen und da umbher gelegenen Güther*[92]. Im Jahre 1607 vergibt Kronberg dieses *Aigenthümliches Hoffguett an Äckern, Wiesen, Wein und Baumgärten* seinem früheren Verwalter des „Kronbergischen Hofgutes zu Rendel", Weygell Cuntz als Erblehen[93].

Rückzug auf den Groß-Karbener Hof wurde Anfang des 17. Jahrhunderts häufiger. Burggraf Johann Eberhard hatte jetzt die Geschicke der Burg 25 Jahre gelenkt hatte und war 60 Jahre alt geworden. In der Burg ließ er sich in Dienstgeschäften zunehmend von seinem Untergrafen oder von den beiden Baumeistern, dem Burgsekretär oder dem Syndicus vertreten.

Er hielt sich daher auch von hohen Besuchen in der Burg fern. Im Jahre 1606 hatte sich Pfalzgraf Friedrich IV., der mit seinem Gefolge von Heidelberg nach Dillenburg reiste, angesagt. Wie beim Empfang solcher Gäste üblich, wurden sie mit allen Ehren und persönlich vom Burggrafen begrüßt. Wie indes die Chronik schreibt: *lag der Burggraf in Groß-Karben erkrankt darnieder, weshalb zu seiner Stellvertretung Hans Kaspar von Karben in Wisselsheim*[94] *als der nächst angesessene Burgmann beigeordert worden war, dieser bewillkommnete den angekommenen fürstlichen Besuch in Bekleidung des Burgsekretärs, der beiden Bürgermeister und Rentmeister und des Stadtschreibers. Auch beim abschied. befahl [er] ihm viele Grüße und alles Gute an den Burggrafen, auch ihm zu vermelden, dass es noch im alten Wesen stehe, und wie ihm von der Leibs-Unpäßlichkeit desselben zu vernehmen `nit lieb seie´*[95].

Am 16. August 1613 übernachtete Markgraf Georg Friedrich von Baden-Durlach nebst Familie und großem Gefolge auf seiner Reise nach Kassel in Friedberg. Den feierlichen Einzug der markgräflichen Gesellschaft hatte sich der mittlerweile 71 jährige Burggraf inkognito angesehen und sich dann *seiner Unpässlichkeit wegen* in sein Schloss zu Groß-Karben zurückgezogen. Am nächsten Tag berichtete der Burgschreiber Johannes Rosa[96] dem Burggrafen Einzelheiten über den markgräflichen Besuch. Der Syndicus der Burg Dr. Esaias Fabricius[97] begrüßte in Vertretung des Burggrafen die Herrschaften. Zum Schluss seiner Ausführungen schrieb Rosa, dass sich der Markgraf nach dem gesundheitlichen Zustand des Burggrafen erkundigt habe[98].

Veräußerung des Schlosses in Groß-Karben durch die Erben erfolgte Ende des 17. Jahrhunderts. Nach dem Tod Johann Eberhards 1617 ging es mit den zugehörigen Besitzungen und Rechten in die Hände der Familie seiner Tochter Anna Margarethe, verh. Brömser von Rüdesheim, über. Danach erbte deren Tochter, Anna Eleonore, die mit Freiherr Wilhelm von Metternich verheiratet war. Nun wurden das Herrnhaus dem Baustil der Zeit entsprechend neu-

bzw. umgebaut und weitere Ökonomiegebäude errichtet. Am 4. Juli 1686 brach in der Mittagstunde in Groß-Karben ein Feuer aus, das sich zu einer *Feuersprunst* entwickelte. Bei dieser Katastrophe, bei der *mehr als die Helft des Fleckens* abbrannte, wurde auch die linke Seite des Hauses nebst Scheuern und Stallungen ein Raub der Flammen. Mittlerweile war die Familie von Metternich in den Grafenstand aufgestiegen und in Böhmen ansässig geworden. Der neue Erbe, Philipp Emmerich, Graf zu Metternich-Winneburg-Beilstein, Burggraf zu Eger, entschloss sich, das brandgeschädigte Schloss wieder aufzubauen und anschließend zu verkaufen. Über dem Eingangsportal steht heute die Jahreszahl 1691, das Jahr, in dem das Haus neu hergerichtet und auch veräußert wurde.

Kaufinteressent am Rittergut mit Herrenhaus war der 1673 in den Reichadelsstand erhobene Johann Georg Seiffert von Edelheim[99]. Bereits 1661 stand er in *gräflich Cronbergischen Verwaltungsdiensten* für die Familie von Metternich in Groß-Karben. Der Kaufbrief wurde am 25. August 1691 auf Schloss Königswart im Egerland[100], der Residenz des Grafen Philipp Emmerich von Metternich, unterzeichnet. Zu dem Erwerb des Kronbergischen Gutes zu Groß-Karben hatten Edelheim und seine Nachkommen auch die Hanauischen Lehen an sich gebracht, dazu das diesem Gut inkorporierte Bellersheimische Reichs-Mannlehen. Auch hatten die Edelheim dann Liegenschaften und Immobilien in Klein-Karben, Rendel, Niederdorfelden, Büdesheim und anderen Orten[101].

Abb. 10: Seiteneingang zum Kronberger Hof mit Familienwappen von Kronberg und Riedesel, Foto: M. Breitmoser

1709 wurde das Gut zu Groß-Karben Edelheimisches Fideikommiss. Die Fideikommiss-Eigenschaft wurde 1808 auf das mittlerweile in Büdesheim erworbenes Schlossgut übertragen, als die Edelheimischen Erben ihr Karbener Hofgut an die Frankfurter Patrizierfamilie der Freiherren von Leonhardi verkauften. Diese bezogen das stattliche Herrenhaus, und die nächste Generation der Familie baute 1842 das Haus in die heutige Form, mit seinem Treppengiebel und den markanten Erkertürmchen, um[102].

Der Kronberger Hof in der Burg Friedberg

Ein großzügiges Schloss in der Burg im Stil der Renaissance schuf sich Kronberg, um als Burggraf repräsentieren zu können. Zwischen 1604 und 1611 entstand ein Gebäudekomplex, zu dem das eigentliche Schlossgebäude, der einzeln stehende sogenannte Kavaliersbau, ein dreibogiges Eingangstor und der südlich vorgelagerte Wirtschaftshof gehörten.

Um einen geeigneten Platz für sein Bauvorhaben zu finden, musste innerhalb der eng bebauten Burg ein älteres Gebäude durch Abriss weichen. An der östlichen Burgummauerung stand neben dem 1543 erbauten Marburger Deutschordenshaus[103] ein älteres Anwesen, das niedergelegt wurde. Auf dieser frei gewordenen Fläche entstand nun der neue Kronberger Hof. Auf den Bildern von Hans Döring von 1553 und Meister N. S. von 1565 ist das aberissene ältere Gebäude zusammen mit dem Deutschordensgebäude eingezeichnet. Da alle weiteren Maler der späteren Zeit, wie beispielsweise Wilhelm Dilich, Mathias Merian, Daniel Meissner, Gabriel Bodenehrs und Joseph Friedrich Leopold die alte, längst überholte Gebäudeanordnung nachgezeichnet bzw. „abgekupfert" haben, ohne je Veränderungen in der Bebauungssituation vorzunehmen, gibt es heute keine älteren Ansichten des Kronberger Schlosses.

Noch zu Beginn des 17. Jahrhunderts achtete das Burgregiment streng auf den Verteidigungscharakter der Burg und der Burghäuser, besonders bei Neubauten an den Wehrmauern. Die umlaufenden Verteidigungsanlagen mussten in vollem Umfang in Stand gehalten werden. Bei dem Kronberger Schloss, das an die Ostmauer angebaut wurde, musste daher im zweiten Stock des Hauses der Wehrgang integriert und durchgehend begehbar gemacht werden. Der zweite Stock war daher praktisch dem Wehrgang vorbehalten.

Diese Ostseite des Schlosses ist sowohl im 18. Jahrhundert als auch 1845 bis 1858 erheblich umgebaut und verändert worden. Bei der letzteren Baumaßnahme wurde die Trennwand zwischen dem Wehrgang und dem Hausinneren entfernt, wodurch die östlichen Zimmer vergrößert werden konnten, die durch Fenstereinbauten auch Tageslicht erhielten. Neben den Fenstereinbauten wurde auch ein neues Ausgangsportal zum Burggarten geschaffen[104]. Bauherr Johann Eberhard von Kronberg orientierte sich an dem damaligen Baustil der „Deutschen Renaissance" und nahm vermutlich neben dem Büdinger Schloss auch das 1585 erbaute Gießener Zeughaus als Vorbild[105]. Parallel zur Mauer wurde das Gebäude 1604 zweigeschossig errichtet.

Die Schau- bzw. Hofseite des Gebäudes wurde als Traufenbau mit drei risalitartigen Flügelbauten erstellt. Die beiden seitlichen Flügel sind annähernd gleich groß. Der mittlere wurde schlanker und niedriger erstellt. Alle drei Risalitflügel sind dreigeschossig und haben Giebel zum Hof. In dem mittleren Flügel wurde das Treppenhaus integriert, was an den versetzten Fenstern und dem Portal zur Kellertreppe zu ersehen ist.

Nach Fertigstellung des Haupthauses 1610 ließ Kronberg im Innern des Schlosses die Repräsentationsräume und andere Gemächer mit kunstvoll gestalteten Stuckdecken versehen und mit großzügigen Kachelöfen ausstatten[106].

Als weitere Besonderheit wurden die unzähligen Gebäudeteile mit repräsentativen Giebeln ausgestattet. Charakteristisch für diese Elemente sind die weit ausladenden Hörner, die über ein Beschlagwerkornament mit einer den Giebel nach unten abschließenden Schnecke verbunden sind. Vermutlich nach Erstellung des Haupthauses ließ Kronberg das sogenannte Kavaliershaus bauen. Der rechteckige Bau, der den einfachen Landschlössern in ganz Hessen entspricht, wurde giebelseitig zur Längsachse der Burg errichtet und diente dem Burggrafen als Gästehaus.

Etwas von dem Kavaliershaus weggerückt wurde 1610 ein dreibogiges Tor erstellt mit einer mittleren Durchfahrt und zwei seitlichen Durchgängen, die in den Schlosshof führten. Auch hier hat Kronberg neben unterschiedlichen Zierelementen sein Doppelwappen in der Giebelbekrönung anbringen lassen[107]. Angaben über den Architekten des Schlosses und beteiligte Handwerker liegen zum jetzigen Zeitpunkt nicht vor, da sich keinerlei Baurechnungen erhalten haben.

In einem kunstgeschichtlichen Aufsatz über das Schloss zu Friedberg erwähnt Hermann Roth 1937 einen Architekten, den er mit ziemlicher Sicherheit als Planer für das Kronberger Schloss annimmt. Es handelt sich hierbei um Jakob Thomann aus Mannheim und den Steinmetz Trinkaus aus Birstein[108], der die Sandsteinelemente der Giebel schuf. Roth zieht hierbei Parallelen zu den Renaissancegiebeln im Hungener Schloss, deren Zierelemente, wie er schreibt, in allen wesentlichen Einzelformen „aufs Haar" gleichen.

Eigentum der Erben des Burggrafen war das Schloss bis Ende des 17. Jahrhunderts. Nach dem Tod des Burggrafen 1617 gelangte es mit den zugehörigen Besitzungen und Rechten zum Teil in die Hände der Familie seiner Tochter Margarethe, verh. Brömser von Rüdesheim. Ansprüche hatte wohl auch die Burg. Im Jahre 1656 sind jedenfalls die *Cronbergische Eygenthumbs* Erben wegen eines Hauses in der Burg dem Burggrafen und Baumeister 400 Gulden schuldig. Nach einem Vergleich verzichtete die Burg auf ihre Forderungen, und im Gegenzug wird den Erben die *Brendeliche Behausung* gegenüber der Burgkirche mit allen zugehörigen Rechten übereignet. Mit dem Siegel der Burg versehen ist die Urkunde unterschrieben und besiegelt von einem Enkel (Heinrich Brömser von Rüdesheim, Sohn von Margarethe, der Tochter von Johann Eberhard und seiner Frau Anna) und fünf Urenkeln (Anna Maria von der Leyen, geb. von Kronberg, und Maria Margarethe von Bettendorf, geb. von Kronberg, beide Töchter von Anna Sidonia von Kronberg, geb Brömser von Rüdesheim - Philipp Emmerich, Mainzischer Rat zu Königstein, Karl Heinrich und Casimir Ferdinand, alle drei Freiherren von Metternich, Söhne von Wilhelm von Metternich und seiner Frau Anna Eleonore, geb. Brömser von Rüdesheim).[109]

Interesse des Reichskammergerichtes für den Kronberger Hof bekundete 1683 eine Delegation.[110] Grund ihres Aufenthaltes war die Suche nach einem geeigneten neuen Standort für den höchsten Deutschen Gerichtshof in Speyer, der 1495 von Kaiser Maximilian I. (1459-1519) gegründet worden war. Wegen der fortwährenden Bedrohung des Rheinlands durch die Franzosen er-

Abb. 11: Der sogenannte Grafengarten im Burgareal, von Osten, Foto: M. Breitmoser

wogen die Verantwortlichen, das Gericht mehr in das Innere von Deutschland zu verlagern. Die Vertreter des *hochpreislichen Kammergerichtes* sollten die Reichsstädte Friedberg, Wetzlar und Schweinfurt aufsuchen, um zu prüfen, ob in einer der Städte genügend Platz und die nötige Infrastruktur für das Gericht vorhanden seien. In dem schriftlichen Protokoll wurden neben der Beschreibung der Landschaft der Wetterau, der Stadt mit ihrem Rathaus, den Schulen, Kirchen, Spitälern sowie Ökonomie- und Sozialeinrichtungen auch Angaben über die jüdische Gemeinde und die Struktur und Verwaltung der Stadt und der Burg gemacht. Hauptaugenmerk legte man bei der Suche auf ausreichenden Wohnraum für die unzähligen Richter mit ihren Familien.

Der große Komplex des ehemaligen Kronberger Hofs und das vor der Burg liegende Gebäude der „Alten Münz" erachteten die Delegierten als geeigneten Raum für das eigentliche Gerichtsgebäude. *Sie haben gleichwohl geschehen lassen, dass wir den Kronberger Hof [das Burggräfliche Schloss] wie auch die alte Münz besehen möchten, darbey aber ermahnet, dass die Burg von langer Zeit hero bedacht gewesen, den Kronberger Hof von den Erben zu erwerben und zur Residenz eines zeitlichen Burggrafen zurichten zu lassen, und zwar ist solcher mit großen Säälen und verschiedenen auch nicht geringen Gemächern dermaßen versehen, dass darinnen alle Rath, Audienz- und Fiskal-Stuben so wol als die kanzley und leserei genugsam wären anzuordnen, sogar auch zur Reposition der akten alsdann platz nicht ermangeln würde, wiewohlen derzeit weder die boden belegt noch die wände beworfen sein*[111].

Die Delegation, die auch die Reichsstadt Wetzlar aufsuchte und inspizierte, kam zu dem Ergebnis, dass Friedberg nicht der geeignete Standort für das Gericht sei, da gegenüber Wetzlar eine freie Religionsausübung der drei Konfessionen auf Widerstand stoßen würde. In Wetzlar fanden sich geeignete Lokalitäten, während in Friedberg nur das burggräfliche Schloss in Frage kam, von dem sich aber der Burggraf kaum trennen würde.[112]

Im Jahre 1689, vier Jahre nach dem Besuch der Kommissare aus Speyer in Friedberg und Wetzlar, ging das Reichkammergericht zu Speyer in Flammen auf, als französische Truppen die Stadt einäscherten. Man hatte die Gefahren, welche mit dem pfälzischen Erbfolgekrieg durch die Franzosen unter Ludwig XIV. auf die Stadt zukamen, zwar gesehen, aber zu lange mit der Verlegung des Gerichtes gezögert. Am 28. September 1689 wurde vom Reichstag die einstweilige Übersiedlung nach Wetzlar beschlossen. Nachdem etwa 80 Familien des Speyerer Gerichtes nur mit Widerstreben allmählich nach Wetzlar gezogen waren, wurde dort am 21. Mai 1693 durch Kammerrichter Johann Hugo von Orsbeck (1677-1711), Bischof von Speyer, Erzbischof und Kurfürst von Trier und damit zuständiger Bischof für Wetzlar, im Wetzlarer Rathaus die Etablierung des neuen Reichskammergerichtes in der Stadt feierlich vollzogen[113]. So ist festzustellen, dass Wetzlar schließlich doch den Vorzug bekam und sich bis zur Auflösung des Gerichtes 1803 zu einer kleinen, aber wohlhabenden Stadt entwickelte.

Abb. 12: Der Kronberger Hof 1604-1610, mit Kavaliersbau und Eingangsportal, späteres Burggrafiat und Sommerresidenz der großherzoglichen Familie von Darmstadt, Lithographie von T. Volk 1846 (Stadtarchiv Friedberg B3 1846)

Eigentum der Burg wurde der Kronberger Hof erst Ende des 17. Jahrhunderts. 1695 waren Franz Ferdinand Graf von Metternich, Winneburg und Beilstein, Burggraf zu Eger, dann Adolf Johann Carl Freiherr von Bettendorf, Baumeister der Burg zu Friedberg wie auch Kurfürstlich Mainzischer Geheimer Rat und Oberamtmann der Herrschaft Königstein, sowie schließlich Maria Anna Freifrau von Schönborn, Frau zu Reichelsberg, geb. Waldbott zu Bassenheim, die neuen Besitzer[114] des Kronberger Hofes.

Wie oben beschrieben, trug sich die Burg schon länger mit dem Gedanken, den Kronberger Hof zu erwerben und zum Sitz des Burggrafen zu machen. Auf Ersuchen sämtlicher Burgmannen und auf Initiative des Burggrafen wurde nun ein Kaufantrag gestellt und angenommen. Daher erteilte Graf von Metternich am 19. November 1695 seinem Vetter Karl Adolf Freiherr von Bettendorf die Vollmacht, seinen Anteil an dem in der Burg Friedberg befindlichen „Metternichschen Hause" [Kronbergisches Hauses] zu verkaufen[115]. Am 5. Oktober 1698 wurde von Graf Metternich an Bettendorf die Vollmacht für den Verkauf an die Burg erteilt[116]. Am 28. Dezember schloss man den Kaufvertrag mit dem Mitbesitzer des Hofes Adolf Johann Carl Freiherr von Bettendorf zum Preis von *6000 Gulden Frankfurter Währung, den Gulden 30 Albus oder 60 Kreuzer gerechnet*[117]. Freiherr von Bettendorf quittierte den Erhalt der Kaufsumme und setzte die Käufer in den Besitz ein.

Unter dem Burggrafen Johann von Schlitz, gen. Görtz (1692-1699)[118] wurde aus dem großen Gebäude samt dazu gehörigem Vorderhaus (Kavaliersbau/Gästehaus) die ständige Burggrafenwohnung.

Burggraf Ernst Ludwig von Breitenbach, gen. Breitenstein (1749-1755) ließ das Gebäude durch das Anfügen eines Anbaus auf der Südseite im Stil des Barock erweitern.

Unter Burggraf Franz Heinrich Kämmerer von Worms, Freiherr von Dalberg (1755-1776) wurde 1767 die im südlichen Hofbereich gelegene Scheune und die ehemalige Reitschule erstellt. Als letzte Baumaßnahme innerhalb des Schlossbereiches durch die Burgleitung entstand unter der Regierung des Burggrafen Johann Maria Rudolf Reichsgraf Waldbott von und zu Bassenheim (1777-1805)[119] im Jahre 1777 der Marstall. Nach 1800 wurde das Kronberger Schloss Burggrafenhof bzw. „Burggrafiat" genannt.

1806 fiel in der Rheinbundakte die Burganlage dem neuen Großherzogtum Hessen zu, obwohl der letzte Burggraf Clemens August Reichsgraf von Westphalen zu Fürstenberg (1805-1817/18), Schwiegersohn des vorherigen Burggrafen Waldbott von Bassenheim, bei Napoleon und seinem Minister Talleyrand interveniert hatte. Zuvor hatte Hessen-Darmstadt bereits 1803 versucht, die Burggrafschaft zu besetzen, wurde zu dieser Zeit aber noch durch den Kaiser daran gehindert. Dem Reichsgrafen von Westphalen beließ die Rheinbundakte auf Lebenszeit den Titel eines Burggrafen sowie untere Regierung und Bezug der Einkünfte der Burg. Beim Wiener Kongress bemühte er sich vergeblich um die Wiederbelebung der Burggrafschaft, worauf er 1817 bis auf Titel und Stellung als Standesherr seine Rechte in der Burg an das Großherzogtum vorzeitig abtrat. Der letzte Burggraf starb 1818 in Frankfurt. Sein Grab auf dem Friedhof bei der Peterskirche ist erhalten.[120].

Der neue Besitzer der Schlossanlage, Großherzog Ludwig I., der 1817 die Burganlage in Besitz nahm, richtete in dem großzügigen Haus seine großherzogliche Sommerresidenz ein, in der er gelegentlich Hof hielt. Sein Sohn veranlasste 1845 bis 1858 weitere Umbauten im Innern für *Herrichtung für öfteren Besuch*. Hierbei wurde auch die Gartenfassade umgestaltet. Für den Besuch des Zaren Nikolaus II. und seiner Familie im Jahre 1910 veranlasste Großherzog Ernst Ludwig eine erneute Veränderung der inneren Raumaufteilung, um genügend Platz für die 140 Personen der mitgereisten Entourage der Zarenfamilie zu schaffen. Ihre Majestät Zarin Alexandra, eine Schwester des Großherzogs, unterzog sich in Bad Nauheim von August bis Oktober einer Bade- und Trinkkur, und ihr Bruder überließ ihr während dieser Zeit als Wohnstätte seine Friedberger Sommerresidenz.

1921 bis 1955 beherbergte der Bau das Kreisamt, seit 1956 sind hier Behörden des Landes Hessen untergebracht. 1990 vernichtete ein Großbrand das Gebäude, wobei das Haus fast vollkommen ausbrannte. Hierbei gingen die alte Innenausstattung der Bauzeit mit ihren prunkvollen Stuckdecken, Holzvertäfelungen, Türen, Kachelöfen und anderes Inventar verloren. Seit der gelungenen Wiederherstellung des Renaissanceschlosses 1997 befindet sich hier eine Außenstelle des Finanzamtes Friedberg.

Regelung des Geleits mit Hessen und Fürstengeleite

Ein Vergleich mit Landgraf Ludwig von Hessen-Marburg zur Ordnung der *in Irrungen und Gebrechen* geratenen Geleitsrechte im Kaicher Freigericht war eine der ersten Amtshandlungen des Burggrafen Kronberg. Beteiligt an der Abfassung des Geleitvertrages vom 16. Januar 1579 war der Burgschreiber Lic. Andreas Pothinus.

In der in 14 Paragraphen gegliederten Abmachung sind die Rechte und Pflichten des Geleites auf den Heer- und Landstraßen, Wegen und Fußpfaden *im Burg Friedbergischen Gerichts Territorium* geregelt. Hierbei wurde auch genau festgelegt, auf welchen Straßen des Freigerichtes die Geleitsführung dem Hessischen Landgrafen gestattet wurde[121]. Bevor dieser Vergleich zustande kam, wurde zuvor ein Prozess beim Reichskammergericht in Speyer geführt[122].

In dem Territorium des *Freien Gerichtes Kaichen*, das zum Hoheitsgebiet der Kaiserlichen Burg Friedberg gehörte, gab es immer öfters Streitigkeiten, die einer Neuordnung bedurften. Neben der Regelung der Durchfahrt des Geleitzuges durch die Stadt Friedberg war auch der Geleitsweg von Ilbenstadt nach Windecken ein weiterer Streitpunkt, der jetzt eine Regelung fand. *Für die Straße nach Ilbenstadt gegen Windecken und die übrigen nicht genannten Straßen und Ortschaften des freien Kaicher Gerichtes verbleibt „die Geleitbarkeit der Burg allein". Insbesondere darf sich niemand des fürstlichen Geleits zu Messezeiten auf diesen Straßen oder in diesen Ortschaften aufhalten*[123].

Bei der spätmittelalterlichen Geleitsführung mussten, neben dem Schutz von Personen, Vieh und Gütern, auch die hoheitlichen Staats- und Territorialrechte wahrgenommen werden. Das Geleit brachte den Geleitführern aber natürlich auch hohe Einnahmen, denn die etwa zur Frankfurter Messe ziehenden Kaufleute hatten für diesen Geleitschutz entsprechende Abgaben zu entrichten. Zur Kaiserwahl nach Frankfurt wurde den Kurfürsten ehrender Geleitschutz gewährt, wie auch Reisenden hohen Standes.

Fürstliche Geleitszüge sind überliefert.

1582 wurde Landgraf Ludwig IV. von Marburg von Ilbenstadt bis an die Hanauer Grenze bei Windecken geleitet. Zuvor weilte er mit seiner Gemahlin, „beiwesender Ritterschaft, Fraulin und Gesinde" für eine Nacht in Friedberg und nächtigte im sog. „Haus Bornziegel"[124]. Grund der Reise war die Vermählung von Dorothea Maria von Württemberg mit Herzog Otto Heinrich Pfalzgraf von Zweibrücken in Stuttgart. Nach einem freundlichen Empfang durch Burg und Stadt und der Verehrung eines Gastgeschenkes brach die Reisegesellschaft am nächsten Morgen wieder auf.

Vom *Geschrenck*[125] der Burg Friedberg aus begleitete sie das landgräflich hessische *Geleite* bis an die Brücke vor Ilbenstadt. Nun wurden sie auf Befehl des Burggrafen und der Baumeister von dem Untergrafen zu Altenstadt, Jakob Stolln zu Ilbenstadt und Daniel Rauchen zu Großen Carben an der Brücke *geleitlich angenommen und enpfangen*, um sie im Namen der Burg sicher durch ihr Hoheitsgebiet zu geleiten.

Von hier aus ging der Weg durch das „Oberkloster" bis nach Kaichen und weiter bis an den Schlag bei Windecken; hier wurde die fürstliche Reisegesellschaft von dem Untergrafen Jörg Kochendörfer mit zwölf Schützen übernommen, durch Windecken bis an die Hanauer Grenze verbracht und an die landgräflichen Reiter zur Weiterreise übergeben.[126]

1600 reiste Kurfürst Pfalzgraf Friedrich IV. mit großem Gefolge durch Friedberg. Er war von Heidelberg nach Kassel unterwegs, um bei Landgraf Moritz II. die Patenschaft eines jungen Prinzen anzunehmen. Nach seinem Aufenthalt, bei dem ihm alle Ehren der Stadt und der Burg zuteil wurden, reiste er weiter nach Kassel. Auf seiner Rückreise von dort weilte er wieder in den Mauern der Stadt und es wurde ihm auch diesmal durch Burggraf Kronberg ein festlicher Empfang in der Burg zuteil. Auf seiner Heimreise, die ihn ebenfalls über Ilbenstadt nach Windecken führte, *kam es zu sehr unerquicklichen Geleitsstreitigkeiten zwischen Hanau und der Burg*"[127].

1606 führte gleiche Veranlassung Pfalzgraf Friedrich IV. nochmals nach Friedberg. Diesmal war er nach Dillenburg geladen, um hier bei Johann dem Jüngeren, Graf von Nassau-Katzenellnbogen eine *Gevatterschaft* zu übernehmen. Das Hanauische Geleit führte den Pfalzgrafen, von Heidelberg kommend, auf Hanauer Territorium bis Windecken, wo die Geleitsreiter die *Burg-Friedbergische Geleitsgrenze* überschritten und somit Verärgerung heraufbeschworen. Hierauf empfing sie das Geleit der Burg, das den Tross bis zur Brükke vor Ilbenstadt brachte, wo das Geleit von dem landgräflich Darmstädtischen Geleit abgelöst wurde.

Am Abend des 3. April 1606 gelangten der Pfalzgraf mit seiner Gemahlin und deren Schwester sowie Gesinde und mitreisende Herren von Stand in Friedberg an. Das Gefolge der pfalzgräflichen Familie reiste in mehreren Wagen und mit etlichen Reitern und bestand aus ungefähr 130 Pferden.

Da sich der Burggraf Johann Eberhard von Kronberg erkrankt in seinem Schloss in Groß-Karben befand, wurden die hohen Gäste stellvertretend von Burgmann Hans Kaspar von Karben begrüßt. Nach der Übergabe von Geschenken und Ehrenbekundungen begaben sich die Reisenden zur Nachtruhe. Beim morgendlichen gemeinschaftlichen Frühstück wurden a*llerhand Reden über Tisch geführt*, deren Hauptthema die beständigen Geleitsstreitigkeiten waren: *Lachenden Mundes erinnerte Se. Kurfürstliche Gnaden die anwesenden hessischen Geleitsmänner, sie sollen sich „gleichmäßig" verhalten, „es werde sonst selzame Händel gebaren, mit Andeutung, dass Ihre Gnaden von derlei „Geleits-Irrungen" wenig erfreut würden.*

Bei der Abreise entschied sich der Pfalzgraf, seine Reise nach Dillenburg nicht über Butzbach fortzusetzen, sondern *wegen der Frauenzimmer, des bösen Fahrens* und, um weiteren Geleitsstreitigkeiten aus dem Weg zu gehen, über Hochweisel und Hausen durch den Wald nach Wetzlar zu fahren. Unter den hessischen Geleitsreitern war auch der Schultheiß von Hochweisel, der bei der neuen Reiseroute den Wegweiser machte[128].

Burgkirche St. Georg und Antonius und ihre Bruderschaft

Die Reformation in der Burg wurde mit großer Umsicht durch den Burggrafen Johann Brendel von Homburg eingeführt und brachte keinen Bildersturm mit sich. Weder von den zahlreichen Altären, noch aus dem heute noch erhaltenen Altarkreuz wurden die zahlreichen Reliquien entfernt.

Die St. Georgs-Kirche der Burg blieb von der Reformationszeit bis zu ihrem Abbruch 1783 baulich unverändert. Die Inneneinrichtung wurde allerdings dem Zeitgeist entsprechend umgestaltet.

Grabplatten und Epitaphe der Burgmannen und ihrer Angehörigen verliehen auch weiterhin dem Schiff der Burgkirche eine besondere Note. Die Rückwand des Chores und die übrigen Wände des Kirchenschiffes waren mit Grabdenkmälern der Burggrafen, ihrer Frauen und anderer adeliger Personen versehen.

Abb. 13: Die alte St. Georgskirche in der Friedberger Burg. F. Schatzmann, Die Georgenkirche in Burg Friedberg

Auch Burggraf Johann Eberhard von Kronberg und seiner Ehefrau Anna wurde hier ein Gedenkepitaph gesetzt. Das an der Chorwand gegen Osten hinter dem Hochaltar stehende Denkmal trug folgende Inschrift: *Johann Eberhard von und zu Cronnberg des heiligen Reichs Burggrafen zu Burg und Stadt Friedberg Starb den 8ten Octob. 1617. Neben an der Seite stand: Frau Anna von Cronnberg geboren von Riedesel zu Eisenbach starb den 29ten September 1609.*[129]

Die erste Burgkapelle war zeitnah mit der Burganlage erstellt worden, vermutlich zwischen 1246 und 1272. Aus 1306 liegt die erste sichere Nachricht vor. Der Burggraf regelte jetzt das Einkommen *einem Capellan zu den Kapellen in der Burg Friedberg, damit er St. Görgen und St. Anthones de bass gedienen möge.* 1308 gibt der Mainzer Erzbischof Peter von Aspelt (1306-1320) der Burg die Zustimmung, sich von der Mutterkirche in der Stadt zu trennen[130]. Das stattliche Bauwerk der Liebfrauenkirche veranlasste die Burgmannschaft über die Erweiterung der alten Kapelle nachzudenken, *damit sie unter dem gewaltigen Eindruck der bürgerlichen Schöpfung nicht gänzlich verschwinde.*[131]

Die kleine Kapelle in der Burg, die dem heiligen Georg geweiht war, wurde daher im Laufe von zwei Jahrhunderten erweitert, und schließlich ist sie eine stattliche Burgkirche geworden. Hier wurde besonders Pfarrer Kraft von Rokkenberg[132] initiativ, dem 1369 die Burgpfarrei übertragen wurde. Seiner Persönlichkeit und seinem Engagement ist der Um- und Ausbau der St. Georgs-Kirche während seiner Amtszeit zu verdanken. Stets war er bemüht, durch Sammlungen, Spenden und andere Zuwendungen das Bauvorhaben einer größeren Burgkirche voranzutreiben. 1370 erwarben die Burgmannen ein Grundstück bei der Kirche, um einen Teil zum Friedhof weihen zu lassen und den übrigen Teil Pfarrer Kraft zum Besten der Kirche zu schenken. Im selben Jahr veranlasste Pfarrer Kraft die Stiftung eines Altares durch die Ritterbruderschaft *Gesellenschaft von der grünen Mynne*[133]. Mit dieser Bruderschaft in Verbindung gebracht werden könnte ein Georgsbanner, das von reitenden Burgmannen mitgeführt wurde und um 1376 genannt wird.[134]. Der Altar wurde am 26. Dezember 1371 von dem Prämonstratenser Johannes Bundossensem, Titularbischof von Bonitza in Griechenland, zu Ehren der Heiligen Elisabeth, Agnes und des heiligen Wendelin geweiht[135]. Die Fundation des neuen Altares ermöglichte acht „Altaristen“, weswegen Kraft einen regelmäßigen Chordienst einführte und auch eine neue Kirchenordnung entwarf[136]. 1373, nach einem Sieg in einer „Fede“ gegen die Ritter von Runkel, haben dann die *Wappenknechte* ihr bestes Pferd und die Waffen zum Verkauf abgegeben, um den Erlös von 27 Gulden dem Kirchenbau von St Georg zukommen zu lassen. Weitere Stiftungen folgten, und auch die Burgfrauen gaben hierzu ihren Beitrag von 23 Gulden, die sie gesammelt hatten. Mit ihnen und weiteren 30 Gulden vom Baumeister und späteren Burggrafen Eberhard Löw von Steinfurth d.Ä.[137] ließen die Burgmannen 1375 für den Hochaltar ein großes Tafelbild erstellen, das von dem Ilbenstädter Konventualen Johann Wulfelin gemalt wurde. Das große Gemälde, das *zu Ehren des allmächtigen Gottes und seiner ruhmreichen Mutter und St. Georgs und Antonius* geschaffen wurde, kostete die stattliche Summe von 70 Gulden. Im Jahre 1379 wurde der Grundstein zum *Hohen Chor* gelegt und dieses bis unters Dach erstellt.

Durch diese Vergrößerung der Kapelle gab es nunmehr Raum für elf Altäre, und seitdem führte das Gotteshaus die Bezeichnung *Burgkirche*[138]. 1380 wurde mit dem Anbau einer Sakristei begonnen. Nach deren Fertigstellung 1381 wurde in derselben ein Altar errichtet, der im gleichen Jahr die Weihe erhielt. Am 29. September 1383 konnte durch den Mainzer Weihbischof Johannes der *Hohe Chor* feierlich konsekriert werden, wobei der Hochaltar mit seinem neuen Tafelgemälde und ein Seitenaltar mit Reliquien ausgestattet wurden.[139].

Zum Ende des 15. Jahrhunderts verfügte das Gotteshaus neben dem Hochaltar über weitere 10 Seitenaltäre, die mit kostbaren Altardecken geschmückt und mit 38 verschiedenen Reliquien bestückt waren. Neben dem Pleban verrichteten sieben Altaristen und Benefiziaten den Dienst in der Kirche. An den Außenwänden der Kirche waren bunt bemalte Wappenschilde der aufgeschworenen Burgmannen angebracht, die beim Ausscheiden des jeweiligen Burgmannes entfernt wurden[140].

Ein weiterer Bestanteil der spätgotischen Innenausstattung war eine hölzerne Skulptur des Heiligen Georg, die vermutlich schon in der kleinen Kapelle stand. Dem kämpfenden St. Georg wurde ein besondere Verehrung zuteil, zumal er Schutzpatron der Kirche und der kaiserlichen Burg Friedberg war[141].

Am 1. November 1578, neunzehn Monate nach der Wahl von Kronberg zum Burggrafen, wurde vom Rentmeister „bei den Herrn von Kronberg“ eine Schrifttafel gestiftet, mit sechs Versen in lateinischer und deutscher Sprache. Diese Schriftzeilen waren vermutlich an dem Reiterstandbild des Hl. Georg im Hochaltar der Burgkirche angebracht. (Waas Christian, Die Chroniken von Friedberg in der Wetterau, Bd. I)

Gleichwie Sankt Georg den Lindwurm schlacht,
So der Jungfrau nach´m Leben tracht,
Also Christus mit seinem Kreuz töt
Unsern Feind, den Teufel schnöd.
Gleich so auch hier mit gerechtem Schwert
Beschirmt wird die ohnschuldig Heerd.

Noch heute erhalten sind drei Holzskulpturen, die wahrscheinlich aus der Georgskirche der Burg stammen. Bei den um 1500 entstandenen Figuren handelt es sich um den reitenden St. Georg und zwei Ritterstandbilder, die als Assistenzfiguren dem heiligen Georg zu Seite standen Das Reiterstandbild stand vermutlich im Hochaltar, zumal der Altar ja dem Hl. Georg und Antonius geweiht war. Die zum Teil als „Torso“ erhaltene Figurengruppe befindet sich heute im Hessischen Landesmuseum Darmstadt[142].

Die St. Georgs-Bruderschaft bestand offensichtlich weiter. Aus einer gewissen Gottesfurcht und um mit gutem Beispiel voranzugehen, gründeten die Burgmannen sie 1492. Die Mitglieder der „Bruderschaft zum heiligen Ritter Georg“ nahmen an der jährlich in der Burgkirche oder einem anderen Gotteshaus der Stadt gehaltene Totenmesse teil und beteiligten sich an Prozessionen an Fronleichnam und anderen Umgängen. Je nach ihrem Stand trugen sie hierbei eine goldene oder silberne Kette mit dem Bildnis des Heiligen Georgs um den Hals. In der Fundationsurkunde bestätigte der Mainzer Erzbischof Berthold von Henneberg (1484-1504) am 26. März 1492 die neue Bruderschaft und erlaubte den Mitgliedern das Tragen der Ketten beim Gottesdienst und bei Umgängen. In der Urkunde wurde auch verfügt, dass jedes Jahr am Montag nach Fronleichnam eine Prozession stattfinden solle, bei der den Besuchern ein 40 tägiger Ablass verliehen würde[143].

1494 wurde durch die gemeinen Burgmannen beschlossen, dass Mitglieder der neugegründeten Georgs-Bruderschaft nur aufgeschworene Burgmannen sein könnten[144]. Kaiser Maximilian I. bestätigte aus Worms am 22. Mai 1495 die Bruderschaft, wobei festgehalten wurde, dass zu Ehren des Hl. Georgs am Montag nach Fronleichnam neben der Prozession auch eine Messe gehalten werden sollte und man *am selben und am anderen Tage ein Abzeichen* (Kleinod) *tragen wolle*[145]. Als der päpstliche Legat Kardinal Raymundus Peraudi[146] in Sachen Ablassverkauf 1502 in der Stadt und der Burg weilte, erwirkten Burggraf Emmerich von Karben, die Burgmannschaft sowie Bürgermeister und Rat, dass der Kardinal der Bruderschaft eine weitere Bestätigung zukommen ließ. Als weitere Indulgenzien erhielten alle Burgmannen mit ihren Frauen einen *Dispensations- Brief wegen der Fasten* und einen Brief für 100 Tage Ablass[147].

1572 erhielt die St. Georgs-Bruderschaft einen Heuanteil zur Unterhaltung der Burgkirche[148]. 1615 erfahren wir vom Verkaufserlös eines Anteils des Grases bzw. Heus aus den Burgwiesen, um es *zur Haltung der 4 Jahreszeiten vor*

Hostien, Weinwachs und Oel, item an Praesenz-Geld zu Belohnung des Schulmeisters und Glöckners zu verwenden[149].

Konflikte mit der Stadt Friedberg

Streitigkeiten mit dem Rat der Stadt Friedberg häuften sich während der 40jährigen Amtszeit von Burggraf Kronberg und führten immer wieder zur Anrufung der Gerichte oder Einschaltung von Vermittlern. Oft wirkte die Persönlichkeit und Handlungsweise Kronbergs katalysierend auf das Ausbrechen von Spannungen zwischen Burg und Stadt. Wer letztlich bei dem Streit im Recht war, spielte meist eine untergeordnete Rolle. Kronbergs dominante und bestimmende Wesensart, die sich schon in seiner Tätigkeit als Amtmann in Alzenau zeigte, machte es ihm schwer, Einvernehmen mit der Stadt zu erreichen. Im Jahre 1601 missbilligte Burggraf Kronberg die Entscheidung des Bürgermeisters der Stadt bezüglich des Tanzens am Sonntag. In dem Eintrag in der Friedberger Chronik vom 7. Juli 1601 ist vermerkt, wie Bürgermeister Adam Zugwolf, unter Androhung von *Leibesstrafen*, den Knechten [junge Gesellen] das Tanzen vor dem Mainzer Tor und das Sammeln von Geld am Johannistag verbietet. *Und da sie, Knecht, tanzen würden, wäre die Weberzunft beieinander, wollt er, Bürgermeister, die nehmen und sie [die Knechte] dermaßen zerstreuen, daß sie dessen bald müde werden sollten.*[149a]. In einer Streitschrift, die 1610 zur Betonung der städtischen Rechtsposition publiziert wurde, unterstellte man dem Burggrafen Kronberg, er habe die Stadt dem Kaiser heimlich entziehen und sie mediatisieren wollen. Neben diesem juristischen Traktat „Gründlicher Bericht", der von dem hoch angesehenen Juristen und Hochschulprofessor Johannes Goeddaeus[150] verfasst wurde, folgten noch weitere Streitetappen, die das beiderseitige Verhältnis von Burg und Stadt stark belasteten[151]. Nach dem Tode Kronbergs kam man von beiden Seiten zur Einsicht, dass eine tragfähige Rechtsgrundlage geschaffen werden musste. Der neue Burggraf Conrad Löw[152] war nun bemüht, das zerüttete Verhältnis zwischen Burg und Stadt durch Gespräche und Vereinbarungen wiederherzustellen. Nach einer gütlichen Übereinkunft wurde zwischen der Burgregierung und den Stadtoberen ein Interims-Vergleich geschlossen[153].

Auf zwei Konflikte um Berufung des Stadtpfarrers soll hier näher eingegangen werden.

1599 entbrannte Streit wegen der eigenmächtigen Erwählung des Johannes Molther[154] zum Stadtpfarrer. *In besagtem Jahre der Stadt-Pfarrer Lonicerus mit Tod abgienge, haben Bürgermeister und BürgerRath sich gegen alle Regiements-Verfassung und altes Herkommen einseitig mit Vorbeygehung des Burggrafen und der Adelichen Sechser unterstanden, einen anderen Stadt-Pfarrer Namens Moltherum von Marburg zu beruffen.* Die Burg klagte beim kaiserlichen Kammergericht in Speyer und holte sogar bei der juristischen Fakultät in Leipzig ein Gutachten ein. Der Prozess wurde aber nicht entschieden. Die Burg achtete Pfarrer Johannes Molther, von 1599 bis 1605 Stadtpfarrer, als *nicht legitime vocatus.*[155]

1606 wurde als Nachfolger von Pfarrer Molther Justus Hultscherus [156] vom Rat der Stadt Friedberg als Stadtpfarrer angenommen. Auch Hultscher hatte unter den Streitigkeiten zwischen Stadt und Burg zu leiden.Wie die Quellen berichten, sei er am 29. Oktober 1611 seines *Pfarramts entsetzt worden, wegen eines Buch-Titull, so er in Druck verfertigen lassen und Burg und Stadt dedizirt.* Das betreffende Buch hatte Hultscher nicht nur der Stadt, sondern auch der Burg gewidmet. Derartige Streitigkeiten zwischen beiden Parteien wurden bitter ernst genommen und konsequent ausgefochten. In einem Brief an Landgraf Ludwig von Hessen-Darmstadt gab der Stadtrat an, dass Pfarrer Hultscherus das Patronat der Stadtkirche an die Burg bringen wolle. Der entlassene Pfarrer wurde nun in der Burg vorstellig und bat Burggraf Johann Eberhard von Kronberg, *ihn doch in der Burgk unter Dach aufzunehmen und vor ein Caplan verordnen lassen wolle*[157]. Kronberg entsprach seinem Wunsch. Als Affront gegenüber der Stadt ließ er eine Kutsche vor dem Stadtpfarrhaus vorfahren, auf der Pfarrer Hultscherus *beneben seiner Haußfrau in die Burg gefahren und beneben Herrn Valentin Flikken den Pfarrdienst* verwaltete. Seit dreißig Jahren hatte die Burg keinen Kaplan mehr neben dem jeweiligen Burgpfarrer gehabt. Hultscherus blieb als Kaplan im Dienst der Burg, bis er am 26. Juni 1615 verstarb[158].

Schutz von Kloster Engelthal

Zwei Jahre nach dem Dienstantritt von Johann Eberhard von Kronberg wird 1579 als alte Tradition berichtet, dass alljährlich zum Jahresbeginn Burggraf und Burggräfin von Kloster Engelthal jeweils ein Geschenk überreicht wurde. Als Anerkennung und für den gewährten „Schutz und Schirm“ des Friedberger Burgregimentes pflegten die Nonnen den Brauch, dem Burggrafen einen sogenannten „Honigkuchen“[159] zu offerieren und seiner ehrenwerten Gemahlin ein paar edle Handschuhe[160] zu überreichen. Auch vom Konvent der Abtei Arnsburg erhielt der Friedberger Burggraf noch in der Mitte des 18. Jahrhunderts ein ähnliches Geschenk, „Ein Paar Stiefel und für seine Frau ein graues Tuch“[161]. Die beiden Präsente von 1579 waren begleitet von einem Brief, in dem die Äbtissin, dem damaligen Stil entsprechend, den Burggrafen als „Herrn Schwager“ ansprach. Pauline von Selbach wünschte ihrem *Schutz- und Schirmherrn* und seiner Gemahlin Anna *sampt allem, was Euch lieb ist, ein wohl Regierendes glückseliges Neues Jhare, vnd Seliche Zeit.* Neben den Glückwünschen ging sie auf Schwierigkeiten ihres Klosters ein, derer sich der Burggraf annehmen möge. *Wes Ich in Ehrn liebs vnd guts vermag Strenger, Edler, Ehrnuester, Freundtlich lieber Schwager, günstiger Schutz- vnd Schirmherr, Ich schick euch alhier Ein Honigkuchen zu einem glückseligen Neuen Jahr, vnd bit mein Freundtlichen lieben Schwagern, günstigen Schutz- vnd Schirmhern, wölle solche geringe gab vor lieb ahn vnd aufnemen. Auch schick Ich meiner lieben Schwegerin Ein pfar Hendtschuch, mit begeren, sie wölle solche, zu einer gutten gedechtnus, von meinetwegen zu sich nemen; vnd wüntsch euch hiemit, sampt allem, was Euch lieb ist, ein wohl Regierendes glückseliges Neues Jhare, vnd Seliche Zeit. Ferners, günstiger Herr Schwager, es ist an euch meinn günstiges gesinnen vnd begeren, das mein Herr Schwager so wohl thun wöllen, mit der versehung, das Euer Strengkeit Under-Greuen* [Unter-Graf] *zu Altenstadt möge beuelch* [Befehl] *zukommen, das er des Closters pföcht- vnd Zinsleuten, von Euer Strengkeit wegen, vorhielt mit ernst vnd Obrigkeit halber, sich mit den ersеßenen vnd erschienen pföchten vnd zinsen gefast zu machen, vnd vf ehist, wie alters Herkomen vnd vblich ist, zu liefern, vnd die bezahlung zu thun. Solches wil Ich, mit meinem Innigen gepet vmb Got Allmechtigen vmb Euer Strengkeit glückseligen Zustandt vnd wohlfardt erpitten helffen, vnd Beuehl Euer Strengkeit hiemit Got Almechtigem. Datum Engelthal Montags 2ten Februarii Ao rc. 79 Euer Strengkeit Ehrwillige Schutz vnd Schirmverwantin. Pauline von Selbach, Abbatissin zue Engelthall*[162].

Das Geschenk der Nonnen hatte einen für das Kloster dramatischen Hintergrund. Die 1558 gewählte Vorsteherin der Abtei Engelthal Pauline von Selbach (1558-1579)[163] wurde nämlich, trotz des Schutzes von Seiten der Burg Friedberg, immer wieder mit Feindseligkeiten der benachbarten Ritter in Höchst konfrontiert, die Anspruch auf Hoheit über das Kloster erhoben. So drang 1575 Philipp Werner von Buches von der Haselhecke mit einer *Schar Reisiger*, bewaffnete Männer, gewaltsam in das Kloster ein und entwendete eine *bedeutende Summe Geldes.* Hierbei sei die kranke Äbtissin Pauline von Selbach in ihrem Schlafgemach überfallen und *mit Schlaegen und sonsten sehr misshandelt worden*. Für dieses Vergehen mußte der von Buches 1577 als Entschädigung die Summe von 4000 Gulden erlegen[164]. Im selben Jahr, in dem auch Johann Philipp von Kronberg Burggraf geworden war, wurden auf der Freiheit zu Friedberg fünf Straßenräuber hingerichtet. Einer von den Verurteilten war ein Genosse von Philipp Werner von Buches und war am Überfall auf das Kloster Engelthal beteiligt[165]. Ebenfalls im Juni desselben Jahres half die Burg Äbtissin Pauline von Selbach und dem Konvent von Engelthal mit einem Darlehen von 150 Gulden Frankfurter Währung aus. Den Geldbetrag quittierte die kranke und noch im selben Jahr verstorbene Äbtissin sowie die nachfolgende Vorsteherin der Abtei Anna von Wallendorff (1580-1585)[166].

Die Zisterzienserabtei Engelthal (vallis angelorum) war 1268 von den Brüdern Conrad, Rupert und Herdegen von Buches und Rupert von Karben, Burggraf zu Friedberg, gegründet worden. Im Jahre 1302 wurde die Frauenzisterze von König Albrecht I. von Österreich (1298-1308) und 1345 von Kaiser Ludwig IV. von Bayern (1328-1347) in den Schutz des Reiches genommen[167]. Wegen Fehden, Kriegswirren und diverser Streitigkeiten begaben sich 1522 die Äbtissin Katharina von Karben, (1522-1526), Priorin Anna von Hülshofen und der Konvent von Engelthal *freiwillig unter den tröstlichen Schutz und Schirm der Burg Friedberg*. Dieses Schutzverhältnis wurde am 26. März 1544 durch Kaiser Karl V. (1519-1558)[168] und am 8. Mai 1566 durch Kaiser Maximilian II. (1562-1576) bestätigt[169].

Besuch von Kurfürst Friedrich IV. von der Pfalz

Im August 1600 weilte der Pfalzgraf und Kurfürst Friedrich IV.[170] auf der Durchreise in Friedberg. Mit einem Gefolge von annähernd 200 Reitern, unter ihnen viel Adel bis hinauf zu Grafen und Fürsten, war er, von Heidelberg kommend, nach Kassel unterwegs. Hier nahm er die Einladung des Landgrafen Moritz[171] an, als Pate für seinen Prinzen zu fungieren. Auf der Heimreise von Kassel kam er wieder nach Friedberg und nahm hier die Einladung an, mit seinem Gefolge die Burg zu besuchen[172].

Zu diesem besonderen Besuch wurde am darauffolgenden Tag das südliche Tor, das Haupttor, geöffnet und die hölzerne Zugbrücke über den sogenannten Hirschgraben (wo Dammwild gehalten wurde) heruntergelassen[173]. Hier am Haupttor der Burg enpfing Kronberg den hohen Gast und führte ihn mit seinen männlichen Begleitern in die Burganlage. Hier wurden neben der Burgkirche auch das Zeughaus, die Wehranlagen und andere Gebäude in Augenschein genommen[174]. .Nach dieser Besichtigung spazierte man durch die hintere Pforte in den „Rahmengarten", wo man auf den zahmen Hirsch des Burggrafen stieß, der sich frei im Burg- und Hirsch- Garten bewegte. Der Hirsch lenkte die ganze Aufmersamkeit der Gäste auf sich, da der Hund des Kurfürsten dem Tier nachstellte. Der Hirsch ließ sich aber nicht vertreiben, stellte sich und versetzte dem Hund kräftige Fußtritte.

Abb. 14: Damhirsche im Freigehege der Familie Hofmann (Gasthaus zur Wetterau) in Oppershofen, Foto: M. Breitmoser

Als nächstes begab sich die Besuchergruppe zum Mittagsmahl in den mit Maien und wohlriechenden Kräutern geschmückten Festsaal. Drei Tafeln, darunter eine Herrentafel, waren mit Fleisch, Brot und gutem Wein bestellt. Als der Kurfürst in den Saal geführt wurde, fragte er wiederum nach dem zahmen Hirschen des Burggrafen, der den Gästen aus dem Burggarten in das Innere der Burg gefolgt war und nun, neugierig, unter der großen Linde vor der Burgkiche stand. Das Tier wurde durch den Kammerjungen des Kurfürsten in den Festsaal geführt, und als er die Speisen auf der Tafel wahrnahm, riss er die Servietten vom Tische und bettelte um Brot. Das belustigte den Kurfürsten so sehr, dass er den Hirsch zu sich kommen ließ und ihn aus der Hand fütterte[175].

Die Teilnehmer des Burgbesuchs vom 30. August 1600 mit seinem prunkvollen Gastmahl sind überliefert. *Hierinnen des Durchlauchtigsten Hochgebornen Fürsten vnnd Herrn Herrn Fridrichen Pfalzgrauen Churfürsten sampt Ir Churf. Gn. bey sich habenden Fürsten, Grauen, Freyherrn vnd Junckherrn Namen, so sich den 30 Augusti Anno 1600 vber der Churf. Taffell In der Burgkh Saal alhie zu Fridtberg aigner handt eingezeichnet. 1600 Fridrich Pf. Churfürst, Ludwig Philips Pfaltzgraff spt., Wolffgang Ernnst vonn Ysenburkh*

Graue zu Büdingen mp., Johan Casimir Graue zu Nassaw Saarbrücken mp., Johan Ernst Graue zu Naßau Cazenelnbogen, Friedrich des H.R.R. Erbtruchses Fraiher zu Waltburgk mp., Peter Ernnst Freyherr zu Trichingen mp., Caspar M. Schenck zu Schweinsbergk, Bleickartt von Helmstatt der Churf. pfaltz vnder marschalckh mp., Eberhardt von Dalburg mp., Rudolph Wilhelm Raw z. Holtzhaussen, F. Hessischer Rat und Hauptmann zu Gießen spst[176].

Offensichtlich um Beeinträchtigung von Rechten der Burg durch einen ungenannten Grafen und Kritik an mangelnder Bereitschaft von Mitgliedern des Burgregiments zur Gegenwehr geht es in einem von Mader mitgeteilten Brief des Mainzischen Großhofmeisters Hartmut dem Älteren von Kronberg, einem Mitglied des Kronenstammes, an seinen Vetter, den Burggrafen Johann Eberhard von Kronberg, aus dem letzen Drittel des 16. Jahrhunderts:

Lieber Vetter und Gevatter Herr Burggrave, langt mich an, daß sich die .... vernehmen lassen, welcher maassen sich etliche aus unseren Mitteln des Regiments.....gegen dem Grafen hoch entschuldigen......und, was vorgangen, nicht gut heissen, welches mich nicht wenig befrembdt, hoffe auch nicht, daß sich die andern so weit ploß geben, meines Theils habe ich gar nichts gethan, sondern bin bedacht, wenn es die Gelegenheit gibt, der Burg Notturft darzu zu zu reden, auch neben Euch und andern Burgmann der Burg Gerechtigkeit, so viel muglich, handhaben helffen. Wann wir uns aber schrecken und trennen lassen wollen, so ist es nit allein um die Burg, sondern auch um uns gethan, daran doch mir wehniger, dann andern, gelegen hab zu friedbergk weder Hauß, Hof oder anders, das wehnig aber, so ich im freien gerichte habe, gedencke ich doch zu behalten. Da wir aber Edelleut sein, und unsere Posteritaet, Erben und Nachkommen in ebenmeßigem Standt gern sehen wolten, ist vonnöthen, daß wir, wie unsere löbliche Voraeltern, zusammen halten und abgesondert nichts vornehmen. An der Burg Friedberg ist nit allein der Wedderau, sondern gemeinem Adell im gantzen Reich und zu Erhaltung desselbigen hoch und viel gelegen. Also lasset uns doch alle das erhalten, was uns unsere lieben Voreltern treulich verlassen. Do wir dann auß einem Strick hetzen und nit den Mantel nach dem Wind hencken, oder uns das privat Werck mehr, dann das gemeyne, angelegen sein lassen; so wollen wir vor Grafen und andern oder sonst einem boesen Nachpaurn, mit Verleibung goettlicher Gnaden, wohl pleiben, auch dem, so uns unpilliger Weiß angreiffen wurdt, wol wider leids thun, dann wer sich wehrt, behelt allemal etwas. Es will aber vertreulich, offen und samptlich gehandelt sein, daran ich meines Theils, so viel mir muglich, nichts ermangeln lassen will, und habe Euch dannacht dieser guter Wolmeynung, beneben mein einfeltigen Bedencken...freundlichen nicht pergen mögen,

Datum ut in literis, Hartmudt v. Cronbergk der elter[177].

Einwohner und Personal der Burg von 1611 bis 1617

Eine Reihe von Burgeinwohnern ist bei einer Judentaufe, die am 23. April 1611 vom Pfarrer in der Burg vorgenommen wurde, als *Paten und Goiden* verzeichnet.

Manns Personen, Edele:

1. Johann Eberhard von Cronbergk, Burggrave, 2. Johann Marquardt von Rheinberg, Baumeister,[178] *3. Hans Diedrich von Rosenbach, Baumeister,*[179] *4. Philipps Wilhelm von Bellersheim, Unterburggrave,*[180] *5. Johann Eustachius zu Frankckenstein,*[181] *6. Philipp Jörg von Hattstein*[182].

Frawen und Jungfrawen, Edele:

Die Edele und Tugendreiche 1. Margarethe Gertrud von Rheinbergk, geborene von Schwalbach, des obgedachten Junckern Johann Maquarten von Rheinbergk eheliche Hausfrawe. 2. Dorothea von Carben, geborene Schützin von Holtzhaußen, weilandt des Edlen und vesten Hansen Caspars von Carben (seligen) hinterlassene Wittibe[183] *3. Anna Agatha zu Hattstein, eine adeliche Jungfrawe.*

Unedele: Die Ehrenhaffte und Vorachtbare,

1. Johann Beck, Rentmeister, 2. Johann Halbey, Bauschreiber,[184] *3. Jörg Beck, Notarius, 4. Johann Fildt, Bereiter,*[185] *5. Syxtus Bader, Wachtmeister, 6. Caspar Bembler, Barbier und Soldner d. Burgr[egimentes].*

Unedele, doch Ehrn- und tugendsame Frawen:

1. Benigna, des Ehrenfesten und hochgelehrten Herrn Nicolai ab Othera, Utriusque Juris Doctoris, und dieser Burg Syndici Eheliche Hausfrawe[186] *2. Margaretha, Johann Becken des Elteren, Schulthessen in der stat Friedbergk ehl. Hausfrawe. 3. Ursula, weilandt Mgri. Christopheri Rosae, Rectoris der Schulen zu Friedbergk (seligen) hinterbliebene Wittibe*[187]. *4. Margaretha, weilandt Caspari Richelii, Rentmeystern in der Burge Friedbergk (seligen) hinterbliebene Wittibe. 5. Catharina, Hanßen Bernhardt Greulings, Inwoners in der Burg, Eheliche Haußfrawe.*

Über Bedienstete der Burg erfahren wir durch den Advokaten Johannes Rosa[188], der am 23. Dezember 1611 vom Burggrafen Kronberg und den Baumeistern Rheinberg und Rosenbach als neuer Burgsekretär angenommen wurde. Rosas Aufzeichnungen über Veränderungen bei den Bediensteten der Burg beginnen mit dem Jahre 1612 und erstrecken sich bis 1617, dem Todesjahr von Burggraf Kronberg. In diesen Listen hat er gewissenhaft festgehalten, wer vom Regiment in der Burg und im Freigericht Kaichen in Dienst genommen wurde, seien es der Kuhhirt, die Tor- und Mauerwächter, Türmer, Hebamme, Grefen- und Rentmeister, seien es Pfarrer, Schulmeister, Syndici oder Unterburggrafen. In der folgenden Aufstellung beschränken wir uns auf die Personen, die in den Dienst der Burg getreten waren.

Privat-Anotation von Secr[etär] Rosa, was in denen Jahren 1613. 1614. 1615. p. vor Burgbedienstete angenommen worden. Neue angekommene Diener zur Burgk Friedberg in a[nn]o 1613 bey Regierung des Herrn Burgkgrafens Joh. Eberhardt von Cronbergk.

Den 4. Januarii ist Michel Weigel, Bürger und Schneider von Cronnbergk, zu einem Glöckner angenommen worden. Hat dem Herrn Burggrafen so baldt, nach Inhalt einer Formul im großen Eydt- oder Pergamenbuch begriffen, die gebührende Pflichten würcklich geleistet.

Weitere Personen wurden 1613 in den Dienst der Burg verpflichtet: So an Aschermittwoch Daniel Ritzmann, Schneider von Büdingen, zum Pförtner am südlichen Tor, am 12. April Hartmann Bender aus Kaichen zu einem Silberboten (Gerichtsvollzieher), am Freitag nach „Cantate“ Cuntz Bingel aus Kaichen zu einem Beiwächter und gleichzeitig zum gemeinen Kuhhirten der Burg[189]. Am 19. Januar zog Dr. Esaias Fabricius als neuer Syndicus in die Burg ein, nachdem er zuvor am 18. Dezember 1613 sich für sechs Jahre verpflichtet hatte[190]. Sein Vorgänger Herr Nicolaus ab Othera, in cronbergischen Diensten, war am 8. Juni 1609 zum Syndicus der Burg berufen worden[191].

Eine weitere Aufnahme zu Beginn des Jahres erfolgte mit Maria, der Witwe des Organisten Heinrich Deydtwolfs, die als Hebamme in der Burg verpflichtet wurde. Hans Steffan von Wächtersbach bekam das Türmeramt auf dem Adolfsturm und der gegenwärtige Mauerwächter Reinhardt Schutt das Amt des Kuhhirten. Am 1. Juli beorderten die Burgoberen Philipp Jäger aus Büdingen, reisiger Knecht des Unterburggrafen, zum Schultheißen der Vorstadt „Zum Garten“[192].

Am 14. September 1614 übernimmt Hans Meister den Pfortendienst am hinteren Tor und Philips Strohe von Oppershofen wurde Mauerwächter. Am 8. Mai folgenden Jahres wurde Görg Hoppert von Kaichen Mauerwächter, nachdem sein Vorgänger Christian Franck aus Rockenberg gestorben war. Im

Jahre 1617 tätigt Sekretär Rosa bezüglich der Burgbediensteten nur zwei Einträge: *17. Martii, ...Item Hartmann Bender zu einem Gerichtsknecht, Item Görg Heppel zu einem Silberbotten angenommen und jurirt worden*[193].

Tod des Burggrafen

Die Regierungszeit von Burggraf Johann Eberhard von Kronberg dauerte 40 Jahre. In dieser langen Zeit war er ein strenger, aber gerechter Vorgesetzter, und man findet ihn in den Quellen öfters als streitsamen Genossen. Unterschiedlichste „Zerrwürfnisse“, in die er schon als Amtmann in Alzenau verwikkelt war, ließ er mit Hilfe der Obrigkeit und den Richtern des Reichskammergerichtes klären[194]. Die letzten Jahre seiner Burgherrschaft waren geprägt von andauerndem Streit und Unstimmigkeiten mit den Führungsgremien der Stadt Friedberg. Unter dem Burggrafen Kronberg hatte, wie Mader schreibt, *große Zerruettung und Ungelegenheit sowohl des gemeinen Stadtwesens, als der Justiz-Administration halber während deren unter dem vorigen Burggrafen entstandenen zur Kaiserlichen Kommision und Rechtfertigung erwachsenen Irrungen und Differentien sich ergeben*. Durch diese Streitigkeiten war über zehn Jahre keine ordentliche Stadtratssitzung und Gerichtshaltung möglich gewesen.

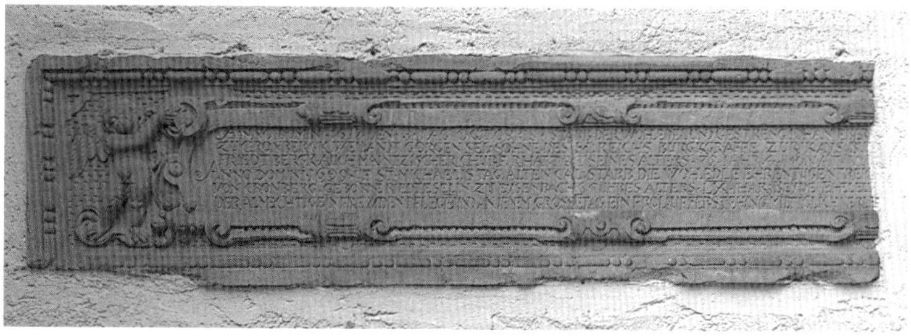

Abb. 15: Teilstück des zerbrochenen Unterteils des Grabepitaphs der Eheleute Johann Eberhard von Kronberg und Anna von Riedesel zu Eisenbach in der Außenmauer der Johanniskirche zu Kronberg. Foto: M. Breitmoser

Der Tod ereilte den Burggrafen am 8. Oktober 1617 in seinem Familiensitz, im sogenannten Kronberger Hellhof[195]. Nach dem Tode seiner Frau Anna war er die restlichen 11 Jahre seines Lebens unverheiratet geblieben und hatte mit 70 Jahren für die damalige Zeit ein hohes Alter erreicht. Auf Anordnung der beiden Baumeister der Burg wurde zum Begräbnis und zur Trauerfeier eine Abordnung aus dem Regiment und den Beamten entsandt. Bei der am 20. Oktober stattgefundenen *Leiche-Procession* erwies diese „Deputation“ dem Verstorbenen die letzte Ehre. Burggraf Eberhard wurde in der „Grablege“ der Kronberger, der Johanniskirche[196], beigesetzt und erhielt, wie mehrere andere „Kronberger“, ein großes Epitaph, von dem heute nur noch ein Teil des unteren Schriftsockels erhalten ist[197]. Neben der Teilnahme der Abordnung bei der Beisetzung wurde in der Burgkirche und in den evangelischen Gotteshäusern des Kaichener Gerichtes zur Ehre des Burggrafen eine „Leichenpredigt“ gehalten[198].

Ein Nachfolger wurde umgehend gewählt. Beim „Regiments-Convent“ am 24. Oktober 1617 setzte man für den 23. November desselben Jahres die Burggrafenwahl fest. Von 21 wahlberechtigen Burgmannen wurde Conrad Löw von und zu Steinfurth mit acht Stimmen gewählt, sein Gegenkandidat von Bellersheim bekam hingen nur sieben Stimmen[199]. Am 23. März 1618 wurde die Wahl von Kaiser Matthias (1612-1619) bestätigt. Dem neuen Burggrafen Löw sagte der Kaiser den Schutz über seine Grafschaft Kaichen, die Mörler Mark[200] mit ihrem Wildbann und über das Friedberger Geleitswesen zu.[201]

Das Verhältnis Burg-Stadt verbesserte sich. Im Dezember 1618 kamen der Stadtrat, die Burggremien und Mitglieder *des wohledlen, festen Rath der Stadt Frankfurt*[202] zusammen, um das zerrüttete Verhältnis zwischen Burg und Stadt durch Gespräche und Vereinbarungen wiederherzustellen. Nach erfolgreicher Einigung und Vergleichung hatte man dem neuen Burggrafen und seinen beiden Baumeistern am 8. Dezember 1618 in der „Schießhütt“ gehuldigt. 1619 wurde nach längerer Vakanz der neue „adlige Sechser“des Burgregimentes wieder eingesetzt. *Erstlich von dem Herrn Burggraf Konrad Löb von und zu Steinfort und Junker Joh. Eustachius von und zu Frankenstein und Junker Joh. Heinrich von Mauchenheim genannt Bechtolsheim, beide kaiserlicher Burg Baumeister, und Junker Jörg Wilhelm von Karben und Junker Joh. Löb von und zu Steinfurt und Junker Philipp Wilhelm von Bellersheim, besamte Adlige Setzer [Sechser] und Ratsjunkern.*[203] Der Rittereid für diese lautete: *Welch Ritter In der Rad sal vnd darinne gekorn wird, Der muß dis geloben vnd den Burgermeistern darnach uff die heiligen sweren mit namen, den Rad zu helen vnd verschwygen, was man helen vnd verswygen sal, frundlichen vnd fridelichen zu allen sachen zu komen vnd das gerichte helfen zu handhaben by fryheyd vnd gnaden, als das herkomen ist vnd In alle sachen das beste zu raden, deme armen als deme Rychen als ferre er sich versteet vnd Ine crafft vnd macht dreget one geuerde als Ime got helfe*[204].

Abb. 16: Das „Sechsergremium“ des Burgregimentes schwört den Bürgermeistern auf kaiserliches Geheiß seit dem Jahre 1306, in allen Sachen fühnlich und friedlich das Beste zu raten, den Armen als den Reichen. Gemälde des Bad Nauheimer Künstlers Otto Franz Kutscher (OFK) (1890-1971) im 1. Stock des alten Rathaus zu Friedberg, Kaiserstrasse. Foto: M. Breitmoser

Burggraf Konrad Löw und die Sechser waren bemüht, in gutem Einvernehmen mit der Stadt zu regieren. Nach kurzer Zeit war das Miteinander soweit wiederhergestellt, dass Burggraf und adelige Sechser sogar zu einer Fastnachtsmahlzeit in der Stadt eingeladen wurden. Conrad Löw von und zu Steinfurth, der die Burg durch die Drangsale des beginnenden 30jährigen Krieges führte, erstellte 1621 in Steinfurth sein Testament und starb 1632 mit 57 Jahren[205].

Berühmter Nachkomme des Burggrafen: Der österreichische Staatsmann Klemens Wenzel Lothar Fürst von Metternich

Er stammte ab von Anna Eleonore Brömser von Rüdesheim, Enkelin des Burggrafen Kronberg.

Sie heiratete in die Winneburger Linie derer von Metternich, die im 16. Jahrhundert noch in sieben Linien blühten[206]. Nach der Vereinigung mit der Linie Beilstein nannte die Linie sich Metternich-Winneburg-Beilstein. Die zwei reichsunmittelbaren Herrschaften Winneburg im Hunsrück und Beilstein an der Mosel waren nach dem Aussterben ihrer alten Besitzer dem Erzstift Trier zugefallen und vom Trierer Kurfürst Lothar Johann Reinhard von Metternich[207] seinem Bruder Johann Dietrich von Metternich überlassen worden. Der Besitz dieser Herrschaften führte zur Verleihung des Freiherrentitels, die am 14. April 1664 für das ganze Geschlecht erfolgte[208]. Johann Dietrich von Metternich[209] hatte neben anderen Kindern zwei Söhne, Wilhelm und Lothar, von welchen Lothar, kaiserlicher Generalquartiermeister, den Beilsteinischen Ast stiftete und Wilhelm den Winneburgischen fortsetzte. Die Brüder Lothar und Wilhelm erwarben 1623/30 noch die Herrschaft Königswart in Böhmen und kauften auch den Metternischen Hof in Koblenz.

Freiherr Wilhelm von Metternich-Winneburg[210] wurde 1644 von Kaiser Ferdinand III. das Burggrafenamt zu Eger verliehen. Nach seinem Tod im Jahre 1652 hielt das Burggrafenamt sein Sohn Philipp Emmerich von Metternich bis zu seinem Tod 1698[211]. Wilhelm von Metternich war in erster Ehe mit Magdalena Ursula von Hattstein[212] verheiratet. In zweiter Ehe vermählte er sich am 12. Mai 1619 mit Anna Eleonore Brömserin von Rüdesheim, einer Tochter von Johann Reichard Brömser von Rüdesheim und seiner Ehefrau Anna Margarethe, Tochter von Burggraf Kronberg[213]. Sie gebar ihm zehn Kinder, fünf Mädchen und fünf Jungen, drei Mädchen starben im Kindesalter. Karl Heinrich war 1655 Domscholaster und 1664 für zwei Jahre Rektor der Mainzer Universität. 1679 wurde er Erzbischof und Kurfürst zu Mainz sowie Bischof von Worms, starb aber noch im Laufe des Jahres.[214]. Johann Ludwig stand in spanischen Diensten und starb mit 20 Jahren. Lothar Friedrich war Domherr zu Mainz und Trier und verstarb ebenfalls früh. Ein weiterer Sohn, Casimir Ferdinand, kaiserlicher Kammerherr und Obrister zu Pferd, General-Wachtmeister, fiel im Kampfeinsatz. Tochter Anna Magdalena war verheiratet mit Johann Lothar Freiherr Waldbott von Bassenheim, Tochter Anna Margret mit Franz Freiherrn von Sickingen [215].

1. Philipp Emmerich Graf von Metternich-Winneburg-Beilstein, Urenkel des Burggrafen, setzte die Linie im Mannesstamm fort.[216]. Am 20. März 1667 wurde ihm das Diplom zum Reichsgrafen verliehen mit Sitz und Stimme im Niederrheinisch-Westfälischen Reichsgrafenkollegium. Damit war er Reichsstand und in den Höchsten Adel aufgestiegen. Ab dem Jahre 1682 war er auch Böhmischer Graf.

Er heiratete 1652 in erster Ehe Maria Elisabeth Magdalena Freifrau Waldbott von Bassenheim und hatte mit ihr sechs Kinder, drei Töchter und drei

Söhne. Seine zweite Ehe mit Theresia Zucker von Damfeld, der Witwe des Grafen von Capliers, blieb kinderlos. Verstorben ist Graf Philipp Emmerich von Metternich am 26. März 1698 [217].

2. Franz Ferdinand Graf von Metternich-Winneburg-Beilstein, der älteste Sohn, *Herr zu Nonnheim / Reinhartstein / Pousseur / und Geilsheim / Erb-Kämmerer des Ertz- Stiffts Mayntz / Kurtrierischer Geh. Rath / resignierter Dom-Herr zu Mayntz und Trier* setzte die Linie fort. 1653 geboren, heiratete er 1683 Juliana Eleonora Gräfin von Leiningen-Westerburg, eine Tochter von Johann Georg Wilhelm von Leiningen-Westerburg und Sophie Elisabeth Gräfin zur Lippe-Detmold. Diese Heirat in ein altgräfliches Haus entsprach dem neuen reichsständischen Rang seines Hauses. Seine Frau schenkte ihm sieben Kinder, darunter Dietrich Philipp Adolf[218].

3. Dietrich Philipp Adolf Graf Metternich–Winneburg-Beilstein (1686-1738), kurtrierischer geheimer Rat und Ober-Marschall, vermählte sich – wieder im niederen alten Reichsadel - mit Maria Franziska Freiin Schenck von Schmidburg, Tochter von Freiherrn Wolfgang Ernst und Anna Katharina Elisabeth von Orsbeck. Seine Frau schenkte ihm vier Kinder, darunter Johann Hugo Franz.

4. Johann Hugo Franz Graf Metternich-Winneburg-Beilstein *Kurmainzischer und Kurtrierscher Geheimer Rath und Ober-Amtmann zu Cochem* (1710-1750) vermählte sich – weiterhin im niederen alten Adel - in erster Ehe 1745 mit Clara Luise Elisabeth Freiin von Kesselstatt (1728-1746), Tochter von Karl Friedrich Melchior und Isabella Freiin Raitz von Frentz. Nach dem Tod seiner ersten Frau heiratete er am 1747 Maria Theresia von und zu Hoensbroech. Aus dieser Verbindung gingen zwei Söhne hervor, die aber im Kindesalter verstarben. Der einzige Sohn der ersten Ehe war Franz Georg Karl Joseph, der spätere 1. Fürst Metternich und Vater des Staatministers Klemens Wenzel Fürst von Metternich[219].

5. Franz Georg 1. Fürst von Metternich-Winneburg-Beilstein(1746-1818) war Diplomat und Minister. 1773 wechselte er aus Trierer in kaiserliche Dienste, wo insbesondere der Staatskanzler Wenzel Anton Graf Kaunitz (1711-1794)[220] ihn protegierte und seine Ernennung zum kaiserlichen Gesandten in Trier, Köln und am Niederrheinischen Kreis veranlasste. Später war er bevoll-

mächtigter Minister in den österreichischen Niederlanden. 1797-99 vertrat er in seiner Glanzrolle den Kaiser als Plenipotentiar auf dem Rastatter Kongress.

Am 7. Januar 1771 vermählte er sich in Freiburg mit Maria Beatrix Aloysia von Kageneck (1755-1828), die aus einem alten breisgauischen Adelsgeschlecht stammte. Sie war die Tochter von Johann Friedrich Graf von Kageneck (1707-1783) und Maria Anna von Andlaw-Birseck (1717-1780) und gehörte nur dem niederen alten Adel an. Der Ehe entstammten vier Kinder, drei Söhne und eine Tochter, unter ihnen Clemens Wenceslaus Nepomuk Lotharius, der spätere berühmte Fürst Metternich.

Für den Verlust seiner linksrheinischen Besitzungen in Winneburg, Schaesberg-Kerpen und Sinsendorf-Rheineck wurde Franz Georg auf dem Reichsdeputationshauptschluss 1803 mit der Benediktiner-Reichsabtei Ochsenhausen[221] entschädigt. Am 30. Juni desselben Jahres verlieh Kaiser Franz II. dem Reichsgrafen den Fürstentitel und erhob die ehemalige Abtei Ochsenhausen zum Fürstentum. 1806 wurde Ochsenhausen mediatisiert und in das Königreich Württemberg eingegliedert, in dessen Ständeversammlung Fürst Metternich jetzt stimmberechtigtes Mitglied wurde. 1825 verkaufte sein Sohn, Klemens Wenzel, seine Ochsenhausener Besitzungen für 1,2 Millionen Gulden an das Königreich Württemberg[222]. 1804 erhielt er den Titel eines kaiserlichen österreichischen Staats- und Konferenzministers, ohne ein Amt anzutreten[223].

Abb. 17: Klemens Wenzel Lothar Fürst von Metternich, Österreichischer Staatskanzler, Gemälde (1828-1825) Sir Thomas Lawrence (1769-1830), Bildarchiv Preußischer Kulturbesitz, (bpk) Berlin,. aus: Herre Franz, *Metternich,, Staatsmann des Friedens,* Köln 1983, S. 160

6. Klemens Wenzel, 2. Fürst von Metternich- Winneburg-Beilstein[224], Duca di Portella, Graf von Königswart, österreichischer Staatsminister, wurde am 15. Mai 1775 in Koblenz geboren. Am 27. September 1795 ver-

mählte er sich auf Schloß Austerlitz in Böhmen, der Sommerresidenz seiner Schwiegereltern, mit Maria Eleonore (Lorel) von Kaunitz-Rietberg (1770-1825), Tochter von Fürst Ernst Christoph von Kaunitz-Rietberg[225], ältester Sohn des berühmten Staatskanzlers und selbst enger Vertrauter von Kaiser Joseph II, und Maria Leopoldine zu Oettingen-Spielberg.[226]. Dies war wieder eine Ehe in den Hohen Adel, da beide Eltern der Braut aus reichsständischem Haus stammten. Maria Eleonore schenkte ihm in ihrer 30 Jahre andauernden Ehe acht Kinder: Maria (1797-1820), Franz (1798-1799), Eduard Klemens (1799), Viktor (1803-1829), Klementine (1804-1820), Maria Antonia (1806-1829), Leontine (1811-1861) und Hermine (1815-1890)[227].

Wenzels Heirat öffnete ihm den Zugang zur Wiener Hofgesellschaft und ebnete ihm auch seine weitere politische Laufbahn. Neben seinen politischen Betätigungsfeldern war er ab dem Jahre 1809 Außenminister des Kaiserreichs Österreich. Seit 1813 war er führender Politiker in Europa und spielte eine herausragende Rolle bei der politischen und territororialen Neuordnung Europas auf dem Wiener Kongress[228].

Im Jahre 1816 erhielt Metternich vom Kaiser Franz I. für seine besonderen Verdienste um den Wiener Kongress das Schloss Johannisberg im Rheingau als Geschenk übereignet. Metternich ließ das frühere Schloss der Fuldaer Fürstäbte und späteren Fürstbischöfe 1826-1837 im klassizistischen Stil umgestalten[229]. Im selben Zeitraum ließ er ebenso, von 1821 bis 1839, auch sein Schloss Königswart im Egerland im Stil des Wiener Klassizismus und im Empirestil umbauen[230].

Am 19. März 1825 starb Metternichs erste Frau Maria Eleonore von Kaunitz-Rietberg in Paris an den Folgen eines Lungenleidens. Zwei Jahre nach ihrem Tod vermählte sich Metternich ein zweites Mal, diesmal mit einer Frau aus Beamtenadel, der erst in dritter Generation bestand. Die Braut, Antoinette Leykam, (1808-1829) Tochter von Christoph Ambrosius Freiherr von Leykam und Antonia, einer geborenen Petrella aus Palermo[231], war damit nicht standesgemäß, allerdings war die Ehe des Angehörigen eines reichsständischen Haues mit einer einfachen Adeligen keine Missheirat. Im kaiserlichen Lustschloss Hetzendorf bei Wien wurden am 5. November 1827 Klemens und Antoinette getraut. Antoinette war einundzwanzig, dreiunddreißig Jahre jünger als der Bräutigam Klemens Wenzel. Nach nur vierzehnmonatiger Ehe starb Antoinette im Kindbett. Ihr Sohn Richard Klemens (1829-1895)[232], 3. Fürst von Metternich-Winneburg, Diplomat, außenpolitischer Berater des Kaisers, Botschafter in Paris, sollte der bekannteste Sprössling Metternichs werden.

Nach vier Jahren vermählte sich der 57jährige Metternich am 30. Januar 1831 ein drittes Mal mit der 25jährigen Gräfin Melanie Zichy-Ferraris (1805-1854), einer Tochter des Grafen Franz von Zichy-Ferraris, Kaiserlicher Feldmarschall-Lieutenant, und Maria Wilhelmine Ferraris (Molly Gräfin Zichy). Standesgemäß war die Ehe immer noch nicht, auch wenn die Braut zum höheren alten Adel der österreichischen Monarchie gehörte, Mit Melanie Zichy-Ferraris hatte Metternich die Tochter Prinzessin Melanie, geb. 1832 und verm. 1853 mit Joseph Graf Zichy von Vasonykeö, sowie die beiden Söhne Prinz Paul Klemens (1834-1906)[233] und Prinz Lothar (1837-1904). Das Söhnchen Klemens war nur ein paar Wochen alt geworden[234].

Nach einem ereignisreichem Leben und Wirken als „Kutscher Europas", wie er sich einmal treffend genannt hatte, verstarb Fürst Metternich, im 87. Lebensjahr, am 11. Juni 1859 in seinem Anwesen am Rennweg in Wien. Er hatte seine dritte Gattin Melanie um fünf Jahre überlebt.

Der Leichnam Metternichs wurde in der Wiener Karlskirche eingesegnet und anschließend in das ehemalge Kloster Plasy[235] bei Pilsen überführt, um hier seine letzte Ruhe zu finden. Das ehemalige Zisterzienserkloster erwarb Klemens Metternich 1825, nachdem es 1803 säkularisiert worden war, um hier, in unmittelbarer Nähe zu seiner Residenz Schloss Königswart, einen Platz für seine Grablege zu errichten. Klemens ließ im Bereich der Klosterkirche für sich, seine drei Frauen und fünf seiner 13 Kinder eine Grabeskapelle im klassizistischen Stiel erbauen, in der er nun bestattet wurde. Seine Familie annocierte das Ableben „des durchlauchtigsten Herrn Klemens Wenzel Lothar Fürsten von Metternich-Winneburg, Herzogs von Portella, Grafen von Königswart, Grande von Spanien erster Klasse, Ritter des goldenen Vließes, Großkreuz des königl. ungarischen St. Stefan-Ordens, des goldenen Civil-Verdienstzeichens und anderer auswärtiger Orden Großkreuz und Ritter, seiner kaiserl. Majestät wirklicher geheimer Rat, Kämmerer und Kanzler des militärischen Maria-Theresia-Ordens, welcher am 11. Juni 1859, hier in Wien im 87. Jahr seines Lebens, nach empfangenen heiligen Sakramenten der Sterbenden, an gänzlicher Entkräftung selig in dem Herrn entschlafen ist"[236].

Anmerkungen

1 Vgl. Bachmann Erich, *Schloss Aschaffenburg und Pompejanum*, Amtlicher Führer (München 1964) -Vgl. Reinle Adolf, *Italienische und deutsche Architekturzeichnungen im 16. und 17. Jahrhundert.* Die Plansammlungen von Hans Heinrich Stadler (1603-1660), Johann Ardüser (1585-1665) und ihre gebauten Gegenstücke (Basel 1994, S. 101-110). Das Aschaffenburger Schloss wurde im Wesentlichen 1605 bis 1614 errichtetet. - Vgl. Schorn Georg J., *Erzbischof Johann Schweickard von Cronberg,* in: Mainzer Almanach, Beiträge aus Vergangenheit und Gegenwart (Mainz 1959) S. 126-135.

2 Vgl. Ronner Wolfgang, *Die von Kronberg und ihre Frauen, Begegnungen mit einem Rittergeschlecht* (Neustadt an der Aisch 1992) S. 205, C. Der Ohrenstamm (14./15. Jahrhundert) - Frank von Kronberg wurde 1330 als Sohn von Walter von Kronberg und seiner ersten Ehefrau Lysa von Rheinberg geboren. Verheiratet war er mit Loretta von Reifenberg und mit ihr hatte er den Sohn Walter, der 1367 geboren wurde. Gestorben ist Frank Kronberg 1378. Sein Grabmal ist in der Burgkapelle in Kronberg erhalten. Das Kronbergwappen rechts oben und das der Reifenberger Frau mit Schrägbalken und Turnierkragen sind deutlich zu erkennen.

3 Vgl. Ronner Wolfgang, *Die von Kronberg und ihre Frauen*, S. 9. Kaspar der Jüngere von Kronberg wurde als Sohn von Kaspar dem Älteren von Kronberg und seiner Ehefrau Katharina von Kronberg 1537 geboren. Kaspar hatte 1544 Margarethe von Sötern geheiratet, deren Vater Hans von Kerpen zu Fürfeld und Illingen war. Aus dieser Ehe gingen fünf Kinder hervor. Kaspar der Jüngere starb 1573, und sein Grabdenkmal befindet sich auf dem alten Friedhof der Stadt Kronberg. Auf einem hohen Sockel erhebt sich ein Kruzifix aus rotem Sandstein, davor kniet betend der Ritter, das Schwert an der Seite, den Helm neben sich.

4 Ebd. Hartmut der Ältere von Kronberg wurde als Sohn von Hartmut und Anna von Kronberg 1517 geboren. Verheiratet war er in erster Ehe mit Barbara von Sickingen. Aus dieser Ehe gingen zwei Töchter und vier Söhne hervor. Sohn Johann Schweikard wurde der spätere Erzbischof von Mainz (1604-1626). Nach dem Tod seiner ersten Frau 1567 vermählte er sich zum zweiten Mal mit der katholischen Margarethe, einer Schwester des Mainzer Kurfürsten und Erzbischofs Daniel Brendel von Homburg (1555-1582).

5 Vgl. Battenberg Friedrich, *Solmser Urkunden, Regesten zu den Urkundenbeständen und Kopiaren der Grafen und Fürsten von Solms im Staatsarchiv Darmstadt* (Darmstadt 1983) Bd. 3, S. 288, Nr. 3208, 1564 Januar 11, Hartmut d. Ä., Kaspar und Johann Eberhard, alle v. Kronberg, bekunden, dass ihnen Graf Ernst v. Solms-Münzenberg gem. inserierten Lehnsbrief gleichen Datums Mannlehen zu Schönberg und Eschborn verliehen habe, wofür sie den Lehnseid leisten.

6 Vgl. Bock Hartmut, *Die Chronik Eisenberger.* Edition und Kommentar, bebilderte Geschichte einer Beamtenfamilie der deutsche Renaissance = Schriften des Historischen Museums Frankfurt a. M. Bd. 22 (Frankfurt a. M. 2001) S. 25. *Wie Hartmut der Elter und Johann Eberhard von Cronbergk, Gevettern, als diese Zeit die Eltesten und im namen beyder Stemmen zu Cronbergk aller unser vettern, Bekhennen und thun kunth offendlich mit diesem brieff, das wir dem Ehrvesten unsern lieben getrewen Ludwig Eisenbergern vor sich und an statt Philipsen Eisenbergs seines Bruders zu rechtem Burgle-*

hen gelauhen haaben, und leyhen ime in crafft diezs brieffs, die freyen ausgelende und den kleinen zehenden zu Rohrbach.........Deßen zu wharen urkhundt haben wir Harttmundt und Johann Eberhard von Cronbergk unser Ingesiegell vor uns und alle unsere Vettern beyder Stämmen zue Cronbergk wissentlich an diesen brieff thun hencken, der Geben ist uf Samstag den drey und zwanzigsten Monatstag Julii, Anno Domini Fünfzehenhundert Siebentzig und funffe.

7 Vgl. Bock Hartmut, *Die Chronik Eisenberger* S. 277-282, Stammbaum S. 488/499 - Philipp Eisenberger, der Jüngere (1548-1607), wurde am 22. 10. 1548 im Ortenberger Amtshaus als erster von vier Kindern des Amtmanns Philipp Eisenberger des Älteren und dessen zweiter Frau Elisabeth Eisenberger (aus dem Gedener Zweig der Familie) geboren. Er studierte auf verschiedenen Universitäten und war dreimal verheiratet. 1577 ehelichte er Katharina Bromm (1555-1594) aus besten Frankfurter Patrizierkreisen. Mit der Ablegung des Bürgereides 1578 war er mit seiner Frau in die Gesellschaft aufgenommen. Die zweite Ehe schloss er mit Margarethe von Meckenheim (1568-1603) aus pfälzischem Niederadel und die dritte Ehe mit Anna Juliana von Schmidburg (1572-1643) aus Hunsrücker niederadeligem Geschlecht, das auch im Raume Oppenheim zu finden ist. Philipp Eisenberger der Jüngere erkrankte an der Pest und starb am 6. August 1697 mit 59 Jahren.

8 Ebd. S. 317, Stammbaum S. 488/489 - Ludwig Eisenberger wurde als Sohn von Philipp Eisenberger dem Älteren und seiner ersten Ehefrau Amalie Trach, Tochter des Isenburger Rats Endres Trach, in Ortenberg geboren. Bei Georg Graf zu Isenburg zu Wächtersbach bekam er seine Ausbildung als Kammerjunge, und studiert hat er in Marburg. Weil Ludwig mehr zu Waffendienst neigte, war er 1563 im Kriegsdienst in Frankreich und 1567 im Türkenkrieg in Ungarn. Danach war er einige Zeit am Hof des Pfalzgrafen Hans Georg zu Lützelstein und dann mit seinem älteren Bruder zehn Jahre am Mainzer Hof mit drei Pferden angestellt. 1587 heiratete er zu Wetzlar Margarethe, die Tochter des nassauischen Rates und zeitweiligen Syndikus des Wetterauer Grafenvereins Dr. Jakob Schwarzgrafen. Ab 1579 bis 1581 war Ludwig dann stolbergischer Amtmann zu Ortenberg und danach nassauischer Amtmann in Wehrheim. 1582 bewohnte Ludwig Eisenberger das Elternhaus in Ortenberg und starb wohl im März 1591.

9 Kunstsammlungen Graf von Schönborn, Hs. 222, Schlossbibliothek Pommersfelden. Die Chronik Eisenberger gehört zu den prächtig illustrierten und textlich inhaltsreichen Geschlechterbüchern der deutschen Renaissance. Ende des 16. Jahrhunderts von Philipp Eisenberger dem Jüngeren geschrieben, diente sie der Selbstdarstellung eines hessischen Beamtengeschlechts.

10 Ebd. S. 295.

11 Vgl. Eckardt Albrecht, *Die Burgmannenaufschwörungen und Ahnenproben der Reichsburg Friedberg in der Wetterau 1473-1805*, in: Wetterauer Geschichtsblätter 19/1970 S. 157, Nr. 112.

12 Vgl. Ronner Wolfgang, *Die von Kronberg und ihre Frauen*, S. 58-62.

13 Ebd. S. 12.

14 Vgl. Göttert Rolf, *Der Rüdesheimer Marienaltar – große Kunst vor dem Untergang gerettet*, in: Notizen aus dem Stadtarchiv/Beiträge zur Rüdesheimer Stadtgeschichte 134. - Am 21. Mai des Jahres 1588 heiratete im Alter von 21 Jahren der Kurmainzische

Hofrat Johann Reichhard Brömser von Rüdesheim Margarethe, die einzige Tochter des Burggrafen von Friedberg Johann Eberhard von Kronberg und seiner Ehefrau Anna Riedesel von und zu Eisenbach. Zur stattlichen Mitgift gehörte auch die Sauerburg bei Lorch. Von ihrem großen Vermögen ließ sie den Brömserhof als standesgemäße Residenz durch das ansehnliche Cronberger Haus (heute als „Mangsches Haus" bekannt) erweitern. Margarethe, die nun in Rüdesheim mit ihrer Familie ihren Wohnsitz hatte, kümmerte sich neben weltlichen Aufgaben auch um kirchliche Belange. Sie empfand die frühgotische Madonnenfigur im alten Marienaltar der Rüdesheimer Pfarrkirche St. Jakobus steif und ohne Liebreiz. Neben ihrer Liebe für die Kunstrichtung der Renaissance und dem Sinn für das „Neue" stiftete sie daher mit ihren Gemahl in der Kirche einen neuen Marienaltar. Hierfür bezahlte sie die besten Künstler, die damals in Mainz tätig waren. Der Bildhauer Gerhard Wolff entwarf den Aufbau des Altares mit Predella, Umrandung und Bekrönung, reich mit Heiligenfiguren und Engeln geschmückt. Größten Wert legte die Stifterin Margarethe auf die vielen Wappen, um ihre vornehme Herkunft zu zeigen. Das eigentliche Kernstück des Altares war das Retabel. Hiermit beauftragte die Stifterin den Bildhauer Nicolaus Dickhart aus Franken. Dickhart beherrschte vor allem die Kunst des Hochreliefs in italienischer Manier. Das Bildnis zeigt die „Rückkehr der heiligen Familie aus Ägypten", ein verhältnismäßig seltenes Motiv. Der Altar wurde erst nach 8 Jahren vollendet und auf der Südseite des Kirchenschiffes aufgestellt. Frau Margarethe konnte sich nicht lange an ihrer Stiftung erfreuen, denn sie starb bereits im Jahre 1609. Heute ist in der Seitenkapelle der Pfarrkirche nur noch der Mittelteil, das genannte „Marienrelief" zu bewundern. 2008 wurde durch das Atelier für Konservierung und Restaurierung Pracher in Würzburg sowie den Steinbildhauer Martin Stein aus Karlstein eine Restaurierung vorgenommen. Die Reste des einstigen Altares mit ihrem Relief sind nun seit 2009 in neuer Ausstrahlungskraft und Schönheit in der Marienkapelle zu besichtigen.- Vgl. Ronner Wolfgang, *Die von Kronberg und ihre Frauen,* S. 202, *(Ahnenprobe für Margarethe von Kronberg/ Brömser von Rüdesheim am Rüdesheimer Altar).* Anna Margarethe Brömser von Rüdesheim, geb. von Kronberg, starb 1609, im selben Jahr wie ihre Mutter, eine geborene von und zu Riedesel zu Eisenbach.

15 Vgl. Bremser Reiner, *Dietrich Brömser von Rüdesheim und die Anfänge der bürgerlichen Brömser-Familiengeschichte in Rheingau und Taunus*, in: Hessische Familienkunde 36 S. 98-142 - Johann Reichhard Brömser von Rüdesheim wurde 1566 als Sohn des Heinrich Engelhardt Brömser von Rüdesheim und dessen Ehefrau Loretta von Breitbach geboren. Verheiratet war er in erster Ehe mit Margarethe von Kronberg und in zweiter Ehe mit Maria Waldbott von Bassenheim. Er war Kurfürstl. Mainzischer Rat, Groß- Hof- Meister und Vicedom im Rheingau. 1601-05 war er Oberamtmann von Königstein. Die Bestallungsurkunde erhielt er am 12. Juni 1601 aus den Händen des neu ernannten Kurfürsten Johann Adam von Bicken (1601-1605), seine Amtszeit endete mit der Einsetzung seines Nachfolgers am 7. März 1605. (Stöhlker Friedrich, *Die Kurmainzer Oberamtmänner in Königstein (1581- 1781)*, in: Heimatliche Geschichtblätter, Königstein im Taunus, 1957 S. 35-61). Seit 1604 bekleidete er außerdem die erste Stelle der kurfürstlichen Verwaltung in der Residenzstadt Mainz als Vicedom. 1608 schied er aus diesem Amt und übernahm das Vicedomamt des Rheingaus, bis er 1618 darauf resignierte. Am 25. Mai 1614 wurde er vom Kurfürsten Johann Schweickard von Kronberg zum Hofmeister ernannt und stand dadurch als Präsident des „gemei-

nen Rates" an der Spitze der obersten Regierungs- und Verwaltungsbehörde des Kurfürstentums. Dieses Hofamt behielt er auch noch nach seinem Rücktritt vom Vicedomamt des Rheingaus bis zu seinem Tod am 20. März 1622 bei. Wegen seines Verhandlungsgeschickes war er häufig im Auftrage des Kurfürsten auf Gesandtschaftsreisen bei Kaiser und Reichsfürsten. Im Jahre 1612 nahm er an der Wahl und Krönung von Kaiser Matthias in Frankfurt teil. Als Begleiter des Mainzer Kurfürsten und Repräsentant des Mainzer Domkapitels vertrat er hier die Stelle des Rheingauer Vicedoms. 1613 war er als Mitglied eines Beraterstabs mit dem Mainzer Kurfürsten Johann Schweickard von Kronberg beim Reichstag in Regensburg. (Vgl. Sender W. Ferdinand, *Georg Friedrich Greiffenclau von Vollrads*, Ein Prälat aus der mittelrheinischen Reichsritterschaft, Aufstieg und Regierungsantritt in Mainz (Mainz 1977) S. 67/70/71).
Zu Ehe und Familie: Ronner Wolfgang, S. 197/198/202 - Damian Hartard von und zu Hattstein: *Vollständige Probe der Ahnen unverfälschter Adlicher Familien, ohne welche keiner Auff Ertz-Dhomb- hoher Orden- und Ritter-Stiffter gelangen kann oder angenommen wird* (Fulda 1729- 1740)Johann Reichhard Brömser von Rüdesheim.
Bild von Johann Reichhard Brömser von Rüdesheim und Anna Margarethe von Kronberg in Schloss Johannisberg/Rhg.), Ronner Wolfgang, *Die von Kronberg und ihre Frauen* S. 200,

16 Vgl. Stöhlker Friedrich, *Die Kurmainzer Oberamtmänner in Königstein* (1581-1781), S. 40-42 – Laut Stammtafeln war er Kurfürstl. Kammerjunker, Torwart, Vicedom zu Mainz, Geheimrat und Gesandter bei den „Friedens Traktaten" zu Münster. 1645 wurde er in den Reichsfreiherrenstand erhoben und starb als letzter des Brömser-Geschlechtes. Nach der Übergabe Königsteins am 21.09.1635 an die kaiserlichen Truppen hat er im Namen seines Kurfürsten die Rückgabe der Grafschaft an Kurmainz bei den Friedensverhandlungen mit Erfolg gefordert. - Verheiratet war Johann Heinrich Brömser mit Maria Magdalena von Heddesdorff, Ammel von Kesselstatts Tochter.
Er hatte neben dem früh verstorbenen Bruder zwei Schwestern.
1) Anna Eleonore nahm Wilhelm von Metternich zum Mann und wurde Oberhofmeisterin bei der Kaiserin Eleonore
2) Anna Sidonia, 1589 geboren, heiratete Hermann von Kronberg und gebar ihm elf Kinder und starb am 04.08.1619 mit nur dreißig Jahren. a) Das erste Kind dieser Ehe, geboren am 01.10.1609 hieß Anna Maria. Diese heiratete den um 27 Jahre älteren, verwitweten Oberamtmann von Königstein Johann Diedrich von Rosenbach. Ihr einziges Kind, Anselm Wilhelm, ist am 12.05.1642 in Königstein im vierten Lebensjahr gestorben. In zweiter Ehe heiratete sie am 5. März 1658 den früheren Festungkommandanten von Königstein, Crafft Cuno von Leyen, in der Pfarrkirche zu Königstein. Nachkommenschaft blieb der Ehe versagt. b) Als zweite Tochter wurde am 27.10 1610 Maria Margarethe geboren. Der Kurmainzer Kammerherr und spätere Obristleutnant und Festungskommandant von Königstein Peter Christoph von Bettendorf nahm sie zur Frau. Dieser starb am 13.08.1642 in Kronberg. Sein Sohn Adolf Johann Karl von Bettendorf (getauft 03.09.1640) erbte 1668 zu seinem Kronberger Erbteil ein Drittel des großen Brömservermögens, wozu der Familiensitz, der Brömserhof in Rüdesheim, gehörte. Er war 1699-1705 Burggraf in Friedberg, der erste katholische seit der Reformation. In Erbfolge gelangte der Brömserhof über die Freiherrn von Erthal an die Grafen von Coudenhove.
Außerdem hatte Johann Heinrich eine Stiefschwester Maria Sophia aus der zweiten

Ehe des Vaters mit Maria Waldbott von Bassenheim. Sie war verheiratet mit Lothar Ferdinand Freiherr von der Leyen zu Nickenich. (Ronner Wolfgang, *Die von Kronberg und ihre Frauen* - Stammtafel in der Brömserburg zu Rüdesheim, Weinmuseum). Gemälde von Adam Schweikart und Johann Heinrich Brömser in Schloss Johannisberg/Rhg.)

17 Vgl. Ronner Wolfgang, *Die von Kronberg und ihre Frauen* S. 146, Inschrift auf dem Grabepitaph in der Johanniskirche in Kronberg: Zum Gedächtnis und zu Ehren der hochedlen Gattin von frömmster Gesinnung und beispielhaftem Lebenswandel, der Anna Sidona Brömserin von Rüdesheim. Sie wurde 1589 geboren, hat sich am 29. September (den 3. Kalenden des Oktober) 1606 glücklich verheiratet und wird von sechs Söhnen und fünf Töchtern schmerzlich vermisst.- Nachdem sie dreizehn Jahre lang die liebenswerteste Gattin war, ist sie am 4. August (am Vortag der Nonen des August) 1619 vier Tage nach der elften Geburt fromm und friedlich entschlafen und in der Katharinenkirche in Oppenheim begraben worden. Hermann von Kronberg, der untröstliche Gatte, hat dies Denkmal errichten lassen (H:M:P:C: = hoc monumentum poni curavit). Ein Bruchstück ihres Grabepitaphs befindet sich im Oppenheimer Lapidarium hinter der Katharinenkirche.

Hermann von Kronberg vermählte sich nach dem Tod von Anna Sidonia mit Magdalena von Spiering und hatte mit ihr eine Tochter. (Ronner Wolfgang, S. 21)

18 Vgl. Grebner Christian, *Johann Eberhard von Kronberg als Amtmann im Freigericht* [Alzenau], (1573- ca. 1580), in: Unser Kahlgrund X. Heimatjahrbuch für den ehemaligen Landkreis Alzenau, Jg. 29, 1984, S. 29 - Das Freigericht war ein Territorium im alten Deutschen Reich im Bereich des heutigen Alzenau und angrenzender Ortschaften. Ab 1500 wurde das Freigericht als Kondominium von den Erzbischöfen von Mainz und den Grafen von Hanau-Münzenberg regiert, bevor es im 18. Jh. schließlich zwischen Mainz und der Landgrafschaft Hessen-Kassel aufgeteilt wurde.- Vgl. Ompteda Ludwig von, *Die von Kronberg und ihr Herrensitz*, Frankfurt a.M. 1899, S. 433.

19 Grebner Christian, S. 29.

20 Die Burg Alzenau stammt aus dem Ende des 14. Jh. und war Sitz des Amtmanns.

21 Vgl. Grebner Christian, *Johann Eberhard von Kronberg*, S. 28.

22 Großer Klotz, auf dem der Gefangene sitzen konnte, und im vorderen Teil ein beweglicher Klotz, der sich mit einem Verschluss auf dem unteren befestigen ließ. Im geschlossenen Stock waren Öffnungen, in die der Gefangene Hände und Beine vor dem Schließen einlegen musste und dadurch zu keiner Bewegung fähig war.

23 Vgl. Grebner Christian, *Johann Eberhard von Kronberg*, S. 30.

24 Ebd. S. 35. zitiert nach StAMR, 86 HN, 10184, S. 23.

25 Ebd. S. 34: *Am 31. Januar 1577 kam es schließlich in Aschaffenburg zu einer Verhandlung über die Verhältnisse im Freigericht, bei der als Vertreter des Kurfürsten Hofmeister Hartmut von Kronberg, Kanzler Dr. Christoph Faber, Vicedom Melchior von Graenrodt, Eberhard Brendel von Homburg und die Hanauer Gesandten Paul von Melsberg und Dr. Jakob Schwarz zugegen waren.*

26 Ebd.

27 Vgl. Rack Klaus-Dieter, *Die Burg Friedberg im Alten Reich* = Quellen und Forschungen zur hessischen Geschichte 72 (Darmstadt und Marburg 1988) S. 68.

28 Vgl. Zieg Michael, *Die Selbolder, Die Geschichte einer Friedberger Burgmannenfamilie in den Jahren 1200 bis 1578*, in: Wetterauer Geschichtsblätter 57/2008 S. 274/275/286. - Heinrich von Selbold, Sohn von Johann von Selbold und Barbara von Schwalbach, wurde 1566 Mitglied der Friedberger Burgmannschaft, ist aber bereits 1557 auch als Amtmann des Mainzer Erzbischofs zu Olm und Algesheim belegt. 1557 war er verheiratet mit Barbara Brendel von Homburg, Schwester des damaligen Mainzer Erzbischofs Daniel Brendel von Homburg (1555-1582). Im Jahre 1572 wurde er als Vizedom und Hofrichter in Mainz genannt und hielt somit das zweithöchste Amt im Erzbistum. Von 1557 bis 1577 erwarb er zahlreiche Güter in Olm, Algesheim und Mainz. In zweiter Ehe war er mit Klara von Kronberg verheiratet. Trotz zweier Ehen verstarb er kinderlos am 5. 2.1578 im neuen Hospital zu Mainz. Sein Erbe fiel an seinen Neffen Johann Marquard Daniel Brendel von Homburg, den Sohn seiner Schwester Katharina. Sein Schwager, Kurfürst Daniel Brendel von Homburg, ließ ihm im Kreuzgang des Mainzer Doms ein großzügiges Denkmal errichten, das erhalten ist.

29 Ebd. S. 274.

30 *Daß der Burggraf Johann Oyger Brendel von Homburg im Frühjahr 1577 bey dem gemeinen Verbott wiederholder mahlen angesuchet, ihne wegen seiner Leibes-Schwachheit das Amts freundlich zu erlassen, mit Erbietung, dass Er der Burg doch nach Vermögen wolle gedienet seyn, worauf ihme auch willfahret und Terminus zur Wahl eines neuen Burggrafen auf den 5ten Junii 1577. anberaumet worden. 8.) dass vor angefangener Wahl eines neuen Burggrafen beschlossen worden, dem resignierten Burggrafen zur Danckbar- und Ergötzlichkeit jährlich etwas Geld und Haber* [Hafer] *abfolgen zu lassen, ihn als Mit-Raths Freund im Regiment zu behalten und alle Sachen, daran der Burg gelegen, mit seinem Vorwissen und Gutachten zu behandeln, ihme auch alle Ehre und Gutes zu erzeigen* (Vgl. Mader, Friedrich Karl, *Sichere Nachrichten von der Kayserlichen und des heiligen Reichs-Burg Friedberg und der darzu gehoerigen Graffschaft und freyen Gericht zu Kaichen*, Zweiter Teil (Lauterbach 1767) S. 365/366).

31 Vgl. Rack Klaus-Dieter, *Die Burg Friedberg im Alten Reich*, S. 68/172/173 - Johann Oyger Brendel von Homburg verrichtete mindestens seit 1559 Amtmannfunktionen im kurmainzischen Eichsfeld (südöstlich von Göttingen), seit 1568 wurde er in den Burgprotokollen als Vicedom im Rheingau geführt. Als Nachfolger des am 9. November 1569 verstorbenen Burgoberhauptes Johann Brendel von Kronberg des Älteren wurde er am 28. Februar 1570 von der Gesamtheit der Burgleute nahezu einmütig mit 36:1 Stimmen zum neuen Burggrafen erwählt. Vor dieser Wahl trafen sich alle Mitglieder des Regimentes und führten eine interne Burggrafenwahl durch. Dieser inoffizielle Kürakt, bei dem jeder Regimentburgmann bis zu drei Personen seiner Wahl benennen konnte, diente zur Bestimmung des oder der Kandidaten, die der gemeinen Burgmannschaft als Nachfolger des verstorbenen Burggrafen präsentiert werden sollten. Aus gesundheitlichen Gründen stellte Johann Oyger Brendel von Homburg 1576 sein Burggrafenamt zur Verfügung und starb am 26. Dezember 1577.

32 Vgl. Mader,III. S. 1 & 2: *Nachdem auf Resignation des Burggrafen Johann Oyger Brendel von Homburg, welcher den 26. Dez. 1577. dieses Zeitliche verlassen, die Burgmanne den 15ten Junii 1577 als an dem zu Erwählung eines anderen Burggrafen bestimmt, und ausgeschriebenen Tag in der Burg zusammen gekommen.[...]Die beiden Baumeister Quirin Flach und Johann Philipps von Wolfskehl, beneben Hartmuten von*

Cronberg, dem aeltern, und Hanß Hendrich von Heussenstamm zu dem kränklichen Burggrafen, Johann Oyger Brendel von Homburg, abgeschicket worden, um dessen Stimme und Suffragium zum neuen Burggrafen abzuholen, worauf auch besagten Tages Johann Eberhard v. Cronberg fast einhellig, dan ihm von 32. Stimmen nur 4 ermangelt haben, zum Burggrafen erwaelet und den 11ten Febr. 1589 von Kaysers Rudolphi II. Majestaet confimieret.

33 Vgl. Ronner Wolfgang, *Die von Kronberg und ihre Frauen*, Klara von Kronberg: Stammtafel, Einlageblatt, Tafel. III, *Der späte Kronenstamm* (16./17.Jahrhundert) Die Philipp-Linie. S. 86:
Klara, die Schwester Hartmuts XV. von Kronberg, war in erster Ehe mit Heinrich von Selbold verheiratet, der 1578 gestorben ist. In zweiter Ehe lebte sie bis zu ihrem Tod 1592 mit Hans Friedrich Mosbach von Lindenfels.
In [Bad] Nauheim haben die Eheleute Selboldischen Familienbesitz ummauern lassen, in der eine Wappentafel beider Familien eingelassen war. Der Sandstein, der heute in einem Burggebäude eingemauert ist, trägt die Inschrift: *Anno Dom. 1572 ist diese Mauer durch diese Eheleut erbauet worden.* Genannter Wappenstein wurde 1995 duch den Verfasser restauriert und mit den heraldischen Farben versehen.
Aus 1477 datiert der erste bekannte Lehensbrief, in dem Philipp von Hanau das „Schloss" dem noch unmündigen Heinrich von Selbold III. bzw. dessen Vormund Rupprecht von Büches zu Lehen gibt. Bestätigt wurde das Lehen mehrmals, u.a. 1536 an den Bruder Heinrichs, Johann von Selbold. Nach seinem Tod erhält nun sein Sohn Heinrich IV. das Anwesen zu Nauheim. Da er keine männliche Nachkommen hatte, fiel das Schloss seiner verwitweten Schwester Katharina von Rheinberg zu. (Vgl. Saltenberger Frank-M, *Die Nauheimer Burg*, Ein Beitrag zu ihrer Baugeschichte, in: Wetterauer Geschichtsblätter 38/1989, S. 113 - Martin Alfred, *Die Inhaber des Schlosses (der Burg) zu Nauheim nach den Lehnbriefen von 1477 bis 1728*, in: Bad-Nauheimer Jahrbuch, 8.Jg. Nr. 5/6 (Bad Nauheim 1929) S. 33-48. - Becker Friedrich, Die Gemarkung Bad Nauheim und ihre Flurnamen, Bad Nauheim.

34 Vgl. Zieg Michael, *Die Selbolder*, S. 275.

35 Der Regimentsburgmann Quirin Flach von Schwarzenberg erschien zwischen 1571 und 1589 bei allen 20 anberraumten Gemeinen Verboten dieser Periode und blieb im erfassten Zeitabschnitt mit Abstand der teilnahmefreudigste Burgmann bei den Generalversammlungen. Unter den 31 Adeligen, die zu 50% die Zusammenkünfte frequentierten, lassen sich wenigstens 12 Regimentsburgleute und ein Burggraf herausfinden: *So Quirin von Carben, Jost Rau von Holzhausen, Kuno Schütz von Holzhausen, Heinrich von Selbold, Hartmann von Bellersheim, Adam Wais von Fauerbach, Georg von Düdelsheim, Johann Eberhard von Chronberg, Vinzenz von Wolfskehl, Dietz von Rosenbach, Quirin Flach von Schwarzenberg, sowie Johann Philipp von Wolfskehl. Burggraf: Johann Oyger Brendel von Homburg, den Nachfolger Johann Brendel von Homburg.* (Eckardt Albrecht, *Die Burgmannenaufschwörungen*, S. 153. Nr. 69, Quirin-Flach v. Schwarzenberg: 1 (1570) - Rack Klaus-Dieter, *Die Burg Friedberg im Alten Reich*, S. 66/67/305).

36 Ebd. Eckardt Albrecht, *Die Burgmannenaufschwörungen*, S. 148, Nr. 9, Hans Daniel von Bellersheim, aufgeschworen 1567 und sein Bruder Hans Dietrich (Dieter) aufgeschworen 1566.

37 Vgl. Zieg Michael, *Die Selbolder*, S. 274.

38 Vgl. Rack Klaus-Dieter, *Die Burg Friedberg im Alten Reich*, S. 256.

39 Vgl. Schilp Thomas, *Die Reichsburg Friedberg im Mittelalter*, in: Wetterauer Geschichtsblätter 31/1982, S. 226. - Die Reichsritterschaft am Rhein, die sich in drei Bezirke aufgliederte, reichte auf der westlichen Rheinseite vom Hagenauer Forst bis an das Erzstift Köln, auf der östlichen Rheinseite von Mainz mainaufwärts bis Aschaffenburg, von dort über Gelnhausen bis an die Lahn, von da über den Westerwald bis an den Rhein sowie diesen abwärts bis in das Bergische Land.

40 Ebd. S. 226.

41 Vgl. Mader, III. Teil, S. 52 § 13.- Vgl. Roth Hermann, *Burg und Stadt Friedberg, Ein Wegweiser durch ihre Sehenswürdigkeiten und ihre Geschichte*, Friedberg 1980, S. 46: Als die Burg seit 1455 Pfandschaftsanteile der Stadt erwarb, musste die Stadt zum ersten Mal dem Burggrafen huldigen, 1482 zwingt die Burg sie zu dem sogenannten „Verherrungs-Revers": Die Stadt darf sich *nie einem anderen Fürsten oder Herrn zu eigen machen in Pfand, Schirm oder Bündnis.* Im Jahre 1483 musste die Stadt sich schriftlich verpflichten, *einen jeden Burggrafen auf dem Platz vor der Burg zu huldigen und eidlich geloben, treu, hold und gehorsam zu sein.*- Vgl. Intelligenzblatt für die Provinz Oberhessen im Allgemeinen, den Kreis Friedberg und die angrenzenden Bezirke im Besonderen, Friedberg 1837, Nr. 40, S. 281: Im Jahre 1481 begab sich die Stadt unter den Schutz des Landgrafen Heinrich von Hessen, der ihr hierzu einen Schutzbrief ausstellte. Sobald die Burg Kenntnis davon erhielt, brachte sie die Stadtväter dazu, dass sie 1482 den sogenannten„ Verherrungs-Revers" unterschrieben und eidlich gelobten: *in ewigen Zeiten ohne Wissen und Verhängnis der 6 Burgmannen, die von Reichswegen geordnet in den Rath gehen, hinforders nimmermehr sich zu verherren noch jemand zuzueignen in Pfand-Schirm-Verbündniß noch lust in einigereley wyßse.* - Vgl. Stobbe Reimer, *Die Stadt Friedberg im Spätmittelalter,* (Darmstadt und Marburg 1992) S. 194/195: Mit der Ausstellung des sogenannten „Verherrungs-Revers" vom 22. November 1482 unterwarf sich die Stadt mit Reue dem Burgregiment. Das Revers beginnt mit einer Art Rechtfertigung der Stadt für ihr Vorgehen und dem Geständnis, dass es unrecht gewesen sei und endet mit der Hoffnung den „unwillen" der Burgmannen abgewendet zu haben. Unter dieser Vorherrschaft ordneten die Burgmannen nun auch die inneren Verhältnisse der Stadt neu. Man erließ 1483 eine neue Ratsordnung, die entscheidende Vorgänge in Bezug auf die faktische Stadtherrschaft der Burg festschrieb.

42 Vgl. Waas Christian, *Die Chroniken von Friedberg in der Wetterau*, Bd. I (Friedberg 1937).

43 Vgl. Eckardt Albrecht, *Burggraf, Gericht und Burgregiment im mittelalterlichen Friedberg*, in: Wetterauer Geschichtsblätter 20/1971, S. 53/53, Nach einer Gerichtsverordnung vom Jahre 1582 „hegte" Burggraf Kronberg das große Burggericht unter der Halle vor der Burgkirche.

44 Nilüfer Krüger, Hrsg u. Bearb., *Supellex epistolica Uffenbachii et Wolfiorum* = Katalog der Uffenbach-Wolfschen Briefsammlung, Hamburg 1978. 2 Bde. = Katalog der Handschriften der Staats- und Universitätsbibliothek Hamburg; 8.

45 Vgl. Rack Klaus-Dieter, *Die Burg Friedberg im Alten Reich*, S. 173/174.

[46] Vgl. Roth Hermann, *Burg und Stadt Friedberg*, Friedberg 1980, S. 46/47: *Von alters her besaß die Burg eine kleine Siedlung am Fuße des Burggartens, „Zu den Gärten" (die heutige Vorstadt zum Garten). Sie bekam von König Wenzel (1378-1419) die Stadtrechte und wurde nochmals ausdrücklich der Burg unterstellt.*- Vgl. Schilp Thomas, *Die Reichsburg Friedberg im Mittelalter*, S. 140/141: Es ist anzunehmen, dass mit der Gründung der Burg in ihrer unmittelbaren Nähe Beisassen angesiedelt wurden, um für die materielle Versorgung der Burg Sorge zu tragen.- Vgl. *Intelligenzblatt für die Provinz Oberhessen*, im Allgemeinen, den Kreis Friedberg und die angrenzenden Bezirke im Besonderen, Nr. 28, 11.07. 1835, S. 190: Um von der Stadt und der Burg aus in die Vorstadt zum Garten zu gelangen, musste man das sogenannte Seetor passieren. *Daß das See-Thor (seer Thor) und die dabei gelegene See-Wiese den Namen einem See verdanken, gibt schon das Wort, und ist wohl denjenigen Friedbergern bekannt, die mit der Geschichte ihrer Stadt nur einigermaßen vertraut sind. Hier wollen wir nur zum Belege noch beifügen, daß desselben in einer kaiserlichen Urkunde von 1361 Erwähnung geschieht. Kaiser Karl IV. nennt darin ausdrücklich „den See bei der Stadt Friedberg gelegen. Erst ums Jahr 1450 wurde derselbe trocken gelegt. Und da die Stadt dadurch an ihrer Befestigung Noth zu leide schien, so wurde deswegen auf ihre Bitte ein Wassergraben" „an den Stadtgraben, zwei Ruten Breit", von Seiten der Burg angelegt, wogegen die Stadt am Samstag nach Bartholomäitag 1457 einen Revers ausstellte.*

[47] Vgl. Schilp Thomas, *Die Reichsburg Friedberg im Mittelalter*, Das Freigericht Kaichen, S. 156-165. In einer Übersicht aus dem Jahre 1806 werden 12 Ortschaften, mit Ausnahme der Wüstungen Hülshofen, Helmanshausen, Klein-Altenstadt, genannt, die damals zum Freigericht Kaichen gehörten: Büdesheim, Rendel, Kaichen, Groß-Karben, Klein-Karben, Okarben, Ilbenstadt, Altenstadt, Rodenbach, Oberau, Rommelshausen und Heldenbergen.

[48] Vgl. Mader I, 1766, II, 1767 u. III 1774.- Vgl. Thudichum Friedrich, *Geschichte des Freien Gerichts Kaichen in der Wetterau*, Gießen 1857.- Vgl. Hardt-Friederichs Friederun, *Das Königliche Freigericht Kaichen in der Wetterau in seiner Landes- und rechtshistorischen Bedeutung*, in: Wetterauer Geschichtsblätter 25/1976. 47.

[49] Vgl. Schilp Thomas, *Die Reichsburg Friedberg im Mittelalter*, S. 165-167, Mader, III. S. 204/205.- Rack Klaus-Dieter, *Die Burg Friedberg im Alten Reich*, S. 55. - Die Markwiesen lagen zwischen den Dörfern Dorheim und Ossenheim nur ungefähr 2,5 km. östlich des Friedberger Bergrückens, unmittelbar westlich der die beiden Orte umfließenden Wetter. 1361 bestätigte Karl IV. der Burg alle Güter und Rechte, die sie von seinen Vorgängern übertragen bekamen. Darunter befanden sich auch die genannten Markwiesen. Sie umfassten 1615, laut einer Vermessung, ein Areal von 263 Morgen fruchtbarer Wiesen. Die großen Wiesenflächen waren in Parzellen aufgeteilt und wurden zu je 40 „Pferdeteile" an die Burgmannen vergeben. Das zu vergebende Heu konnten sich die Burgmannen mit ihren Söhnen und Knechten „verdienen", wenn sie vor Weihnachten in die Burg einzogen und dort bis Aschermittwoch „gerüstet" verblieben. Das Heu erhielten sie nur, wenn sie auch über das ganze Jahr Pferde hielten, die mindestens vierjährig sein mussten, für den Kriegsdienst tauglich waren und ausschließlich zu diesem Zweck in den Burgställen bereit standen.
Während des winterlichen Aufenthalts in der Burg wurde zu Neujahr und speziell in der Zeit vor dem „eschetag", dem Aschermittwoch, *Fastnachts-Ergötzungen mit aller-*

ley kurzweyl spill danz und schmauch gehuldigt. Dieses „Heuverdienen" war 1479 durch ein Verzeichnis, *wie das Heu von der Marck unter die Burgmanne ausgetheilet worden und eine Ordnung, wie sie solches verdienen muessen,* genau geregelt und Vergehen gegen diese Ordnung brachten es mit sich, dass das Heu „verwuerket" [verwirkt] war und in schwereren Fällen den Ausschluss aus der Burggemeinschaft mit sich brachte. Die Burgmannen profitierten schon länger von diesem Markwiesenheu, vermutlich bereits seit 1361. Im Jahre 1517 wurde eine weitere Ordnung erstellt, die die Heuernte in der Friedberger Mark regelte. *Im Jahr 1517 eine anderweite Ordnung errichtet, wie ein jeder nach altem Gebrauch und hergebrachter Gewohnheit das Heu auf der Marck zu Friedberg in der Burg zwischen Weyhenachten und Fastnacht verdienen solle.* (Mader, II. S.143). Kaiser Rudolf II. bestätigt 1595, *Die Ordnung wegen des Heu-Verdienens und Fastnachts-Gesellschaften der Burgmannen.* Die unterschiedlichen Heuordnungen sorgten für eine längerfristige Anwesenheit und eine Aufrechterhaltung der militärischen Burghut durch die Burgmannen bzw. das Burgregiment. Wie Mader berichtet, wurde 1602 der alte Brauch des Heuverdienens noch praktiziert und bereits 1625 ist der althergebrachte Brauch des „Heuverdienens" gänzlich verschwunden. Es gab noch kaum Burgmannen, die sich dieses alte Recht durch persönlichen Einsatz und Abstellung von Pferden und Knechten zur Burgsicherung „verdienen" wollten. Inwieweit das dazugehörige alljährliche Treiben der Fastnachts-Gesellschaften und anderer Lustbarkeiten noch durchgeführt wurde, ist nicht überliefert.

50 Vgl. Rack, *Die Burg Friedberg im Alten Reich*, S. 241.- Vgl. Küther Waldemar, *Die Mörler Mark, ihre Vorgeschichte, Entstehung und Entwicklung, mit einem Urkundenanhang,* in: Wetterauer Geschichtsblätter 19/1970, S. 23-132. (S. 104) – Vgl. Schilp Thomas, *Die Reichsburg Friedberg im Mittelalter*, S. 149-156.

51 Vgl. Hörr Ernst, *Die Mark Altenstadt*, in: Büdinger Geschichtsblätter III/IV, 1959/61, S. 119/120 - Vgl. Schäfer Rudolf, *Die Mark Altenstadt*, in: Mitteilungen des oberhessischen Geschichtsvereins, N.F. 10, 1910.- Vgl. Bramm A., *Die Mark Altenstadt*, in: Heimat im Bild, Gießen 1927, Nr. 35 und 37.- Vgl. Heuson Karl, *Die Altenstädter Mark*, in: Heimatblätter Büdingen, 13, 1940.. - Die Gerichts- und Steuerhoheit über die Mark hatten die Burg Friedberg erhalten und war somit Landesherr geworden. 1534 ließ sie sich erstmals den Treueid leisten und 1542 mussten sämtliche Einwohner des ehemaligen Freigerichts Kaichen dem Friedberger Burggrafen huldigen. Als Teil des Freigerichts kam auch Altenstadt unter die Landeshoheit der kaiserlichen Burg Friedberg. Oberau und Rommelshausen teilten dieses Schicksal. Ihre Rechte ließ die Burg fortan durch einen ständigen Vertreter in Altenstadt wahrnehmen.

52 Vgl. Schuch Herbert H., *Cärber Mark contra Burg Friedberg*, in: Streiflichter, Beiträge zur Geschichte und Volkskunde der Stadt Karben Bd. 5, Karben 2007, S. 1-47. - Die Gemeinden Großkarben, Kleinkarben, Kaichen und Burggräfenrode bildeten rücksichtlich des in der Nähe gelegenen Waldes eine besondere Markgenossenschaft, die sogenannte Karber Mark. Diese war zwar schon im Jahre 1442 von Kaiser Friedrich III. mit mehreren, von Kaiser Karl V. und von Ferdinand I. in den Jahren 1539 und 1559 bestätigten Privilegien begnadigt worden, stand aber unter der Burg Friedberg, obgleich Burggräfenrode in sonstiger Beziehung nicht zur Grafschaft Kaichen resp. der Burg Friedberg gehörte. Die Burg Friedberg hatte die „völlige Landeshoheit" mit Steu-

ererhebung im Freigericht und den Dörfern an sich gebracht, auch in Groß- und Klein- Karben und Kaichen.

53 Vgl. Roth Hermann, *Burg und Stadt Friedberg*, S. 46/47.- Vgl. Schilp Thomas, *Die Reichsburg Friedberg im Mittelalter*, S. 167-173.

54 Vgl. Eckardt Albrecht, Burggraf, Gericht und Burgregiment im mittelalterlichen Friedberg, S. 17.- Vgl. Braun Wilhelm, *Wappensteine und Inschriften in der Burg Friedberg*, in: Wetterauer Geschichtsblätter 17/1950, S. 2. Der Schutz der Burg war einer größeren Zahl von Burgmannen übertragen, die zeitweise die „Burghut" hatten und während dieser Zeit in der Burg wohnen mussten. Sie besaßen darum in der Regel eigene Häuser im Burgareal. Diese Burgmannen wurden unterstützt durch eine größere Anzahl von „verdingten" Tor-, Turm,- und Mauerwächtern sowie unterschiedlichstem Dienstpersonal, Handwerkern, Tagelöhnern und einigen Burggärtnern, die ihren Wohnsitz in der „Vorstadt zum Garten" hatten. Die Organisation und Überwachung der Burghut oblag den beiden „Baumeistern", die neben dieser Tätigkeit auch für sechs Jahre die Verwaltung der Burg innehatten.

55 Die Mittelrheinische Reichsritterschaft war einer der drei Cantone des Rheinischen Ritterkreises (Vgl. Rack Klaus-Dieter, *Die Burg Friedberg im Alten Reich*, S. 261 - Vgl. Winkelmann-Holzapfel Brigitte, *Besitzungen und Organisationen der Reichsritterschaft im hessischen Raum am Ende des Alten Reiches*, in: Hessisches Jahrbuch für Landesgeschichte II. Bd. Marburg 1961, S. 136-228.

56 Vgl. Mader, II. S. 239f - Vgl. Rack Klaus-Dieter, *Die Burg Friedberg im Alten Reich*, S. 197, S. 362.

57 Vgl. Rack Klaus-Dieter, *Die Burg Friedberg im Alten Reich*, S. 243.- Vgl. Schilp Thomas, *Die Reichsburg Friedberg im Mittelalter*, S. 76/77 - Die älteste überlieferte Aufforderung der Burgmannen zur Burghut ist erst im Jahre 1400 überliefert, wobei die Burghut, als solche, bereits 1337 und 1349 Erwähnung findet. Als König Wenzel im Jahre 1400 abgesetzt worden war, beschlossen Burggraf Eberhard von Löw von Steinfurth und einige anwesende Burgmannen wegen der unsicheren Lage eine „burghued zue tunde", die Pforten der Burg zu schließen und Geschütze, Pfeile sowie Steine zu besorgen. Jeder Burgmann sollte eine Armbrust zur Burghut mitbringen. Wer dem nicht Folge leistete, sollte es „achtage virbueßen". Unter Berufung auf den Burgfrieden sollte der aufgeforderte Burgmann ebenfalls mit seinem Harnisch in der Burg erscheinen und acht Tage Burghut leisten; wenn er aber verhindert sei, sollte er einen „edlen mann" als Vertreter stellen.

58 Vgl. Rack Klaus-Dieter, *Die Burg Friedberg im Alten Reich*, S. 245.- Vgl. Schilp Thomas, *Die Reichsburg Friedberg im Mittelalter*, S. 138 - König Rudolf I.von Habsburg (1273-1291) übertrug 1275 Burggraf und Burgmannen der Burg Friedberg die Steuer der Friedberger Juden in Höhe von 130 Mark Kölner Pfennige jährlich. Das Privileg befreite die Juden auf Dauer von jeder anderen Steuer oder Abgabe und gab dem Burggrafen und den Burgmannen das Recht, als Ersatz für verstorbene oder wegziehende Juden neue aufzunehmen. Neben diesem Privileg übertrug der König auch der Burg den Schutz der Juden. Diese Privilegien banden die Friedberger Juden an die Burg und somit waren sie der Burg wirtschaftlich pflichtig, in der Verwaltung ihrer Gemeinde von Burggraf und Burgmannen abhängig und unterstanden dem Burggericht.

59 Stadtarchiv Friedberg, Abt IX, Burg Friedberg, *Renth Register der Burgk Friedbergk, Außgab de Anno 1583, Bey den Edlen Gestrengen und Ehrnvesten hern Johan Eberhartten von Cronbergk Burggraven, Dietz von Rosenbach und Johann Eberhards Riedeseln von Bellersheim beiden Baumeistern, Durch Heinrich Zubrodts Rentsmeistern.* In diesem Rentenregister sind neben dem Salär des Burggrafen auch alle Geldzuwendungen an die Personen verzeichnet, welche im Jahre 1583 in Diensten der Burg bzw. des Burggrafen Johann Eberhard von Kronberg standen. *Die beiden Baumeister, jeweils 12 fl., Burgsekretär 80 fl., Renthmeister 15 fl., Burg- Substituten 6 fl., Markmeister 30 fl. Büchsenmeister 25 fl., Bauknecht 14 fl., Stubenknecht 11 fl., Pforten-Knecht, Sebold Gellhausen 12 fl., Silberboten, Killian Hasen 3 fl., Bürgermeister in der Stadt, Johann Braken 6 fl., Heinrichen dem Richter oder Burggraven Knecht in der Stadt 10 fl., Burggraven Knecht, Rudolf Altvatter in der Stadt 10 fl., Untergraven in Freyen Kaicher Gericht, Daniell Rauchen, Untergreffen zu Großen Carben 10 fl., Daniell Rauchen obgedacht als Förstern in dem Burgwalds zu großen Carben, jährlich 2 fl., Konrad Beckern Untergraf zu Rendel 10 fl., Martin Witsman, Untergrav zu Ilbenstadt 10 fl.,*

60 Schilp Thomas, *Die Reichsburg Friedberg im Mittelalter*, S. 245/246.

61 Vgl. Rack Klaus-Dieter, *Die Burg Friedberg im Alten Reich*, S. 29 und 287.

62 Vgl. Leonhardi Hildegard von, *Die Naßburg*, in: Chronik Heldenbergen, Nidderauer Hefte Nr. 5, Nidderau 1989, S. 93. - Heinrich von Mauchenheim, genannt von Bechtoltsheim, Herr zu Sörgenloch (Rheinhessen), Kurpfälzischer Amtmann zu Otzberg (Odenwald), 1586 aufgeschworener Burgmann, heiratete 1575 Anna von Stockheim, eine Tochter von Melchior Stockheim und übernahm mit seiner Frau einen Teil der Nassburg in Heldenbergen. Mit Aufnahme in die Friedberger Burgmannschaft festigte er seine Position in der Wetterau und bekam nun die Nassburg als Lehen.- Vgl. Eckardt Albrecht, *Die Burgmannenaufschwörungen*, S. 158, Nr. 133.

63 Vgl. Mader, III, S. 102. *Den 5ten Martii 1616. suchten die Gebrüdere, Johann Henrich und Philipps Eberhard von Mauchenheim, genannt Bechtoltsheim, um die Burgmannschaft an, es wurde ihnen aber zur Resolution ertheilet, dass, weilen nicht Herkommens, dass zwei Brüder aufeinmal in die Burgmannschaft aufgenommen zu werden pflegen, der Aeltere vor dißmal allein angenommen, dem Jüngeren aber auf ferner Ansuchen bey nächstkünftigem gemeinen Verbott nichts abgeschlagen seyn solle.*- Vgl. Eckardt Albrecht, *Die Burgmannenaufschwörungen*, S. 158, Nr. 133.

64 Vgl. Leonhardi Hildegard von, *Die Naßburg*, S. 95 - Philipp Eberhardt wurde 1592 als Sohn von Wolfgang Gottfried von Mauchenheim geboren, war Hanauischer Kammerrat und Hofmeister und besaß das Lehen der Nassburg zu Heldenbergen. Gestorben ist er 1635 in Hanau an der Pest.

65 Vgl. Mader, III. S. 184, § 34.

66 Vgl. Rack Klaus-Dieter, *Die Burg Friedberg im Alten Reich*, S. 32/291 - Vgl. Mielke Heinz-Peter, *Die Herren von Hattstein, Münzenberg und der Hattsteiner Hof*, mit Edition der Familienchronik, in: Wetterauer Geschichtsblätter 27/1970, S. 29-32. - Bei dem Antragsteller zur Aufnahme als Burgmann in Friedberg handelt es sich um Johann von Hattstein den Jüngeren (1559-1629), der sich mit seiner Familie in Münzenberg niederließ. Er war Sohn von Burkhard Engelbrecht von Hattstein und seiner Frau Margret von Bicken zum Hain und verheiratet mit Judith Cratz von Scharfenstein, mit der

er 18 Kinder hatte *(Er zeuget mit seyner haußfrawen in 21 jaren 18 lebendige kinder, 9 söhn undt 9 töchter, die sein ehegemahl alle selbst wider diser zeit der weiber böse gewonheit genehret hat, sonst hat er in der eh 34 jar gelebt).* 1609 erwarb er ein Drittel der Erbmasse, das sogenannte Hauslos mit dem neuerbauten Bellersheimischen Haus zu Münzenberg sowie den dazugehörigen Ländereien für 7933 fl. 1610 kaufte er den gesamten Besitz des Johann Wilhelm Schütz von Holzhausen für 2060 fl. mit Haus, Hof und Scheune. Er wurde Mitglied der Burgmannschaft zu Münzenberg und zusammen mit dem evangelischen Pfarrer Eberhard Venator und den Schöffen gehörte er als ältester Burgmann im Jahre 1609 zu den Vorstehern des Altares St. Georg in der Pfarrkirche. 1612 erscheint er mit anderen als Pfleger der Almosen und zusammen mit dem Unterburggrafen von Friedberg, Philipp Wilhelm von Bellersheim, als Oberpfleger des Hospitals. Als Oberpfleger der Almosen wird er noch 1615 und 1616 genannt, als Vorsteher des Hospitals erscheint er 1616 und 1617 zusammen mit Johann Löw von Steinfurth. Gemeinsam mit Bellersheim stand er im Jahre 1617 dem Katharinenaltar in der Stadtkirche vor. Johann von Hattstein ermöglichte jährlich sechs Heranwachsenden ein Studium, das aus den Altareinnahmen bestritten wurde. (Vgl. Mielke Heinz-Peter, *Die Niederadelsfamilie von Hattstein, ihre politische Rolle und soziale Stellung,* Zur Geschichte einer Familie der Mittelrheinischen Reichsritterschaft von ihren Anfängen bis zum Ende des dreißigjährigen Krieges mit einem Ausblick bis auf das Jahr 1667 (Wiesbaden 1977) S. 358/359. -Vgl. Knoth Manfred, *Die Münzenberger Pfarrer,* in: Münzenberg im Schatten der Burg (Münzenberg 1996) S. 195.

67 Vgl. Eckardt Albrecht, *Die Burgmannenaufschwörungen*, S. 142. Nr. 55.

68 Vgl. Becker Eduard Edwin, *Die Riedesel zu Eisenbach*, 3. Bd. (Offenbach 1927).- Vgl. Reuter Christian/ Uhlig Clemens, *Herrschaftsentfaltung im mitteldeutschen Raum am Beispiel des Adelsarchivs Riedesel zu Eisenbach*, in: Archiv, Nachrichten aus Hessen, Unrecht und Recht, 11/2. 2011, Darmstadt 2011, S. 62. - Hermann wurde als Sohn des Erbmarschalls Johann VII. von Riedesel zu Eisenbach und Klara von Kronberg um 1512 geboren. Klara war die ältere Schwester von Hartmut (1488-1549) vom Kronenstamm und ist bereits 1525 verstorben. Johann VII. ist 1560 mit 68 Jahren gestorben.- Ein folgenreiches Ereignis für die Familiengeschichte der Eisenbachs war um 1416 die Heirat des in landgräflichen Diensten stehenden Hermann II. von Riedesel, den man in späterer Zeit den Beinamen „Goldener Ritter" gab, mit Margarethe, der Erbtochter des hessischen Erbmarschalls Eckard von Röhrenfurt. Nach dessen Tod 1432 gelangte daher das Amt des Erbmarschalls in die Hände der Familie Riedesel, in der das Amt des Erbmarschalls jeweils vom ältesten männlichen Familienmitglied ausgeübt wurde.

69 Vgl. Humbracht. Margarete von. der Malsburg, eine Tochter von Hermann von der Malsburg. Die Vermählung mit Hermann von Riedesel fand 1539 statt.

70 Ebd. Söhne: Hermann der Schwarze, Rittmeister in Frankreich, gestorben am 17. Juni 1569 - Johann Erb-Marschall, gestorben 1609 - Volpert, Erb- Marschall, verheiratet mit Walburga Beata von Berlepsch, eine Tochter von Abel Berlepsch und Margarethe von der Thann. Er hatte mit ihr neun Kinder und führte die Manneslinie der Familie Riedesel zu Eisenbach weiter. Die älteste Tochter Catharina war verheiratet mit Anton von Wersabe, Margarethe vermählte sich mit Johann Eberhard von Kronberg, Sidonia

mit Georg von Schachten, Ursula mit Heinrich von Heusenstamm und die jüngste Tochter Klara mit Alexander von der Thann.

71 Vgl. Becker Eduard Edwin, *Die Riedesel zu Eisenbach*.- Vgl. Ronner Wolfgang, *Die von Kronberg und ihre Frauen*, S. 56-60.

72 Ronner Wolfgang, *Die von Kronberg und ihre Frauen*, S. 241, Wappen Vaterseits: *Agnes v. Hees (Mutter), Katharina v. Boyneburg, Margarethe von Buchenau, Anna v. Elkershausen, gen. Klüppel, Margarethe Schutzbar, gen Milchling, Mechtildis von Hörda zu Brandenburg, Dorothea v. Breidenbach, gen. Breidenstein*.- Wappen Mutterseits: *Walburga Beata v. Berlepsch (Gattin des Volpert Riedesel z. E.), Margareta v. d. Malsburg, Margarete v. d, Thann, Klara v. Kronberg, Beartix v, Ebeleben, Anna v. Hundelshausen, Anna Schenkin v. Schweinsberg.*

73 Vgl. Dreher Ferdinand, *Stubenknechtordnung- und Inventarium vom Jahr 1560*, in: Friedberger Geschichtsblätter Heft 3/1911, S. 63-67.- Vgl. Praetorius Otfried, *Friedbergs Bevölkerung im Jahre 1581, nach dem „Glückhaffen"* in: Friedberger Geschichtsblätter 9/1930, Nr. 11/12, S. 173. 1581 wird der Stubenknecht der Friedberger Grafenfamilie namens Hermann Blaum genannt.

74 Mader, II. S. 143/151: *um in allem eine desto sichere Richtschnur zu haben, [wurde] im Jahre 1517. eine anderweitige Ordnung errichtet, wie ein jeder nach altem Gebrauch und hergebrachter Gewohnheit das Heu auf der Marck zu Friedberg in der Burg zwischen Weihachten und Fastnacht verdienen solle. Diese Ordnung war in 15 Paragraphen aufgegliedert, hier Paragraph 1: Zum Ersten soll der Burgmann, der Heu verdienen will, mit seiner Rüstung, die er ein Jahr hindurch halten will, in die Burg ziehen und darinn mit redlicher Haushaltung seinem Stand und Wesen gemäß bis zum Eschtag [Aschermittwoch] wonen und bleiben. Zum Anderen solle er mit Pferdten, die vor Weihnachten 4jährig, sein eigen und zu Wappen tauglich, auch mit Knechten, Knaben Harnes und Wehren darzu geschickt seyn und sich das Jahr hindurch in solcher oder dergleichen Rüstung halten.*

75 Mader III. S. 11/12.

76 Vgl. *Intelligenzblatt für die Provinz Oberhessen* Nr. 43, 1836, S. 316.- Vgl. Hermann Fritz H., *Von den Türmern in der Burg Friedberg*, in: Wetterauer Geschichtsblätter 7/8, Friedberg 1959, S. 132-140. *3. Ist er schuldig, nebsts einem jungen oder Gesellen, so er zur Zeit hat, Morgens früh um 4, Mittags um 11 und Abends um 8 Uhr vom Thurn zwey oder vier Gesetze eines auf die Jahreszeit oder Umstände sich schickenden Christlichen Lieds mit Zincken und Posaunen abzublasen und solches ohne erhebliche Ursache und Anzeige nicht zu unterlassen. 5. sich bey allen andern Musiquen, wozu Er von Herrschafts wegen oder sonsten erfordert wird, sie seyen zu Trauer oder Freuden, gebührend einzufinden; Jedoch verstehet sich von selbsten, dass Er auf Sonn- und Festtäge, ausser spezialer Erlaubnis, keine Aufwartung annehmen, oder zum Tantz aufspielen solle.* -Vgl. Waas Christian, Chroniken von Friedberg, Bd. I, S. 68. Fürstliche Besuche und diplomatische Kongresse 1582-1617: *Der Kurfürst unterhielt sich noch außerhalb des Saales gar leutselig, und als er gar den Türmer aus dem Saalturm spielen hörte, rief er ihm zu, er solle herunter kommen, und hat darauf mit dem Herrn Burggrafen „ein Dänzlein getan"*. -Vgl. Baur, *Fürstliche Besuche in Friedberg*, in: Archiv für Hessische Geschichte und Alterthumskunde I, Darmstadt 1865, S. 413: *sich aber heraußen vom Saal noch eine gute weill gar fröhlich vund lustg gemacht, mit ann-*

dern Conuerßiret, vund endlich, wie S. Churf. Gn. den Thürner, auff dem Saal Thurn, spilen hören, Ime selbst, herunder zu kommen, zugeruffen, vnd darauff mit dem Herrn Burg Grauen ein Dänzlein gethan...... mit vermeldung, wann Frawen-Zimmer vor hannden, daz Ire Churf. Gn. noch gehrn mehr Tanzen möchten. - Bei dem Turmwächter des südlichen Saalturmes handelte es sich um Hans Matthes, der von 1597 bis 1602 sein Amt ausübte. Bereits 1581 wird in einer Liste von Burgbewohnern der Burgwächter Henrich Weisbrodt genannt (Praetorius Otfried, *Friedbergs Bevölkerung im Jahre 1581*, S. 73).- Vgl. Wolf Hans, *200 Jahre Burgkirche 1808-1008*, in: Wetterauer Geschichtblätter 58, Friedberg 2010, S.78 .(Der Türmer auf dem Turm der St Georgskirche): *Die... nach der Orgel führende Treppe zeigte, eine Thüre, durch die man auf den Thurm gelangte. Auf einer in der dicke der Mauer angelegten hohen Treppe wurde dieser mühsam erstiegen, und, obenangelangt, erstaunte man über das solide und ungeheuer dicke Balkenwerk, woraus der eigentliche Thurm erbauet war....Stieg man höher hinauf, so kam man zu dem Zimmerchen des Thurmwächters oder Thürmers... (Doch) lieblicher als dieses (Feuerhorn) ertönte morgens um 11 und abends um 8 Uhr ein das Herz ergreifender Choral, welcher von dem Thürmer und seinem musikalischen Gehülfen mit Zinke und Posaunen aus diesen Fenstern heraus geblasen wurde, und wie aus höheren Regionen fast geisterähnlich zum täglichen Lobe des Schöpfers aufmunterte.*

77 Vgl. Mader II. S. 147/148/149: *Und zwar findet sich eine Verordnung, daß der Ruben-Kuchen* (Rüben-Kuchen) *von sechs Pfunden und sechs Spannen lang und zwey Spannen breit gemacht werden......Mit dem Burgmann der zu jederzeit nach umgehender Ordnung die Ruben geben solle, des Morgens Suppen zu essen und nit wenig zu trincken, solches aus beweglichen Ursachen abgeschaft und verboten werden solle. .....sobald man zur Ruben zusammen gekommen, Kuchen und Aepfel und der Wein darauf einmal umgetragen werden, und jeder nit mehr dann dreyer Finger breit ohngefehrlich Kuchen schneiden, darnach Lattwergen und Zucker und abermahls der Wein und dasmals nit mehr gegeben und umgetragen werden sollen. ...... Den 26 Dez. 1570. wurde verglichen, dass demjenigen Burgmann, an welchem die Ordnung, die Ruben zugeben, frey stehen solle, selbigen Tages vor Außtheilung der Ruben die Junckern, Frauen und Jungfrauen zum Mittagsmahl zu laden*

78 Rüblikuchen, Rüeblitorte, (allemanisch Rüebli für Karotte Möhre) Der Kuchen ist eine Schweizer Spezialität aus dem Aargau.

79 Vgl. Braun Wilhelm Hans, *Das Fachwerkhaus „Zum kleinen Himmelreich"*, in: Wetterauer Geschichtsblätter 1/1952, S. 59. Der Vater von Zacharias Scheibel, Wendel Scheibel, erkaufte mehrere Häuser in Friedberg: „Zur Linde" (1562), „Zur hohen Eiche" (1565), und „Uff der Enggass" (1571). Er starb um 1573. Von seinen 10 Kindern ist Zacharias durch seine Friedberger Chronik bekannt geworden, aus der wir die Informationen der festlichen Hochzeit entnehmen können.- Vgl. Waas Christian, *Die Chroniken von Friedberg*, Bd. I, S. 68. Der Vater der Braut, Wolfgang Kempff war 1576 jüngerer, 1584 und 1592 älterer Bürgermeister von Friedberg.

80 Vgl. Schaum Friedrich Wilhelm, *Eine Solmser Ordnung zur Erhaltung bürgerlicher Zucht und Polizei (1603)*, in: Friedberger Geschichtsblätter Heft 3/1911 S. 143: *darauf dann jedes Mal unsere Statt und Dorfknecht darauf gute Achtung haben sollen, damit die jenige so dieser unser Ordnung zu wieder einige Leichfertigkeit brauchen, in gebührendte Straff gezogen werden mögen.*- Vgl. Herrmann Fritz H., *Von den Türmern*

in der Burg Friedberg, S. 132-14: *Bei Hochzeiten in der Stadt und auf dem Land waren auch bisweilen Burgtürmer mit ihren Gesellen als Musikanten eingesetzt. Bey Hochzeiten und anderen Gelegenheiten mit seiner Music zu dienen die alleinige Freyheit hat, so wird Er insonderheit angewiesen, dass Er sich mit seinen Leuthen dabey still aufführen, Niemand, es seye an Lohn und Essen und trincken übernehmen, auch das aufspielen nicht über die gehörige Zeit treiben sondern samt den Seinigen sich also verhalten solle, dass keine gegründete Klage wieder Ihn entstehe.*

81 Vgl. Neumann Bernd, *Geistliches Schauspiel im spätmittelalterlichen Friedberg*, in: Wetterauer Geschichtsblätter 24/1975, S. 113-131.

82 Vgl. Waas Christian, *Die Chroniken von Friedberg*, Bd. I, S. 113: Den 25. Juli ist die *Comedia de rege Salomonis* [Spiel vom König Salomo] agiret worden; es ist alles in *copore templi appariret* gewesen [im Hauptschiff der Kirche], aber auf Ungestüm des Volkes in *choro privatim in presentia Burggrafii et suorum totiusque senatus et praeclarorum virorum* agiret werden müssen [als Privatvorstellung vor dem Burggrafen, seinen Leuten, dem gesamten Stadtrat und den angesehenen Männern]. -Vgl. Johann Bapt. Rady, *Geschichte der katholischen Kirche in Hessen* 722-1526 (Mainz 1904), S. 448: Im 16. Jahrhundert wurden die Passionsspiele in Marburg und Friedberg durch Terenzsche Schauspiele verdrängt. 1597 wurde zu Friedberg eine „teutsche und lateinische Komedie“ De judicio Salamonis aufgeführt und den Spielern „vierzehn gülden aus der Augustiner und Barfüssergefelle zu einem beliebnusse verehrt“ (Vgl. Dieffenbach Philipp, *Geschichte der Stadt und Burg Friedberg in der Wetterau* (Darmstadt 1857).

83 StADarmstadt, F 27D Nr. 47/19, Schreiben der Anna von Kronberg über Erbforderungen von 1609.

84 Stadtarchiv Frankfurt a.M., Epitaphienbücher Nr. 12, Teil 16: (Epitaphien) zu Cronberg in der Kirche [Johanniskirche zu Kronberg], descripta, den 6. Juli. 1707, fol. 79-86.

85 Vgl. Rübeling Karlheinz, *Die alte Friedberger Burgkirche*, in: Wetterauer Geschichtsblätter 14/1965, S. 23/30. Grabmäler und Grabepitaphe in der St Geogskirche - Vgl. Wolf Hans, *200 Jahre Burgkirche 1808-2008*, in: Wetterauer Geschichtsblätter 58/2010, S. 73-136 (Das Innere der Kirche nach Schazmann): *Vorzüglich sehens- und bemerkenswert waren die vielen herrlichen Grabmäler, womit theils der Fußboden, theils die Wände gegen Osten und Süden ausgeschmückt waren.*

86 Möller Walter, *Stammtafeln westdeutscher Adelsgeschlechter.* Bd. III (Darmstadt 1936), S. 250 mit Tafel CVII. Genealogische Übersicht der Dugel von Carben. - Die Dugel von Carben gehörten zu den bedeutenderen spätmittelalterlichen Niederadelsfamilien der Wetterau. Sie werden im Jahre 1225 zuerst als Burgmannen der Reichsstadt Frankfurt urkundlich erwähnt, erscheinen recht bald als Mitglieder der Friedberger Burgmannschaft und starben bereits bereits 1529 aus.

87 Vgl. Großkopf Gertrud, *Reichsgut und Grundherrschaft in Rendel*, S. 43.

88 Vgl. Großkopf Gertrud, *Die Scharrmühle*, in: (Hsg. Heinrich Walter): Rendel, ein Dorfbuch (Rendel 1956) S. 33.

89 Vgl. Ronner Wolfgang, *Die von Kronberg und ihre Frauen*, S. 196.- Vgl. Mader, III. S. 91/92, 7) *Hat der Burggraf den 22ten Martii 1587. und 20 Martii 1593 wiederholter malen angesuchet, ihme die Schäfferei und Fischwasser zu grossen Carben um den ge-*

wöhnlichen Zinß von jährlichen 34 fl. 30 kr. erblich zukommen zu lassen, worauf ihm zur Resolution ertheilet worden, dass, wann Er es bey Kaiserlicher Maiestät ausbringen könne, die anwesende Regiments-Burgmanne darein gewilligt haben und Ihme Fürschrifft ertheilen wollten. Der Kaiserliche Consens ist auch den 30ten. Juli 1594 erfolget, dem Burggrafen die Schäfferey zu groß- und kleinen Carben, mit Vorbehalt des beyden Gemeinden auf die Helfte gehörigen Zutriebs und das Fischwasser von der sogenannten Dögel-Mühlen an bis an das Wehr der Schar-Mühlen bey Rendel auf Erb-Lehn-Recht verliehen.

90 Vgl. Großkopf Gertrud, *Reichsgut und Grundherrschaft in Rendel*, S. 43: *Auf heut den 13. May Anno 1603 seind Meines gn. Herrn Burkgraven oster Lemmer zu Grossen Carben erhoben Worden, wie folgt. Rendell: Rupp und Johann Schöffer daselbsten haben acht Hämel vom Jahr [15]99 [1]600 [1]601 und [1]602 Inn Meines hochgn. Herrn Burgkgraven behausung zu großen Carben gelieffert. Und Pleiben die zwei oster lemmer Von diesem [1]603 Jahr und ihre Hammel so sie inskönftig zu lieffern schultig.*- Vgl. Großkopf Gertrud, *Die alten Namen der Gemarkung Rendel, Landschaftsgestalt, Lebensraum und Geschichte*, in: Wetterauer Geschichtsblätter, 29/1980. Die in diesen Osterrechnungen des Burggrafen genannten Rendeler Schäfer sind 1596 Jakob Scheffers Wittib und Rupp Scheffer, 1699 Johann Scheffer, 1603 Rupp und Johann Schöffer. Sie sind Angehörige der weitverzweigten Rendeler Sippe dieses Namens, zu deren Vorfahren 1545 der „Gref" Peter Scheffer, Schefferhenn der Kuhhirt sowie Jakob Scheffer, Burgfriedbergischer Gref zu Rendel 1558 und 1566, gehören. Jakob Scheffer Witwe, die „alt Greffin", wird bis 1598 genannt. Nach ihr haben die Söhne die Herrschaftsschäferei betrieben.- Vgl. Großkopf Gertrud, *Die Vor- und Frühgeschichte Rendels*, in: Rendel, ein Dorfbuch (Hsg. Heinrich Walter) (Rendel 1956) S. 33-42.

91 Großkopf Gertrud, *Reichsgut und Grundherrschaft in Rendel*, S. 43. Grundbestandteil des Cronberger Erblehens in Rendel war der Besitz, den Eberhard von Kronberg 1598 von den Brüdern Specht von Bubenheim zu Eichenzell erworben hatte. Eichenzell, heute eine Gemeinde von 3000 Einwohnern, ist eine Gründung des Klosters Fulda im Vorland der Rhön. 1537 gab es dort ein Hanauisches Lehen der Herren von Ebersberg, gen. Weihers. Die Specht von Bubenheim werden 1485 als Ganerben der Burg Lindheim und im Wetterauer Raum als Hanauer Beamte, hauptsächlich als Burgmannen und Amtmänner von Windecken und Hanau genannt.

92 Ebd. S. 42. Aus einem Lehenbrief für den Pächter in Rendel von 1607 ist zu ersehen, dass es sich dabei um 3 Huben und 5 1/2 Morgen handelte. Zu diesem Besitz kamen auch noch die Bellersheimischen Reichslehen zu Carben.

93 Ebd. S. 44.

94 Vgl. Eckardt Albrecht, *Die Burgmannenaufschwörungen*, S. 156. Nr. 103. - Hans Kaspar von Karben (†1603, begraben in der Burgkirche) 50. Seine Witwe Dorothea von Karben, geb. Schützin von Holzhausen, lebte in der Friedberger Burg und wird, zusammen mit anderen „Edlen Frawen", 1611 genannt. (Herrmann Fritz H., *Judentaufen in der Burg Friedberg*, in: Wetterauer Geschichtsblätter, 30/1981, S. 59). -Vgl. Hertkorn Karin, *Wisselsheim, Ein Streifzug durch Vergangenheit und Gegenwart* (Wisselsheim 1997) S. 79. Ein Renaissanceschloss in Wisselsheim, S. 127: Der Löwenthal-Hof und die Wisselsheimer Saline. 1596 übernimmt der Salinenfachmann Roland Krug aus Nidda die Wisselsheimer Saline als Lehen und baut das Gradierwerk neu auf.

Er geriet mit den Herren von Karben in Streitigkeiten. Einer von den Karbener war Hans Kaspar von Dörnigberg, der Ansprüche auf die Saline erhob, da er Mitbesitzer eines Teiles der Salinenanlage war. Die jahrzehntelangen Auseinandersetzungen endeten im Jahre 1620 mit der Beschlagnahme der ganzen Sode sowie allen Besitzes der Herren von Karben in Wisselsheim durch Herrmann Friedrich Krug aus Nidda.

95 Vgl. Waas Christian, *Die Chroniken von Friedberg*, Bd. I, S.70/71. *So gelangte der Kurfürst-Pfalzgraf am Abend des 3. April 1606 nach 8 Uhr nach Friedberg mit einem Gefolge von ungefähr 130 Pferden, in dem sich außer seiner Gemahlin und deren Schwestern auch ein polnischer Graf und andere Leute des Kurfürsten befanden.*

96 Vgl. Herrmann Fritz H., *Friedberger Burgschreiber und Sekretäre bis zum 30jährigem Krieg*, in: Wetterauer Geschichtsblätter 30/1981, S. 59. Johannes Rosa ist um das Jahr 1570 geboren. Sein Vater Christoph Rosa stammte aus Schneeberg in Sachsen und wurde 1579 von Eltville als Rektor der Augustinerschule nach Friedberg berufen, wohin er mit Frau Ursula und seinen beiden Kindern Johannes und Katharina zog. Johannes Rosa hat sicherlich die ersten Schuljahre in Eltville durchlaufen und die restlichen Schuljahre in Friedberg absolviert. Von 1591 bis 1593 studierte er Jurisprudenz, ohne sein Studium mit einer akademischen Prüfung abzuschließen. Am 23.12.1611 verpflichtet ihn die Burg als Sekretär. Die Bestallungsurkunde des Burgregiments und der sog. „Beibrief" Rosas ist erhalten geblieben: *Ich, Johannes Rosa, bekenne und thue kund hiemit offendlich, dass die Wohledle, Gestreng und Veste Herrn Burgkgraw* [Johann Eberhard von Kronberg], *Adeliche Bawmeister und regiments Burgmann zur Kayserlichen und des H. Reichs Burg Friedbergk allhier, meine großgönstige gepietende Herrn und Junckherrn, mich zu ihrer der Burg Schreiberey, vor einen Secretarium und Diener uff- und angenommen haben, laut einer Bestallung deßhalben mit mir uffgericht.......*
Vor solche seine Müheverwaltung, Trew und Fleiß, sollen und wollen wir ihme aus unser der Burg Renthen, jährlich und ein jedes Jahr besonder, richtig machen, folgen und liefern lassen, sechzig Gulden an Geld Frankfurter Währung, sechzehn Achtel Korn, anderthalb Achtel Waitzen, ein Achtel Gersten, sechs Achtel Habern, und ein halb Achtel Erbsen, alles Friedberger Maaß, sodann zween Morgen Wissen auf dem See und ein halb Pferdsteil Marckgras, auch ein halb Fuder Weins, item ein Sommer- und Winterkleid, desgleichen acht Wagen mit Hartholz und fünf Wagen Wellen....Dessen zu wahrenm Urkundt und steter fester Haltung hab ich mein Pittschaft zu ende dieses meines Beybriefs und Revers uffgetrückt und mich darneben eigener Handen unterschrieben. So geben und geschehen den 23. Dezembris im Jahre Christi Sechzehnhundert und im Elften.- Vgl. Herrmann Fritz H., *Aufzeichnungen des Friedberger Burgsekretärs Johann Rosa zu den Jahren 1613 bis 1617*, in: Wetterauer Geschichtsblätter 23/1974. S. 31-39.

97 Vgl. Herrmann Fritz H., *Aufzeichnungen des Friedberger Burgsekretärs Johann Rosa.* S. 35. Der Syndikus Dr. Esaias Fabricius wurde am 24.9.1579 in Dreieichenhain als Sohn des Gräfl Isenburg. gemeinschaftlichen Amtskellers und Amtsverwesers Weiprecht Schmidt (Fabricius) und seiner ersten Frau Margarethe, Tochter des Gräfl. Isenburg. Oberschultheißen zu Langen Heinrich Prescher geboren. Er studierte seit 1594 in Marburg, Jena, Leipzig und Wittenberg und erwarb 1604 in Basel den Grad eines Doktors beider Rechte. Am 1.11.1604 heiratete er in Friedberg Ursula Margarethe

Ernst, Tochter des Kurmainzischen Amtskellers zu Kransberg Jakob Ernst und der Anna von Cölln. In Friedberg hat er sich fast zehn Jahre „advocando rühmlich gebrauchen lassen". Am 18.12.1613 wurde er Syndikus der Burg auf zunächst sechs Jahre, blieb aber in deren Diensten bis 1627. Am 20. 11. dieses Jahres wurde er hessischer Rat in Darmstadt, 1629 Vizekanzler. Er starb in Darmstadt am 16.11.1660.

98 Vgl. Waas Christian, *Die Chroniken von Friedberg*, Bd. I, S.72/73.

99 Vgl. Großkopf Gertrud, *Reichsgut und Grundherrschaft in Rendel*, S. 44,45,57. Die von Edelheim zu Groß-Karben kaufen von Philipp Emmerich Graf zu Metternich, Winneburg und Beilstein, Burggraf zu Eger, *sein in der Wetterau in und umb Großen Carben gelegenes Ritterguth sambt zugehörigen........ wegen weiter Entfernung undt indem sie ihre Residenz in dem Königreich Böhmen haben.* Johann Georg Seiffert von Edelheim wurde am 5.11.1639 in Würzburg als Sohn von Johann Seiffert und Margarethe Göhring, geboren. Nach einem Studium trat er in Hanauische Dienste. 1673 wurde er als Rat des Gräflich Hanauischen Gesamthauses in den Reichsadelsstand erhoben. Freiherr von Edelheim starb als Kammerpräsident hochgeehrt im Alter von 85 Jahren und wurde in dere Klosterkirche von Ilbenstadt beigesetzt, wo sich auch sein Grabepitaph befindet.

100 Schloss Königswart im Egerland befindet sich im Bädergebiet in der Region Karlsbad. Gegen Ende des 16. Jahrhunderts erbauten die Herren von Zedwitz von Kynzvart ein Renaissancefort. Nach der Schlacht auf dem Weißen Berg wurde die konfiszierte Domäne Königswart zusammen mit der Burg und mit dem Renaissancefort von Reinhard von Metternich – Winneburg und Beilstein und seinen Brüdern Wilhelm, Karl Emmerich und Lothar erworben; sie waren Wallensteins Offiziere und Neffen des Erzbischofs und Kurfürsten von Trier, Lothar von Metternich. Seit 1623 gehörte das Herrschaftsgebiet Königswart bis zu der im Jahre 1945 vollstreckten Konfiskation dem Hause Metternich. Zwischen 1681- 1691 ließ Graf Philipp Emmerich das verkommene Renaissancefort durch ein Barockschloss ersetzen. Seine heutige Gestalt, im Stil des Wiener Klassizismus und Empirestil, erhielt das Schloss 1821-1839 unter Clemens W. Lothar von Metternich -Winneburg, dem österreichischen Staatskanzler.- Vgl. Herre Franz, *Metternich*, Staatsmann des Friedens (Köln 1983).

101 Vgl. Großkopf Gertrud, *Reichsgut und Grundherrschaft in Rendel*, S. 46

102 Ebd. S. 48.

103 Vgl. Herrmann Fritz H., *Bauten der Deutschordensballei Hessen in der Burg Friedberg*, in: Wetterauer Geschichtsblätter 21/1972. S. 58, Das Gelände, auf dem 1543 das Deutschordenshaus errichtet wurde, hatte 1491 die Marburger Deutschordens-Ballei von Hans von Dörnberg erworben. *Der Landkomtur von Rehen berichtete in diesem Jahr nämlich dem Deutschmeister, das Burgregiment habe für den Bau des Ordenshauses in der Burg nur zwei Fenster unten und eins oben genehmigt; die kleinen Bälklein, die auf der Mauer, unter der man ging, gesetzt waren, sollten wieder entfernt, Mauer und Gang ihre Höhe gelassen werden. Der Bau war viergeschossig, das oberste Geschoss aus Fachwerk, und hatte an der Nordwestecke einen vorgelagerten Treppenturm. Schweif- und Satteldächer bekrönen ihn.* Die Ansicht der Burg von Osten von der Hand des Malers Hans Döring, die 1553 angefertigt wurde, lässt erkennen, dass das Dach damals zwei geschweifte Zwerchgiebel hatte. Die Vorschrift des Burgregiments über die geringe Fensterzahl in den beiden unteren Stockwerken macht deutlich, wie

sehr die Burg noch in der Mitte des 16. Jahrhunderts auf den Verteidigungscharakter der Burghäuser achtete. Teile der sandsteinernen Treppe aus diesem Turm sind jetzt in unmittelbarer Nähe des heutigen Gebäudes zu finden und dienen als kleiner Aufgang zum Ausgang in den Burggarten. - Vgl. Eckardt Albrecht, *Die Deutschordenskomture von Marburg und Frankfurt- Sachsenhausen als Burgmannen in Friedberg*, in: Hessisches Jahrbuch für Landesgeschichte, 20. Bd. Marburg 1970, S. 207-281

104 Vgl. Cramer Johannes, *Büro für Altbauforschung.* Nach dem großen Brand 1990, bei dem das Schloss bis auf die Außenmauern ausbrannte, war Herr Prof. Dr. Johannes Cramer mit Nachforschungen zur Baugeschichte in der Ruine beauftragt. Bei seinen Untersuchungen stellte er das frühere Vorhandensein der Wehrmauer im 2. Stock fest.- Vgl. Blecher Georg, *Das Verhältnis von Burg und Stadt Friedberg im Spiegel ihrer Befestigungs-Anlagen,* Ein Beitrag zur Baugeschichte, Friedberg, ohne Jahresangabe.

105 Vgl. Wolf Jürgen Rainer, *Festung und Nebenresidenz in Oberhessen*, in: (Hrsg. Brake, Ludwig und Brinkmann, Heinrich) 800 Jahre Gießener Geschichte 1197-1997 (Gießen 1997) S.411-445. -Vgl. Großmann G. Ulrich, *Der Cronberger Hof in der Burg Friedberg*, in: Hessische Heimat, 29. Jg. 1979, Heft 3, S. 69-72 (Sonderdruck Friedberg 1979) - Vgl. Roth Herrmann, *Die kunstgeschichtliche Stellung und Bedeutung des Schlosses zu Friedberg*, in: Friedberger Geschichtsblätter 12/1937, S. 63-67.

106 Vgl. Belz Wilhelm, *Alte Stuckdecken in Friedberg und seiner Umgebung*, in: Friedberger Geschichtsblätter 13/1938, S. 209-215.

107 Vgl. Großmann G. Ulrich, *Der Cronberger Hof in der Burg Friedberg*, S. 69-72.- Vgl. Roth Herrmann, *Die kunstgeschichtliche Stellung und Bedeutung des Schlosses zu Friedberg*, S. 63-67.

108 Roth Herrmann, *Die kunstgeschichtliche Stellung*, S. 66. *Die gleiche Form findet sich nur an dem Torbau des Hungener Schlosses. Überhaupt zeigen die Schmuckformen der Friedberger Giebel eine starke Ähnlichkeit mit denen des Hungener Schlosses, die meist bis in die Einzelheiten geht. Gesimse, Pilaster, Voluten und die kleinen Pyramiden an den Giebeln des Kavalierbaues gleichen in allen wesentlichen Einzelformen aufs Haar denen an den Giebeln im Hungener Schlosshof, während sich die Giebelabschlussformen am Hungener Torbau fast gleich an denen des Friedberger Burggrafenhauses finden. Wir dürfen mit ziemlicher Sicherheit für die Hungener und Friedberger Giebel den gleichen Meister annehmen, den für Hungen bezeugten Architekten Jakob Thoman aus Mannheim. Hergestellt hat sie der Steinmetz Trinkaus aus Birstein, dem die Hungener Giebel im Jahre 1609 in Arbeit gegeben worden sind.*

109 StADarmstadt B5 Nr. 850, 1656-05-29.

110 Vgl. Schmidt von Rhein Georg, *Das Reichskammergericht in Wetzlar*, Schriftenreihe der Gesellschaft für Reichskammergerichtforschung, Heft 9 (Wetzlar 1990).

111 Vgl. Waas Christian, *Die Chroniken von Friedberg*, Bd. I, S. 341-345.- Vgl. Schäfer R., *Gutachten der Reichskammergerichts-Kommission wegen der 1683 beabsichtigten Verlegung des Reichskammergerichtes von Speyer nach Friedberg*, in: Friedberger Geschichtsblätter 15/1944, S. 68/69. -Vgl. Dreher Ferdinand, *Gutachten der Reichkammergerichts-Kommission wegen der 1683 beabsichtigten Verlegung des Reichkammergerichtes von Speyer nach Friedberg*, in: Friedberger Geschichtsblätter Heft 3/1911, S. 68/69.

112 Schäfer R., *Gutachten der Reichskammergerichts-Kommission* S. 347.

[113] Vgl. Schmidt von Rhein Georg, *Das Reichskammergericht in Wetzlar*, S. 5/6.- Vgl. Keck Lothar & Schmidt Hartmut, Hrsg., *Reichskammergerichtsmuseum in Wetzlar*, Wetzlar, 1997.

[114] Vgl. Eckardt Albrecht, *Die Burgmannenaufschwörungen*, S. 148, Nr. 14, Adolf Johann Carl Freiherr von Bettendorf, Aufgeschworen 1670, bisheriger jüngerer Baumeister zu Friedberg wie auch kurfürstl. Mainz. Geh. Rat u. Oberamtmann der Herrschaft Königstein, Ritterhauptmann, zum Burggrafen gewählt 1699, gestorben 16.12.1605 zu Königstein.- Vgl. Keller Michael, Hrsg., *Adelslandschaft Wetterau im 18. und 19. Jahrhundert*, Ständische Repräsentation im Zeitalter der Auflösung der Feudalgesellschaft (Friedberg 1982) S. 39, Abbildung von Adolf Johann Carl Freiherr von Bettendorf, ursprünglich oberpfälzischer, dann rheinischer Uradel. -Vgl. Herrmann Fritz H., *Drei Pläne der Burg Friedberg aus dem 18. Jahrhundert*, in: Wetterauer Geschichtsblätter 19/1970, S. 3.

[115] StADarmstadt B5, Nr. 854, Friedberg 1695-11-19: *Franz Ferdinand Graf von Metternich, wirklicher Kaiserlicher Kämmerer, Generalfeldzeugmeister, Oberst über ein Regiment zu Fuß und Kommandant des „Porto" Groß-Glogau, Burggraf zu Eger, Kurmainzischer Erbkämmerer und Kurtrierischer geheimer Rat, erteilt seinem Vetter Karl Adolf Freiherr von Bettendorf die Vollmacht, seinen Anteil an dem in der Burg Friedberg befindlichen „Metternichschen Hauses" [Cronbergisches Haus] zu verkaufen.*

[116] StADarmstadt B5, Nr. 855, Burgfriedberg 1698-10-15: *Franz Ferdinand Graf von Metternich, Winneburg und Beilstein, erteilt Adolf Johann Carl Freiherr von Bettendorf, Herr zu Falkenstein, Kurfürstlicher Mainzischer Rat und Oberamtmann zu Königstein, die Vollmachten für den Verkauf des v. Metternischen Hauses in der Burg Friedberg.*- Vgl. Königstein in Vergangenheit und Gegenwart, Hrsg: Stadtverwaltung Königstein/Taunus, 1963, S. 70, Königstein unter den Herren von Bettendorf (1682-1773).

[117] StADarmstadt B5, Nr. 853, Burgfriedberg 1698-12-28: *Adolf von Bettendorf, Herr zu Falkenstein, verkauft der Burg Friedberg im Namen von Franz Ferdinand Graf von Metternich, Winneburg und Beilstein und Maria Anna Freifrau von Schönborn, Frau zu „Reichelsberg", geborene Waldbott von Bassenheim, Erbgemeinschaft (Erb Consorten) für das sogen. Kronbergische Haus samt Zugehörigen in der Burg Friedberg, das genannte Haus mit Höfen, Stallungen, Äckern, Wiesen, Gärten, alle Rechte und Freiheiten als freies Eigen für 6000 Gulden Frankfurter Währung, den Gulden zu 30 Albus oder 60 Kreuzer, quitiert den Erhalt der Kaufsumme und setzt die Käufer in den Besitz ein.* Auch. StADarmstadt F3 (Burg Friedberg) Nr. 200/ 1699, März. Verkauf des Kronberger Schlosses.

[118] Vgl. Eckardt Albrecht, *Die Burgmannenaufschwörungen*, S. 162, Nr. 177, Johann Schlitz gen. von Görtz, fürstl. Rat zu Würzburg u. Oberamtmann zu Trimberg a. d. Saale (1674) 85; Frhr. Hessen-Kassel. Geh. Rat u. Kammerpräsident, zum Burggrafen gewählt (1692-1699), gestorben, 18./28. Jan. 1699 auf der Reise in Northeim.

[119] Vgl. Vogel Christian, *Die drei Karben und Burgfriedberg in und nach den Revolutionskriegen (1792-1806),* Karbener Hefte 17/2007, S. 179. Bevor Johann Maria Rudolf Reichsgraf Waldbott von und zu Bassenheim Burggraf wurde, war er von 1763 bis 1777 katholischer Präsident am Reichskammergericht zu Wetzlar.- vom Rhein Georg Schmidt, *Das Reichkammergericht in Wetzlar,* 1990, S. 41). 1777 wurde der katholi-

sche Reichsgraf Johann Maria Rudolf Waldbott zu Bassenheim nahezu einstimmig zum neuen Burggrafen gewählt. Bassenheim hielt sich vor 1800 die meiste Zeit auf seinen Gütern im Taunus auf, ließ sich dort über die Abwicklungen der Burggeschäfte benachrichtigen und erteilte bei Bedarf und Ersuchen durch das Kanzleipersonal herrschaftliche Verfügungen – aus der Ferne. (Rack, *Die Burg Friedberg im alten Reich*, S. 160) Nach dem Reichsdeputationshauptschluss hatte sich Bassenheim, zusammen mit seinem Schwiegersohn Clemens August Reichsgraf von Westphalen zu Fürstenberg sehr für den Erhalt der Burg eingesetzt. Am 15. Februar 1805 starb er nach langer Regierung im Alter von fast 74 Jahren und wurde nach feierlicher Aufbewahrung in der Burg in der Reifenberger Familiengruft beigesetzt. Zum letzen Mal kamen am 28. Mai 1805 die Burgmannen zur Wahl eines neuen Burggrafen in der Burg in Friedberg zusammen. Hatte es bei der Wahl von Burggraf Bassenheim im Jahre 1777 noch Diskussionen gegeben, so stand diesmal von vorneherein die Wahl eines Katholiken fest. Auch wer dieser Katholik sein sollte, war vorher ausgemacht: Clemens August Wilhelm Reichsgraf von Westphalen zu Fürstenberg, Schwiegersohn des verstorbenen Burggrafen.

120 Vgl. Olschewski Boris, *Die Mediatisierung der Burg Friedberg durch Hessen- Darmstadt 1802-1806*, in: Wetterauer Geschichtsblätter 52/2003, S. 3-69. Vgl. Rack, *Die Burg Friedberg im Alten Reich,* S. 170-193.

121 Vgl. Mader III. S. 72-75. ....*daß im Jahr 1579 zwischen allen Theilen ein Vertrag errichtet worden, Inhalts dessen durch die Arbitratores, Hanßen von Berlipsen zu Bodingen [Büdingen] und Hanß Georgen von Schönborn, Großbaley des Johanniter-Ordens verglichen ist.* -Vgl. Schellwanich Georg, *Die Geleitsrechte im „Freien Kaicher Gericht“*, in: Karbener Hefte 5/1998, S. 11-13. Absatz 2 der Geleitsordnung: *Ihre Hochfürstliche Durchlaucht zu Hessen-Darmstadt und deren Fürstliche Erben und Nachkommen in der Regierung sollen das „hohe Regal der Geleitsgerechtigkeit“ auf den nachfolgend näher bestimmten Heer- und Landstraßen, publiquen [öffendlichen] Wegen und Fußpfaden „im Burg Friedbergischen Gerichts Territorium“ für ewige Zeiten gemäß den nachstehend formulierten Bestimmungen haben.*

122 Vgl. Mader III. S. 71. *So hat auch die Burg Friedberg das Schicksal gehabt, das sie mit dem Herrn Landgrafen Ludwig des Geleits sowohl durch die Stadt Friedberg, als die Grafschaft Kaichen in Irrungen und Gebrechen geraten, worüber ein Prozess an dem Kaiserlichen Kammergericht entstanden, von allen Teilen Articuli probatoriales übergeben und Zeugen zu ewigen Gedächtnis abgehört worden seynd.*

123 Vgl. Schellwanich Georg, *Die Geleitsrechte im „Freien Kaicher Gericht“*, S. 13, Absatz 15.

124 Vgl. Braun Wilhelm Hans, *Das Fachwerkhaus „Zum kleinen Himmelreich“*, S. 57. Vor allem sind es die Häuser mit der weiten Vorkragung des Obergeschosses, wie z.B. der „Vogelsang“ (Kaiserstraße 73), der „Wartberg“ (75), der „Bornziegel“ (77), das Haus Rahn (30 „Markburg“?), und das baugeschichtlich besonders interessante Haus „Zum Affen“ (44/46).- Vgl. Müller Karlheinz, *Die Friedberger Kaiserstraße,* Friedberg 2002, S. 35/36. Bereits im Jahre 1334 findet sich die Bezeichnung „zu dem Burnzogir“, Friedberger Chroniken nennen den „Bornziegel“. Der spätmittelalterliche Fachwerkbau war bis 1669 Sitz der im Mittelalter wichtigen Zunft der „Wollweber und Sockenstricker“. Das Haus „Bornziegel“ diente darüber hinaus der Stadt als Hochzeitshaus

und muss auch ein vorzügliches Gasthaus gewesen sein. Hier nächtigten und speisten im 16. Jahrhundert noble Gäste wie Landgraf Ludwig IV. von Hessen und Kurfürst Friedrich von der Pfalz.

125 Vgl. Mader III. S. 73/74. 4.) *Daß wann der Burggraf und Burgmanne einen von Hessen verglaidteten Chur- oder Fürsten in dem Schloss beherbergen würden, das Heßisch Gelait im Geschrenck* [Gattertor] *vor dem Schloss* [Burg] *abziehen und folgend daselbst vor dem Schloss des Gelaits- Vollführung wieder gewartig sein sollte.*

126 Vgl. Waas Christian, *Die Chroniken von Friedberg,* Bd. I, S. 62-64.

127 Ebd. S. 66-70.

128 Ebd. 70/71.

129 Vgl. Rübeling Karlheinz, *Die alte Friedberger Burgkirche,* S. 23/30. Grabmäler und Grabepitaphe in der St Geogskirche, Chor: 5. an der Wand, Johann Eberhard von und zu Cronberg † 1617 (Burggraf) und Anna von Cronberg, geb. Riedesel †1609.- Vgl. Intelligenzblatt für die Provinz Oberhessen im Allgemeinen, den Kreis Friedberg und die angrenzenden Bezirke im Besonderen, Nr. 38, 39.40, 41, 42, 43, 44, Friedberg 1837, Nr. 36, S. 290, Zitiert: *Johann Eberhard von und zu Cronnberg des heiligen Reichs Burggrafen zu Burg und Stadt Friedberg Starb den 8ten Octob. 1617.* Neben an der Seite stand: *Frau Anna von Cronnberg geboren von Riedesel zu Eisenbach starb den 29ten September 1609.*

130 Rübeling Karlheinz, *Die alte Friedberger Burgkirche* S. 26,

131 Vgl. Rady Johann Bapt., *Geschichte der katholischen Kirche in Hessen, Vom heil. Bonifatius bis zu deren Aufhebung durch Philipp den Großmütigen (722-1526)* (Mainz 1904) S. 463.

132 Vgl. Waas, *Die Chroniken von Friedberg,* Bd. I, S. 27/28. Kraft von Rockenberg, Burgpfarrer von 1369 bis 1400. Aus einer Handschrift ist zu ersehen, dass Kraft ein geborener Rockenberger war. Das fragliche Dokument ist leider nicht mehr vorhanden, gerettet ist nur die untere Hälfte eines Pergamentblattes, 1871 in Fürth entdeckt und vom Nürnberger Germanischen Museum erworben und veröffentlicht von Wattenbach. Zum Glück existiert aber eine Abschrift, die Dieffenbach 1851 angefertigt hatte. Über den Bildungsgang und das frühere Leben Krafts ist nichts überliefert. Seine kleine Chronik schildert sein Amt, den Dienst an seiner Kirche, deren Umbau, innere Ausstattung und gottesdienstliche Ordnung. Er zeigt auf, was er selbst, die Burgmannen und Burgfrauen für seine St. Georgskirche getan, geschenkt und gestiftet haben. Kurz und bündig hält er alles Wichtige in der Chronik fest.

133 Ebd. S. 28/29. Es gab damals unter der Burgritterschaft zwei Gesellschaften: die von der „Grünen Minne" (Minne= treues Gedenken und Zusammenhalten. Minne trinken war ein altdeutscher Brauch) und die von dem „Monde", die sich wohl durch die verschiedenen Abzeichen (grüner Zweig, Mond) kennzeichneten.- Vgl. Mader I. S. 175-177.

134 Vgl. Mader III. S. 240. *Als nun daselbst 60 biß 80 Burgmanne angekommen waren, so ritten sie König Ruprecht biß Heldenbergen, alwo sie St. George Baner aufgeworfen, entgegen, und führten den König in die Burg.*

135 Vgl. Waas, *Die Chroniken von Friedberg,* S. 29.

136 Vgl. Rady, *Geschichte der katholischen Kirche in Hessen*, S. 463/464. Auch entwarf er eine Ordination oder Kirchenordnung, welche von jedem neuen Burgmannen beschworen werden musste. Die Ordination verlieh dem Burgpfarrer das Recht, die im Chordienste säumigen Altaristen mit Geld zu strafen, zu suspendieren und sie wieder einzusetzen.

137 Ebd. S. 464.- Vgl. Schilp, S. 89. Burggraf von 4.11.1385 - 9.4.1405.

138 Vgl. Rady, *Geschichte der katholischen Kirche in Hessen*, S. 464. Altare S. Nicolai – X millium Martyrum – S. Marie – S. Bonifacii – Corporis Christi – S. Marie Magdalene – C. Cricis – S. Elizabeth – SS. Philippi et Jacobi – SS. Petri et Pauli – SS. Sebastiani et Dorothee. Würdtwein, Dioec. Mog. III. 41. -Vgl. Intelligenzblatt für die Provinz Oberhessen Nr. 38, 39.40, 41, 42, 43, 44, Friedberg 1837, Nr. 42 S. 309: *Der Altäre waren es überhaupt, einem Verzeichnis zufolge, neunzehn. Ein jeder derselben hatte seine eigene Dotationen, aus deren Beträgen der ihn bedienente Altarist besoldet wurde.*

139 Vgl. Waas, *Die Chroniken von Friedberg*, S. 30/31. *Im Jahre des Herrn 1380 wurde auch die neue Sakristei begonnen und in dem selben Jahr vollendet. Merke: Im Jahre des Herrn 1381 wurde in der selben Sakristei der Altar errichtet und beschenkt durch Frau Lucard Dugeln, und im selben Jahre um Allerheiligen geweiht durch Herrn Johannes, Bischof von Hippo.* Johannes war Mainzer Weihbischof und Titularbischof von Hippo in Nordafrika. Frau Lucard gehörte zum ritterlichen Geschlecht der Dugel von Karben, dem auch Burggraf Friedrich Dugel v. K. (1289 bis nach 1300) angehörte. *Merke, dass im Jahre des Herrn 1338 am Tage St. Michaelis [29 September] ist geweiht worden der neue Chor und der Hochaltar zu Ehren der heiligen Jungfrau Maria und St. Georgs, unseres Schutzpatrons, und St. Antons durch den ehrwürdigen Herrn Johannes Bischof von Hippo. Und merke, dass am selben Tage in der selben Kirche durch den selben Bischof geweiht worden ist der neue Altar des h. Kreuzes, erbaut, errichtet und begabt durch der Herrn Kraft (Craftonem), zur selben Zeit Pfarrer daselbst, zu Ehren des h. Kreuzes, der Lanze, der fünf Wunden Christi und zu Ehren St. Johannes des Evangelisten.* Vgl. Bouvain Pierre, Die Burgkirche in Friedberg/Hessen, Beiträge zur Geschichte der Burgkirche. Friedberg 1987, S. 6-18.

140 Vgl. Dieffenbach Philipp, *Geschichte der Stadt und Burg Friedberg in der Wetterau* (Darmstadt 1857) S. 149: *so wurde durch gemeine Burgmannen 1494 beschlossen, daß, da in derselben [St. Georgs-Bruderschaft] Keiner sein soll, der nicht Burgmann ist, der Gerichtknecht Henchin „seinen Schild in der Kirche herabthun solle“.*

141 Vgl. Dreher Ferdinand, *König Siegmund in Friedberg 1414. Dezember 7.-9*, Ein Bild aus Friedbergs vergangenen Tagen, in: Friedberger Geschichtsblätter Heft 2 1910, S. 60. *sehr hoch gehalten wird auch ein hölzernes Bildnis des St. Georg. Er sitzt auf einem fuchsfarbigen Ross.*

142 Hessisches Landesmuseum Darmstadt, PL 01:64, PL 01:65, PL 01:66.

143 Staatsarchiv Darmstadt B5 Nr. 147 Mainz, Martinsburg 1492 März 26: *Erzbischof Berthold von Mainz bestätigt Burggraf und Burgmannen der Burg Friedberg die von ihrer gegründeter Bruderschaft zu Ehren des heiligen Antonius und des heiligen Georg und gestattet ihren Mitgliedern, eine vergoldete oder silberne Kette mit dem Bildnis des heiligen Georg zu tragen. Jedes Jahr sollen am Montag nach Fronleichnam Prozessionen stattfinden und den Besuchern ein 40tägiger Ablaß verliehen werden.*

144 Dieffenbach, S. 149.

145 Staatsarchiv Darmstadt B5 Nr. 147, Worms 1452 Mai 22: *Kaiser Maximilian bekundet, daß ihn die Burgmannen der Burg Friedberg durch ihren Burggrafen Emerich von Carben vorbringen ließen, daß sie zu Ehren des Hl. Georg eine ewige Bruderschaft geschlossen haben und künftig für ihn jeden Montag nach Fronleichnam eine Messe halten und am selben wie am anderen Tagen ein Abzeichen [Kleinod] tragen wollen. Dies alles hat ihnen Erzbischof Berthold von Mainz bestätigt. Der Aussteller gibt auf Bitten der Burgmannen ebenfalls seine Zustimmung und Bestätigung dazu und gebietet allen Angehörigen des Reichs bei seiner und des Reichs schwerer Ungnade und einer Strafe von 30 Mark lötigen Goldes, dass der Burggraf und Burgmannen von Friedberg und ihre Bruderschaft nicht behindern oder beeinträchtigen.*

146 Vgl. Waas, *Die Chroniken von Friedberg*, S. 100: *1502 den 27 Sept. uf Dienstag nach Matthäi ist alhier Raymundus Peraudi, [Miseracione divina sacrosancte Romane Eclesie tituli Sancte Marie nove Presbyter Cardinalis Gurensis ad universam Germaniam], ein päpstlicher Legat und Kardinal, eingeritten mit 30 Pferden. Und dieweil kein Baumöl [Olivenöl] allhier und darum wächst, hat er um Geld einheimischen und ausländischen Priestern und Laien beiderlei Geschlechts zu ewigen Zeiten in den Fasten mit Fronfasten [die 4 Quatember, Quartalfasten], Freitags und andrern Zeiten, darin Butter, Eier, Käs und Milchspeisen zu essen verboten, (ausgenommen an Karfreitag) erlaubt zu essen.*

147 Vgl. Rady, *Geschichte der katholischen Kirche in Hessen*, S. 463.- Vgl. Mader, III. S. 112-116. *und dass der Cardinal Raimund dieselbe Bruderschaft bestättiget, auch denenjenigen, welche derselben oder auch dem ersten, siebenden, dreysigsten und Jahrzeit vor die abgestorbenen Brüder und Schwestern andächtig und bußfertig beywohnen, und zu der Bruderschaft Unterhaltung, auch Anschaffung der zu Vermehrung des Gottes-Dienstes erforderlichen Bücher, Kelchen und Zierathen etwas beytragen würden, so oft sie das thun, 100 Tage Ablaß von denen ihnen auferlegten Bussen barmhertziglich verliehen hat.*- Vgl. Mader III.S. 119ff. Bestätigungs- und Ablaßbrief vom 7. Oktober 1502.

148 Vgl. Schilp, *Die Reichsburg im Mittelalter*, S. 166. *einen Anteil, sodann die Sankt- Georgsbruderschaft zur Unterhaltung der Burgkirche, der Burgschreiber und der Markschütz der Burg je ein Anteil sowie die Fastnachtsgesellschaft für Fastnachtsfeiern in der Burg vier Anteile.*

149 Vgl. Mader, III. § 32.

149a Waas Christian, Die Chroniken von Friedberg in der Wetterau, S. 115.

150 Vgl. Müller Hermann, *Goeddaeus Johannes*, in: Allgemeine Deutsche Biographie 9/1879, S. 312-314. Johannes Goeddaeus wurde am 7. Dezember 1555 in Schwerte, in der damaligen Grafschaft Mark, geboren. Am 29. April 1585 promovierte er in Marburg zum Doktor beider Rechte (Inaugural-Dissertation „De contrahenda vel omittenda stipulatione"). Kurz danach begab er sich an den Sitz des Reichskammergerichts nach Speyer, um das prozessuale Verfahren dieses Gerichtshofes kennenzulernen. 1586 war er Privatdozent in Marburg, 1588 ordentlicher Professor in Herborn, 1594 ordentlicher Professor in Marburg, 1611 Assessor des Consistoriums in Marburg. Goeddaeus Johannes stirbt am 5. Januar 1632. Außer seiner Doktorarbeit hat er 24 weitere selbständige Schriften veröffentlicht, von denen mehrere verschiedene Auflagen erlebt haben, so der „Commentarius repetitae praelectionis in Tit. Dig. De verborum et rerum

significatione" (1. Ausg. Herbornae, 1590. 8⁰, 8. Ausg. ibid. 1601. 8⁰) Eine Sammlung seiner einzelnen gehaltenen Disputationen (zusammen 61) ist unter dem Titel: „Theses et disputationes juris", Pars Ia-IIIa (Marburgi 1595 bis 1596. 4⁰) erschienen und in den „Consilia et Responsa Marburgensia", Vol. I-IV stehen 34 Gutachten und Rechtsaussprüche von ihm, welche auch außerhalb Deutschlands seinem Namen die verdiente Anerkennung gebracht haben. 1611 wurde er von der Stadt Friedberg beauftragt, eine Streitschrift zu erstellen, die zur Klärung der Rechtspositionen der Stadt beitragen sollte.- Vgl. Rack Klaus Dieter, *Friedberg in Hessen.* Die Geschichte der Stadt Bd. II, Vom Dreißigjährigen Krieg bis zum Ende des Alten Reiches, Friedberg 1999, S. 27. *Gründlicher Bericht des Heyligen Reichsstatt Friedberg Ständt / Regalien / Privilegten / Rechten vnd Gerechtigkeiten / Vnd Der Röm. Keys. Mayest. vnsers Allergnedigsten Herrn Ohnmittelbare Superioritet, vnd deß Heyligen Römischen Reichs Interesse. Wider der Burg daselbsten angemaste Neiverungen vnd erregte Strittikeiten. In funffzehen vnterschiedliche Puncten vnd Articuln in hac priori parte aufgeführet. Mit denen in altera parte angehengten hirin angezogenen vornembsten vnd andern dergleichen Kayser: vnd Königlichen Privillegten / Verträgen / Entscheiden / vnd anderer Documenten. Gedruckt im Jahre M. D C. X.* (Landes- und Hochschulbibliothek Darmstadt, 43A 1006)

151 Rack Klaus Dieter, *Friedberg in Hessen.* S. 26-30.

152 Vgl. Löw Wilhelm von, S. 70, Conrad Löw wurde als Sohn von Greorg Löw und dessen Ehefrau Anna von Greifenklau 1575 in Steinfurth geboren. Seine Jugendbildung genoss er auf der Schule zu Friedberg und der Universität Marburg. 1590 kam er an den Hof des Bischofs von Worms Georg von Schönburg, seines nahen Blutsverwandten, und war dessen Hofjunker. 1595 verheiratete er sich mit Eva Brendel von Homburg. 1697 wurde er Burgmann zu Friedberg und 1617 wählte man ihn, als Nachfolger von Eberhard von Kronberg, zum neuen Burggrafen. Burggraf Conrad Löw war lutherisch, der erste der Familie Löw, von dem solches bekannt ist, und ist am 17. (oder 18.) März 1632 verstorben.

153 Vgl. Löw Wilhelm von, S. 71. Nach mehrfachen Streitigkeiten zwischen Burg und Stadt schloss der Burggraf einen Interims-Vergleich mit letzteren ab. *1) von der Stadt sollen denominirt werden, die in den Rath gehen: der Burggraf und weitere 5 Burgmannen. 2) Die seither ohne Beisein des Burggrafen und der adligen Sechser erwählten neuen Ratspersonen sollen bleiben, aber nochmals bei vollem Rathe ihren Eid ablegen. 3) wolle man sich hinsichtlich der Rathsbußen vergleichen u. f.f. -Vgl. Mader III. S. 184, und daß darueber sich gar die ordentliche Stadt-Raths- und Gerichts-Haltungen zerschlagen und weit ueber zehen Jahre in das Stecken gerathen. Um nun sonderheitlich diese wiederum in den Gang zu bringen, so ist nach geschehener Huldigung auf Interposition einiger Abgeordneten von dem Stadt-Rath zu Franckfurth ohne Nachteil und biß zu Austrag deren noch schwebenden und entweder zu endlichem Vergleich oder aber rechtlichem Endscheidt ausstehender Sachen vorberuerte Interims-Vergleichung dahin zum Stande gebracht worden.*

154 Vgl. Bouvain Pierre, *Die Pfarrer/rinnen der evangelischen Kirchengemeinden von Burg und Stadt Friedberg von 1541-1994*, Materialsammlung, Friedberg 1994, S. 144/145: Johannes Molther wurde am 30.3.1561 in Battenberg geboren. Besuch des Gymnasiums in Hildesheim. 1567-1573 genießt er das Rauschenberger Stipendium.

1578 Aufnahme ins Marburger Pädagog. 1580-1582 Schulmeister in Battenberg. 1584-1587 Schulmeister in Grünberg. 1584-1587 Diakonus in Grünberg. 1587-1594 Pfarrer in Grünberg. 1594 Professor der hebräischen Sprache in Marburg. 1595 Doktor der Theologie und Rektor der Universität Marburg. 1599-1605 Stadtpfarrer in Friedberg. 1605-1618 ordentlicher Professor der Theologie in Marburg.

155 Vgl. Wetterauer Wochenpost, Freitag, 10. Juni 1994, Nr. 23, S. 13 „Seine Predigten kamen aus dem Herzen". - Bouvain Pierre, *Die Pfarrer/rinnen.*

156 Vgl. Bouvain Pierre, *Die Pfarrer/rinnen,* S. 81-83. Justus Hultscherus benutzte von 1576-1581 das Rotzmannnsche Stipendium. 1581-1593 Studium in Marburg. Vom 1.7.1581-12.11.1583 Stipendiatenmajor. 1583-1584 im Marburger Lande als Subdiakonus. 1584-1606 Pfarrer in Gladenbach, am 11.4. 1606 bei Einführung des reformierten Bekenntnisses abgesetzt. Am 14.9.1606 zum Pfarrer in Friedberg angenommen und 19.10.1611 seines Dienstes entlassen.

157 Vgl. Wetterauer Wochenpost, Predigten kamen aus dem Herzen, *der entlassene Stadtpfarrer wollte nicht den Calvinisten zu Hohn und Spott, in Mangel und großer Beschwerung mit Weib und fünf Kindern in der Stadt sitzen bleiben.*

158 Ebd.

159 In den Klosterbäckereien, wo man schon Hostien anfertigte, wurden die flachen Lebkuchen auf Oblaten produziert. Ohne Fett gebacken, waren sie lange haltbar und dienten als Reiseproviant.

160 Vgl. Bepler Eugen, *Handschuhe aus Wetzlar,* in Heimatkalender des Kreises Wetzlar 1957, S.78-87: Im Spätmittelalter wurden Handschuhe von einem Handwerk gefertigt, das heute ausgestorben ist. Es waren die Säckler, in Norddeutschland auch Beutler genannt, die sich ursprünglich mit der Herstellung von Lederbeuteln, Säbelgehängen, Hosenträgern und ähnlichen Gegenständen befaßten. Sie behielten ihre Berufsbezeichnung zunächst noch bei, als sich das Schwergwicht ihrer Arbeit mehr auf das Handschuhmachen verlagerte. Im 13. Jahrhundert wurde es Sitte, einer Bittschrift ein paar Handschuhe beizulegen. Diese wurden vorher mit entsprechenden Geldsummen gefüllt und verliehen der Bitte damit entsprechenden Nachdruck. Von Kaisern, Königen oder geistlichen Würdenträgern erhaltene Handschuhe waren eine besondere Gunstbezeugung, wie auch die Überreichung eines Handschuhpaares der Engelthaler Äbtissin Pauline von Selbach an die Burggräfin bezeugt. Eine Art der Huldigung war es auch, wenn das Volk oder die Stände dem Regenten edle Handschuhe überreichten. Die Frauen des Mittelalters benutzten vom 11. Jahrhundert an als Zierde Handschuhe aus weißen Leinen, die bis zu den Ellenbogen reichten. Diese waren für gewöhnlich kunstvoll bestickt und oft mit Juwelen und Perlen verziert. Seidene und lederne Handschuhe verbreiteten sich im Mittelalter als Luxusaccessoires der Kleidung privilegierter Stände. Ganz besonders feine Damenhandschuhe wurden aus der Haut von ungeborenen Lämmern, dem sogenannten „Jungfernpergament" genäht.- Vgl. Altendorf Irmeli, *Der Handschuh hat biblisches Alter.* in: Hessenbauer, Nr.43, 1991, S. 55/56.

161 Vgl. Kropat Wolf-Arno, *Reich, Adel und Kirche in der Wetterau von der Karolingerzeit bis zur Stauferzeit,* in: Wetterauer Geschichtsblätter 13/1964, S. 184.- Vgl. Mader, I. S. 25. *Es empfaengt aber ein zeitlicher Burggraf noch auf den heutigen Tag* [1774] *in Recognitionem dieser Schutzgerechtigkeit von dem Closter alle Jahr ein Paar altmodischer Stiefel und ein Stück graues Tuch, wobey man aus obigem Schutz Brief anmerket,*

daß, wann darin die Burgmanne Fideles nostri und Ministeriales Imperii genennet werden, daraus die Reichs-Immedietaet der Burgmannschaft und, daß sie schon damalen niemand, als dem Kaiser und Reich, unterworfen gewesen, offenbar erhelle. Offensichtlich handelte es sich um eine lange Tradition.

162 Vgl. *Intelligenzblatt für die Provinz Oberhessen* Nr. 1, 3.1.1835, S. 2/3. *Noch ein Neujahrswunsch nebst einem Neujahrgeschenke- aber aus alter Zeit.*

163 Vgl. Kneschke Ernst Heinrich, *Neues allgemeines Deutsches Adels-Lexikon,* Leipzig 1930, S. 47, Das Geschlecht der Herren von Selbach. Altes, rheinländisches Adelsgeschlecht, welches vorzugsweise im Siegerland (Selbacher Grund) und im und „Saynschen zu Burbach, Grottorf, Sisbach, Koverstein, Langenau, Lohe, Neuenkirchen und Zeppenfeld saß. Bei dem Geschlecht handelt es sich um eine Ganerbenschaft, die sich in viele Linien teilte. Das Stammwappen: In Gold drei schwarze Rauten, schräg rechts gestellt, wurde durch die einzelnen Linien mit Beizeichnungen variiert. Die Linie Selbach-Selbach beschloss im Jahre 1739 das gesamte Geschlecht. In den Quellen lassen sich aus dem Geschlecht derer von Selbach weitere Klostervorsteherinnen feststellen. Von 1567 bis 1573 waren Swana von Selbach und von 1573 bis 1584 Katharina von Selbach Vorsteherinnen im Kloster der Augustiner- Eremitinnen zu Merten (Eidorf). Adam von Selbach war 1563-1565. Abt des Zisterzienserklosters Marienstatt im Westerwald. 1565-1574 wird Elisabeth IV. von Selbach-Lohe als Äbtissin im Kloster Keppel (Käppel) genannt.

164 Vgl. Stumpf Paschasia, *Aus der Geschichte von Kloster Engelthal in der Wetterau,* S. 55. Vgl. Mader, III, S. 25 § 5, *Als im Jahre 1575 dem Kloster Engelthal eine große Summe Geldes gewaltsamer Weise entwendet, zugleich auch die Frau Abbtißin in ihrem Schlaffzimmer mit Schlaegen und sonsten sehr misshandelt worden.*- Vgl. Intelligenzblatt für die Provinz Oberhessen Nr. 36. 9. September 1837, Kloster Engelthal, S. 243/244: Da in dem letzgedachten Jahre (1577) *auch ein gewisser Melchior Buchenauer den Versuch machte, das Kloster zu bestehlen, so erneuerte 1580 die Äbtissin Anna von Wallendorf die Ergebung unter den Burg Friedberger Schutz.*

165 Vgl. Rady Johann Bapt., *Geschichte der katholischen Kirche in Hessen,* S. 267/268: 1577 - Mader, II S. 161, 308, III S. 27ff.

166 Vgl. Battenberg Friedrich, Solmser Urkunden Nr. 3384, 1579 Juni 19, Engelthal:, *Äbtissin Paulina v. Seelbach und die Konventualen des Klosters Engelthal bekunden, dass Burggraf und Baumeister der Burg Friedberg als ihre Schutzherren ihnen 150 fl. Frankfurter Währung geliehen haben, über welche Summe sie quittieren.*

167 Albrecht I. von Österreich, Kg. 1298-1308, Ludwig V. von Bayern, Kg. bzw. Kaiser 1314-1347.

168 Vgl. Hertius J.N., II. Commentationes et opuscula ed. J.F. Hombergk (Francofurti 1713-1716). S. 170-171 - Vgl. Stumpf Paschasia, *Aus der Geschichte von Kloster Engelthal in der Wetterau,* Engelthal 1968, S. 52-57.- Vgl. Mader II. S. 219/220: *Nachdeme im Jahr 1522. Catharina von Carben, Ebbtißin, Anna von Hunelshoven, Priorin und der Convent gemeinlich des Klosters Engelthal, Cistercienser-Oedens sich durch besondere Reversales des Schutzes und Schirmes der Burg Friedberg versichert, so haben Burggraf, Baumeistere und Burgmanne darüber den 26. Martii 1544. die allerhöchste Confirmation von Kaysers Carl des fünften Majestät und den 8ten May 1566. von Kayser*

Maximiliano II.(1564-1576) *ausgewürcket.* - Vgl. Intelligenzblatt für die Provinz Oberhessen Nr. 36. Sonnabend, den 9. September 1837, Kloster Engelthal, S. 243/244.

169 Vgl. Scriba H.E., *Regesten der bis jetzt gedruckten Urkunden zur Landes- und Ortsgeschichte des Großherzogtums Hessen. II.* Abt. die Regesten der Provinz Oberhessen enthaltend (Darmstadt 1849) Nr. 2909.- Vgl. Rady Johann Bapt., *Geschichte der katholischen Kirche in Hessen,* S. 266: *Kaiser Ludwig übte hier (Engelthal) das jus primarum precum für Chunigunde de Carben, nahm das Kloster in seinen Schutz und beauftragte den Landvogt der Wetterau, es gegen jeden Angriff zu verteidigen.*(Mader I. 123)

170 Kurfürst Friedrich IV genannt Sincerus (1583-1610).

171 Moritz d. Gelehrte (1592-1627. †1632).

172 Vgl. Baur, *Fürstliche Besuche in Friedberg,* in: Archiv für Hessische Geschichte und Altertumskunde. Darmstadt 1865, 2. *Ohngeferlich Prothocoll Vber alle Verloffenheit, Alß Herr Fridrich Pfalzgraue bei Rhein, Churfürst von der fürstlichen Kindt Tauff zu Casell den 29. Augusti abends zo Friedtberg wider ankommen vnd folgenden Sambstags di Mittags Mahlzeit in der Burg eingenommen 1600.* S. 409, ...*den Morgen zue Irer Churf. Gn, gutten gefallen vnnd gelegenheit, gegen 7, 8, oder 9 Uhren, sich in die Burgkh zubemühen, Vnterthenigst ersucht vnnd gebetten werden soltten.*

173 Ebd. S. 409, ...*Inzwischen ist die vffzigende Brückh, weil die Lang nicht Nider gelaßen geweßen, ob deren auch zue trauen besichtigt, welche den Morgendts früe zugericht, soviell in eill geschehen können repariret, vnnd die groſßen Thor alle daselbst hinauß nach der Freyheit (In maßen es dann bey der Burg, wann ein Churfürst Phalzgraue, Als deren Schuz vnnd Schirmherr, deß orts ein zeücht oder Einkompt von altterß gebreüchig vnnd herkommen) eröffnet, danebens die große Saalstueb zugericht,vnnd anndere nottürftige sachen.*

174 Ebd. S. 410, ...*Hierauff seindt Ihre Churf. Gn. durch ohnweit fürgehenden Herrn Burg Grauen vnnd Burgkhmann durch die eröffnete Thor vnndt Abgelaßene Zugbruckhen, in die Burg hinein geleitet, gewandert, sich daselbst etwas Vmbgesehen, die Schlosskirchen zubesehen begertt. So derselben Alßbaldt geöffnet vnnd gezeigt, von dannen sy auf Anmahnen deß Vnnder Marschalckhs* [Bleickartt von Helmstatt] *in dass Zeüghauß geführt, solches durchauß besichtigt Darob sy gut gefallens getragen.*

175 Ebd. S. 411, ...*und daz brott zuenemmen begert, ab welch Ir Churf. Gn. sich abermalß sehr erlustigt, wol darüber gelacht, vnd zu mehrerer Contentirung diseß Thirs obs bey die Hand zu bringen begert, wie auch beschehen, vnnd dem Hirsch zu eßen dargereicht worden.*

176 Staatsarchiv Darmstadt, F23 (Burgfriedberg) 55/2 - Vgl. Waas, Die Chroniken von Friedberg, 1. Bd., S. 65-70.

177 Vgl. Mader II. S. 399/400.

178 Vgl. Eckardt, *Burgmannenaufschwörungen,* S. 160, Nr.157, Marquart von Rheinberg aufgeschworen 1587, bei einer Quartalssitzung des Burgregimentes 1609, zusammen mit dem katholischen Burgmann Hans Dietrich von Rosenbach, feierlich in das Amt des Baumeisters eingeführt. †14. 6 1615, begraben in der Burgkirche „una cum armis gentilitiis“ (Rübeling Karlheinz, *Die alte Friedberger Burgkirche,* S. 23/30).

179 Vgl. Eckardt, *Burgmannenaufschwörungen,* S. 161, Nr. 164, 1607 hatte Rosenbach aufgeschworen. 1608 kam er in den Zwölferrat des Burgregimentes, dem er 48 Jahre,

bis zu seinem Tode 1656, angehörte. Rosenbach war mit dieser langen Verweildauer im Führungsgremium der Burg der zweitlängst dienende Burgmann von allen erfassten Mitgliedern. Zusammen mit dem evangelischen Burgmann Marquart von Rheinbergk wurde er 1609 Baumeister. Während seiner langen Dienstzeit wird er auch von 1638 bis 1655/56 als Baumeister genannt. (Rack, *Die Burg Friedberg im Alten Reich.* S. 347, Note 8.)

180 Vgl. Eckardt, *Burgmannenaufschwörungen,* S. 147, Nr. 9. Philipp Wilhelm von Bellersheim, Unterburggraf und seit 1617 im Regiment. Er war der letzte seines Geschlechtes im Zwölfergremium des Regimentes, aufgeschworen 1611, †1627 als Präsident in Marburg. -Vgl. Rack, *Die Burg Friedberg im Alten Reich.* S. 34/145/289, Note 26. Nach dem Tode des Unterburggrafen von Ehringshausen 1605 wurde ein Nachfolger gesucht. Mit Philipp Wilhelm von Bellersheim, der sich schriftlich um die vakante Stelle beworben hatte, wurde der neue Amtsinhaber gefunden. Da er wegen seines geringen Vermögens auf das Burgamt angewiesen war, akzeptierte er auch jede Kondition in Dienst und Salär. Philipp Wilhelm Bellersheim übernahm am 9.6.1609 das Amt des Unterburggrafen und wurde Mitglied der Burgmannschaft am 18.10.1611.

181 Vgl. Eckardt, *Burgmannenaufschwörungen,* S. 153, Nr. 72. Johann Eustachius von Franckenstein, aufgeschworen 1604, Regimentsburgmann 1609.

182 Vgl. Mielke, Heinz-Peter, *Die Niederadeligen von Hattstein,* S. 368. Philipp Georg von Hattstein wurde als Sohn von Konrad von Hattstein und seiner Ehefrau Elisabeth von Flehingen am 22.01.1580 in Usingen geboren. Verheiratet war Hattstein mit Felicitas von Rechingen, mit der er auch elf Kinder hatte. Gestorben ist Philipp Wilhelm 1637 in Butzbach.-Vgl. Eckardt, *Burgmannenaufschwörungen,* S. 154, Nr. 84. Aufgeschworen 1609, ins Regiment 1618. Philipp Georg von Hattstein besaß in der Burg ein eigenes Haus, das er auch mit seiner Familie bewohnte. 1614 verpfändete er es an Heinrich von Reifenberg als Sicherheit für einen Kredit von 500 Gulden. (Mielke, S. 177, 5.50 Friedberg) Hattstein, der hoffnungslos verschuldet war, versuchte mit dieser Geldaufnahme seine Schulden zu begleichen.

183 Vgl. Eckardt Albrecht, *Die Burgmannenaufschwörungen,* S. 156. Nr. 103. Hans Kaspar von Karben, 1593 aufgeschworen, †1603, begraben in der Burgkirche). Seine Witwe Dorothea von Karben war eine geborene Schützin von Holzhausen.- Vgl. Hertkorn Karin, *Wisselsheim, Ein Streifzug durch Vergangenheit und Gegenwart,* Wisselsheim 1997, S. 79, Ein Renaissanceschloss in Wisselsheim, S. 127, Der Löwenthal-Hof und die Wisselsheimer Saline.

184 Vgl. Herrmann Fritz H,. *Aufzeichnungen des Friedberger Burgsekretärs Joh. Rosa zu den Jahren 1613 bis 1617,* in: Wetterauer Geschichtsblätter, Bd. 23/1974, S. 36. *Johann Halbeyen, dem Bauschreiber, wurde beneben dem Rentmeister die Uffsicht und Custodi der Burgfrüchten anbefohlen* [Fruchtmesser] *[den 20. Juni], und ihme deswegen seine vorige Bestallung in etwas erbessert und ratione novorum laborum [unter Berücksichtigung neuer Arbeiten] gleichsamb ein Deputat gemacht.* Johann Halbey heiratete am 14. Februar 1609 in Friedberg Margarethe, die Witwe des Bauschreibers Reichard Liebert, Tochter des Amtmannes zu Westerburg, Andres Spödt. Der Ehe entsprossen drei Kinder. Nach dem Tod seiner Frau heiratete er in der Burg Elisabeth, die Tochter des Friedberger Bürgers Hartmann Fauerbach und hatte mit ihr sechs Kinder.

185 Ebd. S. 34 Der hier genannte Johann Fildt, *bisheriger Bereiter in der Kais. Burg allhier, dem Burggrafen auf den Untergreffendienst zu Büdesheim Pflichten getan.*

186 Ebd. S. 35. Nicolaus ab Ottera ist am 8. Dezember 1576 in Oppenheim als Sohn des hessischen Rats und Amtmanns zu Eppstein, Jakob von Ottera, und seiner Frau Margarethe Eyteley geboren. Er besuchte die Schulen in Oppenheim und Friedberg, dann das Marburger Pädagog, studierte in Marburg Jura und promovierte dort 1603. Er ging zur praktischen Weiterbildung nach Speyer. Am 22. Juli 1604 heiratete er in der Stadt Friedberg Benigna, die Tochter des Fürstl. Lothringischen Rats und Advokaten zu Augsburg bzw. Worms Elias Jörg Offenbach. Ottera trat 1605 in Kronbergische Dienste, wurde am 8. Juni 1609 zum Syndikus der Burg Friedberg berufen und ging 1613 als Hessischer Rat nach Gießen, wo er 1617 Vizekanzler der Universität wurde. Die Burg Friedberg behielt ihn weiter als Rat und Advokaten (Bestallungsrevers vom 26.1.1614). Seiner Ehe entsprossen 2 Söhne und 3 Töchter. Ein Sohn Philipp Wilhelm wurde am 20.10.1611 in der Friedberger Burgkirche getauft.- Vgl. Herrmann Fritz H., *Friedberger Burgschreiber und Sekretäre bis zum 30jährigen Krieg,* in: Wetterauer Geschichtsblatter, Bd. 30, S. 58. Der Vater von Nicolaus Ottera, Jakob von Ottera, ebenfalls in Diensten der Burg, leistete am 15.2.1582 seinen Diensteid. Er kam von Oppenheim nach Burg Friedberg. Seine Frau starb vor 1586, denn am 19. 12 diesen Jahres hielt er in Butzbach Hochzeit mit Margarethe, der Witwe des Ludwig Heidesheim, gen. Pheilsticker. Aus dieser Verbindung ging die Tochter Margarethe hervor. Jakob Ottera wurde später hessischer Rat und Amtmann in Eppstein. Gestorben ist Jakob Ottera am 2. 4.1613.- Vgl. Müller Hanno, *Familienbuch Butzbach, Bd. I, Familien 1560 bis 1625,* Butzbach 2003, S. 203, Nr. 1145, Von Ottera Jakob Dr. Er war Pate 1605 bei Georg Bell und wurde in der Markuskirche vor dem hohen Altar begraben.

187 Vgl. Herrmann Fritz H, *Friedberger Burgschreiber und Sekretäre,* S. 59, Magister Christopher Rosa, der Ehemann der Witwe Ursula stammte aus Schneeberg in Sachsen und wurde 1579 von Eltville als Rektor der Augustinerschule nach Friedberg berufen, wohin er mit seiner Frau Ursula und seinen beiden Kindern Johannes und Katharina zog. Christoph Rosa, unter dem die Schule eine hohe Blüte erreichte, starb 1584; seine Witwe ernährte sich und ihre Kinder durch „Lehr- und Unterweisung der jungen Maidlin“ Bei ihrem Sohn Johannes Rosa, der seit 1611 in der Burg wohnte und arbeitete, verbrachte sie ihren Lebensabend.

188 Ebd. S. 59/60.

189 Ebd. S. 33.

190 Ebd. S. 35, Note 13, Vgl. Anm. 95.

191 Ebd. S. 35, Note 14,

192 Vgl. Herrmann Fritz H., *Aufzeichnungen des Friedberger Burgsekretärs Johann Rosa.* S. 38. Vgl. Anm. 95.

193 Ebd. S. 38.

194 Vgl. Grebner Christian, *Johann Eberhard von Kronberg als Amtmann im Freigericht* [Alzenau], S. 30-35.- Vgl. Raithel Wilhelm, *Höchst an der Nidder,* die Geschichte eines ehemals reichsunmittelbaren Ortes (Höchst 1989) S. 15. 1596 ersuchte der Graf von Hanau Burgfriedberg als Gerichtsherrn des Freigerichts Kaichen, das Eigentum in der Streitfrage von Heldenbergen zu beschlagnahmen. Friedberg wies dies zurück.- Vgl.

Leonhardi von Hildegard, *Die Obernburg, Görtz`sche Hof, Die Nassburg,* in: *Chronik Heldenbergen,* Nidderauer Hefte Nr. 5, S. 72-92.

195 Vgl. Ronner Wolfgang, S. 197.

196 Vgl. Bauer Sofie, *Die Johanniskirche In Kronberg im Taunus,* Eine Spätgotische Saalkirche und ihre Kunstdenkmäler, Kronberg 1997.

197 Vgl. Ronner Wolfgang, S. 197.

198 Vgl. Mader III, S. 184, § 34.

199 Vgl. Löw Wilhelm von, *Notizen über die Familie derer Freyherrn Löw von und zu Steinfurth,* Darmstadt 1868, S. 70. Konrad von Löw wurde als Sohn von Georg von Löw und dessen Ehefrau Anna von Greiffenclau 1575 geboren. Seine schulische Ausbildung erhielt er in Friedberg und studierte danach in Marburg. 1590 kam er mit 15 Jahren als Hofjunker an den Hof des Bischofs von Worms, Georg von Schönburg, seines nahen Blutsverwandten. 1595 heiratete er Eva Brendel von Homburg und wurde 1607 Burgmann zu Friedberg.

200 Vgl. Küther Waldemar, *Die Mörler Mark.*- Vgl. Schilp Thomas, *Die Reichsburg Friedberg im Mittelalter,* S. 149-156. 1581 gelangte der Anteil der Stolberg nach dem Tod der drei damit Belehnten durch Anwartschaft an das Erzbistum Mainz. Nach einem Grenzgang im Jahre 1586, an dem der Burggraf Johann Eberhard von Kronberg, sein Baumeister und Beamte der Burg teilnahmen, wurde 1588, u. a. aufgrund neuer Auseinandersetzungen, abermals eine Markordnung erlassen.

201 Vgl. Löw Wilhelm von, *Notizen über die Familie derer Freyherrn Löw von und zu Steinfurth,* S. 70/71.- Vgl. Schellwanich Georg, *Die Geleitsrechte im „Freien Kaicher Gericht",* S. 13, Absatz 15.

202 Vgl. Mohr Johann Philipp, *In diesem Register sind zu finden aller Handt Geschichten vom Jahre 1618,* in: (Hsg. Christian Waas) *Die Chroniken von Friedberg in der Wetterau* Bd. I (Friedberg 1937) S. 241, *„Anno 18, als 1618 im Monat Dezembris, sein etliche Herrn von Frankfurt zu der Vergleichung zwischen Burg ubd Stadt alhier depedirt [deputiert] worden von einem wohledlen, festen Rath der Stadt Frankfort".*

203 Ebda. S. 241.

204 Vgl. Dieffenbach Philipp, *Geschichte der Stadt und Burg Friedberg in der Wetterau,.* S. 350.

205 Vgl. Löw Wilhelm von, S. 70/71/75.

206 Vgl. Kneschke Ernst Heinrich, *Neues allgemeines Deutsches Adels-Lexikon,* Bd.6 (Leipzig 1865) S. 258: *Altes Dynasten-Geschlecht am Rheine, welches im 16. u. 17. Jahrhundert den erzbischöflichen Stühlen von Mainz und Trier Kurfürsten und den Bistümern Speyer und Worms Bischöfe gab und im 16. Jahrhunderte, nachdem früher schon einige Linien erloschen waren, noch in sieben Lienien blühte. Diese sieben Linien waren: die burscheidische im Lützenburgischen, die winnenburgische und beilsteinische im Erzstifte Trier, die churdorfische in der Mark Brandenburg, die rodendorffische in Lothringen, die müllenarckische im Herzogthume Jülich und die niederbergische ebenfalls im Jülischen, von welchen Linien später nur die winnenburgische Linie übrigblieb, welche, nachdem die beilsteinische 1695 mit Dietrich Adolf Freiherr v. Metternich erloschen war, die großen Allodialbesitzungen der letzteren erbte und sich dann Metternich-Winneburg-Beilstein nannte und schrieb.*

207 Vgl. Pauly Ferdinand, *Aus der Geschichte des Bistum Trier* (Trier 1973) S. 34-37.- Vgl. Ronig Franz J., Allerheiligen-Altar.- Grabaltar des Lothar von Metternich (gest. 1623), in: Der Trierer Dom (Neuss 1980) S. 265-273.- Vgl. Heinz Stefan, Rothbrust Barbara, Schmid Wolfgang, Die Grabdenkmäler der Erzbischöfe von Trier, Köln und Mainz (Trier 2004) S. 61/62: Lothar von Metternich. Den Höhepunkt der Grabaltäre des Manierismus bildet der 1614 fertiggestellte Allerheiligenaltar, vor dem Erzbischof Lothar von Metternich 1623 begraben wurde Geschaffen wurde das prächtige Werk durch den Trierer Bildhauer Hans Ruprecht Hoffmann.- Vgl. Balke Franz, *Über die Werke des Kurtrierischen Bildhauers Hans Ruprecht Hoffmann* (†1616), Inaugural-Dissertation (Trier 1916).

208 Vgl. Kneschke, S. 258/259.

209 Vgl. Humbracht, *Die höchste Zierde.* Stammtafel Metternich. *Johann Dietrich Freiherr von Metternich zu Sinkingen / Chur Trierer Rath und Amtmann zu Mayen Monrial und Pellentz.* Verheiratet war Johann Dietrich mit Anna Freyin von Dern, eine Tochter von Lubentz von Dern und Katharina von Nassau.

210 Vgl. Humbracht: *Freiherr Wilhelm von Metternich / Herr zu Berburg / Kur-Trierer Amtmann zu Meyen / Monrial und Kayserseck / des H. Röm. Reichs Frey Herr zu Winnenberg und Beilstein / Herr zu Königswart in Böhmen / Curf. Mayntz. Geh. Rath und Obr. Marschall / Burg-Graf zu Starkenburg / hernach der Kayserin Eleonora Ober. Hofmeister / Ritter von St. Jakob / Königl. Spanischer Obrister zu Fuß / Kayserl. Kammer- Herr / Hof- und Kriegs Rath / Burggraf- zu Eger.*

211 Vgl. Grassold Anton P., *Beschreibung der alten Burg zu Eger* (Eger 1938).

212 Vgl. Mielke Heinz- Peter, *Die Niederadeligen von Hattstein, ihre politische Rolle und sozialle Stellung,* Zur Geschichte einer Familie der mittelrheinischen Reichsritterschaft von ihren Anfängen bis zum Ende des Dreißigjährigen Krieges mit einem Ausblick bis auf das Jahr 1767 (Wiesbaden 1977) S. 369, Nr. 9, *Hans Marqard* [von Hattstein] *1573 + 1597* [heirat] *Gutta von Nassau (Sporkenburg)1606- 1614 - Töchter Kunigunde Elisabeth*[heirat] *1609 Franz Ludwig von Warnsberg; Ursula Magdalena* [heirat] *Wilhelm von Metternich; Anna Amalia, Nonne zu Ohren bei Trier.*

213 Vgl. Ronner Wolfgang, *Die von Kronberg und ihre Frauen.*

214 Humbracht, *Die höchste Zierde, Karl Heinrich* Graf Metternich.- Vgl. Heinz Stefan, Rothbrust Barbara, Schmid Wolfgang, Die Grabdenkmälder der Erzbischöfe von Trier, Köln und Mainz, Trier 2004, S. 183: Lediglich eine Memorientafel, die sein trauernder Bruder gesetzt hat, erinnert an Kurfürst Karl Heinrich von Metternich, der nur acht Monate lang regierte. Auch hier spricht die Inschrift den Leser direkt an- „Seufze, o Wanderer"- und berichtet, dass der Erzbischof in der Residenz Aschaffenburg gestorben sei und seine Gebeine von dort aus- „Der Stadt der Asche" - nach Mainz überführt worden seien. Die Grabplatte lag ursprünglich auf seinem Grab in der Lambertuskapelle. Dort hatte Karl Heinrich bereits 1658, als er noch Domscholaster von Mainz war, einen Altar aufstellen lassen, der dem Andenken an seinen Onkel, den Domprobst Johann Reichhard von Metternich (†1638) gewidmet war.- Vgl. Balzer Wolfgang, *Mainz, Persönlichkeiten der Stadtgeschichte* (Mainz 1985) S. 182/183: Karl Heinrich von Metternich -Winneburg (09.01.1679-26.09.1679). Nach fünfwöchiger Zwischenregierung des Domkapitels wurde der Domkustos Karl Heinrich von Metternich- Winneburg am 9. Januar 1679 zum Erzbischof-Kurfürsten und am 30. Januar zum Bischof

von Worms gewählt. Eine sorgfältige Erziehung und gründliche Bildung hatten den am 14. Juli 1622 Geborenen dazu befähigt, in verhältnismäßig jugendlichem Alter, 1655, Domscholaster und 1664 für zwei Jahre Rektor der Mainzer Universität zu werden. Seine Regierungszeit war sehr kurz; schon am 26. September 1679 starb er während einer Reise durch das Oberstift in Aschaffenburg.

215 Humbracht, Anna Margret vom Metternich *war der verwittibten Kayserin Hof-Dame, hernach Obrist- Hofmeisterin bey denen Chur-Pfälßichen Princeßinnen / vermälten Königinnen in Portugal und Spanien.*

216 Ebd. Wilhelm Freiherr von Metternich. *Graf Metternich Winnenberg und Beilstein / Herr zu Berburg und Königswart / Erb-Kämmerer des Ertz-Stiffts Mayntz /Burg-Graf zu Eger / Kaysl. Gen. Feld-Zeugmeister und Kammerherr / Obrister zu Fuß / Und Kommandant zu Groß Glogau / Churfl. Mayntz. Kämmerer und Churfl. Trier Geh. Rath.*

217 Ebd.

218 Ebd.

219 Vgl. Kneschke, S. 260.

220 Vgl. Simanyi Tibor, *Kaunitz oder die diplomatische Revolution* (Wien 1984): Österreichischer Staatsmann des aufgeklärten Absolutismus, Reichshofrat und Diplomat, als Berater und Mitarbeiter der Reformen Maria Theresias und Joseph II. und als Gründer das österreichischen Staatsrats die führende Stimme der Aufklärungspartei in der Habsburgmonarchie und Beförderer vieler innenpolitischer Reformen. Für die Verdienste, die er Maria Theresia als Staats- und Konferenzminister geleistet hatte, wurde er nach dem Ende des Siebenjährigen Krieges am 8. April 1764 mit seinen männlichen Leibeserben nach dem Recht der Erstgeburt in den Reichfürstenstand erhoben. Verheiratet war er mit Maria Ernestine von Starhemburg. - Vgl. Aretin Karl Otmar von, Wenzel Anton Graf von *Kaunitz-Rietberg*, in: Neue Deutsche Biographie 11/1977.

221 Vgl. Riff Hans-Jörg, Spahr Gerhard, Hauff Dieter, *Kloster Ochsenhausen* Geschichte, Kunst, Gegenwart (Bieberach 1985). Die Reichsabtei Ochsenhausen bestand von 1099-1803.

222 Vgl. Himmelein Volker (Hrsg) *Alte Klöster. Neue Herren,* Die Säkularisierung im deutschen Südwesten 1803 (Ostfildern 2003, Vorgeschichte und Verlauf der Säkularisierung.

223 Vgl. Aretin Karl Otmar von, Franz Georg Graf von Metternich, in: Neue Deutsche Biographie, 17/ 1994, S. 235f: Nach dem frühen Tod seines Vaters wuchs Franz Georg unter der Vormundschaft seines Onkels Franz Ludwig auf. Er studierte in Mainz und erwarb sich praktische Kentnisse am Reichskammergerich in Wetzlar, auf dem Reichstag in Regensburg und am Reichshofrat in Wien. Nach einer Kavalierstour durch Italien trat er 1768 in die Dienste des Trierer Kurfürsten und Erzbischofs Klemens Wenzeslaus von Sachsen (1768-1801), der ihn erst zum Gesandten in Wien berief und später zum Staats- und Konferenzrat für auswärtige Angelegenheiten ernannte. Im Jahre 1782 wurde er in Straßburg Freimaurer. 1790 nahm Franz Georg an der Kaiserkrönung von Leopold II. als zweiter kurböhmischer Wahlgesandter teil. Sein damals 17 jähriger Sohn Clemens Wenzel fungierte bei der Krönung als Zeremonienmeister des katholischen Teils des westfälichen Grafenkollegiums - im scharlachroten, goldbestickten Kostüm eines Ehrenritters des Malteserordens. 1810 übernahm Franz Georg die

Geschäftsführung der Wiener Hof- und Staatskanzlei, in Vertretung für seinen Sohn Klemens Wenzel, als dieser einige Monate in Paris wegen der Hochzeit Napoleons mit Marie Louise von Österreich weilte.

224 Herre Franz, *Metternich,* Staatsmann des Friedens (Köln 1983) - Schickel Alfred, *Metternich in seiner Glanzzeit, Der östereichische Staatskanzler als Gegenspieler Napoleons,* in: Damals - Dez. 1973.- Müchler Günter, 1813. Napoleon, Metternich und das weltgeschichliche Duell in Dresden (Darmstadt 2012).

225 Ernst Cristoph von Kaunitz-Rietberg, Landeshauptmann in Mähren, Kaiserlicher Hofbeamter und Diplomat (1737-1797) trug seit dem Tod seines Vaters, Wenzel Anton von Kaunitz-Rietberg, den Titel eines Fürsten von Rietberg.- Vgl. Anm. 220.

226 Vgl. Simanyi Tibor, *Kaunitz oder die diplomatischer Revolution.*

227 Herre Franz, *Metternich,* Staatsmann des Friedens, S. 324/326.

228 Vgl. Schickel Alfred, *Metternich in seiner Glanzzeit* S. 1089-1112.- Herre Franz, *Metternich,* Staatsmann des Friedens, Köln 1983.

229 Vgl. Seufert Karl Rolf, *...ist ein feins Ländlein,* Eine Kulturgeschichte des Rheingaus von den Anfängen bis zur Gegenwart (Eltville 1883), Johannisberg, S. 222-226. Als der Fürstabt von Fulda Konstantin von Buttlar 1716 den Johannisberg erwarb, ließ er nach Plänen des Baumeister Johann Dientzenhofer aus Bamberg unter Leitung des Mainzer Hofbaumeisters Jokann Kaspar Herwarthel 1718-1725 das jetzige prächtige Schloss erbauen. Die Fuldaer Fürstäbte- ab 1752 Fürstbischöfe- hielten sich auf dem Johannisberg nur im Sommer vorübergehend auf. Mit größter Sorgfalt und Umsicht kümmerten sich die Äbte um den Weinbau, so daß die Rebenkultur unter fuldischer Leitung bedeutende Fortschritte machte. So diente das Schloss vornehmlich wirtschaftlichen Zwecken. 1802/03 fiel der Johannisberg als Dominialgut an das Haus Nassau-Oranien, 1807 schenkte Napoleon ihn dem französischen Marschall Kellermann, Herzog von Valmy. 1816 verlieh der österreichische Kaiser Joseph I. den Johannisberg, den er ein Jahr vorher mit allen Souveränitätsrechten erhalten hatte, auf dessen nachdrückliches Ansuchten seinem Staatskanzler Fürst Klemens von Metternich. Von 1826 bis 1837 ließ dieser unter Leitung des angesehenen Baumeisters Georg Moller das barocke Schloss zeitgemäß, im klassizistichem Stil, umbauen und den Park anlegen. Bis zu seinem Tod 1859 weilte der Fürst im Sommer häufig für mehrere Wochen im Schloss. Während der Revolution 1848 wurde Metternich zur Abdankung gezwungen und drei Jahre auf der Flucht in London und Brüssel, machte Metternich bei der Rückkehr aus dem Exil im Rheingau Etappenstation auf dem Weg nach Wien. Im Sommer und Herbst 1851 residierte er in Johannisberg und empfing dort unter anderem König Friedrich Wilhelm IV. und den späteren Reichskanzler Fürst Bismarck. Im Zweiten Weltkrieg wurde 1942 Schloss Johannisberg schwer beschädigt und brannte aus. Unter dem 6. Fürst Metternich Paul Alfons und seiner Frau Tatiana begann 1954 der Wiederaufbau. (Herre Franz, *Metternich,* Staatsmann des Friedens).- Struck Wolf-Heino, Johannisberg im Rheingau, Eine Kloster-, Dorf-, Schloss- und Weinchronik (Frankfurt a. M. 1977).

230 Vgl. Anmerkung 100.

231 Herre Franz, *Metternich,* Staatsmann des Friedens S. 225/226.

232 Vgl. Lorenz R., Richard Klemens Fürst Metternich-Winneburg, in: Österreichisches Biographisches Lexikon 1815-1950 (Wien 1975). 1855 wurde er Legationssekretär bei

der österreichischen Gesandtschaft in Paris, 1856 war er Gesandter und bevollmächtigter Minister Österreichs am sächsischen Hof in Dresden. Im Jahre 1861wurde er erbliches Mitglied des Herrenhauses des österreichischen Reichsrates. 1859-1871 war er Botschafter in Paris, wo er am Hof Napoleons III. mit seiner Gattin Pauline gesellschaftlich eine bedeutende Rolle spielte. 1856 heiratete er seine Nichte Pauline Gräfin Sándor, die Tochter seiner Halbschwester Leóntine von Metternich aus der ersten Ehe von Wenzel von Metternich. Richard Klemens hatte mit Pauline drei Töchter, Sophie, Antonia Pascalia und Clemetine. Die älteste Tochter Sophie heiratete 1878 den Erbprinzen Albrecht von Oettingen-Spielberg, die 23 jährige Antonia Pascalia am 11. Juli 1885 auf Schloss Johannisberg den Grafen Georg Wilhelm von und zu Waldstein-Wartenberg. Die jüngste Tochter Clementine adoptierte nach vielen Jahren 1926 ihren sechsjährigen Urneffen Franz Albrecht von Radibor, der ihren ungarischen Herrschaftssitz sowie das Schloss Bajna erbte. Da die Ehe zwar drei Töchter, aber keinen Sohn als Stammhalter hervorgebracht hatte, ging nach den Tod des 3. Fürsten Richard Klemens der Titel auf seinen Halbbruder Paul von Metternich (1834-1906) als 4. Fürst über.

233 Auf Paul Klemens folgte als 5. Fürst dessen Sohn Klemens Wenzel (1869-1930), verheiratet mit Isabel de Silva y Carvajal, 10. Contessa de Castillejo. Ihr Sohn Paul Alfons (1917-1992), 6. Fürst von Metternich-Winneburg, verheiratet mit Tatiana Hilarionawna Wassiltschikov, nahm 1945, nach Kriegsende und Ausweisung aus der Tschechoslowakei sowie Enteignung des dortigen Grundbesitzes und des Schlosses Königswart, mit seiner Frau seinen Wohnsitz auf dem alten Familiensitz (seit 1816), dem kriegszerstörten Schloss Johannisberg im Rheingau. Das Schloss und das zugehörige Weingut baute er mit seiner Ehefrau wieder auf. Er war unter anderem Großbailli der Großballei Deutschland des Lazarus-Ordens, Rennfahrer, Präsident und später Ehrenpräsident des Automobilclubs Deutschlands (AVD). Mit ihm ist das Fürstegeschlecht Metternich-Winneburg im Mannesstamm ausgestorben. Seine Frau Tatiana von Metternich-Winneburg war Mäzenin, Malerin und Schriftstellerin.

234 Vgl. Herre Franz, *Metternich,* Staatsmann des Friedens, S. 361.

235 Das Kloster Plasy ist eine ehemalige Zisterzienser-Abtei im Ort Plasy/Plaß 25 km nördlich von Pilsen in Westböhmen. Das 1144 vom damaligen Fürsten und späteren König Vladeslav II. gegründete Kloster war unter Kaiser Joseph II. aufgelöst worden. Auf dem Klosterfriedhof ließ sich Fürst Metternich für seine Familie̲s eine Grabeskapelle errichten.

236 Vgl. Herre Franz, *Metternich,* Staatsmann des Friedens, S. 402.

Literaturverzeichnis

Aretin Karl Otmar von, *Franz Georg Graf von Metternich,* in: Neue Deutsche Biographie 17, Berlin 1994, S. 235f.

Altendorf Irmeli, *Der Handschuh hat biblisches Alter.* in: Hessenbauer, Nr.43, 1991, S. 55/56.

Bauer Sofie, *Kunstdenkmäler der Herren von Kronberg,* in: Kronberg im Taunus. Beiträge zur Geschichte, Kultur und Kunst. Hrsg. vom Verein für Geschichte und Heimatkunde der Stadt Kronberg e.V. durch Helmut Bode, Frankfurt a.M. 1980.

Dies., *Die Johanniskirche in Kronberg im Taunus,* Eine Spätgotische Saalkirche und ihre Kunstdenkmäler, Kronberg 1997.

Bachmann Erich, *Schloss Aschaffenburg und Pompejanum,* Amtlicher Führer, München 1964.

Balzer Wolfgang, Mainz, Persönlichkeiten der Stadtgeschichte, Mainz 1985.

Baur, *Fürstliche Besuche in Friedberg,* in: Archiv für Hessische Geschichte und Alterthumskunde, 1. Bd. 1. Heft, Darmstadt 1865.

Battenberg Friedrich, *Solmser Urkunden, Regesten zu den Urkundenbeständen und Kopiaren der Grafen und Fürsten von Solms im Staatsarchiv Darmstadt (Abteilungen B9 und F24 B), im gräflichen Archiv zu Laubach und im fürstlichen Archiv zu Lich, 1131-1933*, Darmstadt 1983, Bd. 3

Bepler Eugen, *Handschuhe aus Wetzlar,* in: Heimatkalender des Kreises Wetzlar, Wetzlar 1957, S. 78-87.

Becker Eduard Edwin, *Die Riedesel zu Eisenbach,* 3. Bd., Offenbach 1927.

Belz Wilhelm, *Alte Stuckdecken in Friedberg und seiner Umgebung,* in: Friedberger Geschichtsblätter 13/1938.

Bock Hartmut, *Die Chronik Eisenberger,* Edition und Kommentar, Bebilderte Geschichte einer Beamtenfamilie der deutsche Renaissance – Aufstieg in den Wetterauer Niederadel und das Frankfurter Patriziat, Schriften des Historischen Museums Frankfurt a. M. Bd. 22, Frankfurt a. M. 2001.

Bock Fritz, *Die Reichsstadt Friedberg (Wetterau) im siebenjährigen Kriege,* Gießen 1920.

Boemer F. und Lau F. (Hrsg., Bearb.), *Codex Diplomaticus Moenfrancofurtanus.* Urkundenbuch der Reichsstadt Frankfurt. I. Bd. 794-1314. Frankfurt am Main 1901.

Bouvain Pierre, *Die Burgkirche in Friedberg/Hessen,* Beiträge zur Geschichte der Burgkirche. Friedberg 1987.

Ders., *Die Pfarrer/rinnen der evangelischen Kirchengemeinden von Burg und Stadt Friedberg von 1541-1994*, Materialsammlung, Friedberg 1994, S. 89/90)

Blecher Georg, *Das Verhältnis von Burg und Stadt Friedberg im Spiegel ihrer Befestigungs-Anlagen,* Ein Beitrag zur Baugeschichte, Friedberg, o.J..

Braun Wilhelm Hans, *Wappensteine und Inschriften in der Burg Friedberg,* in: Wetterauer Geschichtsblätter, 17/1950.

Ders., *Das Fachwerkhaus „Zum kleinen Himmelreich"*, in: Wetterauer Geschichtsblätter 1/1952.

Bremser Reiner, *Dietrich Brömser von Rüdesheim und die Anfänge der bürgerlichen Bremser-Familiengeschichte in Rheingau und Taunus,* in: Hessische Familienkunde, Bd. 36, Heft 3, 2013, S. 98-142.

Chroust Anton, *Johann Schweikard, Kurfürst von Mainz,* in: Aufsätze und Vorträge zur fränkischen, deutschen und allgemeinen Geschichte, Leipzig 1839.

Dieffenbach Philipp, *Geschichte der Stadt und Burg Friedberg in der Wetterau,* Darmstadt 1857.

Diel Wilhelm, *Ein neuaufgefundenes Burg-Friedberger Trauformular aus der Zeit des ausgehenden 16. Jahrhunderts,* in: Monatsschrift, Gottesdienst und kirchliche Kunst, 5.Jg, Nr 11, Göttingen, November 1900, S. 329-334.

Dreher Ferdinand, *Gutachten der Reichkammergerichts-Kommission wegen der 1683 beabsichtigten Verlegung des Reichkammergerichtes von Speyer nach Friedberg,* in: Friedberger Geschichtsblätter Heft 3, 1911, S. 68/69.

Ders., *700 Jahre Friedberger Geschichte,* Friedberg 1918.

Ders., *Das malerische Friedberg,* Friedberg 1919.

Ders., *Die Entstehung von Burg und Stadt Friedberg,* Friedberg 1919.

Ders., *Im Kampf ums Dasein, Aufstieg und Niedergang der Reichsstadt Friedberg,* Friedberg 1923.

Ders., *König Siegmund in Friedberg 1414. Dezember 7.-9,* Ein Bild aus Friedbergs vergangenen Tagen, in: Friedberger Geschichtsblätter Heft 2/1910.

Ders., *Stubenknechtordnung- und Inventarium vom Jahr 1560,* in: Friedberger Geschichtsblätter Bd. 15/1940.

Düll Sigrid, *Die Inschriften der Stadt Oppenheim,* Wiesbaden 1934.

Eckardt Albrecht, *Die Burgmannenaufschwörungen und Ahnenproben der Reichsburg Friedberg in der Wetterau 1473-1805*, in: Wetterauer Geschichtsblätter 19/1970.

Ders., *Burggraf, Gericht und Burgregiment im mittelalterlichen Friedberg*, in: Wetterauer Geschichtsblätter 20/1971, S. 17-81.

Ders., *Die Deutschordenskomture von Marburg und Frankfurt- Sachsenhausen als Burgmannen in Friedberg*, in: Hessisches Jahrbuch für Landesgeschichte, 20. Bd. Marburg 1970, S. 207-281.

Eichenauer Jürgen und Greve Clemens (Hrsg), Friedrich *Maximilian Hessemer (1800-1860),* Ein Frankfurer Baumeister in Ägypten, „Mäzene, Stifter, Stadtkultur" Schriften der Frankfurter Bürger-Stiftung, Frankfurt 2001.

Engelbrecht Christiane, *Ritterspiele am Hofe des Landgrafen Moritz von Hessen (1592-1629)*, in: Hessisches Jahrbuch für Landesgeschichte 9, Marburg 1959, S. 76-85.

Fertsch. *Der Rat der Reichsstadt Friedberg i.d.W. im 16. Jahrhundert,* Gießen 1913.

Gensicke Hellmuth, *Die von Kronberg.* (Zur Geschichte des nassauischen Adels) in: Nassauische Annalen 98, 1987, S. 297-318.

Graepler Carl (Bearbeiter), Imagines Professorum Academiæ Marburgensis, Katalog von Bildnissen Marburger Hochschullehrer aus fünf Jahrhunderten, Marburg 1977.

Grassold Anton P., *Beschreibung der alten Burg zu Eger*, Eger 1938.

Grebner Christian, *Johann Eberhard von Kronberg als Amtmann im Freigericht* [Alzenau] (1573- ca. 1580), in: Unser Kahlgrund, X, Heimatjahrbuch für den ehemaligen Landkreis Alzenau, Jg. 29, 1984.

Großkopf Gertrud, *Die Scharrmühle*, in: Rendel, ein Dorfbuch, Heinrich Walter, Hrsg: Rendel 1956.

Dies., *Reichsgut und Grundherrschaft in Rendel,* Studien und Materialien zur Besitz- und Gütergeschichte einer Wetterauer Gemarkung, in: Wetterauer Geschichtsblätter 28/1979.

Großmann G. Ulrich, *Der Cronberger Hof in der Burg Friedberg*, in: Hessische Heimat, 29. Jg. 1979, Heft 3 (Sonderdruck Friedberg 1979).

Goettert Rolf, *Der Rüdesheimer Marienaltar* – große Kunst vor dem Untergang gerettet, in: Notizen aus dem Stadtarchiv, Beiträge zur Rüdesheimer Stadtgeschichte.

Görlich Paul, *Zug der Kutschen unter Jubel und Winken*, Die Friedberger Burg – für Wochen „Residenz“ der russischen Zaren, in: Hessische Heimat 2006, Nr. 16.

Heinz Stefan, Rothbrust Barbara, Schmid Wolfgang, *Die Grabdenkmäler der Erzbischöfe von Trier*, Köln und Mainz, Trier 2004,

Hensler Erwin, *Der Mainzer Kurfürst und sein Hof vor 300 Jahren*, in: Aschaffenburgeer Geschichtsblätter Nr. 2, 3. Aschaffenburg 1907.

Hermann Fritz H., *Von den Türmern in der Burg Friedberg*, in: Wetterauer Geschichtsblätter 7/8, Friedberg 1959.

Ders., *Drei Pläne der Burg Friedberg aus dem 18 Jahrhundert*, in: Wetterauer Geschichtsblätter 19/1970.

Ders., *Bauten der Deutschordensballei Hessen in der Burg Friedberg*, in: Wetterauer Geschichtsblätter 21/1972.

Ders., *Friedberger Burgschreiber und Sekretäre bis zum 30jährigen Krieg*, in: Wetterauer Geschichtsblätter 30/1981.

Ders., *Aufzeichnungen des Friedberger Burgsekretärs Johann Rosa*, in: Wetterauer Geschichtsblätter 23/1974.

Ders., *Judentaufen in der Burg Friedberg*, in: Wetterauer Geschichtsblätter 30/1981.

Hertius J.N., II. Commentationes et opuscula ed. J.F. Hombergk (Frankfurt 1713-1716).

Herre Franz, *Metternich*, Staatsmann des Friedens, Köln 1983.

Heuson Karl, *Die Altenstädter Mark*, in: Heimatblätter Büdingen, 13, 1940.

Hörr Ernst, *Die Mark Altenstadt*, in: Büdinger Geschichtsblätter, Historisches Nachrichtenblatt für den Kreis Büdingen, Bd. III/IV, 1959/61.

Humbracht, Friedrich Emanuel von, *Die höchste Zierde Teutschlands und Vortrefflichkeit des Teutschen Adels*. Stamm-Tafeln, Frankfurt 1707.

Intelligenzblatt für die Provinz Oberhessen im Allgemeinen, den Kreis Friedberg und die angrenzenden Bezirke im Besonderen.

Katholisches Leben in Kronberg, Hsg. Katholische Kirchengemeinde St. Peter und Paul, Kronberg 1977.

Keck Lothar & Schmidt Hartmut, Hrsg., *Reichskammergerichtsmuseum in Wetzlar*, Wetzlar 1997.

Keller Michael, Hrsg., *Adelslandschaft Wetterau im 18. und 19. Jahrhundert, Ständische Repräsentation im Zeitalter der Auflösung der Feudalgesellschaft,* Friedberg 1982.

Ders., *Kirche in der Burg – Kirche in der Stadt,* 200 Jahre Burgkirche 1808-2008, in: Wetterauer Geschichtsblätter 58/2008, S. 127-136.

Kneschke Ernst Heinrich, *Neues allgemeines Deutsches Adels-Lexikon*, Bde. 1-9, Leipzig 1859-1870, 1930.

Königstein in Vergangenheit und Gegenwart, Hrsg: Stadtverwaltung Königstein/Taunus, 1963.

Kropat Wolf-Arno, Reich, *Adel und Kirche in der Wetterau von der Karolingerzeit bis zur Stauferzeit,* Friedberg 1964 = Wetterauer Geschichtsblätter 13.

Küther Waldemar, *Die Mörler Mark, ihre Vorgeschichte, Entstehung und Entwicklung, mit einem Urkundenanhang,* in: Wetterauer Geschichtsblätter 19/1970.

Löw Wilhelm von, *Notizen über die Familie derer Freyherrn Löw von und zu Steinfurth*, Darmstadt 1868.

Leonhardi Hildegard von, *Die Naßburg,* in: Chronik Heldenbergen, Nidderauer Hefte Nr. 5, Nidderau 1989.

Mader, Friedrich Karl, *Sichere Nachrichten von der Kayserlichen und des heiligen Reichs-Burg Friedberg und der darzu gehoerigen Graffschaft und freyen Gericht zu Kaichen, aus zuverlaesigen Archival-Urkunden und beglaubten Geschicht-Büchern zusammen getragen, auch hin und wieder erläutert,* 3 Teile, Lauterbach 1766-74.

Martin Alfred, *Die Inhaber des Schlosses (der Burg) zu Nauheim nach den Lehnbriefen von 1477 bis 1728,* in: Bad Nauheimer Jahrbuch, 8. Jg. Nr. 5/6, Bad-Nauheim 1929, S. 33-48.

Möller Walter, *Stammtafeln westdeutscher Adelsgeschlechter im Mittelalter,* Bd. 1-3 (Darmstadt 1922-1936) und NF (Darmstadt 1950/51).

Müchler Gunter, 1813. *Napoleon, Metternich und das weltgeschichtliche Duell in Dresden*, Darmstadt 2012.

Müller Karlheinz, *Die Friedberger Kaiserstraße*, Friedberg 2002.

Müller-Hildebrand M., *Cronberg, Geschichte eines Rittergeschlechtes und seiner Burg,* Frankfurt 1984.

Mielke Heinz-Peter, *Die Herren von Hattstein, Münzenberg und der Hattsteiner Hof,* Mit Edition der Familienchronik, in: Wetterauer Geschichtsblätter 27/1978.

Mielke Heinz-Peter, *Die Niederadeligen von Hattstein, ihre politische Rolle und zoziale Stellung*, Zur Geschichte einer Familie der Mittelrheinischen Reichsritterschaft von ihren Anfängen bis zum Ende des Dreißigjährigen Krieges mit einem Ausblick bis auf das Jahr 1767. Wiesbaden 1977.

Neumann Bernd, *Geistliches Schauspiel im spätmittelalterlichen Friedberg,* in: Wetterauer Geschichtsblätter 24/1975.

Nilüfer Krüger, Hrsg. u. Bearb.: *Supellex epistolica Uffenbachii et Wolfiorum* = Katalog der Uffenbach-Wolfschen Briefsammlung, 2 Bde., Hamburg 1978 = Katalog der Handschriften der Staats- und Universitätsbibliothek Hamburg 8.

Ohler Norbert, *Reisen im Mittelalter,* München/Zürich 1986.

Olschewski Boris, *Die Mediatisierung der Burg Friedberg durch Hessen Darmstadt 1802-1806*, in: Wetterauer Geschichtsblätter 52/2003.

Oetter Samuel Wilhelm, *Wappenbelustigungen*, 6. Stück Augsburg 1764 (Anhang: Nachricht von den wappen der abgestorbenen Graven von Cronberg, S. 21-44).

Oidmann E. von, *Die adeligen Geschlechter von Rüdesheim*, in: Mitteilungen der Westdeutschen Gesellschaft für Familienkunde, Bd.2, Nr.9, 1921.

Ompteda Ludwig Frh. von, *Die von Kronberg und ihr Herrensitz*, Frankfurt a.M. 1899.

Pauly Ferdinand, *Aus der Geschichte des Bistums Trier,* Die Bischöfe von Richard von Greiffenklau (1511-1531) bis Matthias Eberhard (1867-1876), Trier 1973.

Praetorius Otfried, *Friedbergs Bevölkerung im Jahre 1581, nach dem „Glückhaffen“* in: Friedberger Geschichtsblätter 9/1930, Nr. 11/12.

Rack Klaus-Dieter, *Die Burg Friedberg im Alten Reich, Studien zu ihrer Verfassungs- und Sozialgeschichte zwischen dem 15. und 19. Jahrhundert* = Quellen und Forschungen zur hessischen Geschichte 72, Darmstadt und Marburg 1988.

Ders., Vom Dreißigjährigen Krieg bis zum Ende des Alten Reiches = *Friedberg in Hessen. Die Geschichte der Stadt* Bd. II, Friedberg 1999.

Rady Johann Bapt., *Geschichte der katholischen Kirche in Hessen, Vom heil. Bonifatius bis zu deren Aufhebung durch Philipp den Großmütigen (722-1526),* Mainz 1904.

Reinle Adolf, *Italienische und deutsche Architekturzeichnungen im 16. und 17. Jahrhundert.* Die Plansammlungen von Hans Heinrich Stadler (1603-1660) Johann Ardüser (1585-1665) und ihre gebauten Gegenstücke, Basel 1994.

Riff Hans-Jörg, Spahr Gerhard, Hauff Dieter, *Kloster Ochsenhausen.* Geschichte, Kunst, Gegenwart, Bieberach 1985.

Ronner Wolfgang und Jutta, *Die Herren von Kronberg an Nahe, Neckar, Rhein und Main,* Kronberg 1980.

Ronner Wolfgang, *Als Kronberg hinter Mauern lag,* 1. Folge, Frankfurt a.M. 1975.

Ders., *Burgen Schlösser und Höfe der Herren von Kronberg,* in: Kronberg im Taunus. Beiträge zur Geschichte, Kultur und Kunst. Hrsg. vom Verein für Geschichte und Heimatkunde der Stadt Kronberg e.V. durch Helmut Bode, Frankfurt a.M. 1980.

Ders., *Stammtafeln der Ritter, Herren und Grafen,* Kronberg 1981.

Ders., *Politik und Religion im alten Kronberg.* Eine Stadt- und Kirchengeschichte von 1522 bis 1813, Kronberg 1983.

Ders., *Hartmut XII. von Kronberg* – ein Zeitgenosse der Reformation, in: Nassauische Annalen, Bd. 100, 1989.

Ders., *Die von Kronberg und ihre Frauen, Begegnungen mit einem Rittergeschlecht,* Neustadt an der Aisch 1992.

Ronig Franz J., *Allerheiligen-Altar.- Grabaltar des Lothar von Metternich* (gest. 1623), in: Der Trierer Dom, Neuss, 1980, S. 265-273.

Roth Hermann, *Burg und Stadt Friedberg,* Friedberg 1980.

Rübeling Karlheinz, *Die alte Friedberger Burgkirche,* in: Wetterauer Geschichtsblätter 14/1965.

Saltenberger Frank-M, *Die Nauheimer Burg,* Ein Beitrag zu ihrer Baugeschichte, in: Wetterauer Geschichtsblätter 38/1989.

Salver Johannes Wilhelm, *Proben des hohen deutschen Reichsadels*, Würzburg 1775.

Sarkowicz Hans, *So sahen sie Hessen,* Stuttgart 1988.

Scriba H.E., *Regesten der bis jetzt gedruckten Urkunden zur Landes- und Ortsgeschichte des Großherzogtums Hessen. II.* Abt. die Regesten der Provinz Oberhessen enthaltend, Darmstadt 1849.

Schaum Friedrich Wilhelm, *Eine Solmser Ordnung zur Erhaltung bürgerlicher Zucht und Polizei (1603)*, in: Friedberger Geschichtsblätter Heft 3/1911.

Schäfer R., *Gutachten der Reichskammergerichts-Kommission wegen der 1683 beabsichtigten Verlegung des Reichskammergerichtes von Speyer nach Friedberg,* in: Friedberger Geschichtsblätter 15/1944, S. 68/69.

Schellwanich Georg, *Die Geleitsrechte im „Freien Kaicher Gericht“*, in: Karbener Hefte 5 Beiträge zur Vergangenheit und Gegenwart einer Stadt, Karben 1998.

Schilp Thomas, *Die Reichsburg Friedberg im Mittelalter,* in: Wetterauer Geschichtsblätter 31/1982.

Schickel Alfred, *Metternich in seiner Glanzzeit. Der östereichische Staatskanzler als Gegenspieler Napoleons,* in: Damals, Heft 12, Dez. 1973.

Schmidt von Rhein Georg, *Das Reichskammergericht in Wetzlar,* Schriftenreihe der Gesellschaft für Reichskammergerichtforschung, Heft 9, Wetzlar 1990.

Schuch Herbert H., *Cärber Mark contra Burg Friedberg*, in: Streiflichter, Beiträge zur Geschichte und Volkskunde der Stadt Karben Bd. 5, Karben 2007.

Schrohe Heinrich, *Die Stadt Mainz unter kurfürstlicher Verwaltung* (1462-1792), Mainz 1920.

Schorn Georg J. *Erzbischof Johann Schweickard von Cronberg,* in: Mainzer Almanach, Beiträge aus Vergangenheit und Gegenwart, Mainz 1959, S. 126-135.

Seufert Karl Rolf, *...ist ein feins Ländlein*, Eine Kulturgeschichte des Rheingaus von den Anfängen bis zur Gegenwart, Eltville 1883.

Sender Ferdinand W., *Georg Friedrich Greiffenglau von Vollrads 1573-1629*, Ein Prälat aus der mittelrheinischen Reichsritterschaft, Aufstieg und Regierungsantritt in Mainz. Mainz 1977.

Simanyi Tibor, *Kaunitz oder die diplomatische Revolution*, Staatskanzler Maria Theresias, Wien 1984.

Steinlein Hans Jakob, *Die Geschichte des Brömseraltares zu Rüdesheim*, in: Rheingauische Heimatblätter 1, Rüdesheim 1967.

Stumpf Paschasia, *Aus der Geschichte von Kloster Engelthal in der Wetterau*, Engelthal 1968.

Stöhlker Friedrich, *Die Kurmainzer Oberamtmänner in Königstein (1581-1781)*, in: Heimatliche Geschichtsblätter, Königstein im Taunus, 1957, Heft 4, S. 35-61.

Struck Wolf-Heino, Johannisberg im Rheingau, Eine Kloster-, Dorf-, Schloss- und Weinchronik, Frankfurt a. M. 1977.

Thudichum Friedrich, *Geschichte des Freien Gerichts Kaichen in der Wetterau*, Gießen 1857.

Vogel Christian, *Die drei Karben und Burgfriedberg in und nach den Revolutionskriegen (1792-1806)* = Karbener Hefte 17, 2007.

Waas Christian, *Die Chroniken von Friedberg*, Bd. I. Friedberg 1937.

Winkelmann-Holzapfel Brigitte, *Besitzungen und Organisationen der Reichsritterschaft im hessischen Raum am Ende des Alten Reiches*, in: Hessisches Jahrbuch für Landesgeschichte II. Bd., Marburg 1961, S. 136-228.

Wolf Hans, *200 Jahre Burgkirche 1808-1008*, in: Wetterauer Geschichtblätter 58/2010.

Wolf Jürgen Rainer, *Festung und Nebenresidenz in Oberhessen*, in: 800 Jahre Giessener Geschichte 1197-1997, Hrsg. Brake Ludwig und Brinkmann Heinrich, Gießen 1997.

Wolf Karl. *Die Besitzergreifung der Grafschaft Königstein durch Kurmainz i. J. 1581 und der Wetterauer Grafenverein,* in: Nassauische Annalen 74/1963, S. 70-78.

Zieg Michael, *Die Selbolder, Die Geschichte einer Friedberger Burgmannenfamilie in den Jahren 1200 bis 1578*, in: Wetterauer Geschichtsblätter 57/2008.

Ein *Malefizprozeß* zu Kaichen während der Amtszeit von Burggraf Kronberg (1583)

Norbert Bewerunge

Auf den folgenden hochinteressanten und nicht weniger eigentümlichen Text stieß der Verfasser bei seinen Recherchen zur Geschichte von Kloster Ilbenstadt. Der Text wurde von der Burg in dem langanhaltenden Prozess mit dem Kloster über von diesem beanspruchte Obrigkeit im Ort Ilbenstadt vorgelegt, um zu beweisen, dass die volle Obrigkeit über den Ort bei der Burg lag.[1]

„Beschreibung des Malefizprozeß so den 3. May Ao 1583 im freyen Gericht zu Kaichen geübt und vollzogen worden.

Nachdem von Herrn Burggrafen, Baumeistern und Regiment, nächst vorgehenden Burg Raths beschloßen worden, daß die arme gefangene und mit Nahmen Hanns und Weigel Müller von Stammheim, so zu Oberau gegriffen, Gebrüder, auch Adam Schütz von Ostheim über der Höhe geweßener Schmidt zu Großen Carben für peinlich Recht gestellet, und was ihnen dasselbe gebe, an ihnen vollzogen werden sollte; als seynd der Gref von Ilbenstatt, Carben, Rendel, Büdesheim und Heldenbergen den vorgehenden Donnerstag um 2 Uhr Nachmittag mit zweyen Wägen und 30 Schützen von Ilbenstatt, darauff die arme Sünder hinaus zu führen, um zu begleithen in der Burg zu erscheinen, beschrieben, wie auch allen Grefen der 8 Ämbter, als nemblich Ilbenstatt, Kaichen, Heldenbergen, Rendel, Büdesheim, Carben, Altenstatt und Ocarben, durch unterschiedliche befelch zuvor ufferlegt worden, daß ein jeder Gref seynen zweyen ältisten Schöffen, denselben Freytag um 7 Uhr an der gewöhnlichen Malefiz-Mahlstatt und Orth hinaus vor Kaichen gewißlich zu erscheinen Herrn–Gebott anlegen, darzu auch jeder aus seinem Ambt alsdann daselbst hinauff 6 oder 8 schützen mitbringen solte, und seynd bemelten Donnerstag Vormittag die armen aus dem Gefängnußen in der Porten knechte und Wächterhaüsser unterschiedlich gethan, dasselbsten jeder mit zweyen wehrhafften aus den Gärtnern verhütet, durch Pfarrer in der Burg mit Trost des Göttlichen Worts und Reichung des Hl. Nachmahls unßers Herrn Jesu Xti versehen, auch etwas reichlicher, dann sonsten, abgespeißet worden,

folgends um zwey Uhr Nachmittag obernannte hieher beschriebene Grefen mit dem Wagen und Schützen ankommen, deren Schützen und Fuhrleuten jedem sein geordnete und gewöhnliche Portion an Wein und Brod gegeben, und denen zuvorderst gezehret, und hernacher die arme uff berührte wagen gebunden, gesetzt, die Grefen vorhero geritten, die Schützen vor und nachgegangen, und dieselben alßo aus der Burg auch durch die Statt Friedberg stracks hindurch bis gegen Ilbenstatt geführet worden,

daselbsten sie der Gref zu Ilbenstat alten Brauch nach, dieselbe Nacht über verwachen und, sonsten nach aller Nothdurft versehen laßen, wie dann hieneben derselbe Gref von Friedberg aus, bis zu Ende der Execution uff empfangenen Befehl der Schützenführer, darauff sie und andere zu sehen und deme zu gehorsamen gehabt, geweßen, und den Befelch geführet,

folgenden Freytags frühe seynd aus der Burg Friedberg Johann Eberd und Quirin Riedeßel von Bellersheim, Gevätter, Emerich von Carben und der Burg Secretari, als zu dieser Execution deputierte stracks uff Kaichen zugeritten, dasselbsten den älteren Herrn Baumeistern Dietzen von Roßenbach und Quirin von Carben, so beyde hierzu auch sonderlich beordert und beschrieben worden, antroffen und funden bald hernach die 16 Bluth Richter, oder Schäffen mit und neben dem Grefen zu Kaichen /:welcher als Judex den Stab zu halten, auch das Gericht zu hegen pflegt :/ ordentlich miteinander aus Kaichen zu der Mahlstatt zu, allda man das Gericht zu besitzen pflegt, gangen, und sich dasselbsten gesetzt,

darauff die arme herbey und in den gemachten Crais gebracht, welche ihrer Banden ledig für gericht gestelt worden, hiernächst der Gref zu Kaichen im Nahmen Herrn Burgrafen und Baumeister zur Kayserl. Burg Friedberg nach Befragung des ältesten Schöffen und seiner Bejahung, das gericht gehögt, recht erlaubt und unrecht verbotten,

darnächst Erasmus Stollbergen als der Burg wegen Constituierter Fiscal seine Anklage gethan, und die vergichten aller dreyer in articul verfaßet; öffentlich vorzuleßen eingeben, welches dann geschehen, demnach seine Petition gethan, und der Beklagten Antwort erwartet, die Beklagten begehrten durch ihren zugegebenen Defensoren Johann Treher einen Abtritt, und Bedacht uff jetzt angehörte Klag, so ihnen dann verstattet, und sie ausser dem Crais zu ihrer nothwendigen Besprechung mit ihrem Redner beyseits geführet worden, welche nach genugsam Bedacht, und Unterredung durch benannten ihren Procuratorem der Thaten nit abredig waren, sondern ihren Unverstand, Jugend und Nothdurft zu ihrer Entschuldigung fürbringen laßen, und darneben um Gnad und Barmhertzigkeit anruffen;

der Ankläger nahme an daß sie nit inficirten, und begehrt darauff zu sprechen was recht also, nach hinc inde gethanen Beschluß die 16 Schöffen aufstunden, und aussen Crais einen Abtritt nahmen, hernach sich wieder bey den Grefen niedersetzten; uff dessen befragung, ob sie eines Urtheils weiß ? Der älteste neben ihme zur rechten sitzende Schäff von Kaichen offentlich antworte, daß der Schäffen Bescheid wäre, die geübte gerichtliche Acta zuvor öffentlich zu verleßen, daraus sollte fürter ergehen, was recht, wie dann geschahe,

daruff ernannte Schöffen abermahls ihren Abtritt nahmen, hernacher den Schreiber zu sich heraus forderten, und ein Urtheil begreiffen thäten, welches, als sie wieder sich gesetzet, uff abermahlig Befragen des Grefen zu verlesen von dem ältesten Schäffen befohlen worden, alßo ward das Urthel verleßen des summarischen Inhalts, daß mehrgenannte drey wegen ihren vielfältig begangenen und eingestandenen vorsetzlichen Diebstählen nach Ausweißung Kaysers Caroli des fünften peinlichen Hals Gericht Ordnung mit den Strang vom leben zum tod hingericht werden solten,

daruff der Gref den Stab zerbrach, und als die arme ihnen das schwerd gedeihen zu laßen, die Herrn Baumeistern anschrien, ward ihnen durch den Secretarium der Bescheid angesagt, daß sie es dießmahls bey dem, was ihnen Urtheil und Recht geben hätte verbleiben ließen, derowegen sie dem Nachrichter befohlen, und zu der neugebauten Richtstatt hingeführet, daselbsten auch nacheinander mit Strang zum tod gericht wurden, und der Nachrichter den Herrn Baumeister nach verrichtung dessen anschrie, ob er recht gerichtet, darauff von dem älteren Herrn Baumeister Dietzen von Roßenbach ihm offentlich geantwortet ward, daß er verrichtet, was ihm befohlen worden, und das recht zuertheilt hätte, deßen bescheid er sich unterthänig bedankte, und das Volk ein Exempel an diesen armen verwarnete,

alßo dieser peinlichen Prozeß und Execution / dem dann eine große Meng Volk geistliches und weltliches standes auch etliche benachbarte Be-

ambten, als die drey Keller zu Assenheim, der Keller zu Winndecken, Naumburg und sonsten fast uff 3000 Personen beygewohnet, ohn einiges Menschen Eintrag, ruhig von der Burg Friedberg aus bis ans Gericht und zur Endschaft gehandelt und vollführet worden.“

Inzwischen hat sich ergeben, dass der berühmte Friedrich Thudichum schon 1857 den Text kannte und in seiner *Geschichte des Freien gerichts Kaichen*[2] leichter verständlich, allerdings auch weniger eindringlich nacherzählt hat. Der Text war ihm aus dem *Malefitzbuch der Burgk Friedtbergk, angefangen im jahr 1560“*[3] bekannt.

Thudichums Nacherzählung

In den ersten monaten des jahres 1583 war im burgrath von burggraf, baumeistern und regiment beschlossen worden, drei im Kaicher gericht ergriffene diebe vor das peinliche gericht zu Kaichen zu stellen. Allen grefen der acht ämter Ilbenstadt, Kaichen, Heldenbergen, Rendel, Büdesheim, Carben, Altenstadt und Ocarben ging daher befehl zu, dasz ein jeder seinen zwei ältesten schöffen die aufforderung bekannt mache, Freitag 3. Mai 1583 morgens um sieben uhr an der gewöhnlichen malefiz-mahlstatt vor Kaichen gewiszlich zu erscheinen.

Am tage vorher (Donnerstag nachmittag um 2 uhr) kamen die grefen von Ilbenstadt, Carben, Rendel, Büdesheim und Heldenbergen zu pferd mit dreiszig schützen von Ilbenstadt herein in die burg, um die gefangenen abzuholen. Die letzteren wurden auf zwei mitgebrachte wagen gebunden; voraus ritten die grefen, vor und nach den wagen schritten als bedeckung die schützen; und so ging der zug durch die stadt Friedberg nach Ilbenstadt. Hier wurden die angeklagten altem brauche nach die nacht über verwahrt.

Des andern morgens frühe begaben sich im auftrag des burgregiments Johann Ebert und Quirin Riedesel von Bellersheim (vettern), Emmerich von Carben und der secretär der burg zu pferde nach Kaichen, und trafen hier den älteren baumeister Dietz von Rosenbach und Quirin von Carben an, welche ebenfalls zu dem actus besonders

beschrieben worden waren. Bald hernach kamen die sechzehn blutrichter oder scheffen mit dem grefen zu Kaichen, welcher als richter den stab zu halten und das gericht zu hegen pflegte, ordentlich miteinander aus Kaichen zu der mahlstatt gegangen, und setzten sich daselbst nieder. Jeder grefe hatte, erhaltenem befehl zufolge, aus seinem amt sechs bis acht schützen mitgebracht, deren führung dem grefen von Ilbenstadt anvertraut war. Durch sie wurde, wie es scheint, ein kreis um das gericht gebildet; dann brachte man die gefangenen herbei in den kreis, nahm ihnen ihre bande ab; und nach herkömmlicher befragung des ältesten scheffen hegte der grefe von Kaichen im namen von burggraf und baumeistern zur kaiserl. burg Friedberg das gericht, erlaubte recht und verbot unrecht.

Der von der burg Friedberg bestellte fiscal, Erasmus Stolberger, begann hierauf seine anklage, übergab die papiere, worin die geständnisse (uhrgichten) der drei delinquenten in form von artikeln zusammengestellt waren, und bat dieselben öffentlich vorzulesen. Nachdem diesz geschehen war, so begehrten die drei beklagten durch ihren vertheidiger Johann Leher, auf kurze zeit aus dem kreise abtreten und sich wegen der ebengehörten anklage mit ihrem redner besprechen zu dürfen. Diesz wurde gestattet; und nach ihrer rückkunft gab der vertheidiger für sie die erklärung ab, dasz sie die thaten nicht in abrede stellten, und nur um gnade und barmherzigkeit flehen wollten.

Der ankläger bat auf dieses geständnis hin um rechtliches urtheil. Darauf standen die 16 schöffen auf, und gingen aus dem kreise zur berathung; bald kehrten sie wieder zurück und setzten sich wieder zu dem grefen nieder, auf dessen befragung, ob sie ein urtheil gefunden hätten, der älteste neben ihm zur rechten sitzende schöffe von Kaichen öffentlich antwortete, dasz den schöffen die öffentliche verlesung der gerichtlichen akten erforderlich erscheine. Die akten wurden also verlesen, die schöffen träten abermals über seite, forderten hernach den gerichtsschreiber (allem anschein nach der burgsecretär) zu sich hinaus, und setzten das urtheil auf, welches, als sie sich wieder niedergelassen, auf befehl des ältesten schöffen verlesen wurde, und kurz dahin lautete: dasz die drei angeklagten wegen ihrer vielfältigen eingestandenen vorsätzlichen diebstähle nach ausweisung kaiser Karl's V. peinlicher halsgerichtsordnung mit dem strang vom leben zum tod hingerichtet werden sollten. Darauf zerbrach der grefe den stab.

Die „*armen*“ wurden alsbald dem nachrichter übergeben, zur neu gebauten (¹) richtstatt hingeführt, und in beisein einer volksmenge von 3000 personen aller stände, nach einander mit dem strang hingerichtet.

Im Übrigen ist der Text eine wichtige Quelle zur Verfassung des Freigerichts im 16. Jahrhundert.[4] Die Darstellung der immer noch besonderen Verfassung des Freigerichts in der Zeit der Landeshoheit von Burgfriedberg bleibt weiterhin ein Forschungsdesiderat.

1 Der Text findet sich daher mehrfach: Staatsarchiv Darmtadt F11A (Kloster Ilbenstadt) 38/3 fol. 217-220 – Staatsarchiv Würzburg MRA St & K 1893– Universitätsbibliothek Gießen, Malefizbuch der Burg Friedberg angefangen 1560, HS 1049.
Er sollte Artikel 22 des Beweisantrittes der Burg belegen: Item ferner wahr, und also Vor alters herbracht, wann ein Ubelthätter zu Kaichen, fur peinlich Halßgerich, furgestelt werden soll, daß die Einwohner zu Ilbenstadt denselben vorigen tages zu Friedtberg mit bewehrter Hand abholen, dieselbe Nacht zu Ilbenstadt verwahrt behalten, und folgenden morgents an die wahlstatt des peinlichen Halsgerichts zu Kaichen lieffern, auch die Ilbenstätter sonderlich den craiß halten, wan das Malefizrecht besessen wird (Staatsarchiv Darmstadt, F21A (Kloster Ilbenstadt) 38/3 f.42. – Als Gefängnis diente in Ilbenstadt der Turm der Niddapforte, 1451 erbaut und 1819 abgerissen (Abbildung auf dem Grabstein Bickel in der Basilika).

2 Inauguralschrift, Gießen 1857.

3 Universitätsbibliothek Gießen, Handschrift 1049 (fortgeführt bis 1607).

4 Im späten Mittelalter hatte das Freie Gericht in Kaichen entsprechend seinem Namen Züge eines selbständigen Volksgerichtes. Der „Obergrefe", der ihm vorstand und als Untersuchungsrichter amtierte, wurde jährlich aus der Mitte der im Freigericht begüterten Ritter gewählt, und als Schöffen wirkten 12 „Dorfgrefen", die von der Vollversammlung der freien Einwohner in den einzelnen Orten ebenfalls jährlich gewählt wurden. Außerdem waren die „Lehnherren" = Grundeigentümer beteiligt. Einen Landesherrn über dem Gericht gab es nicht. Dies änderte sich in der zweiten Hälfte des 15. Jahrhunderts, als die Burg Friedberg die volle Landeshoheit im Freigericht erwerben konnte und das Gericht zum herrschaftlichen Gericht umformte. Obergref (ein bald durch die Landeshoheit der Burg überholtes Amt) und Dorfgrefen (jetzt von der Burg ernannte Beamte) verschwanden aus dem Gericht. Auch die Vollversammlungen der Freigerichtsorte als Ortsgerichte gab es bald nicht mehr. Ortsgerichte waren jetzt von der Burg ernannte Schöffenkollegien mit acht Mitgliedern (der jeweilige Dorfgref und sieben Schöffen). Einige davon amtierten für mehrere Orte, entsprechend der Einteilung des Freigerichts in Ämter waren es acht. Als Schöffen am Freistuhl rückten an die Stelle der früher vom Volk gewählten Dorfgrefen jetzt von der Burg ernannte Schöffen dieser Ortsgerichte. 1583 waren es die beiden jeweils Ältesten der 8 Schöffenkollegien. Diese 16 hießen „Blutschöffen" (später waren es nur noch 8, die jeweils ältesten Schöffen der Ortsgerichte). Den Vorsitz im Gericht in Kaichen führte jetzt der Dorfgrefe von Kaichen, der den Stab hielt und zerbrach. Andere Dorfgrefen nahmen bei der Gerichtsverhandlung nur noch Hilfsdienste wahr. Die Burg berief über die Dorfgrefen das Gericht am Freistuhl ein, vor dem jetzt seitens der Burg ein Staatsanwalt als Ankläger auftrat, während den Gerichtsschreiber offensichtlich der Burgsekretär machte. Die Burg als Landesherrin, die die Aufsicht über die Verhandlung hatte, vertrat eine Abordnung von Burgmannen (vermutlich Mitglieder des „Regimentes"). 1583 war ranghöchster Vertreter der Burg der ältere Baumeister. Die Vollstreckung des Urteils durch Hinrichtung geschah mit seiner Zustimmung. Burggraf Kronberg war nicht anwesend Ein eingehendes Untersuchungsverfahren in der Burg und die Einholung von Rechtsgutachten gingen dem Verfahren in Kaichen voraus. Dadurch war das Urteil vorgegeben. Die „armen" Übeltäter erhielten daher schon in der Burg das letzte Abendmahl, ehe sie nach Kaichen gebracht wurden. Die Blutschöffen nickten letztlich nur noch ab,

auch wenn sie 1583 darauf bestanden, nicht nur die Anklage des Fiskals (Staatsanwalt der Burg) zu hören, sondern auch den in der Burg geführten Untersuchungsprozess vorgelesen zu bekommen. Die anwesenden Baumeister hatten offensichtlich das Recht zur Milderung der Hinrichtungsart (Schwert statt Galgen), machten davon 1583 aber keinen Gebrauch (Hinweise von Christian Vogel).

Der Friedberger Burggraf Waldbott von Bassenheim und seine Familie – eine Spurensuche

Harald Bechstein

Die in der Eifel beheimateten katholischen Freiherren, seit 1720 Reichsgrafen, von Waldbott-Bassenheim oder Waldbott von (und zu) Bassenheim waren seit 1657 in der Burgmannschaft der kaiserlichen Burg Friedberg vertreten. Im Burgmannenbuch sind von diesem Jahr an bis 1796 sechs Aufschwörungen verzeichnet. Einer dieser Burgmannen bekleidete von 1777 bis 1805 das Amt des Burggrafen: Johann Maria Rudolph Waldbott Reichsgraf von und zu Bassenheim.

Als Bauherr der 1783 begonnen Burgkirche ist dieser vorletzte Burggraf in Friedberg noch immer stark präsent. Wie hat dieser Mann gewirkt, woher stammte er, wie sieht sein familiärer Hintergrund aus? Mit diesen Fragen beschäftigt sich der nachfolgende Text, der den Leser auch auf andere – teilweise sehr interessante – Orte hinweisen möchte, die mit dem Burggrafen und seiner Familie in Verbindung stehen.

1. Person und Amt

1.1 Selbstdarstellung

Das sehr sorgfältig und lebensecht in Öl gemalte Porträt des Burggrafen ist im Besitz des Wetterau-Museums. Er wirkt darauf jugendlich, das undatierte Bild dürfte also zu Beginn seiner Amtszeit entstanden sein.

Waldbott-Bassenheim präsentiert sich darauf – wie mancher der Vorgänger – im Brustharnisch und unterstreicht damit sein Selbstverständnis als Ritter. In ähnlicher – für einen „Landesherrn" im letzten Viertel des 18. Jahrhunderts im Grunde unzeitgemäßer – Weise haben sich zu dieser Zeit auch Komture und Landkomture des Deutschen Ordens oder Großpriore der Johanniter abbilden lassen. Auch deren politische und gesellschaftliche Position fußte auf dem Rittertum des Mittelalters. Von den kämpfenden Truppen des 18. Jahrhunderts trugen die Kürassiere noch derartige Brustpanzer, Kürass genannt. Einige Jahrzehnte zuvor hatten sich auch Könige noch mit dem Kürass abbilden lassen, beispielsweise der Soldatenkönig oder auch der junge Friedrich II von Preußen.

Abb. 1: Johann Maria Rudolph Graf Walbott von Bassenheim. Burggraf von 1777-1805. Stadtarchiv Friedberg: Fotosammlung

In der linken oberen Ecke des Bildes sieht man das Familienwappen: ein rot und silbern 12mal strahlenförmig geständerter Schild, überfangen von einer Grafenkrone – für den familiären Rang, nicht für den des Friedberger Burggrafen – und mit einem Schwan als Helmzier. Beim großen Familienwappen tragen dessen ausgebreitete Flügel wiederum jeweils den 12mal geständerten Schild im Miniaturformat. Auf der Brust trägt der Burggraf den St.-Josephs-Orden, der auf Antrag seines Vorgängers, Franz Heinrich Kämmerer von Worms, genannt von Dalberg, am 6. November 1768 von Kaiser Joseph II., dessen Namen der Orden trug, als zusätzliche Auszeichnung der Burgmannen gestiftet worden war. Als Großmeister fungierte jeweils der regierende Kaiser, als Großprior der amtierende Burggraf. Seit der feierlichen Investitur am 20. Juli 1769 tagte das Ordenskapitel zunächst jährlich, später etwa alle zwei Jahre im Rittersaal der Burgkanzlei (Haus Burg Nr. 4), zuletzt im Herbst 1803.

1.2 Lebensweg und Karriere

Der am 29. Juni 1731 auf den Tag genau fünf Monate nach dem Tod des Vaters als Postumus geborene Johann Maria Rudolph wurde 1747 mit 16 Jahren in die Burgmannschaft aufgenommen, trat 1775 ins Burgregiment ein und amtierte bis zum Zeitpunkt seiner nahezu einstimmigen Wahl zum Burggrafen (103 von 108 Stimmen) am 11. Januar 1777 als jüngerer Baumeister. Sein vollständiger Titel lautete: *des Heiligen Römischen Reiches Graf von Waldbott zu Bassenheim, Herr der Reichsherrschaften Pyrmont, Olbrück, Reiffenberg, Königsfeld, Dettenbach, Heckenbach, Herresbach, Herr zu Kransberg und Sevenich, Mitherr zu Kalenborn, Hohach usw. usw., des Hohen Deutschen Ordens Erbritter, Erbschenk des Erzstiftes Mainz, Erbamtmann der kurtrierischen Ämter Münstermaifeld, Kobern und Alken, Seiner Römischen Kaiserlichen Majestät wirklicher Geheimer Rat und Kämmerer, der Kaiserlichen und des Heiligen Reichs Burg Friedberg erwählter Burggraf, auch der Unmittelbaren Mittelrheinischen Reichsritterschaft erbetener Ritterhauptmann, Kommandeur des Kaiserlichen St.-Josephs-Ordens* (Adresskalender der Burg Friedberg 1791).

Mit dem Amtsantritt Johann Maria Rudolphs wurden die seit 1727 getrennten Ämter des Friedberger Burggrafen und des Direktors der Mittelrheinischen Reichsritterschaft, welches er bereits seit 1763 bekleidet hatte, wiedervereinigt. Mittelrhein war einer der drei Kantone des Ritterkreises Rhein, der zusammen mit den Kreisen Franken und Schwaben die reichsunmittelbare Ritterschaft bildete, deren Mitglieder persönlich keinem Landesherrn untertan waren, die nur freiwillige Abgaben an den Kaiser zahlten und deren Besitztümer zu einem großen Teil Allod (freies Eigentum) oder Reichslehen waren.

Außer der Burggrafen- und der Direktorenwürde hatte Waldbott-Bassenheim ein weiteres der im Titel genannten Erbehrenämter selbst errungen und nicht geerbt. Am 28. September 1764 erhielt er von Kaiser Franz I. für seine Familie die einzige Erbritterwürde des Deutschen Ordens verliehen. Dies geschah in Anbetracht der Verdienste seines Vorfahren, des ersten Ordenshochmeisters Heinrich Walpot (vgl. Kap. 3.3).

Ein weiteres persönliches Ehrenamt trat Johann Maria Rudolph mit dem Tod seines Bruders Franz Joseph Casimir 1769 an: das formal geistliche Amt des „Pastors" von Eschborn am Taunus. Dieses Lehen, das bis zu ihrem Aussterben 1704 die Herren von Cronberg und seitdem Kurmainz vergab, war mit nicht geringen Einkünften aus dem so genannten Pastoreigut verbunden. Es bedeutete nicht, das Amt des Pfarrers auszuüben; nach der Belehnungsurkunde durfte ausdrücklich ein Vikar oder Kaplan für die Seelsorgetätigkeit in der Gemeinde angestellt werden. Das 1391 erstmals genannte Amt hatten Mitglieder der Familie von Cronberg oder verwandter Familien ausgeübt, bis ab 1688 nur noch Männer aus der Familie Waldbott von Bassenheim belehnt wurden. Sie verloren diese Einkünfte erst mit der Allodifizierung des Pastoreigutes 1849 in Folge der Revolution.

Darüber hinaus hatte Waldbott-Bassenheim bis 1778 die katholische Präsidentenstelle am Reichskammergericht in Wetzlar bekleidet. In diesem Amt leitete er die Sitzungen eines der beiden Senate des Gerichts, hatte jedoch bei der Urteilsfindung kein Stimmrecht.

Als Kammergerichtspräsident ist Waldbott-Bassenheim zu literarischen Ehren gelangt: Goethe verarbeitet im zweiten Buch seines Werthers in dem Brief vom 15. März einen Besuch des jungen Braunschweiger Legationssekretärs Karl Wilhelm Jerusalem im Haus des Gerichtspräsidenten für die Kränkung Werthers durch die Adelsgesellschaft. Jerusalem war peinlicherweise zu lange im Hause seines Gastgebers geblieben und noch anwesend, als die adeligen Gäste zum Abendbesuch eintrafen. Daraufhin ließen sie ihn ihre Missbilligung spüren. Der Graf persönlich erhält bei Goethe allerdings ein günstiges Zeugnis als aufgeklärter, dem bürgerlichen Werther gegenüber wohl gesonnener Mensch. So schreibt auch der in den 1960er Jahren namhafte Journalist Rolf Italiaander in seinem Buch *Burg Pyrmont in der Eifel*, es sei Waldbott-Bassenheim gewesen, der später gegen die Wetzlarer Geistlichkeit durchgesetzt habe, dass der Selbstmörder Jerusalem auf einem Friedhof beigesetzt werden durfte.

1788 gelang Johann Maria Rudolph für seine Herrschaft Pyrmont in der Eifel die Aufnahme in das westfälische Grafenkollegium. Über diese Institution hatte Waldbott-Bassenheim Anteil an der Kuriatstimme der westfälischen Grafen auf der weltlichen Bank des Reichsfürstenrats im Reichstag zu Regensburg. Sie garantierte Teilhabe an den Reichstagsentscheidungen, wenn auch nicht nennenswerten Einfluss auf diese.

Der Burggraf war seit 1769 in zweiter Ehe mit Isabella Felizitas Barbara Gräfin von Nesselrode zu Ehreshoven (1750 – 18. Oktober 1784) verheiratet, nachdem seine erste Gattin Eleonore Walburga Erneste Sophia Freiin von Hoheneck am 25. April 1760 nach nur fünfjähriger Ehe im Kindbett verstorben war. Aus den beiden Ehen entsprossen sieben Kinder.

Die Eltern von Eleonore Walburga, die der 24-jährige Waldbott-Bassenheim am 22. September 1755 heiratete, waren Damian Anton Maria von Hoheneck (auch Hohenegg) und Maria Antonia geb. Freiin von Wiltberg, deren Vater im Besitz der Moselburgen Thurandt und Arras, des Schlosses in Alken und der Rheinburg Faitsberg – heute Schloss Rheinstein – war. Der 1702 geborene Damian Anton Maria von Hoheneck war Geheimrat und Kämmerer des Mainzer Kurfürsten und amtierte als kurmainzischer Oberamtmann zu Miltenberg. Das seit 1710 als Amtssitz dienende Palais, beherbergt heute die Miltenberger Stadtbibliothek. Damian und seine in den geistlichen Stand getretenen Brüder waren die letzten männlichen Vertreter der seit 1214 nachgewiesenen rheinländischen Familie, deren Stammburg Hohenecken nahe bei Kaiserslautern liegt und seit 1688 eine Ruine ist. Die Vorfahren dienten im Mittelalter zeitweise als Reichsschultheißen von Lautern und erhielten 1654 vom Kaiser die Freiherrenwürde verliehen. Sie waren 1669 – 1719 Pfandinhaber der Mainzer Burg in Wörth am Main, von der nur der eindrucksvolle quadratische Bergfried aus dem 13. Jahrhundert erhalten ist. Im Jahr dieses Erwerbs hatten sie ihre Stammburg an Lothringen verkauft.

Die von Nesselrode stammten ursprünglich vom Niederrhein, wo sie seit dem 11. Jahrhundert bezeugt waren. Die jüngere Linie zu Ehreshoven war 1705 in den Reichsgrafenstand erhoben worden, wobei allerdings nur die 1710 gegrafte ältere Linie durch Erwerb der Burg Reichenstein von Wied (1698) über reichsunmittelbaren Besitz verfügte. Der Wohnsitz Schloss Ehreshoven – direkt nördlich der Autobahn 4 bei Engelskirchen 30 Kilometer östlich von Köln gelegen – war Lehen der Abtei Siegburg. Unter Verwendung von Teilen des spätgotischen Burghauses einer Wasserburg hatte Philipp Wilhelm von Nesselrode, der Urgroßvater von Felizitas Barbara, Ende des 17. Jahrhunderts eine repräsentative barocke Ehrenhofanlage errichten lassen. Sie dient seit dem Aussterben der Familie 1920 als Damenstift der Rheinischen Ritterschaft. Die Eltern von Isabella Felizitas Barbara waren Karl Franz Graf von Nesselrode-Ehreshoven (1713 – 98) und Anna geb. Freiin von Loe. Der Vater diente dem pfälzischen Kurfürsten von 1776 bis 1794 als Statthalter der Herzogtümer Jülich und Berg und ließ als repräsentativen Wohnsitz in Düsseldorf bis 1783 das dreiflügelige Palais Nesselrode erbauen, das heute das Hetjens-Museum beherbergt. Isabella Felizitas Barbara, die am 18. Oktober 1824 starb, überlebte ihren Ehemann um fast zwanzig Jahre.

Der Burggraf war direkt mit zwei geistlichen Reichsfürsten verwandt: Durch seine Mutter Maria Antonia geborene Gräfin von Ostein war er der Neffe des 1743-63 regierenden Mainzer Kurfürsten Friedrich Karl von Ostein. Und durch die Schwester seiner ersten Frau, Josepha, war er mit Josef Franz Maria von Seinsheim verschwägert, dem Bruder des Würzburger und Bamberger Fürstbischofs Adam Friedrich von Seinsheim (1755 bzw. 1757-1779).

Durch den Reichsdeputationshauptschluss erhielten die Grafen Waldbott von Bassenheim und dreizehn andere Fürsten und Grafen, deren kleiner reichsunmittelbarer Besitz in den Niederlanden, dem Rheinland, der Pfalz oder dem Engadin vollständig verloren gegangen war, in Oberschwaben völlig neue Reichsherrschaften in Form von säkularisierten Fürst- oder Reichsabteien. Als Entschädigung für seine Familienherrschaften Pyrmont und Olbrück bestimmte § 24 den Friedberger Burggrafen Johann Maria Rudolph zum neuen Landesherren der Zisterzienserinnenabtei Heggbach, im heutigen Landkreis Biberach gelegen. Die meist aus bürgerlichen und bäuerlichen Familien stammenden Äbtissinnen waren seit dem Spätmittelalter unter den schwäbischen Prälaten im Reichstag vertreten gewesen und hatten ein Gebiet von ca. 50 km^2 mit den fünf Dörfern Baustetten, Bronnen, Maselheim, Mietingen und Sulmingen sowie Teilen von Baltringen regiert.

Abb. 2: Haupttor der ehemaligen Zisterzienserinnenabtei Kloster Heggbach. Foto: Harald Bechstein

Zwar lösten die Waldbott-Bassenheim den zuletzt 39-köpfigen Frauenkonvent zügig auf, machten aber keine Anstalten ihren Wohnsitz nach Heggbach zu verlegen. Sie führten das ehemalige Kloster als Wirtschaftsbetrieb, auch nachdem sie durch die Gründung des Rheinbundes ab 1806 Untertanen des Königs von Württemberg geworden waren. Als Entschädigungsgut war die Herrschaft zwar um die Dörfer Mietingen und Sulmingen und den Zehnt von Baltringen verkleinert worden, durch Erbschaft und Kauf konnten die Grafen ihren neuen Besitz aber in den folgenden Jahren erheblich vergrößern.

Johann Maria Rudolph starb am 15. Februar 1805 im Alter von 73 Jahren, 7 Monaten und 16 Tagen und wurde fünf Tage später im Familienbegräbnis in Reifenberg im Taunus beigesetzt, da die Stammgüter in der Eifel französisch besetzt waren. Die Gruft der dortigen Kapelle hatte sein Großonkel, der Mainzer Domherr Kasimir Ferdinand Adolf Waldbott von Bassenheim, 1711 im Andenken an die Ritter von Reifenberg erbauen und den Leichnam von deren letztem Vertreter 1730 dorthin überführen lassen. Der heutige Bau auf dem Kapellenberg ist allerdings nicht mehr das Original. Das einschiffige Kirchlein ist nach langem Verfall zwischen 1933 und 1936 im Auftrag eines Frankfurter Arztes saniert und dabei durch die Ergänzung einer Außenkanzel und durch Figurenschmuck stark verändert worden. An die Zeit der Bassenheimer erinnert ein in den Betonwerkstein der Kanzel gegossenes Waldbottwappen sowie ein Relief Kasimir Ferdinand Adolfs an der modernen Bronzetür.

Abb. 3: Kapelle Reifenberg im Taunus. Foto: Harald Bechstein

Der Sarkophag Johann Maria Rudolphs war schon viel früher, im Juni 1853, nach Kransberg in die alte Schlosskapelle verbracht worden. Vor deren Abbruch 1893 fand eine erneute Exhumierung statt und eine provisorische Bestattung auf dem Kirchhof. Der Leichnam sollte nach Fertigstellung der neuen Schlosskapelle dort beigesetzt werden. Dies geschah aber offensichtlich nicht, denn bei der Sanierung der Grundmauern fand man vor der Kirche ein gemauertes Grab, in dem die sterblichen Überreste des Burggrafen und zweier Frauen eines Amtmanns aus der Mitte des 18. Jahrhunderts gefunden wurden. Alle wurden nun in die Gruft der Freiherren von Biegeleben unter der Schlosskapelle verbracht. Ein Foto der Schädel ist im Kirchenführer von Hildegunde Trier abgebildet, der in der Kapelle ausliegt.

1.3 Politik und Ereignisse der Amtszeit

Während der Amtszeit des Burggrafen Waldbott-Bassenheim waren auch in dem kleinen, mittelalterlichen Konstrukt der kaiserlichen, d.h. reichsunmittelbaren, Burg Friedberg und ihrem ländlichen Territorium, dem Freigericht Kaichen, zunächst die Auswirkungen der Aufklärung zu spüren. Die zweite Hälfte seiner Regierung stand jedoch völlig im Schatten der französischen Revolutionskriege und des Reichsdeputationshauptschlusses. Einige Daten der Burggeschichte sollen die beiden Phasen deutlich machen:

Bereits im Wahljahr 1777 wurde in der Burg die erste Friedberger Freimaurerloge gegründet, „Rudolph zu den drei Schwanen", die bis 1803 aktiv war und der sowohl protestantische als auch katholische Mitglieder angehörten. Sie tagte viermal im Jahr, bis 1786 vermutlich im Burgmannenhaus der Löw zu Steinfurth (Haus Burg Nr. 32), da der Burgmann Johann Wilhelm Hugo von Löw bis zu seinem Tode in jenem Jahr als Meister vom Stuhl amtierte.

Außenpolitisch kam es 1779 zu einem Vertrag mit dem Kloster Ilbenstadt, der die seit alters her konkurrierenden Rechtsansprüche endlich im Sinne aufkommender Territorialstaatlichkeit gegeneinander abgrenzte: Das Kloster räumte der Burg im gesamten Ort einschließlich des Klostergebietes die Blutgerichtsbarkeit und damit faktisch die Landeshoheit ein und behielt nur die Zivilgerichtsbarkeit innerhalb der Klostermauern.

Ebenfalls 1779 setzte sich der Burggraf für ein Projekt ein, das dem alten Herkommen in der Burg widersprach: die Rezeption neuer Burgmannen sollte nicht an familiäre Erbberechtigungen und ein zeitaufwändiges Aufnahmeverfahren gebunden sein, sondern über hohe Aufnahmegebühren stattfinden können. Diese Initiative, ein „moderner" Versuch, die hohe Verschuldung der Burg abzubauen, scheiterte jedoch.

1782 unternahm das Burgregiment einen Anlauf, die eigene Infrastruktur unabhängig von der Reichsstadt Friedberg zu verbessern; eine eigene Apotheke wurde gegründet. Wegen des geringen Einzugsgebietes mussten die Pächter ihr Unternehmen allerdings immer wieder aufgeben, bis die Apotheke 1829 endgültig geschlossen wurde.

Gleich zwei außerordentliche Zeugnisse aufgeklärter Ideen sind für das Jahr 1788 zu verzeichnen. Zum einen erschien im Verlag des Waisenhauses in der Burg für die evangelischen Christen das neue Burg Friedberger Gesangbuch *Sammlung christlicher Gesänge zur öffentlichen und häuslichen Erbauung*. Dieses orientierte sich am Brandenburg-Ansbacher Gesangbuch von 1781 und beinhaltete weitgehend neue und veränderte Lieder, die sich inhaltlich am Gedankengut der Vernunft orientierten, jedoch bei der traditionell denkenden Mehrheit der ländlichen Bevölkerung schlecht ankamen. Zum anderen machte die anonym erschienene Schrift *Patriotische Gedanken über den Zustand der Juden überhaupt, vorzüglich der Judenschaft in der Reichsstadt Friedberg* des späteren Burgregistrators F.R.C.D. Schazmann, der 1779-83 zusammen mit dem Sohn des Burggrafen erzogen worden war, erstmals auf die unwürdigen Lebensbedingungen der Juden im Friedberger Ghetto aufmerksam.

Ein weiteres Zeichen für eine neue Zeit sind die 1791 und 1792 erschienenen Ausgaben der ersten Friedberger Zeitung. Sie trug den Titel *Wetterauer Chronik* und wurde von dem aus Württemberg in die Burg zugezogenen Immanuel Friedrich Wilhelm Schaber (1762-94), einem Mann mit zweifelhaftem Leumund, herausgegeben. Ein Exemplar der 33. Ausgabe vom 23. Oktober 1792 ist im Friedberger Stadtarchiv vorhanden.

Als letztes Zeugnis der Aufklärung soll die ab 1792 erarbeitete und am 18. Februar 1796 von Burggraf, Bürgermeister und Rat unterzeichnete neue Schulordnung für das gemeinsame Gymnasium von Burg und Reichsstadt, die Augustinerschule, genannt werden. In ihr werden die Aufgaben der Schule beschrieben und Festlegungen über die Zahl der Unterrichtsstunden, die Ferienordnung, die Höhe des Schulgeldes, Disziplinarvorschriften u. a. getroffen.

Inzwischen war jedoch auch die Burg in den Strudel der kriegerischen Auseinandersetzungen zwischen dem Heiligen Römischen Reich Deutscher Nation und der jungen französischen Republik gerissen worden. Während die Freigrafschaft Kaichen im Winter 1794/95 noch als kaiserlicher Truppenstandort gedient hatte, wurde die Burg selbst im Frühjahr und Herbst 1797 sowie im Herbst 1798 zeitweilig sogar Hauptquartier der französischen Sambre-Maas-Armee unter ihren Generälen Lazare Hoche (1768-97), Michel Ney (1769-1815) bzw. Barthélemy-Catherine Joubert (1769-99). Insgesamt dauerte die französische Besetzung mit Unterbrechungen bis 1802. Während dieser Zeit hielt sich der Burggraf auf seinem eigenen Besitz im Taunus oder in Hanau, Frankfurt und auf dem Rastatter Kongress auf, wo 1797-99 über die Entschädigungen für an Frankreich abgetretene linksrheinische Besitzungen – wovon auch die Familie Waldbott von und zu Bassenheim betroffen war – verhandelt wurde.

Johann Maria Rudolph kehrte erst in der ersten Jahreshälfte 1800 nach mehrjähriger Abwesenheit in die Burg zurück, die allerdings bereits im Juli erneut von Verbänden der französischen Rheinarmee belegt wurde. Besonders litten auch die Dörfer des Freigerichts unter den hohen Abgaben an die Besatzer. Der Burggraf konnte nach vierjähriger Pause endlich am 14. Oktober die Burgmannen zu einem Konvent zusammenrufen. Die Konvente fanden danach wieder jährlich statt.

Nach Abzug der Franzosen 1802 wurden die politischen Verhältnisse für die Burg jedoch eher noch turbulenter. Bereits 1803 gab es mit dem neuen Eigentümer des Klosters Ilbenstadt, dem Grafen von Leiningen-Westerburg-Altleiningen, erneute Konflikte um die Landeshoheit im Klosterbezirk, vor allem aber beanspruchten die deutschen Fürsten nach dem Reichsdeputationshauptschluss am 25. Februar 1803 nicht nur die ihnen zugesprochenen Territorien der geistlichen Herren und der Reichsstädte, sondern – ohne gesetzliche Grundlage – auch diejenigen der Reichsritterschaft. So besetzten nach der rechtmäßigen Inbesitznahme der Reichsstadt Friedberg am 6. Oktober 1802 Truppen des Landgrafen von Hessen-Darmstadt ab dem 10. Dezember 1803 zunächst die Freigrafschaft Kaichen und dann handstreichartig vom 21. Januar bis zum 3. März 1804 sogar die Burg selbst. Auf Grund nachhaltiger Proteste und Appelle des Burggrafen scheiterten die ungesetzlichen Annexionen schließlich am Widerstand des Kaisers und einiger letzter reichstreuer Stände.

Diesem Umstand ist eines der spätesten und originellsten Zeugnisse der Eigenständigkeit der Burg zu verdanken: Burggraf und Burgregiment ließen mit Datum 1804 einen Konventionstaler prägen, der St. Georg im Kampf mit dem Drachen zeigt. Sicher nicht zufällig sieht der besiegte Drache wie ein Löwe aus, ein (allerdings geflügelter) hessischer Löwe. Auf der Rückseite wird Kaiser Franz II. u. a. als *Conservator Castri*, also als Retter der Burg, bezeichnet. Der Taler ist jedoch nach misslungenen Prägeversuchen im Jahre 1805 tatsächlich erst im September 1806 unter Bassenheims Nachfolger und nach Verlust der Landeshoheit an Hessen erfolgreich geprägt worden. Dieses letzte Exemplar der insgesamt acht Burgfriedberger Münzprägeperioden seit 1569 ist im Wetterau-Museum und im Historischen Museum Frankfurt, aber auch in Privatsammlungen vertreten.

Die endgültige Besitzergreifung durch das Großherzogtum Hessen am 12. September 1806 musste Waldbott-Bassenheim nicht mehr erleben.

2. Bauten in und um Friedberg

An Bauvorhaben während der Amtszeit Waldbott-Bassenheims als Burggraf sind zu nennen in der Friedberger Burg selbst der Marstall, die Burgapotheke, die südliche Torbrücke, der Burggarten, die Burgkirche und eventuell der Anbau des Burggrafiats sowie im ländlichen Territorium der Burg das Amtshaus in Kaichen und die Kirche in Nieder-Florstadt.

2.1 Baugeschehen in der Burg

Um 1778 wurde das Burggrafiat, der Wohn- und Dienstsitz des Burggrafen, durch einen Marstall ergänzt. Er schließt den kleinen Wirtschaftshof südlich des Herrenbaus nach Westen ab. Es handelt sich um einen eingeschossigen Walmdachbau mit zwei flachbogigen Toren. Der Schlussstein des südlichen Bogens weist mit einem schön gearbeiteten springenden Pferd auf die Funktion des Gebäudes hin, derjenige des nördlichen Bogens durch ein Wappenrelief auf die Bauherrschaft: mittig das Wappen des Burggrafen, flankiert von den Wappen seiner beiden damaligen Baumeister aus den Familien Rau zu Holzhausen und Zobel zu Giebelstadt-Darstadt (vgl. Burgkirche). Die Ansicht von Westen lässt das Gebäude durch die gleichmäßige Reihung von Fenstern, die mit Läden versehen sind, wie einen Wohn- oder Verwaltungsbau aussehen, so dass es als barockes Pendant zum Renaissance-Kavaliershaus auf der anderen Seite der Toranlage wirkt. Der ehemalige Marstall wird bis heute teilweise als Garage genutzt.

Auch der barocke südliche Anbau des Burggrafiats selbst ist eventuell zu dieser Zeit errichtet worden und soll nach Angaben von Wilhelm Braun (Friedberger Geschichtsblätter, Band 17, S. 14) ebenfalls einen Waldbott-Bassenheimer Wappenstein getragen haben, der allerdings schon lange vor dem Brand des Schlosses von 1990 zerstört worden ist. Nach späteren Angaben wäre der Anbau allerdings schon etwa 30 Jahre früher unter dem Burggrafen Ernst Ludwig von Breidenbach zu Breidenstein (1749-55) entstanden (Zuch, Burg Friedberg, S. 33).

Die bereits erwähnte Burgapotheke wurde 1787 östlich an den zweiflügeligen Komplex von Witwen- und Waisenhaus angebaut. Das Witwenhaus stand an Stelle des heute auf der Burgmauer stehenden klassizistischen Schulgebäudes des Burggymnasiums, so dass Waisenhaus und Apotheke heute mitten in den Schulhof zu stehen kämen. Es sind nur noch Kellerräume vorhanden.

Abb. 4: Der Marstall in der Friedberger Burg. Foto: Harald Bechstein

Ebenfalls in der Regierungszeit Waldbott-Bassenheims wurde im Jahre 1792 die bis dahin hölzerne Brücke vor dem südlichen Burgtor über den Hirschgraben durch den zweibogigen Steinbau ersetzt, der bis heute erhalten ist. Erst hierdurch war die bis dahin mittelalterliche Verteidigung mit einer Zugbrücke aufgegeben worden.

Ab 1802 ließ der Burggraf den knapp 50 Jahre zuvor barock angelegten Burggarten, genauer gesagt den östlichen Teil hinter dem Burggrafiat, dem Geschmack der Zeit und seinen aufgeklärten Neigungen gemäß im englischen Stil umgestalten. Die Planung nahm der Friedberger Geometer Carl Bindernagel vor, der ab 1826 auch den oberen Kurpark in Bad Salzhausen anlegte, was seine Bedeutung als Landschaftsgärtner unterstreicht.

An Renovierungen und Reparaturen im Burgareal wird diejenige der Turmspitze des Adolfsturms durch eine in die vergoldete Kugel eingelegte Urkunde belegt. Sie datiert vom 5. Juli 1804 und berichtet davon, dass Schusslöcher, die die Turmspitze offenbar in den Gefechten der Revolutionskriege abbekommen hatte, zugelötet werden mussten. Die Urkunde ist aufgetaucht und eingesehen worden, nachdem die Turmspitze durch den Sturm Xynthia im Februar 2010 abgeknickt und zur Reparatur abgenommen worden war.

2.2 Die Burgkirche

Das umfangreichste Bauvorhaben in der Burg war gewiss der Neubau der Burgkirche.

Als am 14. Juli 1783 die Grundsteinlegung erfolgte, hatte das Burgregiment bereits knapp acht Jahre zuvor – unter Waldbott-Bassenheims Vorgänger Franz Heinrich von Dalberg – den Neubau beschlossen. Um die dünne Kapitaldecke zu stärken, war eine reichsweite Kollekte durchgeführt worden. Neben der Burgmannschaft, Reichsstädten und dem Landgrafen von Hessen-Homburg hatten auch weit entfernte Reichsstände wie der Herzog von Mecklenburg Geld zugeschossen.

Der Entwurf stammt vermutlich vom Hanauer Kammerrat Franz Ludwig von Cancrin (der auch z. B. die Kuranlage von Wilhelmsbad bei Hanau schuf), die Ausführung von Johann Philipp Wörrishöfer d. J. aus (Bad) Nauheim, Sohn des gleichnamigen Baumeisters des Friedberger Alten Rathauses. Auf dem Grundriss eines griechischen (d. h. gleichschenkligen) Kreuzes erhebt sich ein kompakter Baukörper mit einem quer gelagerten Walmdach über dem Kirchensaal, das rechtwinklig von einem niedrigeren Satteldach durchdrungen wird, welches wiederum von einem kurzen quadratischen Turm vorne und einem kleinen Dachreiter hinten bekrönt wird. Alle Fassaden werden gleichwertig durch gekuppelte dorische Pilaster rhythmisiert, zwischen denen Fensteröffnungen und Nischen angeordnet sind. Es ist ein Bauwerk des Barock in dessen spätester Phase – nicht in seiner überschwänglichen süddeutschen Ausprägung sondern in der kühleren, klaren französischen Form, den Klassizismus vorausnehmend.

Wäre der Bau zügig vorangeschritten, hätte das Bauwerk vermutlich mehr Dekor erhalten, z. B. Vasen in den leeren Nischen der Eingangsseite. Hierfür fehlte schließlich offensichtlich das Geld. Womit das standesbewusste Burgregiment jedoch nicht zögerte, war die Beauftragung eines Frontispizes, das die Ehrwürdigkeit und nur vom Kaiser eingeschränkte Landeshoheit der Bauherrschaft demonstrierte. Für einen Lohn von 250 Gulden schuf der Würzburger Bildhauer Johannes Georg Ziegler ein Relief, das in seiner Üppigkeit alle älteren burgischen Bauten in den Schatten stellt. In einer Komposition von aufwändigen Helmzieren und Schildhaltern, zusammengefasst durch eine Lorbeergirlande, vereinigt es die drei Familienwappen des amtierenden Burggrafen Johann Maria Rudolph Graf Waldbott von und zu Bassenheim, des evangelischen Baumeisters Freiherr Eugen Friedrich Sigmund von Rau zu Holzhausen (Querbalken) und des katholischen Baumeisters Freiherr Franz Wil-

Abb. 5: Frontispiz der Friedberger Burgkirche mit den Wappen des Burggrafen Waldbott von Bassenheim (Mitte), des Burgbaumeisters Freiherr Friedrich Adolph Rau zu Holzhausen (links) und des Burgbaumeisters Freiherr Johann Friedrich Karl Zobel zu Giebelstadt-Dorstatt (rechts). Foto: Harald Bechstein

helm Zobel zu Giebelstadt-Darstadt (gezäumter Pferdekopf). Hier wird die gesamte Adelspracht des alten Reiches spürbar.

Ab 1788 ging es mit dem Bau aber nicht mehr voran. Augustinerschulrektor Ludwig Ernst Langsdorff beschrieb in seinem Tagebuch, das er bis zu seinem Tod 1793 führte, mehrfach die offenen Fensterhöhlen und die wieder abblätternde Wandfarbe. Es gab hierfür verschiedene Gründe: Zum ersten war das Geld immer wieder alle, ein zeitloser Grund, der heute aktuell ist wie damals. Zum zweiten aber wünschte der katholische Burggraf, entgegen der lutherischen Verfassung des Burgterritoriums eine Simultankirche einzurichten, was Verwicklungen hervorrief und letztlich an den eindeutigen religionspolitischen Bestimmungen des Westfälischen Friedens scheiterte. Zum dritten war die Burg während der Revolutionskriege zwischen Frankreich und dem Reich ab 1792, wie wir bereits gesehen haben, beliebt als wechselndes Quartier für Offiziere beider Seiten, so dass der Burggraf zeitweilig im Exil leben musste.

Der Stillstand im Baugeschehen kam erst zu einem Ende, als Waldbott-Bassenheim im Februar 1805 starb und drei Monate später sein Schwiegersohn Clemens August von Westphalen zu Fürstenberg (1755 – 1818) zum Nachfolger gewählt wurde. Trotz seines diplomatischen Kampfes gegen die Mediatisierung der Burg, die sicher alle Kräfte forderte, wurde der neue Burggraf auch aktiv, den begonnenen Kirchenbau zur Vollendung zu führen (Einweihung am 23. Oktober 1808). Der ausführende Architekt Johann Philipp Hofmann schuf einen ausgesprochen klassizistischen Innenraum.

Bei allen Unterschieden durch Zeitläufe und Temperament haben die beiden Baumeister Wörrishöfer und Hofmann im Ergebnis kongenial ein reifes Werk protestantischer Kirchenbaukunst geschaffen. In Außenbau und Innenraum verbinden sich in harmonischer Weise das in die äußere Welt wirkende Zeichen des (griechischen) Kreuzes mit dem quer gelagerten Predigtsaal, der die Gemeinde nach innen sammelt. Als ein Endpunkt des evangelischen Kirchenbaus in der Entwicklung seit dem 16. Jahrhundert verbindet die Burgkirche den Quersaal mit der Prinzipalordnung, der räumlichen Zusammenfassung und Staffelung der Prinzipalstücke Altar, Kanzel und Orgel, von denen die Verkündigung ausgeht.

Der Innenraum von 1808 besitzt nur auf der Ostseite eine Sänger- und Orgelempore. Waldbott-Bassenheim hatte sich dagegen als Landesherr und Kirchenpatron auch auf der Eingangsseite den Prinzipalstücken gegenüber eine Empore gewünscht, die die Herrschaftsloge aufnehmen sollte. Sie ist nicht ausgeführt worden, weil im Jahre der Fertigstellung der Burggraf nicht mehr Souverän war. Aber der Treppenaufgang ist zusammen mit dem Turmaufgang bereits angelegt worden und seine Stufen laufen heute gegen die verschlossene Wand.

Die Burgkirche ist in den Jahren 2007 bis 2011 äußerlich grundlegend saniert worden und hat auf Grund von restauratorischen Befunden die Farben zurückerhalten, in denen sie zur Zeit des Burggrafen Johann Maria Rudolph angelegt worden war: sehr helles Gelb für die flachen Putzflächen und lichtes Blaugrau für die hervortretenden Gliederungselemente.

2.3 Gebäude in der Umgebung

Im Freigericht Kaichen, das seit 1534/42 endgültig der Burg Friedberg huldigungspflichtig, d. h. untertan, war, wurde 1782 in Kaichen selbst ein neues Amtshaus erbaut. Der Vorgängerbau war im Siebenjährigen Krieg stark beschädigt worden. Es handelt sich um einen gediegenen barocken Fachwerkbau: fünfachsig und zweigeschossig, mit mehrfach profiliertem Rähm, darüber eine Reihe geschwungener Knaggen; in der Mittelachse eine zweiflügelige Eingangstür, zu der eine dreistufige Sandsteintreppe mit gerundeten Ecken führt; darüber eine dreieckige Gaube, die das Krüppelwalmdach akzentuiert. Die Gaube ziert als Hoheitszeichen der Burgfriedberger Adler. In diesem Gebäude wurde auch der Schulunterricht gehalten. Für seinen Vorgängerbau wird als erster urkundlich erwähnter Lehrer 1707 Georg Philipp Sommerlad genannt,

Abb. 6: Amtshaus in Kaichen. Foto: Harald Bechstein

ein Vorfahr von Königin Sylvia von Schweden. Das Amtshaus dient heute Wohnzwecken und steht im Mittelpunkt der 2009 begonnenen Dorferneuerung in Kaichen.

Das Kirchenbauprogramm des 18. Jahrhunderts im Freigericht Kaichen war zu Waldbott-Bassenheims Zeit bereits abgeschlossen. Aber in der Ganerbschaft Staden, die nach 1729 zu 3/19 der Burg Friedberg gehörte, wurde 1789-92 für Nieder-Florstadt nach dem Entwurf des Solms-Rödelheimer Baumeisters Georg Friedrich Mack eine neue evangelische Pfarrkirche erbaut. Es ist dies ein solider, geräumiger Saalbau mit gerundeten Ecken und allseitig umlaufenden Emporen; die Fassade wird durch Pilaster gegliedert. Der quadratische, gestaffelte Turm ist in den Baukörper integriert. Sein dreieckiges Giebelfeld zeigt, von einer Girlande unterfangen, die Wappen der drei Ortsherren: Ysenburg-Büdingen, Löw zu Steinfurth und Burg Friedberg. Als diejenigen Ganerben, die im Nieder-Florstädter Schloss selbst ansässig waren, besaß die Familie Löw im Westen der umlaufenden Empore eine Herrschaftsloge. Der Kirchenbau rangiert mit der Repräsentativität und Noblesse seiner Architektur deutlich vor den allermeisten anderen Dorfkirchen der Wetterau.

Im weiteren Umkreis Friedbergs ist außer den Familienbesitzungen des Burggrafen im Taunus, die im 4. Kapitel beschrieben werden, sein persönliches Wohnhaus als katholischer Reichskammergerichtspräsident in Wetzlar zu nennen. Es stand an der Stelle der ehemaligen Hauptpost, wurde nach einem Amtsvorgänger Ingelheimisches Palais genannt und diente später von 1782 bis

1806 als Gerichtssitz. Der um 1715 in der Hauser Gasse 19 errichtete Bau besaß drei Risalite von großer Tiefe, die Schweifgiebel trugen. Nach seiner Benutzung durch preußisches Militär im 19. Jahrhundert wurde er 1884 abgebrochen. Der historisierende Neubau des Postamtes hat die dreiflügelige Form eines Adelspalais aufgenommen. Inzwischen beherbergt er eine Wirtschaftsprüfer-Kanzlei. Nebenbei sei bemerkt, dass unmittelbar neben dem Ingelheimischen Palais 1782 mit dem einzigen eigenständigen Neubau des Reichskammergerichts während seiner 116-jährigen Anwesenheit in Wetzlar begonnen wurde, dem Archivgebäude, das ab 1911 bis in jüngste Zeit als Rathaus gedient hat.

Abb. 7: Evangelische Pfarrkirche in Nieder-Florstadt. Foto: Harald Bechstein

3. Die Familie

3.1 Stand und Vorfahren

Johann Maria Rudolph Waldbott von und zu Bassenheim war der einzige Friedberger Burggraf, der während seiner Amtszeit selbst Reichsstand war und von Hause aus den Titel eines Reichsgrafen führte. Anders als bei seinem Nachfolger Clemens August von Westphalen beruhte dieser Titel nicht auf einer kaiserlichen Verleihung auf Grund von Verdiensten, sondern auf dem Status eines Teils seiner familiären Besitzungen. Dabei befanden sich die Grafen von Waldbott-Bassenheim lange in einer verfassungsrechtlichen Zwischenposition. Ihre reichsunmittelbaren Herrschaften Pyrmont, Olbrück und Bassenheim links des Rheins zählten nie zur Reichsritterschaft, waren aber auch nicht reichsständisch, so dass ihre Eigentümer nicht auf den Reichstagen vertreten waren. Endlich erhielt Johann Maria Rudolph 1788 für die Herrschaft Pyrmont die Reichsstandschaft unter den westfälischen Grafen. So wurden ihm auch nach der französischen Besetzung durch den Reichsdeputationshauptschluss für den Verlust dieses Besitzes 1803 Entschädigungsgüter in

Oberschwaben zuerkannt. Nach der Mediatisierung drei Jahre später war auf diese Weise garantiert, dass die Waldbott-Bassenheim als Standesherren im Gothaischen Genealogischen Hofkalender zum Hochadel gerechnet wurden.

Doch beginnen wir mit der Ersterwähnung des Geschlechts im Jahre 1136 mit den Brüdern Siegfried, Gebhard und Friedrich. Stammsitz aller Waldboten oder Walpoden mit dem 8- oder 12-fach geständerten Wappenschild war die Burg Waldmannshausen im Westerwald. Spätestens seit 1258 bekleidete die Familie von Waldmannshausen das Waldbotenamt in der Grafschaft Diez. Waldbote heißt Gewaltbietender, was Vorsitzender der Gerichtsbarkeit in einem bestimmten Territorium, z. B. einer Mark- oder Waldgenossenschaft bedeutet.

Eine andere 1859/70 von Kneschke im *Allgemeinen Deutschen Adelslexikon* wiedergegebene Überlieferung, dass die Waldbott bereits im 10. Jahrhundert mit der Herrschaft Harlebeck in Flandern begütert gewesen seien, ist dagegen unwahrscheinlich. Wie andere Geschlechter auch ließen die Waldbott im 17. Jahrhundert zweifelhafte Genealogen die familiären Ursprünge untersuchen. Wie Frank Hüllen (www.rheinland24.info) berichtet, wurde einerseits ein gewisser Lyderius als Stammvater ausgemacht, den der fränkische König Dagobert bereits 621 zum Waldboten in Flandern bestellt habe, und andererseits die Herkunft sogar auf eine römische Familie im Rheinland zurückgeführt.

Durch Heirat erhielt ein Familienstamm der Waldboten Besitz am Mittelrhein und nahm zu Beginn des 14. Jahrhunderts den Beinamen von Bassenheim an. Andere Linien waren die Walpoden von Andernach, von Braubach, von Girsenach, von Koblenz, von Lahnstein, von Münstermaifeld, von Pfaffendorf, von Polch, von Vallendar und am bedeutendsten die Walpoden von Ulmen (++ 1472, eindrucksvolle Spornburgruine Ulmen in der Eifel, an der sie Anteile hatten). Alle diese Familien führten die ursprüngliche Amtsbezeichnung nur noch als Namen.

Sämtliche Zweige der Waldbott von Bassenheim sollen auf einen Ahnherrn namens Siegfried zurückgehen, der zwischen 1288 und 1334 genannt wird. Von den mehrfachen späteren Hausteilungen fand die folgenreichste 1554 statt: die Söhne des 1537 verstorbenen Anton I. und der Elisabeth von Greiffenclau, Anton II., Johann und Otto, schieden sich in die Linien Bassenheim, Olbrück – in der nachfolgenden Generation nochmals geteilt in Bornheim, Königsfeld und Olbrück – sowie Gudenau. Während die anderen Zweige

1763, 1744 und 1735 ausstarben, blühen die Linien Bassenheim und Bornheim noch im 21. Jahrhundert.

Der ältere, bassenheimische Ast, dem der Burggraf angehörte, machte die weitreichendere Karriere. Zurück gehend auf Anton II (+ 1571) führte er über dessen Sohn Anton III. (+ 1589) und Enkel Damian (1577 – 1640) zum Urgroßvater des Burggrafen. Dieser Johann Lothar Waldbott von Bassenheim (+1667), nacheinander verheiratet mit Johanna Walburga von Reifenberg (+ 1651) und Anna Magdalene von Metternich-Winneburg (+ 1697), erhielt am 16. April 1638 die Reichsfreiherrenwürde, die am 10. Januar 1664 von Kaiser Leopold I. nochmals bestätigt wurde. Als erster der Familie schwor Johann Lothar 1657 als Burgmann der kaiserlichen Burg Friedberg auf. Ein Porträt der Mutter Johann Lothars – also der Ururgroßmutter des Burggrafen – Maria Elisabeth geb. Hundt von Saulheim (1595 – 1681) ist im musealen Schloss Bürresheim in der Eifel anzusehen.

Verbunden mit der 1555 anteilig erworbenen Herrschaft Olbrück in der Eifel waren Sitz und Stimme im Oberrheinischen Reichskreis. Die Familie war außerdem für die 1654 bzw. 1686 erworbenen Taunus-Herrschaften Kransberg und Reifenberg im Kanton Mittelrhein des rheinischen Ritterkreises der Reichsritterschaft immatrikuliert, der seinen Mittelpunkt in der Burg Friedberg hatte.

Der Großvater des Burggrafen, Franz Emmerich Wilhelm (1648 –1720), war 1669 ebenfalls Friedberger Burgmann geworden. Am 23. Mai 1720 gelang ihm zusammen mit seinem geistlichen Bruder, dem Trierer und Mainzer Domherrn Kasimir Ferdinand Adolf (1642 – 1729), die Erhebung in den Reichsgrafenstand. Auf dieser Grundlage wurde 1729 die Reichsunmittelbarkeit ihrer Stammherrschaft Bassenheim erreicht, die bis dahin Afterlehen der Grafen von Isenburg-Braunsberg bzw. von Wied (seit 1340) im Erzstift Köln war. Franz Emmerich Wilhelm gelang es auch, das Erbschenkenamt des Kurfürstentums Mainz an die Familie zurückzubringen. Er amtierte als kurmainzischer Geheimer Rat und Oberamtmann von Lahnstein. Aus seiner Ehe mit Marie Adolphine Theresia von Leerodt (+ 1723) gingen 15 Kinder hervor.

Des Burggrafen Vater, Johann Rudolph (1686 – 29.1.1731) – seit 1710 Burgmann in Friedberg – war Reichshofrat, 1717 kaiserlicher Gesandter am Reichstag in Regensburg und bekleidete von 1729 bis zu seinem Tode zusätzlich das Amt des kurtrierischen Oberstkämmerers. Er war verheiratet mit Maria Antonia Franziska, einer geborenen Gräfin von Ostein (1710 – 1788). Ihr Witwensitz wurde der Bassenheimer Hof in Mainz (vgl. Kap. 4.4). Verschiedene seiner

14 Geschwister kamen zu hohen Ehren im Kirchendienst: vier Domherren, vier Stiftsdamen, die Äbtissin des Klosters Marienberg in Boppard, Maria Elisabeth (+ 1741), und der Komtur des Malteserordens in Bruchsal, Kasimir Anton (+ 1748). Nur ein Bruder und vier Schwestern gingen Ehen ein.

Von den vier Geschwistern Johann Maria Rudolphs starben drei bereits im Kindesalter. Er selbst teilte sich zunächst die Regierung der ererbten Güter mit seinem älteren Bruder Franz Ludwig Kasimir (1727 – 1769), der in den geistlichen Stand eingetreten war und Domherrenstellen in Trier, Mainz und Eichstätt sowie Stiftsherrenstellen in Bleidenstadt und St. Viktor in Mainz bekleidete. Dieser war faktisch Herr in den reichsritterschaftlichen Territorien Kransberg und Reifenberg, wie es zuvor schon in der Generation des Vaters gewesen war (vgl. Kapitel 4.3). Die Brüder traten in einem Erbvergleich 1767 die Hälfte der von ausgestorbenen Familienzweigen ererbten Herrschaften Olbrück und Königsfeld an die freiherrliche Linie zu Bornheim ab.

Mit dem Frieden von Lunéville vom 9. Februar 1801 verloren die Waldbott-Bassenheim alle bereits seit 1794 von Revolutionstruppen besetzten linksrheinischen Besitzungen an Frankreich. Wie bereits berichtet, wurden sie für die Reichsherrschaften Pyrmont und Olbrück durch § 24 des Reichsdeputationshauptschlusses vom 25. Februar 1803 mit der – etwas verkleinerten – Reichsabtei Heggbach in Oberschwaben und einer Rente in Höhe von 1300 Talern auf die benachbarte Reichskartause Buxheim entschädigt. Für Bassenheim selbst erhielten sie keine Entschädigung, es wurde ihnen aber 1805 als einziges Adelsgut im Rheinland von Napoleon zurückübertragen. Der Rückkauf von Höfen in Bassenheim durch die Witwe des Burggrafen ist darüber hinaus für März 1807 belegt. Lehensbesitz ging dagegen entschädigungslos verloren.

3.2 Nachkommen

Aus seiner ersten Ehe mit Eleonore Walburga Erneste Sophia von Hoheneck (22. Juni 1735 – 25. April 1760) hatte der Burggraf, neben drei im Geburtsjahr verstorbenen Kindern, die am 20. November 1757 in Frankfurt geborene Tochter Marie Eleonore Antoinette Elisabeth, die sich am 16. Juli 1778 in Hildesheim mit Clemens August von Westphalen zu Fürstenberg verheiratete und bereits am 2. Oktober 1786 im 29. Lebensjahr verstarb. Der Schwiegersohn trat ein Jahr nach seiner Hochzeit als erster seiner Familie, die im Hochstift Paderborn beheimatet war, in die Friedberger Burgmannschaft ein und wurde 1805 als Nachfolger Johann Maria Rudolphs zum Burggrafen gewählt.

Erbe der Familiengüter und Herrschaften wurde der Sohn aus zweiter Ehe Friedrich Karl Franz Rudolph (10. April 1779 – 6. Mai 1830), Friedberger Burgmann ab 1796. Seine beiden Geschwister waren bereits in jugendlichem Alter verstorben. Er heiratete am 11. Februar 1809 Charlotte Sophie Freiin Wamboldt von Umstadt (1793 – 1870), deren Vater Philipp Hugo seit 1791 Burgmann gewesen war. Friedrich Karl war von 1810 – 13 auf Grund seines Güterbesitzes im Departement Aschaffenburg nominell Mitglied der Ständeversammlung des Großherzogtums Frankfurt, nahm aber an den Sitzungen nicht teil und blieb als einziges Mitglied unvereidigt. Im Gegenteil kämpfte er 1813 in den Befreiungskriegen als Major der Landwehr und der Spessarter Freiwilligen gegen Napoleon. Sein Wohnsitz war der Bassenheimer Hof in Aschaffenburg, der zusammen mit dem Osteiner Hof ein barockes Gebäudeensemble an der Mainbrücke bildete und im Zweiten Weltkrieg schwere Bombentreffer erhielt. Unter dem Ziel einer autogerechten Stadtplanung fiel die Ruine leider später dem Abbruch zum Opfer. Der Bundestag des Deutschen Bundes erkannte Friedrich Karl am 22. April 1829 das erbliche Prädikat Erlaucht zu.

Durch die Auflösung des Heiligen Römischen Reiches Deutscher Nation und die Gründung des Rheinbundes verloren die Waldbott-Bassenheim 1806 ihre immediate Stellung in der Herrschaft Heggbach an Württemberg und in Kransberg und Reifenberg an Nassau. Hieran knüpften sich ab 1815 die Mitgliedschaft in der ersten Kammer der Landstände des Königreichs Württemberg und das Erbschenkenamt im Herzogtum Nassau.

Aufgrund der Ehe seines Großvaters mit Maria Antonia von Ostein war Friedrich Karl mit diesem Grafenhaus verschwägert. Als 1809 mit Graf Karl Maximilian Amor Maria die Osteiner im Mannesstamm ausstarben, konnte er sich in einem Prozess gegen die Erbansprüche der Freiherren von Dalberg teilweise durchsetzen und erhielt 1810 einen großen Teil des Osteiner Besitzes. Dies waren vor allem die ehemalige Reichskartause Buxheim bei Memmingen mit der Herrschaft Neuhausen, die Graf von Ostein 1803 als Entschädigungsgut für die reichsunmittelbare Herrschaft Millendonk bei Düsseldorf erhalten hatte, sowie bedeutende Güter im Rheingau. Die Dalberger erbten die böhmischen und mährischen Güter.

Friedrich Karl verlegte daraufhin den Familiensitz 1812 ins bayerische Buxheim. Er löste den Konvent der Kartäuser auf und begann im folgenden Jahr mit dem Umbau des Refektoriums zur gräflichen Residenz. Die besondere Architektur der Gesamtanlage blieb dabei glücklicherweise erhalten. Buxheim war bis 1802 in Deutschland die größte und die einzige reichsunmittelbare Kartause gewesen. Gegründet hatte den Kartäuserorden 1084 Bruno von Köln, der Kanzler des Erzstiftes Reims, in La Chartreuse bei Grenoble. Die Mönche lebten kahl rasiert unter Schweigegebot, in großer Einfachheit und nicht in Gemeinschaft, sondern voneinander getrennt in einzelnen kleinen Häusern, was zu der besonderen Bauform der Kartausen führte. Buxheim war und ist gekennzeichnet durch einen riesigen Kreuzgang, dessen westlicher Flügel die Kirche zwischen Brüderchor und Priesterchor durchschneidet. An den anderen Kreuzgangflügeln sind außenseitig die Mönchszellen, kleine Häuser mit Gärtchen, angelagert.

Buxheim wurde an Stelle des zurückgewonnenen Bassenheim neuer Familiensitz. Der Graf war Standesherr in Bayern und wurde am 26. Mai 1818 erb-

Abb. 8: Ehemalige Reichskartause Buxheim. Foto: Harald Bechstein

liches Mitglied der Reichsräte im Königreich. In diesem Jahr gelang es ihm auch, die für die Familiengeschichte bedeutende Burgruine Pyrmont in der Eifel zurück zu erwerben. Zusätzlich erwarb er 1819 von der freiherrlichen Familie Reichlin von Meldegg das vormals freiadelige Rittergut Ellmannsweiler bei Heggbach und 1824 schließlich von den Erben des letzten Fürsten von Sinzendorf die Burggrafschaft Winterrieden nördlich von Memmingen, so dass ein sehr ansehnlicher Güterkomplex entstanden war.

Aus der Ehe Friedrich Karls gingen drei Kinder hervor: der Sohn Karl Rudolph, der bereits 19jährig starb, eine Tochter sowie der Erbe, der beim Tod des Vaters erst zehn Jahre zählte. Mit diesem Grafen Hugo Philipp (1820 – 1895) war der höchste Aufstieg der Familie und auch ihr Niedergang verbunden. Er heiratete am 27. Februar 1843 Prinzessin Caroline Antoinette Wilhelmine Friederike von Oettingen – Oettingen und Wallerstein (1824 – 1889) und damit in eine urgräfliche, seit 1774 reichsfürstliche Familie ein. Seine schöne Gemahlin wurde 18-jährig 1843 von Joseph Stieler für die Schönheitsgalerie König Ludwigs I. von Bayern porträtiert. Das Bild hängt heute im Münchner Schloss Nymphenburg in unmittelbarer Nachbarschaft des Porträts der berühmtesten Dame in der Schönheitsgalerie, der Tänzerin Lola Montez, deren Liebesbeziehung mit König Ludwig I. mitverantwortlich für dessen Abdankung 1848 war. Von seinem Schwiegervater erhielt Hugo Philipp 1850 dessen Schloss Leutstetten nördlich des Starnberger Sees zum Geschenk.

Das gräfliche Paar, das als das am besten aussehende der Münchner Gesellschaft galt, führte einen verschwenderischen Lebensstil und erwarb 1853 die umfangreichen Herrschaften Hohenaschau und Wildenwart sowie Schloss Fußberg in Oberbayern, hatte damit aber offensichtlich den finanziellen Rahmen überspannt. Die nassauischen Güter Kransberg und Reifenberg mussten 1854 bzw. 1856, die neu erworbenen oberbayrischen Herrschaften bereits 1860 wieder verkauft werden. Das Stammgut Bassenheim und die Ruine Pyrmont gingen am 19. März 1861 durch Zwangsversteigerung verloren. Auch von der Gutsherrschaft Heggbach, dem Rittergut Ellmannsweiler und Schloss Leutstetten musste man sich 1875 trennen. Zur Schuldendeckung mussten schließlich 1883 aus dem Buxheimer Besitz das Chorgestühl und die Altäre, die Bibliothek und Gemäldesammlung veräußert werden. Lediglich aus dem familiären Erbe seiner Frau erhielt Hugo Philipp 1871 neu das Gut Unterwaldbach bei Burgau in Oberschwaben.

Die Familie mit zwei Kindern nahm ihre Wohnung zunächst im Ausland, im schweizerischen Luzern. Offizieller Familiensitz blieb aber Buxheim. Der Sohn und Erbe Friedrich Ludwig (1844 – 1910) heiratete 1875 in St. Helier auf Jersey die Schweizerin Rosa Schürch (* 1855). Fotos aus dem Familienalbum, die Gräfin Rosa und einige ihrer insgesamt sieben Söhne und drei Töchter zeigen, sind im Internet unter www.the-eastern-window.com eingestellt. Der älteste Sohn Ludwig Maria, am 1. Mai 1876 auf Jersey geboren, bewohnte als Letzter der Familie Waldbott-Bassenheim das Buxheimer Schloss. Er war gezwungen, 1916 die Kirche, den Kreuzgang und den Bibliotheksbau an den bayerischen Staat abzutreten, und verstarb am 23. August 1926 in Folge eines Freiballonabsturzes bei Landsberg am Lech. Buxheim wurde im selben Jahr an den Orden der Salesianer Don Boscos verkauft. Diese richteten zunächst das Marianum als Seminar für Priesteramtskandidaten ein und führen seit 1947 ein Gymnasium.

Aus Ludwig Marias Ehe mit Maria von Godin (*1883) entsprossen sechs Kinder. Nachdem der ältere Sohn Hugo Franz (1907 – 1981) auf die Nachfolge verzichtet hatte, führte der Jüngere, Carl Maria, geboren am 15. September 1913, formal den Titel *Graf zu Buxheim und Gefürsteter Burggraf zu Winterrieden, Herr zu Beuren* (Genealogisches Handbuch des Adels) weiter. Beide Brüder übten bürgerliche Berufe aus, Carl Maria als Flugzeugführer bei Junkers. Bei einem Flugzeugabsturz kam er 25-jährig am 27. März 1939 ums Leben. Sein ein Jahr zuvor geborener Sohn Carl Ludwig wuchs bei der Familie seiner Mutter Maria von Alvensleben auf Schloss Gevelinghausen im Sauerland auf. Später betrieb er eine Textilreinigung in Regensburg. Er hinterließ eine Tochter. Die Nachkommen des Onkels und der Großonkel von Graf Carl Ludwig leben heute in Bayern, Berlin, Hamburg und Südamerika.

3.3 Bedeutende Familienmitglieder

Vom 16. bis zum 18. Jahrhundert waren zahlreiche Familienmitglieder als Amtmänner oder Oberamtmänner für die Kurfürsten von Köln und Trier tätig, eine kleinere Anzahl in Diensten der Pfalzgrafen im Herzogtum Jülich oder der Herzöge von Lothringen. Die Zahl derer, die Domherrenstellen in Köln, Trier, Mainz, Worms, Speyer oder Münster bekleideten, war nicht geringer. Zu reichsfürstlichen Würden brachte es jedoch nur einer:

Franz Emmerich Kaspar, Fürstbischof von Worms

Franz Emmerich Kaspar, geboren 1626, war der Bruder des Urgroßvaters von Burggraf Johann Maria Rudolph. Als er am 10. November 1679 vom Wormser Domkapitel zum Bischof gewählt wurde, amtierte er als Dompropst in Worms, Domkustos in Mainz und Scholaster in Speyer. Die päpstliche Bestätigung zögerte sich bis 1681 hinaus, da Rom eine Personalunion des Bischofsamtes mit dem des Mainzer Erzbischofs bevorzugt hätte, wie es zuvor gewesen war. Eine bedeutende Wirkung konnte Franz Emmerich nicht entfalten, denn er starb bereits am 11. Juli 1683 während eines Aufenthalts in Speyer und fand seine Grabstätte als letzter Wormser Fürstbischof in der Bischofsgruft des Doms. Das Grab wurde von französischen Revolutionstruppen zerstört. Ein Bildnis des Fürstbischofs ist nicht bekannt.

Johann Jakob, Mainzer Statthalter in Erfurt

Eine annähernd landesherrliche Stellung bekleideten die Statthalter des Kurerzstifts Mainz in Erfurt, seit Kurfürst Johann Philipp von Schönborn 1664 in der so genannten Reduktion die volle mainzische Hoheit über die Stadt errichtet hatte. Dieses Amt übte 1679 – 97 Johann Jakob Waldbott von Bassenheim aus der Linie Bornheim aus, der wie alle Statthalter auch Domherr in Mainz war. Sein Grab befindet sich in der ehemaligen Hofkirche der Statthalter, St. Wigberti, in der Erfurter Regierungsstraße, wo er als erster beigesetzt wurde. Der prachtvolle Amtssitz der Mainzer Statthalter, die so genannte Statthalterei – eine weitläufige Binnenhofanlage, die heute die thüringische Staatskanzlei beherbergt – wurde allerdings erst unter Johann Jakobs übernächstem Nachfolger 1711 – 22 vom Mainzer Hofbaumeister Maximilian von Welsch erbaut. Er selbst hatte jedoch insofern die Grundlage geschaffen, dass er 1694/95 ein Renaissancegebäude als Wohnhaus erwarb, an dessen Stelle später der Neubau entstand.

Abb. 9: Deutschordensritter Heinrich Walpot. Foto: Harald Bechstein

Abb. 10: Deutschordensritter Siegfried Walpot. Foto: Harald Bechstein

Heinrich Walpot und Siegfried Walpot

Die berühmtesten Mitglieder der Familie sind aber wahrscheinlich die beiden Deutschordensritter Heinrich, erster Hochmeister, und Siegfried, Komtur und Ordensspitler. Ihre modernen Standbilder stehen heute in Bassenheim auf dem Walpot-Platz.

Heinrich, der seit 1196 vermutlich praeceptor der von deutschen Kreuzzugsteilnehmern um 1118 im Heiligen Land gegründeten Hospitalbruderschaft gewesen war, wurde der Überlieferung nach im Frühjahr 1198 auf einer großen Versammlung vor Akkon, bei der von deutschen Fürsten die Umwandlung des Hospitals in einen Ritterorden beschlossen wurde, zum ersten Hochmeister gewählt. Die päpstliche Bestätigung erhielt der Orden am 19. Februar 1199. Heinrich amtierte lediglich zwei Jahre und über sein Wirken ist außer der Einsetzung des Ordens als Verteidiger des Nikolausturms von Akkon 1198 nichts Wesentliches bekannt. Der Umstand aber, dass er der erste in diesem später so bedeutenden und gefürsteten Amt gewesen war, führte dazu, dass Johann Maria Rudolph 1764 vom Kaiser mit der einzigen Erbritterwürde des Deutschen Ordens geehrt wurde.

Siegfried war in Preußen 1381 – 96 Oberster Spitler, d. h. von den fünf Großgebietigern, die zusammen mit dem Hochmeister den Orden führten, derjenige, der für das Spitalwesen zuständig war. Zu seinen Ehren wurde 1386 die erste in Masuren gegründete Stadt Bassenheim/Passenheim genannt. Das polnische Pasym ist heute mit dem rheinland-pfälzischen Bassenheim verschwistert.

4. Familiengüter

4.1 Stammsitz Waldmannshausen

Als Stammsitz aller Walpoden gilt Burg Waldmannshausen in der heutigen Gemeinde Waldmannshausen-Elbgrund im Landkreis Limburg-Weilburg. Es handelt sich um eine kleine Spornburganlage über dem Elbbach, von der nur geringe Mauerreste erhalten sind. Sie ist wohl in das 12. Jahrhundert zu datieren, da Herren von Waldmannshausen 1138 und 1191 urkundlich erwähnt werden. Die Burg war Lehen der Grafen von Diez, von denen die Waldmannshausen das Waldbotenamt übertragen bekamen. Die Walpoden von Waldmannshausen werden 1414 auch als Inhaber eines Burglehens auf der kurtrierischen Rheinburg Sterrenberg genannt. In Familienbesitz war Waldmannshausen zuletzt unter den Walpoden von Ulmen, die sie 1472 den verwandten Herren von Nickenich und von Liebenstein vererbten.

Unter Nassau-Dillenburger Oberlehen und Liebensteiner Lehen erbaute eine andere, nicht verwandte Familie von Waldmannshausen 1495 – 1501 eine neue Wasserburg neben der alten Burg, welche im 16. und 17. Jahrhundert verfiel. Bei dem neuen Burghaus handelt es sich um einen rechteckigen Einflügelbau mit hohem Satteldach, zwei über Eck gestellten Rundtürmen und einem runden Treppenturm. Ein Allianzwappen mit dem der Waldmannshausen (gekreuzte geschachte Bänder und Krone) befindet sich über dem Zugang.

Abb. 11: Burgruine Waldmannshausen. Foto: Harald Bechstein

Das Burghaus kam 1656 durch die Ehe der Erbtochter an die Vögte von Elspe zu Bamenohl und fiel 1777 an den Oberlehnsherren Nassau-Oranien heim. Die Oranier verkauften es 1786 an Christian Heinrich von Erath, der als holländischer Gouverneur von Java zu Reichtum gekommen war. Dieser ließ 1790 dem Burghaus gegenüber einen beeindruckenden klassizistischen Wirtschaftsbau sowie den benachbarten Gutshof errichten. Die Mauerreste der alten Burg wurden in einem englischen Park romantisierend instand gesetzt.

Über die Frankfurter Bankiers von Bethmann (1835) und die ehemaligen

Abb. 12: Burghaus Waldmannshausen. Foto: Harald Bechstein

Herzöge von Nassau (1870) gelangte der Besitz 1928 an die Provinz Hessen-Nassau und schließlich 1933 an den Schullandheimverein aus Hagen/Westfalen. Als Schullandheim dient die Anlage bis heute, das Gelände ist frei zugänglich (www.waldmannshausen.de).

4.2 Die bedeutendsten Güter in der Eifel

Bassenheim

Der zweite und eigentliche Stammsitz der Waldbott von und zu Bassenheim ist Bassenheim bei Koblenz, heute Teil der Verbandsgemeinde Weißenthurm. Hier wird 1301 Siegfried I. von Waldmannshausen, der Stammvater aller späteren Linien, urkundlich genannt. Die Familie bewohnte eine Wasserburg, das so genannte Obere Schloss, während eine zweite, 1597 abgebrochene Burg, das Niederschloss, den Rittern von Bassenheim gehörte. An der Stelle der Wasserburg steht das heutige Schloss, in das der quadratische Bergfried und eine wappengeschmückte Auslucht als letzte Überreste einbezogen sind.

Der Waldbottsche Besitz war Afterlehen der Grafen von Isenburg-Braunsberg bzw. nach 1340 der Grafen von Wied im Erzstift Köln. Ab 1597 waren die Waldbott alleinige Ortsherren. Die Reichsunmittelbarkeit der Herrschaft konnte 1729 erlangt werden.

Obwohl die Wasserburg 1575 und 1614 umfassend erneuert worden war, wurde 1748 zur Unterstreichung der neuen Würde ein völlig neuer Schlossbau

Abb. 13: Schloss Bassenheim. Foto: Harald Bechstein

geplant. Ausführen ließ ihn schließlich der Friedberger Burggraf Johann Maria Rudolph um 1788 an der Stelle des ehemaligen Niederschlosses. Für 1805 ist ein Aufenthalt Napoleons überliefert. Nach Umbauten im 19. Jahrhundert wurde dieses Schloss 1938 jedoch komplett abgebrochen. Vermutlich aus seiner Bauzeit erhalten ist aber ein Teehaus im Park, ein 5-achsiges barockes Parkschlösschen mit abgerundeten Ecken, das durch einen Mittelrisalit mit flach gewölbtem Dach akzentuiert wird.

Das heutige Schloss schließlich entstand um 1878 als Umbau der Wasserburg durch den Architekten Julius Raschdorff für den Kölner Bankier Abraham von Oppenheim. Dieser hatte das Rittergut Bassenheim – Status seit 1831 – von den Fürsten von Hohenzollern 1873 gekauft, die es aus der Zwangsversteigerung 1861 erworben hatten. Heutige Eigentümer sind seit 1910 die Freiherren von Waldthausen, die das Schloss 1914-17 historistisch vergrößern ließen. Es entstand eine vieltürmige unregelmäßige Ehrenhofanlage, die sich zum englischen Park öffnet. Schloss und Park sind der Öffentlichkeit nicht zugänglich, aber von der Straße teilweise sichtbar.

Auch in der jüngeren Geschichte gewann Schloss Bassenheim Bedeutung. Es diente 1945-48 dem französischen Gouverneur von Rheinland-Hessen-Nassau als Residenz, so dass hier am 8. Oktober 1948 das erste Treffen zwischen Konrad Adenauer und Robert Schumann stattfand, der Beginn der deutsch-französischen Aussöhnung.

Selbstverständlich gibt es im Ort weitere Zeugen der Waldbott-Zeit, von denen zwei besonders zu erwähnen sind: das Pfarrhaus, ein gediegener Mansarddachbau, wurde ebenfalls zu Johann Maria Rudolphs Regierungszeit 1784 erbaut. Als Spolie ist über dem Eingang das Allianzwappen Waldbott/Reifenberg der Urgroßeltern des Bauherrn eingemauert. Es waren auch der Urgroßvater Johann Lothar und seine zweite Frau aus der Familie Metternich, die ab 1662 auf dem Karmelenberg von dem Kapuziner-

Abb. 14: Allianzwappen Waldbott/Reifenberg über dem Eingang des Bassenheimer Pfarrhauses.
Foto: Harald Bechstein

Baumeister Matthias von Saarburg als Dank für die glückliche Geburt einer Tochter eine Marienkapelle errichten und auf dem Weg zu ihr eine Allee aus verschiedenen Baumarten pflanzen ließen. Von den etwa 150 Bäumen sind heute noch 106 vorhanden und seit 1939 als Naturdenkmal geschützt.

Kunstgeschichtlich besonders bedeutend ist der sog. Bassenheimer Reiter in der katholischen Pfarrkirche St. Martin. Das Relief stellt St. Martin zu Pferde dar, wie er für den Bettler seinen Mantel teilt. Es stammt aus der 1. Hälfte des 13. Jahrhunderts, vom Westlettner des Mainzer Doms, und wird der Werkgruppe des berühmten Naumburger Meisters zugerechnet. Es gilt als wahrscheinlich, dass des Burggrafen Großonkel Kasimir Ferdinand Adolf den Reiter nach Abbruch des Lettners 1683 in seiner Eigenschaft als Titularpfarrer in seine Kirche verbringen ließ. Dort ist das Relief heute über dem Seitenaltar angebracht.

Olbrück

Die Olbrück ist die Burg der Vulkaneifel. Auf einem teilweise aus Phonolith bestehenden Kegel erhebt sich die Gipfelburg weithin sichtbar nordwestlich des Laacher Sees in der heutigen Verbandsgemeinde Brohltal im Kreis Bad Neuenahr - Ahrweiler. Gegründet wurde sie vor 1100 als Allod der Grafen zu Wied, war aber seit 1190 Kurkölner Lehen. Ein halbes Jahrhundert nach dem Übergang an die Herren von Eppstein 1196 entwickelte sich eine Ganerbschaft, der verschiedene Familien mit unterschiedlichen Rechten angehörten. Aus der Zeit um 1350 ist der einzige vollständige Baukörper erhalten: ein imponierender rechteckiger Bergfried mit abgerundeten Ecken und 24m Höhe;

Abb. 15: Burg Olbrück. Foto: Harald Bechstein

auf der Nordwestseite zeichnet sich die Wendeltreppe als Ausbauchung im Mauerwerk ab. Dehio bezeichnet ihn als einen „der großartigsten wohnturmartigen Bergfriede des 14. Jahrhunderts".

1481 zuerst als Ganerben vertreten, gelang den Waldbott-Bassenheim bis 1555 der Erwerb sämtlicher Besitzanteile. Die Burg gehörte von nun an den Brüdern Johann, Anton und Otto, die im Jahr zuvor den Familienbesitz geteilt hatten, bzw. ihren Erben gemeinschaftlich. Die Herrschaft Olbrück, zu der 12 Dörfer gehörten, war reichsunmittelbar ohne Vertretung auf dem Reichstag; das Stimmrecht im Oberrheinischen Kreis übte die älteste, die bassenheimische Linie aus. Es gab jedoch auch eine eigene Linie Olbrück, deren Besitz aus Teilen der Herrschaft bestand. Nach dem Erlöschen der Linien Gudenau 1735, Olbrück 1744 und Königsfeld 1763 wurde deren Besitz 1767 zwischen den Linien Bassenheim und Bornheim real geteilt, wobei auch die Burg Olbrück halbiert wurde.

Abb. 16: Schlossruine Olbrück. Foto: Harald Bechstein

Bei dieser Teilung fielen die bisher mit Königsfeld verbundenen Dorfherrschaften Dedenbach (Verbandsgemeinde Brohltal, Landkreis Ahrweiler), Herresbach (Verbandsgemeinde Vordereifel, Landkreis Mayen–Koblenz) und Heckenbach (Verbandsgemeinde Altenahr), in der sich keine herrschaftlichen Wohnsitze befanden, an den späteren Burggrafen Johann Maria Rudolph (vgl. dessen Titel in Kap. 1.1).

Burg Olbrück wurde mehrfach zerstört, am heftigsten am 3. Mai 1689 im Zuge der französischen Reunionskriege, jedoch immer wieder aufgebaut. Der Umbau des Palas zum repräsentativen Schloss mit regelmäßiger Fensterfront vollzog sich unter Beteiligung des Großvaters des Burggrafen, Reichsgraf Franz Emmerich Wilhelm (+1720), ab 1690. Auch dieser Bau ist in Folge der französischen Revolution und Besetzung zerstört worden und ist nur als Ruine erhalten.

Um 1790 führten der Burggraf und die Miteigentümer Verhandlungen über einen Verkauf der Herrschaft an Karl August von Bretzenheim, den natürlichen Sohn des Kurfürsten Karl Theodor von Pfalz-Bayern, der bestrebt war, sein kleines Reichsfürstentum, das sein Vater ihm zur Versorgung überschrieben hatte, zu vergrößern. Die Verhandlungen führten aber zu keinem Ergebnis. Schließlich wurde Olbrück 1797 als Wohnsitz aufgegeben, als die Waldbott-Bassenheim den Besitz verloren und dieser dann 1804 von der französischen Regierung parzelliert und verkauft wurde. Der preußische Staat rettete die Ruine ab 1855 vor der Nutzung als Steinbruch. In Privateigentum wurde die Ruine zwischen 1878 und 1900 noch einmal baulich gesichert, verfiel in den folgenden 100 Jahren jedoch zunehmend.

Nachdem der Bergfried 1993 einzustürzen drohte, kam 1998 schließlich ein Pachtvertrag zwischen dem Eigentümer und der Verbandsgemeinde zustande und die Ruine wurde in den folgenden drei Jahren grundlegend instand gesetzt. Sie ist seitdem als Bestandteil des Vulkanparks Brohltal – Laacher See im Vulkanland Eifel (nationaler Geopark) ein touristisches Highlight. Das Museum informiert sowohl über Vulkanismus als auch Rittertum und Burgenkunde. Im Bergfried befindet sich ein Trauzimmer (www.brohltal.de).

Pyrmont

Luftlinie ungefähr 25 km südsüdöstlich von Olbrück liegt Burg Pyrmont unweit der berühmten Burg Eltz in der heutigen Verbandsgemeinde Treis-Karden im Landkreis Cochem-Zell. Die 1225 zuerst erwähnte Spornburg war 1652 aus dem Besitz der Freiherren von Eltz-Pyrmont zur Hälfte und 1710 nach längerem Streit mit den Miterben ganz an die Waldbott-Bassenheim gelangt. Die Eltzer hatten die Burg von der Erbauerfamilie, den 1495 zu Reichsfreiherren aufgestiegenen edelfreien Herren von Pyrmont, geerbt, als diese bereits 1514 ausstarben. Pyrmont konnte mindestens seit 1495 als Reichsherrschaft gelten, wobei erst 1788 die Waldbott-Bassenheim hierfür die Reichsstandschaft erhielten. Die winzige Herrschaft umfasste auf eineinhalb Quadratmeilen nur die Burg, eine kleine Burgfrieden genannte Siedlung, den Wingertshof und eine Wassermühle. Auf einer kolorierten Karte aus dem Jahr 1712 ist dies im Burgmuseum gut zu erkennen.

Abb. 17: Bergfried Burg Pyrmont. Foto: Harald Bechstein

Pyrmont besteht aus einer Kernburg und zwei durch Gräben abgetrennten Vorburgen auf einem steilen Bergsporn über dem Elztal. Ihr ältestes Bauteil ist der ca. 29m hohe runde Bergfried, dessen mit einem Rundbogenfries verbreiterter Abschluss in das späte 13. Jahrhundert datiert wird. Der angelehnte Palas wurde ab 1712 von Baumeister Benedikt Burtscher ebenfalls für Franz Emmerich Wilhelm in ein Barockschloss mit regelmäßiger Fensterteilung und hohem Walmdach umgebaut. Auch eine Kapelle wurde damals errichtet. Das Allianzwappen des Bauherrn und seiner Frau Maria Adolfine von Leerodt wird im Museum ausgestellt. Burg und Herrschaft gingen 1794 in französisches Nationaleigentum über und wurden 1810 auf Abbruch versteigert. Von 1818 bis 1861 gehörte die Ruine, die als eine der romantisch schönsten der Eifel galt, noch einmal den Waldbott-Bassenheim. Anschließend wechselten bis 1963 sechsmal die Eigentümer.

Abb. 18: Allianzwappen im Burgmuseum Pyrmont. Foto: Harald Bechstein

In jenem Jahr erwarb die Architektenfamilie Petschnigg die Burg und baute sie als Wohnung und Museum im denkmalpflegerischen Sinn wieder auf. Die charakteristische Ruinengestalt des Schlosses, dessen halbhohe Fensterpfeiler des dritten Obergeschosses wie Zinnen wirken, ist dabei erhalten geblieben. In dem seit 1990 bestehenden Privatmuseum wird eine adelige Haushaltung des 17. und 18. Jahrhunderts vorgestellt. Auch einige Familienporträts sind zu sehen, u. a. von Großonkel, Schwiegertochter und Enkel des Burggrafen. Darüber hinaus ist Pyrmont inzwischen ein beliebter Ort für Familienfeiern und Tagungen; es werden auch jährliche Veranstaltungen ausgerichtet (www.burg-pyrmont.de).

4.3 Die beiden Herrschaften im Taunus

Im Gebiet des heutigen Hessen wurden die Waldbott von Bassenheim erst im 17. Jahrhundert ansässig, als sie auch im Mainzer Domkapitel Fuß gefasst hatten und neben Landbesitz und Wirtschaftshöfen im Rheingau zwei Herrschaften im Taunus erwarben: Kransberg (Stadt Usingen) und Reifenberg (Gemeinde Schmitten), beide heute im Hochtaunuskreis gelegen.

Die Herrschaften im Taunus dienten wiederholt der Ausstattung von Brüdern der regierenden Freiherren bzw. Grafen, die in den geistlichen Dienst getreten waren, so dem Mainzer und Trierer Domherrn Kasimir Ferdinand Adolf (1642-1729), Großonkel des Burggrafen, der eine reiche Bautätigkeit entfaltete, und dem Bruder des Burggrafen, Franz Ludwig Kasimir (1727-69), Domherr in Mainz, Trier und Eichstätt.

Kransberg

Wenn von der Geschichte der Burg bzw. des Schlosses in Kransberg berichtet wird, stehen die Gründungszeit und das 20. Jahrhundert im Vordergrund. Von der 200jährigen Besitzgeschichte der Familie des Burggrafen ist seltener die Rede. Der Gründer der gräflichen Linie, Reichsfreiherr Johann Lothar Waldbott von Bassenheim, erwarb die Herrschaft Cransberg 1654 für 50.000 Gulden pfandweise vom Mainzer Kurfürsten Johann Philipp von Schönborn. Die Herrschaft, die neben Kransberg die Dörfer Wernborn und Pfaffenwiesbach und die Gemarkungen der ausgegangenen Siedlungen Wissenbach und Holzburg (seit 1814 Friedrichsthal) umfasste, gehörte fortan zum Kanton Mittelrheinstrom der Reichsritterschaft.

Burg Cransberg war vor 1220 auf Königslehen als Stammsitz der Craniche von Cranichsberg gegründet worden, von denen drei Träger des Namens Eberwin als Burggrafen von Friedberg genannt werden. Noch 16 Jahre vor ihrem Aussterben verkauften die Craniche ihre Burg 1310 an die Herren von Falkenstein, die sie 1418 an die Eppsteiner vererbten. Sie gehörte zunächst der Butzbacher und zuletzt 1522 – 1535 der Königsteiner Linie und ging dann mit deren Herrschaft als Erbe an die Grafen von Stolberg. Als deren Königsteiner Linie bereits 1581 ausstarb, konnten sich die Verwandten aus dem Harz in den Taunusherrschaften nicht gegen die Ansprüche des Erzstifts Mainz durchsetzen. Cransberg wurde mainzisches Amt, bis es zur Schuldentilgung nach dem 30jährigen Krieg an die Waldbott-Bassenheim verpfändet und nie wieder ausgelöst wurde. Die von den Stolbergern durchgeführte Reformation hatte schon Kurmainz rückgängig gemacht.

Abb. 19: Burg Kransberg 1950. Foto: Wilhelm Hans Braun. Stadtarchiv Friedberg: Fotosammlung

Von der dreieckigen Spornburg der Craniche, die den Zugang zum Wiesbachtal beherrschte, sind der 30m hohe, hufeisenförmige Bergfried sowie Reste der bergseitigen Schildmauer und des Palas erhalten. Das Aussehen der Wohngebäude wird durch die neugotische Überformung bestimmt, die spätere Besitzer 1885 vornahmen. Jedoch ist aus der frühen Bassenheimer Zeit ein bemerkenswertes Wirtschaftsgebäude vorhanden, das über dem nach 1654 verfüllten Halsgraben steht: ein lang gestreckter Fachwerkbau mit einem mächtigen Zwerchhaus über der Tordurchfahrt und zweigeschossigen Lauben. Tragkonstruktion, Zierfachwerk und Stützen sind handwerklich wunderbar gearbeitet. Außerdem ist bis zu Sanierungsarbeiten im Jahr 2000 am Schlosstor ein schmiedeeisernes Doppelwappen Waldbott-Bassenheim / Reifenberg erhalten gewesen, das von einer Grafenkrone überfangen und von Schwänen gehalten worden ist.

Abb. 20: Ehemaliges schmiedeeisernes Doppelwappen Waldbott-Bassenheim / Reifenberg in Kransberg. Foto: Harald Bechstein

1699, als der Mainzer Prälat Kasimir Ferdinand Adolf Waldbott von Bassenheim (1642 – 1729), der Onkel des Burggrafen, für seinen Bruder die Regierung in Kransberg und Reifenberg ausübte, ließ dieser südlich des Schlosses im Wald die Kreuzkapelle

Abb. 21: Burgkapelle Kransberg. Foto: Harald Bechstein

Abb. 22: Kreuzkapelle Kransberg 1950. Foto: Wilhelm Hans Braun. Stadtarchiv Friedberg: Fotosammlung

erbauen, desgleichen 1711 unmittelbar vor der Burgmauer eine neue Pfarr- und Schlosskirche St. Nikolaus. Letztere wurde 1893-95 durch einen gotisierenden Neubau des Limburger Diözesanbaumeisters Maximilian Meckel mit Gruft für die Freiherren von Biegeleben ersetzt. Hier ruhen heute die sterblichen Überreste des Burggrafen.

Erhalten ist die Kreuzkapelle, ein einfacher, nur dreiseitig geschlossener Satteldachbau mit stuckierten Blumengirlanden über dem Eingang, zu der – eine Parallele zu Bassenheim – vom Schloss aus eine malerische Hainbuchenallee mit Baumbestand aus dem 18. Jahrhundert führt, die als Naturdenkmal geschützt wird. Die Kreuzkapelle dient heute als Ehrenmal für die Gefallenen der Weltkriege. Aus der Zeit um 1716 ist weiterhin sogar ein Projekt des Mainzer Hofbaumeisters Maximilian von Welsch für eine Freitreppe am Schloss durch eine Bauzeichnung belegt.

1806 wurde die reichsritterschaftliche Herrschaft Kransberg vom neuen Herzogtum Nassau mediatisiert. Im Januar 1804 hatte Graf Johann Maria Rudolph den so genannten Rittersturm, den Annexionsversuch Nassau-Usingens, mit kaiserlicher Hilfe noch abwehren können, so wie es ihm auch bei der Burg Friedberg gegen Hessen-Darmstadt gelungen war. Zwei Jahre später aber teilte sein Sohn das Schicksal des Freiherrn vom und zum Stein und anderer Reichsritter im herzoglichen Territorium. Der Grundbesitz verblieb der Familie, bis ihn Graf Hugo Philipp 1854 wegen Überschuldung an Nassau verkaufen musste. Die Überführung des Leichnams seines Großvaters, des Burggrafen, im Jahr zuvor spricht dafür, dass Kransberg wohl eigentlich im Familienbesitz verbleiben sollte, was aber finanziell nicht gelang.

Die preußische Regierung, die 1866 die Nachfolge des Herzogtums Nassau angetreten hatte, verkaufte das Schloss 1874 an den Darmstädter Baron Arnold von Biegeleben, der 1885 einen Umbau im Stil der Neugotik vornehmen ließ. Die Familie, die im Großherzogtum Hessen Diplomaten stellte, behielt den Besitz bis 1923. Über verschiedene andere Eigentümer erwarb Familie von Scheidlein 1927 das Schloss und betrieb dort ein Café.

1939 folgte der bekannteste Abschnitt der Schlossgeschichte: Der Zwangsverkauf an die nationalsozialistische Reichsregierung und Ausbau zum Führerhauptquartier Adlerhorst/Tannenwald zusammen mit Schloss Ziegenberg durch Albert Speer und Fritz Todt. Das Kransberger Schloss wurde dabei Hauptquartier der Luftwaffe und diente 1944 während der Ardennenoffensive Hermann Göring zum Aufenthalt. Ab 1945 war es von amerikanischen Streitkräften besetzt, wurde 1956 Sitz einer Abteilung des Bundesnachrichtendienstes, 1961 von Bundeswehreinheiten und 1977 bis 1992 des 5. Corps der US Army. Heute ist es ein Wohngebäude und Firmensitz, der nicht zugänglich ist, in dem aber Räume für Feierlichkeiten gemietet werden können (www.bgsk.de).

Reifenberg

Anspruch auf die Herrschaft Reifenberg erhoben die Waldbott von Bassenheim ab 1686 nach dem Tod des letzten Reifenbergers aus der Wetterauer Linie. Dieser Philipp Ludwig von Reifenberg, Domherr in Mainz, war auf der Festung Königstein in Kurmainzer Haft gestorben, weil der Kurfürst ihn kirchlicher Verfehlungen beschuldigte und seine Herrschaft übernehmen wollte. Die Bassenheimer Ansprüche rührten aus der ersten Ehe des Freiherrn Johann Lothar mit Walburga von Reifenberg, der Schwester des Verstorbenen. Sie konnten erst 1726 endgültig gegen das Erzstift durchgesetzt werden. Zur Herrschaft gehörten neben Ober- und Nieder-Reifenberg (erst seit 1849 geteilt) auch Schmitten, Arnoldshain und Seelenberg. Schmitten und Arnoldshain waren dem Kanton Mittelrheinstrom des rheinischen Ritterkreises steuerpflichtig.

Die Burg Reifenberg, die höchst gelegene Burg im Taunus, wurde als Stammsitz der Herren von Reifenberg, einem Seitenzweig derer von Hattstein, von diesen im 13. und 14. Jahrhundert erbaut. Vom 14. bis zum Ende des 16. Jahrhunderts waren andere Adelsfamilien in einem Ganerbenverband am Besitz beteiligt, wobei auch die Burg Friedberg zeitweise Anteile hielt. Charakteristisch ist das Nebeneinander von zwei Türmen, dem runden, 23m hohen Bergfried und einem sechsgeschossigen rechteckigen Wohnturm. Daneben sind Reste der Schildmauer und eine in den Felsen getriebene Pulverkammer (16. Jh.) erhalten. Die Ruine, die von einem Burgverein unterhalten wird, ist frei zugänglich.

Abb. 23: Burg Oberreifenberg. Foto: Harald Bechstein

Im letzten Drittel des 16. Jahrhunderts war vor den beiden Türmen ein dreigeschossiges Renaissanceschloss, der so genannte „Neue Bau“, errichtet worden, der aber in der Endphase des 30jährigen Kriegs 1646 von kaiserlichen Truppen teilzerstört wurde. Ein von Philipp Ludwig von Reifenberg geplanter Ausbau zur Festung kam nicht zustande, im Gegenteil ließ die Kurmainzer Regierung die Burg im Pfälzischen Erbfolgekrieg 1689 schleifen, um sie als französischen Stützpunkt unbrauchbar zu machen.

Abb. 24: Schloss Bassenheim in Oberreifenberg. Foto: Harald Bechstein

Als die Waldbott-Bassenheim einzogen, gab es also kein standesgemäßes Quartier. Johann Maria Rudolph und sein Bruder Franz Ludwig Kasimir ließen deshalb unterhalb der Burg ein neues Gebäude errichten, das als Renthof oder Kellerei bezeichnet wurde und heute als Bassenheimer Schloss bekannt ist: ein barocker Einflügelbau mit Mansarddach. Entwürfe des Usinger Baumeisters Benedikt Burtscher sind bereits 1709 datiert. Die deutlich bescheidenere Ausführung ist aber erst viel später zwischen 1764 und 1768 durch Johann Friedrich Sckell aus Weilburg (1725 – 1810) erfolgt. Der Grundstein des Wirtschaftsgebäudes trägt jedoch die Jahreszahl 1728. Nach Nutzungen als Fabrik, Hotel, Forstverwaltung und Büro dient das Bassenheimer Schloss heute Wohnzwecken. Bei der jüngsten Sanierung ab 2008 wurden im Saal feine Fresken von 1769 freigelegt, die italienische Stadt- und Landschaftsmotive wie z. B. den Markusplatz in Venedig zeigen und von dem aus Genf gebürtigen Maler Christian Stöcklin stammen. Für ihr Engagement erhielten die Eigentümer 2013 den Hessischen Denkmalschutzpreis verliehen. Der Komplex ist von der Straße gut sichtbar.

Ebenso wie Kransberg wurde Reifenberg 1806 nassauisch und der gesamte Besitz 1856 von Graf Hugo Philipp in bürgerliche Hände verkauft. Obwohl die Leibeigenschaft in Nassau abgeschafft war, sollen die Grafen sie nach Angaben des Rüdesheimer Stadtarchivars Göttert in ihrer Herrschaft Reifenberg skandalöser Weise beibehalten haben. Seit 1823 unterhielten sie in Ober-Reifenberg eine standesherrliche Oberförsterei.

Der Onkel des Burggrafen, Kasimir Ferdinand Adolf, ließ, wie bereits erwähnt, 1730 die Gruft für die Reifenberger an der Gertrudiskapelle errichten. Auf ihn geht außerdem die Pfarrkirche St. Casimir in Seelenberg, ein Saalbau mit fünfseitigem Chor, den Benedikt Butscher 1710/11 erbaute, zurück. Verdienste erwarb sich Kasimir Ferdinand Adolf, indem er in den wegen der kargen Böden sehr armen Feldbergdörfern das Nagelschmiedehandwerk einführte.

4.4 Sonstiger Besitz der gräflichen Linie

Die folgende Übersicht gibt in kurzer Form Art und Geschichte der Waldbottschen Besitzungen wieder und weist auf bemerkenswerte Hinterlassenschaften hin. Es wird deutlich, wie unterschiedlichste Regionen in Deutschland bzw. Mitteleuropa über früheren Adelsbesitz miteinander in Verbindung stehen. Auf die früh erworbenen Güter in der Eifel und am Mittelrhein folgen die Erwerbungen des 19. Jahrhunderts in Oberschwaben und Oberbayern.

SEVENICH (Verbandsgemeinde Kastellaun, Landkreis Simmern): Bassenheimer Besitz seit 1521, Lehen der Sponheimer Gemeinherren Baden und Pfalz, Schlossbau um 1600, im 19. Jh. abgebrochen, Bodendenkmal zwischen Ortsrand und Friedhof, rechteckige Passionskapelle von 1725 erhalten, Bauherr Graf Kasimir Adolf.

BURG RAUSCHENBERG (unweit von Sevenich, nördlich der Ortsgemeinde Mermuth): auch Baldenruise genannt, erbaut ab 1332 im Auftrag des Trierer Kurfürsten Balduin von Luxemburg als landesherrliche Trutzburg in der Eltzer Fehde, Johann Waldbott von Bassenheim wird als deren Mitbesitzer oder Burgmann genannt, im 15. Jahrhundert bereits verfallen; Mauer-Fünfeck, spornseitig runder Bergfried, mächtiger Halsgraben, im Wandergebiet „Ehrbachklamm“ nur zu Fuß erreichbar.

BURG LANDSKRON (Stadt Bad Neuenahr-Ahrweiler): als Reichsburg 1206 von König Philipp von Schwaben gegründet, eine der mächtigsten Befestigungen am Mittelrhein, bis 1369 von den Reichsrittern von Landskron verwaltet, 1371 – 1659 Anteile der Waldbott-Bassenheim in einem Ganerbenverband, ab 1554 bei der Linie Gudenau, danach an den Herzog von Jülich; Gipfelburg bestehend aus einer Niederburg mit dem Königlichen Palas und einer teilweise in den Fels gehauenen Oberburg, 1677 Opfer einer Feuersbrunst, spärliche Mauerreste 1910 ausgegraben, Aussichtspunkt.

Burg Altenwied (Kreis Neuwied): Anfang des 12. Jhs. durch die Herren zu Wied gegründet, ab 1250 kurkölnische Amtsburg, Amtsmannschaft im Spätmittelalter zeitweise in der Hand der Waldbott-Bassenheim, ab dem 15. Jh. langfristige Verpfändungen, 1633 von den Spaniern zerstört, aber bis ins 19. Jahrhundert bewohnt; Spornburg mit fünfseitigem Bergfried, neuzeitliche Wirtschaftsbauten, unzugängliches Privateigentum.

Löwenburg (über Königswinter im Siebengebirge): um 1200 von den Grafen von Sayn erbaut, nach 1269 über die Heinsberger und Nassauer 1483 an das Herzogtum Jülich-Berg, im Spätmittelalter Waldbott-Bassenheimer als Burgmannen genannt, 1633 von den Schweden zerstört; Ruine bestehend aus einer Hochburg mit dem Rest eines quadratischen Bergfrieds und einer Zisterne (12./13. Jh.), einer Vorburg (13./14. Jh.) und einer Zwingeranlage (14. Jh.), grandioser Aussichtspunkt auf das Siebengebirge mit Burg Drachenfels und auf das Rheintal.

Höfe in Vallendar (zwischen Koblenz-Ehrenbreitstein und Bendorf): Wirtschaftshof im 14. Jh. urkundlich bezeugt, schon 1549 als verfallen bezeichnet; weiterer Hof 1665 von Johann Lothar Waldbott von Bassenheim erworben, dieser bereits 1698 an den Freiherrn Emmerich Ernst von Wiltberg veräußert, der an seiner Stelle den heutigen dreiflügeligen Adelshof erbauen lässt, katholische Mädchenschule.

Bassenheimer Hof in Mainz (am heutigen Schillerplatz): Witwensitz von Johann Maria Rudolphs Mutter Maria Antonia, Schwester des Mainzer Kurfürst-Erzbischofs Johann Friedrich Carl von Ostein, 1750 – 55 erbaut in kurfürstlichem Auftrag durch Kavalierbaumeister Anselm Franz von Ritter zu Groenesteyn, Pendant zum Osteiner Hof, dem Familienpalais des anderen Bruders; Binnenhofanlage mit hohem Mansarddach, flacher dreiachsiger Mittelrisalit mit dem Wappen der Bewohnerin, baugeschichtlich bedeutendstes Objekt aus Familienbesitz; in großherzoglich hessischer Zeit Bundeskaserne, nach Kriegszerstörung 1947/48 äußerlich wieder aufgebaut, seit 1960 Innenministerium von Rheinland-Pfalz.

Höfe in Bodenheim (bei Mainz): Wohnhaus des Anton Waldbott von Bassenheim, 1604-29 Probst des 1419 gegründeten Ritterstifts St. Alban, das die Ortsherrschaft ausübte; einflügeliges Fachwerkhaus (Gaustraße 17), errichtet 1616; Wirtschaftshof Langgasse 16, traufständiger Fachwerkbau mit rundbogiger Tordurchfahrt von 1729, Familienbesitz bis zur Auflösung des Stifts in Folge der Französischen Revolution.

Hof in Winkel im Rheingau: Weingut, in Bassenheimer Besitz von 1442 bis 1591 bezeugt, Lehen des St. Victorstiftes zu Mainz, vermutlich an der Stelle des 1591 vollendeten Zehnthofes in der Hauptstraße gelegen, letzter mittelalterlicher Turmrest bei einem Umbau in den 1920er Jahren abgebrochen.

Bassenheimer Hof in Kiedrich (Suttonstraße): befestigter Hof unterhalb der Burg Scharfenstein am Ortsrand, freiadeliges Gut im Erzstift Mainz, erbaut 1660/61 vom Mainzer Dompropst Adolf Hundt von Saulheim, als Erbe der Marie Elisabeth Hundt (1595 – 1681), Gemahlin des Urgroßvaters des Burggrafen, Bassenheimer Besitz von 1694 bis zum Ende des Kurstaats; ummauerte Anlage mit Wohngebäude, Torhaus mit aufwändigem Hundtschen Wappen, heute Wohneinrichtung für Menschen mit geistiger Behinderung.

Osteiner Hof in Rüdesheim (Obergasse 4a): ab 1641 Besitz der Herren, seit 1712 Grafen von Ostein, als Erbe 1810 an die Waldbott-Bassenheim, 1851 zwangsversteigert; Winkelbau, dessen beide Flügel von 1563 und 1747 durch die Bassenheimer unter einem Dach harmonisiert wurden, Turm neugotisch mit Zinnen umgestaltet, Privatbesitz, von oben aus dem Weinberg gut sichtbar.

Der Niederwald über Rüdesheim: 1100 Morgen großes Waldgebiet, ursprünglich Wirtschaftswald der Burg Ehrenfels, vom Mainzer Domkapitel zwischen 1693 und 1705 an die Ostein verkauft; Graf Karl Maximilian Amor Maria ließ 1764 ein Jagdschloss erbauen und in den 70er und 80er Jahren einen romantischen Waldpark mit Architekturelementen von Francois Ignace Mangin anlegen, von Goethe und Clemens von Brentano schwärmerisch gerühmt; künstliche Burgruine „Rossel" erstes Ruinenbauwerk auf deutschem Boden, 1810–51 Bassenheimer Besitz, seither staatlich, Teil des UNESCO-Weltkulturerbes Oberes Mittelrheintal (www.niederwald.de), das nach Brand 1925 erneuerte Jagdschloss heute Hotel-Restaurant, Kavaliershaus original erhalten.

Ostein-Palais in Geisenheim (Rüdesheimer Straße 34): erbaut 1766-71 für Graf Karl Maximilian Amor Maria von Ostein, Rokoko-Dreiflügelanlage mit einem tiefen Ehrenhof, Architekt Valentin Thomann, Pavillons mit achteckigen Sälen, geschmückt mit feinen Rötelmalereien von Christian Georg Schütz d. Ä., 1810 unglücklicherweise Opfer des Erbstreites zwischen den Waldbott-Bassenheim und den Dalberg, mittig geteilt und an unterschiedliche Käufer veräußert, Mittelbau 1811/12 ersatzlos abgebrochen, beide Restbauten heute Teil der St. Ursula-Schule.

Reichsabtei Heggbach (Landkreis Biberach): 1231 von Beginen gegründet, ab 1248 selbständige Zisterzienserinnenabtei, seit dem Spätmittelalter reichsunmittelbar, 1803 als Entschädigung an Johann Maria Rudolph von Waldbott zu Bassenheim, ab 1806 Standesherrschaft im Königreich Württemberg, bis zur Versteigerung für 1,25 Millionen Gulden 1875 als Wirtschaftsbetrieb genutzt, seit 1887 Heggbacher Einrichtungen von Franziskannerinnen für körperlich und geistig behinderte Menschen; Konventsgebäude nach Brand 1893 weitgehend nur in Anordnung und Volumen erhalten, sehenswert das Torgebäude von 1753 mit dem Wappen der Äbtissin Maria Aleydis Zech und die 1991/92 zu einem Zentralraum umgestaltete Saalkirche St. Maria und Georg mit Mondsichelmadonna (um 1500) und eindrucksvoller moderner Gedenkstätte für die 193 Heggbacher Euthanasieopfer des Nationalsozialismus.

Reichskartause Buxheim (Landkreis Memmingen): 1402/03 gegründet, größte und vom 16. Jh. an die einzige reichsunmittelbare Kartause in Deutschland, 1803 als Entschädigungsgut an die Grafen von Ostein, 1810 an die Bassenheim vererbt, ab 1813 Umbau des Refektoriums zur gräflichen Residenz, 1926 den Salesianern Don Boscos übergeben, seit 1947 Gymnasium; architektonisches Kleinod (vgl. Kap. 3.2), bei der Errichtung der baulich angebundenen Pfarrkirche 1726-29 und der Anpassung des gotischen Kreuzgangs haben Johann Baptist, Dominikus und Franz Zimmermann wesentlich mitgewirkt (als ihre Meisterleistung gilt die St. Anna Kapelle von 1738/41), von den ehemals 22 Mönchszellen etwa die Hälfte erhalten, teilweise Kartausenmuseum (www.kartause-buxheim.de), Bassenheimische Grabplatten der beseitigten Familiengruft hinter dem Hochaltar der Kirche aufgestellt.

Neuhausen (Gemeinde Holzheim, Landkreis Neu-Ulm): Gründung der Grafen von Kirchberg um 1290, ab 1338 als Lehen des Hochstifts Augsburg an wechselnde Ulmer Patriziergeschlechter, seit 1746 Teil des Territoriums der Kartause Buxheim, mit dieser im 19. Jh. in Bassenheimer Besitz; Höhenburg 1756 niedergebrannt, nur der runde Bergfried erhalten.

Ellmannsweiler (Gemeinde Maselheim, Landkreis Biberach): bis 1806 freiadeliges, reichsritterschaftliches Gut im Ritterkanton Donau, ab 1653 in der Hand der Familie Reichlin von Meldegg, von diesen 1819 als Ergänzung des nur etwa 6 km entfernten Gutes Heggbach an die Waldbott-Bassenheim verkauft, Besitz bis 1875, einflügeliges Barockschloss und Kapelle der Reichlin erhalten.

Winterrieden (Verwaltungsgemeinschaft Babenhausen, Landkreis Unterallgäu): bis zum Reichsdeputationshauptschluss zum Amt Tannheim der Reichsabtei Ochsenhausen gehörig, als Entschädigung an den gefürsteten letzten Grafen von Sinzendorf, 1824 von den Bassenheimern aus dem Erbe erworben, Verlust im 19. Jh., kein herrschaftlicher Bau vorhanden.

Unterwaldbach (bei Burgau im Landkreis Günzburg): bis 1833 Schlossgut der Schenk Freiherren von Stauffenberg, 1791 bis 1806 der Reichsritterschaft inkorporiert, 1871 aus dem Erbe seines Schwiegervaters an Hugo-Philipp Waldbott von Bassenheim, im 20. Jahrhundert den Franziskanerinnen von Dürrlauingen überlassen; einflügeliger Schlossbau mit steilem Satteldach zwischen Schweifgiebeln, 1. Hälfte 18. Jh.

Leutstetten (nördlich des Starnberger Sees): 1140 als adelige Hofmark genannt, 1552-65 Schlossbau des bayerischen Kämmerers Hans Urmiller, nach 1576 häufig wechselnde Hofmarkherren, 1833 von Ludwig Fürst zu Oettingen – Oettingen und Wallerstein erworben, 1850 Geschenk an Tochter und Schwiegersohn, bis 1864 erster bassenheimischer Besitz in Altbayern, 1875 an Prinz Ludwig von Bayern – den späteren König, ab 1934 zeitweilig Wohnsitz und 1955 Sterbeort des Kronprinzen Rupprecht, bis heute wittelsbachischer Wohnsitz; ein in Oberbayern häufiger Renaissance-Bautyp: ein mehr hoher als breiter Einflügelbau mit steilem Satteldach und diagonal gestellten Ecktürmchen, nicht zugänglich; benachbart schöne Schlossgaststätte mit „Königlich Bayerischem Biergarten“ (www.hs-gaststaetten.de).

SCHLOSS FUßBERG (Gemeinde Gauting am südlichen Münchner Stadtrand): 1342 als bayerisches Lehen des kaiserlichen Richters Ludwig von der Teck erwähnt, die 1560 gebildete Hofmark 1621 an das Kloster Andechs, ab 1819 Alterssitz des Schriftstellers Carl Theodor von Hallberg-Broich, danach kurzzeitig Eigentum Graf Hugo Philipps und anderer, 1893-1981 Fabrikantenvilla; quer gelagerter Walmdachbau von 1721 nach Plänen von Paul von Dießen, 1894/97 verändert, heute Sitz einer Unternehmensberatung, englischer Landschaftspark.

SCHLOSS HOHENASCHAU (Gemeinde Aschau im Chiemgau): Gipfelburg der Aschauer aus dem 12. Jh., seit 1276 Gerichtsherrschaft mit fünf Dörfern im Herzogtum Bayern, 1383 an die Herren von Freyberg und 1608 an die Freiherren – seit 1664 Grafen – von Preysing, aus deren Erbe 1853 von Graf Hugo Philipp erworben, bereits 1860 öffentlich versteigert, 1875-1942 Familiensitz der in den Freiherrenstand erhobenen Nürnberger Unternehmer von Cramer-Klett; quadratischer Bergfried der Gründungszeit erhalten, ab 1540 Umbau zum Schloss durch Pankraz von Freyberg, barocker Ausbau 1672-86, beeindruckender Festsaal mit 12 überlebensgroßen Stuckstatuen, die Ahnen des Hauses Preysing darstellen, Entwurf des Münchner Hofbaumeisters Henrico Zuccalli, 1905-08 historisierende Veränderungen, eines der schönsten, wenn nicht das schönste Bergschloss in Oberbayern, im Sommer regelmäßig Führungen durch den Heimat- und Geschichtsverein (www.aschau.de).

SCHLOSS WILDENWART (Prien am Chiemsee): aus einer Wasser umwehrten Ringburg des 12. Jahrhunderts entstanden, ab 1378 bayerisches Lehen, mit der Hochgerichtsbarkeit ausgestattete Hofmark, 1540-1608 Besitz der Herren von Freyberg, über die Freiherren von Schurff 1771 an die Preysing, 1853-60 Bassenheimer Besitz, 1862 an den im Exil lebenden Herzog Franz V von Österreich – Este, seit 1914 Eigentum der Wittelsbacher, am 7. November 1918 erster Aufenthaltsort Ludwigs III von Bayern nach seiner Flucht vor den Revolutionären in München; Schlossbau um 1600, Binnenhofanlage mit Säulenarkaden und einem niedrigen Torturm.

4.5 Besitz der Linien Gudenau, Königsfeld und Bornheim

Durch die Teilung der Brüder Anton II (+ 1571), Johann VII (+ 1589) und Otto entstanden 1554 die Linien Bassenheim, Olbrück und Gudenau. Die Olbrücker Linie spaltete sich unter Johanns Söhnen Johann Richard, Anton

(+ 1640) und Philipp (+ 1627) nochmals in die Zweige Königsfeld, Olbrück und Bornheim. Allein die Bornheimer Linie besteht noch. Familienmitglieder leben heute in Neusiedl am See im Burgenland. Mit den nachfolgend aufgeführten Besitztümern hatte die Familie des Friedberger Burggrafen Johann Maria Rudolph, nämlich die später gräfliche Linie zu Bassenheim, keine oder nur vor 1554 Berührung.

Gudenau (Gemeinde Wachtberg, Rhein-Sieg-Kreis): Gründung der 1261 ausgestorbenen Grafen von Hochstaden, ab 1402 kölnisches Lehen der Burggrafen von Drachenfels, als Heiratsgut 1493 an Otto Waldbott von Bassenheim, 1554 – 1735 Sitz der Linie Gudenau, ab 1660 Mittelpunkt der Reichsherrschaft Villip mit dem so genannten Drachenfelser Ländchen, 1735 an die Freiherren von der Vorst zu Lombeck vererbt, nach 1812 in mehrfach wechselndem Eigentum, heute Sitz einer Consultingfirma; mehrteilige Wasserburg mit Wohnturm des 13. Jahrhunderts, vierflügeligem Herrenhaus (1708) und zwei Vorburgen, äußerst malerischer Eindruck durch mehrere runde und eckige Türme mit barocken Zwiebel- und Schweifdächern, zwei schöne Allianzwappen zeugen von der Bautätigkeit der Bassenheimer.

Gudenauer Hof in Bonn (gegenüber dem Beethovenhaus): im 17. und 18. Jahrhundert Stadtsitz der Herrschaftsinhaber von Gudenau, im Innern des 1944 teilzerstörten Geschäftshauses Ausstattungsteile des letzten barocken Bonner Adelspalais erhalten.

Odenhausen (Gemeinde Wachtberg, Rhein-Sieg-Kreis): 1316 genannt, Lehen der Abtei Siegburg im Erzstift Köln, um 1560 entscheidender Umbau durch die von Blanckart, 1663 Vereinigung mit dem ca. 3 km entfernten Gudenau unter den Waldbott-Bassenheim, 1735 an die von der Vorst zu Lombeck, seit 1904 in bürgerlichem Besitz; Wasserburg in erhöhter Lage, zweiflügeliges Herrenhaus mit Schweifgiebeln, dreiflügelige Vorburg, 1916 durch Emanuel von Seidl behutsam modernisiert, nicht zugänglicher Privatbesitz.

Untere Burg in Kuchenheim (Stadt Euskirchen): Jülicher Lehen, 1563 durch die Gudenauer Linie von den Herren Schall zu Bulich erworben, 1735 an die von der Vorst zu Lombeck vererbt und 1761 in bürgerliche Hände verkauft, Liegenschaft später parzelliert; ein massives einflügeliges Herrenhaus und ein Torhaus auf zwei verschiedenen Straßenseiten als Wohnhäuser erhalten, Allianzwappen von Otto Waldbott von Bassenheim zu Gudenau und Johanna Scheiffart von Merode.

Burg Drachenfels (bei Königswinter im Siebengebirge): eine der berühmtesten Burgen am Mittelrhein, 1140 begonnen, die 1176 genannten Burggrafen von Drachenfels (++ 1530) waren zu Verwaltern eingesetzt, als kurkölnisches Lehen 1630 eingezogen und 12 Jahre später gegen Zahlung von 11.000 Talern an Ferdinand Waldbott von Bassenheim zu Gudenau neu verliehen, im Kampf zwischen Schweden und Spaniern 1634 zerstört, 1735 auf die Linie zu Bornheim übertragen, 1776/77 durch Prozess und Vergleich an die Freiherren von der Vorst zu Lombeck-Gudenau bis 1813; von der Spornburg nur noch die mit Bossensteinen verschalten Nord- und Ostwände des quadratischen Bergfrieds (Mitte des 12. Jhs.) und Mauerreste von Vorburg und Zwinger (15. Jh.) erhalten, nach Nutzung als Steinbruch und Absturz von Bauteilen eines der frühesten Denkmalschutzschutzprojekte in Deutschland (1855), getragen vom preußische Staat, der 1836 Eigentümer wurde.

Königsfeld (Verbandsgemeinde Brohltal, Landkreis Ahrweiler): Wasserburg als Jülicher Lehen in der 1693 als reichsfrei bestätigten Herrschaft, ab 1500 Beteiligung der Waldbott-Bassenheim an der seit 1371 bestehenden Ganerbschaft, 1589-1767 Sitz der Freiherren Waldbott von Bassenheim zu Königsfeld, Ausbau der Burg 1622 durch Heinrich Waldbott, 1767 an die Linie zu Bornheim, 1830 vollständiger Abbruch, das Allianzwappen Heinrichs und seiner Ehefrau Maria geb. Raitz von Frentz wurde in das Königsfelder Schulhaus versetzt, benachbart ein schlichtes einflügeliges Herrenhaus mit Mansarddach von 1742 erhalten, heute Wohnhaus.

Burg Kessenich (Stadt Euskirchen): 1339 erstmalig erwähnt als Jülicher Lehen derer von Kessenich, von den Herren von Binsfeld 1604 durch Heirat an die Waldbott von Bassenheim zu Königsfeld, 1634/39 Ergänzung eines parallelen zweiten Herrenhausflügels (Türinschrift), 1769 verkauft, seit 1828 bürgerliches Eigentum, gotisierender Umbau nach 1884 für Johann Arnold, Wohnanlage.

Bornheim (nordwestlich von Bonn im Rhein-Sieg-Kreis): mit Hochgerichtsbarkeit ausgestattete Unterherrschaft des Erzstifts Köln, aus dem Besitz der Herren Scheiffart von Merode zunächst teilweise und 1629 ganz an die Bornheimer Linie der Waldbott-Bassenheim, durch die französische Besetzung 1797 verloren, seit 1872 Eigentum der Freiherren von Diergardt, heute als Rehabilitationszentrum für Suchtkranke vermietet; an Stelle der 1583 teilweise zerstörten Wasserburg 1728-32 Neubau des Herrenhauses, einflügelige maison de plaisance mit beiderseitig flachen Mittelrisaliten, Johann Conrad Schlaun zugeschrieben, im Inneren elegant geschwungene einläufige Treppe mit Rokoko-Geländer, die Außenanlagen sind frei zugänglich.

Haus Rankenberg (Bornheim, Stadtteil Dersdorf): ehemaliges adeliges Hofgut, im Mittelalter als kölnisches Lehen an die Waldbott gekommen, von Freiherr Max Friedrich 1826 verkauft, 1897/98 vollständiger Neubau für die Freiherren von Kempis, Familienbesitz bis heute, neobarocke Villa mit Turm.

Wolfsburg in Roisdorf (östlich von Bornheim): kölnische Unterherrschaft, 1440 erstmalig genannt, 1626 durch die Herren von Wolff-Bergheimerdorf neu erbaut, Besitz der Linie Bornheim von 1721 bis zur Französischen Revolution, heute privates Wohnhaus; schlichter Backsteinbau mit vier gleichförmigen Giebeln auf drei Seiten, 1721 datiertes Allianzwappen von Freiherr Johann Jakob und Maria Anna von Wolff-Metternich zur Gracht (www.heimatfreunde-roisdorf.de).

Burg Metternichsberg in Roisdorf: zweiter adeliger Sitz im Ort, im 14. Jahrhundert genannte Höhenburg, Besitz der Linie Bornheim 1721-70, 1844/45 Neubau eines spätklassizistischen Landhauses durch Dombaumeister Ernst Friedrich Zwirner für den preußischen Regierungspräsidenten in Köln Heinrich von Wittgenstein, heute Seminargebäude des Centrums für Weltmission e. V., der schöne Landschaftspark, der in Teilen bereits von den Waldbotts angelegt worden ist, ist zugänglich (www.heimatfreunde-roisdorf.de).

Gut Hohenholz (Bedburg, Rhein-Erft-Kreis): landtagsfähiger Rittersitz im Herzogtum Jülich, 1541– 1735 im Besitz derer von Buer, anschließend an die Waldbott-Bassenheim-Bornheim, seit Ende des 18. Jhs. in bürgerlichem Eigentum; schlichtes spätklassizistisches Herrenhaus von 1884, heute Hotel und Fünf-Sterne-Restaurant.

Hallenburg (Disternich, Gemeinde Vettweiß, Landkreis Düren): im 18. Jh. einige Jahre als Lehen des Kölner Stifts St. Maria im Kapitol im Besitz der

Bassenheimer zu Bornheim; Wasserburg mit quaderförmigem Herrenhaus, im 16. Jh. von den Herren von Efferen gen. Hall errichtet, heute Bürogebäude, nicht zugänglich.

Schloss Bergerhausen (Blatzheim, Stadt Kerpen, Rhein-Erft-Kreis): Wasserburg, seit 1424 kölnisches Lehen derer von dem Bongart, durch Heirat 1830 an Clemens August von Waldbott-Bassenheim zu Bornheim (1803-72), Ausbau zu einem dreiflügeligen Schloss in historistischen Formen, Fassade mit antikisierenden Büsten, 1861 Bau einer neugotischen Kapelle, bis 1894 im Besitz der Familie, heute Location für Feiern und Veranstaltungen (www.burg-bergerhausen.de).

Schlösser in Ungarn und Österreich: Friedrich Lothar Freiherr Waldbott von Bassenheim, Neffe von Clemens August, erhält durch seine Ehe mit Hedwig von Beust Schloss und Herrschaft Tolcsva in der Region Észak-Magyarország im äußersten Nordosten des heutigen Ungarn, Familienbesitz bis zur kommunistischen Machtübernahme, rund 100m langer klassizistische Bau von ca. 1820, heute Grundschule; 1875-82 kurzzeitiger Besitz des Schlosses Eichbüchl bei Wiener Neustadt in Niederösterreich, in dem im April 1945 Dr. Karl Renner die erste Regierungsproklamation der österreichischen Zweiten Republik verfasste; durch Einheirat von Friedrich Lothars drittem Sohn Friedrich Heinrich (1889-1959) in die ehemals kaiserlich-königliche Familie erbt der Enkel Paul Albrecht 1956 Schloss Halbturn im Burgenland, erbaut als Jagdschloss für Alois Graf Harrach von Lucas von Hildebrandt um 1710, Familienbesitz bis 2008, Weingut (www.schlosshalbturn.com).

Quellen- und Literaturverzeichnis:

Adel in Bayern – Ritter, Grafen, Industriebarone; Katalog zur Bayerischen Landesausstellung 2008, Augsburg 2008

Bechstein, Harald: Warum ist die Burgkirche wichtig?, in: 200 Jahre Burgkirche, S. 22 – 33, hg. von der Evangelischen Kirchengemeinde Friedberg, 2008

Beck, Otto: Zisterzienserinnenabtei Heggbach – Geschichte, in: Klöster in Baden-Württemberg, www.landesarchiv-bw.de

Becker, Gerhard: Zehnthof in Winkel, in: Rheingauer Zehnt- und Klosterhöfe und der Wein, S. 26 – 28, hg. von der Gesellschaft für Rheingauer Weinkultur, Eltville 2001

Boller, Ulrich: Die Burg Reifenberg, in: Kronberger Burgbote 1999

Books LLC ®, Burg im Kreis Düren Wiki Series, Memphis/USA, 2011

Bosl, Karl (Hg.): Handbuch der historischen Stätten Deutschlands – Bayern, Stuttgart 1981 (3)

Bouvain, Pierre: Die Burgkirche in Friedberg/Hessen, Friedberg 1987

Bouvain, Pierre: „Ihre Werke folgen ihnen nach" – Zum Tode des Burggrafen Waldbott von Bassenheim, in: Christen in Friedberg, Mai 1990

Bouvain, Pierre: „Unter 10 Liedern sind gewiß neun verunglückt" – Zur Einführung des Burg Friedberger Gesangbuchs, in Hessische Heimat aus Natur und Geschichte, 2.12.1989

Braasch, Ursula; Winkelmann-Holzapfel, Brigitte: Die Organisation der Reichsritterschaft am Ende des Alten Reiches, in: Geschichtlicher Atlas von Hessen, Marburg 1984

Braun, Wilhelm: Wappensteine und Inschriften in der Burg Friedberg, in: Friedberger Geschichtsblätter Bd. 17, S. 1 – 19, Friedberg 1950

Das Bauzentrum, Nr. 5 1985: Ein Barock-„Schloss" wird verjüngt

Dehio, Georg; Backes, Magnus: Handbuch der deutschen Kunstdenkmäler – Hessen, München 1966

Dehio, Georg; Euskirchen, Claudia; Gisbertz, Olaf; Schäfer, Ulrich: Handbuch der deutschen Kunstdenkmäler – Nordrhein-Westfalen I Rheinland, München 2005

Dehio, Georg; Caspary, Hans; Götz, Wolfgang; Klinge, Ekkart: Handbuch der deutschen Kunstdenkmäler – Rheinland-Pfalz, Saarland, München 1972

DENKmal – Zeitung zum Tag des offenen Denkmals in Hessen, 8. September 2013

Dölling, Regine: Mainz – Die Palais des Barock, Rheinische Kunststätten Heft 5/6, Köln 1970

Dötsch, Anja: Der Niederwald bei Rüdesheim am Rhein, in: SehensWerte, Magazin der Verwaltung der Staatlichen Schlösser und Gärten in Hessen, Nr. 7, 2012

Duell, Eugen: Die Grafen von Ostein im Rheingau, in: Jahrbuch 2001 Rheingau-Taunus-Kreis, S. 91-95

Ebersold, Günther: Karl August Reichsfürst von Bretzenheim, Norderstedt 2004

EBIDAT Burgendatenbank des Europäischen Burgeninstituts, www.ms-visucom.de

Eckhardt, Albrecht: Die Burgmannenaufschwörungen und Ahnenproben in der Reichsburg Friedberg in der Wetterau 1473–1805, in Wetterauer Geschichtsblätter Bd. 19, S. 133-167, Friedberg 1970

Fertsch, Wilhelm: Die Münzen der reichsunmittelbaren Burg Friedberg, Friedberg 1936

Fienhold, Ludwig: Des Kurmainzer Kämmerers Eremitage und eine Herberge in dezenter Eleganz, in: Frankfurter Allgemeine Sonntagszeitung, 19.01.1992

Fischer, Andreas: Holzverkauf machte Kirchenbau möglich, in: Taunus Zeitung, 27.01.2000

Genealogisches Handbuch des Adels – Freiherrliche Häuser

Genealogisches Handbuch des Adels – Gräfliche Häuser

Gesellschaft für Reichskammergerichtsforschung e. V. (Hg.): Das Reichskammergerichts-MuseumWetzlar, Wetzlar 1987

Goldner, Johannes; Bahnmüller, Wilfried: Frühe Bayerische Adelsgeschlechter, Freilassing 1985

Gondorf, Bernhard: Bassenheim bei Koblenz, Rheinische Kunststätten 296, Köln 1984

Gondorf, Bernhard: Burg Pyrmont, Große Baudenkmäler Heft 392, München 1992

Gondorf, Bernhard: Burg Pyrmont in der Eifel, Köln 1983

Gothaischer Genealogischer Hofkalender, Gotha 1897

Goethe, Johann Wolfgang: Die Leiden des jungen Werthers, hg. und kommentiert von Erich Trunz, München 1995 (14)

Göttert, Rolf: Der Osteiner Hof zu Rüdesheim am Rhein, in: Notizen aus dem Stadt-Archiv Nr. 94 und 95, Rüdesheim o. J.

Harder-Merkelbach, Marion: Kartause Buxheim – Kartause und Pfarrkirche, Buxheim 1996

Haufs-Brusberg, Gilbert und Christa: Balduins Burgen – Eine Reise in die kurtrierische Vergangenheit, Trier 1997

Hausmann, Jost (Hg.): Fern vom Kaiser – Städte und Stätten des Reichskammergerichts, Köln 1995

Hehemann, Walter: Spurensuche – Wortwin von Steden-Hohenberch, Friedrichsdorf/Taunus 1997

Heimann, Walter; Gutmann, Oskar: 210 Jahre Freimaurerei in Friedberg, Friedberg 1987

Herrmann, Fritz H.: Zur Geschichte der letzten Burgfriedberger Münze, des Konventionstalers mit der Jahreszahl 1804, in: Wetterauer Geschichtsblätter Bd. 22, S. 83 – 103, Friedberg 1973

Herzog, Harald: Rheinische Schlossbauten im 19. Jahrhundert, hg. vom Landeskonservator Rheinland, Köln 1981

Hojer, Gerhard: Die Schönheitsgalerie König Ludwigs I., München 1983 (2)

Hoos, Hans-Helmut: Kehilla Kedoscha Spurensuche – Zur Geschichte der jüdischen Gemeinde in Friedberg und der Friedberger Juden von den Anfängen bis 1942, Weilburg 2002

Hüllen, Frank: Die Burggrafen von Drachenfels und das „Drachenfelser Ländchen", www.rheinland24.info, 2008

Hundt, Dietmar; Ettelt, Elisabeth: Burgen und Schlösser im Bayerischen Oberland, Freilassing 1984

Hüther, Constanze: Hessischer Denkmalschutzpreis 2013, in: Denkmalpflege & Kulturgeschichte, 3/2013

Ignasiak, Detlef: Die Fürstenhäuser Thüringens, Bucha bei Jena 2002

Italiaander, Rolf: Burg Pyrmont in der Eifel, Hamburg 1965

Joó, Tibor; Zsóry, József: Die Kunstdenkmäler von Tolcsva, 1975

Jürgensmeier, Friedhelm (Hg.): Das Bistum Worms, Würzburg 1997

Karl, Franz: Reichsabtei Heggbach, www.transtrend.de, 2011

Kirchenvorstand der Evangelischen Kirchengemeinde Florstadt (Hg.): Die Kirche in Nieder-Florstadt 1792 – 1992, Florstadt 1992

Kissel, Otto Rudolf: Neuere Territorial- und Rechtsgeschichte des Landes Hessen, Wiesbaden -Dotzheim 1961

Klein, Rudolf: Mit dem Zeichenstift unterwegs – Grabstätte für den letzten Reifenberger, in: Frankfurter Allgemeine Zeitung 11.10.1984

Kloft, Jost: Territorialgeschichte des Kreises Usingen, Schriften des Hessischen Landesamtes für geschichtliche Landeskunde Bd. 32, Marburg 1971

Knappe, Rudolf: Mittelalterliche Burgen in Hessen, Gudensberg-Gleichen 1994

Kneschke, Ernst Heinrich (Hg.): Neue Allgemeines Deutsches Adelslexicon, Leipzig 1859-70, neu aufgelegt 1929

Kniffler,Gisela: Italien im Taunus, in: Denkmalpflege und Kulturgeschichte 1/2014

Köbler, Gerhard: Historisches Lexikon der deutschen Länder, München 1988

Kölner Stadt-Anzeiger 17.03.2010: Adelspalais soll saniert werden

Kulturellaktuell, Nr. 10 2002 (Magazin des Hochtaunus-Kreises): Schloss Kransberg und seine Geschichte

Kur- & Verkehrsverein Oberreifenberg (Hg.): 1000 Jahre Reifenberg im Taunus 950 – 1950, Königstein 1950

Lankes, Christian: Buxheim – Deutschland größte Kartause, in: Klöster in Bayern, hg. vom Haus der bayerischen Geschichte

Laufs, Manfred: Spätbarockes Schäferidyll und Rousseaus „guter Mensch vom Lande“ im Rheingau, in: DENKmal 2011

Lengemann, Jochen: Parlamente in Hessen 1808 – 1813, Frankfurt 1991

Marschall, Bernhard: Bodenheim – Das Tor zur Rheinterrasse, Bodenheim 2000 (2)

Mielke, Heinz-Peter: Eine unbekannte Bauzeichnung Maximilian von Welschs für Schloss Kransberg, in: Wetterauer Geschichtsblätter Bd. 26, Friedberg 1977

Milius, Erich: Der Reichsburg Friedberg letzte Münze, in: Wetterauer Zeitung 22.09.1995

Miller, Max; Taddey, Gerhard: Handbuch der historischen Stätten Deutschlands – Baden-Württemberg, Stuttgart 1980 (2)

Monschauer, Winfried: Burg Sterrenberg – Führungsheft 19 der Edition Burgen, Schlösser, Altertümer Rheinland-Pfalz, Regensburg 2003

Neu, Peter: Königsfeld anno 1616, www.kreis-ahrweiler.de

Olschewski, Boris: Die Mediatisierung der Burg Friedberg durch Hessen-Darmstadt 1802 – 1806, in: Wetterauer Geschichtsblätter, Bd. 52, S. 2 – 69, Friedberg 2003

Petry, Ludwig: Handbuch der historischen Stätten Deutschlands – Rheinland-Pfalz und Saarland, Stuttgart 1976 (3)

Pfeffer,Klaus: Der Wiederaufbau der Burg Pyrmont in der Eifel, in: Burgen und Schlösser - Zeitschrift der Deutschen Burgenvereinigung e. V. für Burgenkunde und Denkmalpflege, Heft 1973/I

Platte, Hartmut: Die Herrschaft Hohenaschau im Chiemgau und ihre adeligen Besitzer, Werl 2003

Pracht, Hans Peter: Burg Olbrück, Aachen 2001

Pracht, Hans-Peter: Burg Olbrück und das Zissener Ländchen, Köln 1981

Rack, Klaus-Dieter: Die Burg Friedberg im Alten Reich, Quellen und Forschungen zur hessischen Geschichte Bd. 72, Darmstadt 1988

Rack, Klaus-Dieter: Friedberg in Hessen – Die Geschichte der Stadt Band II, Friedberg 1999

Raiss, Gerhard: Das Pastoreigut in Eschborn und seine Inhaber, in: Zwischen Main und Taunus -MTK-Jahrbuch 2010

Regierungspräsidium Tübingen: Verzeichnis der unbeweglichen Bau- und Kunstdenkmale und der zu prüfenden Objekte, Kreis Biberach – Maselheim, Stand 30.03.2009

Relles, Corinna; Rünger, Dr. Gabriele; Zanger, Octavia: Die Burgen um Euskirchen, hg. vom Museum Euskirchen 2005

Rosenegger, Josef; Bahnmüller, Wilfried: Burgen und Schlösser zwischen Inn und Salzach, Freilassing 1993

Roth, Hermann: Burg und Stadt Friedberg – Ein Wegweiser durch ihre Sehenswürdigkeiten und ihre Geschichte, Friedberg 1974

Rummel, Walter: Die frühe Neuzeit (1500 – 1794), in: Der Kreis Ahrweiler im Wandel der Zeit, Bad Neuenahr-Ahrweiler 1993

Sante, Georg Wilhelm: Handbuch der historischen Stätten Deutschlands – Hessen, Stuttgart 1976 (3)

Schellack, Gustav; Wagner, Willi: Burgen und Schlösser im Hunsrück-, Nahe- und Moselland, Kastellaun 1976

Schieder, Wolfgang (Hg.): Säkularisation und Mediatisierung in den vier rheinischen Departements 1803 – 1813 Teil II,1 Rhein-Mosel-Departement, Boppard 1991

Schlim, Jean Louis: Antonia von Luxemburg – Bayerns letzte Kronprinzessin, München 2006

Schütz, Friedrich: Das Mainzer Rad an der Gera – Kurmainz und Erfurt 742 – 1802, Mainz 1991

Stommel, Hanna: Johann Adolf Wolff genannt Metternich zur Gracht – Eine Kurzbiografie, in: Jahrbuch 2005 Stadt Erftstadt, S. 19 - 38

Sünkel, Werner; Rack, Rudolf; Rhode, Pierre: Adlerhorst. Autopsie eines Führerhauptquartiers, Leinburg 1998

Taunus Zeitung 26.05.2000: „Wappen-Alteisen" wird im Herbst restauriert

Träger, Beatrice: Von den Reifenberger Rittern bis zum Freiherrn vom Stein, in: Jahrbuch Hochtaunuskreis 1994

Trier, Hildegunde: Die Schlosskapelle St. Nikolaus zu Kransberg – Gruftkapelle der Familie von Biegeleben, vor Ort ausgelegter Führer o. J.

Vogel, Christian: Vor 200 Jahren – Krieg in der Wetterau, veröffentlicht in 360 Folgen in der Wetterauer Zeitung vom 9.7.1996 bis 5.8.2008

Waas, Christian: Die freie Reichsstadt und Reichsburg Friedberg in der Wetterau beim Untergang des alten Reiches, Friedberg 1907

von Werner, Karl; Caspary, Hans: Schloss Bürresheim, Führer der Verwaltung der staatlichen Schlösser Rheinland-Pfalz Heft 2, Mainz 1981

Wetterauer Zeitung 28.10.1982: Wo einst Königin Sylvias Vorfahr lehrte – Heinrich-Jakob-Stoll-Schule feiert am kommenden Wochenende das 275 jährige Bestehen des Schulwesens in Kaichen

Wetterauer Zeitung 14.2.2009 und 28.02.2009: „Eine Schande unserer Religion" und „Gott schuf Hebräer zur gleichen Menschencreatur wie uns alle" –

F. R. Schazmanns patriotische Gedanken zur Lage der Friedberger Juden aus dem Jahr 1788

Wetterauer Zeitung 4.3.2009: Wiedergefunden – Eine Sensation im Oktavformat – Älteste Friedberger Zeitung ist im Stadtarchiv wieder aufgetaucht

Wetterauer Zeitung 12.6.2010: Alte Urkunden in Kugel der Adolfsturmspitze - Die älteste datiert vom 5. Juli 1804

Windhaus, G.: Geschichte der Lateinschule zu Friedberg, Friedberg 1893

Witte, Hedwig: Ein Schlossherr mit Namen „Amor Maria", in: Wiesbadener Kurier am Wochenende 30.4./1.5.1988

Zichner, Rudolf Arthur: Der Niederwald über Rüdesheim/Rhein, in: Hessische Heimat, Heft 3, 1963

Zimmermann, Walther; Borger, Hugo (Hg.): Handbuch der historischen Stätten Deutschlands Nordrhein-Westfalen, Landesteil Nordrhein, Stuttgart 1963

Zuch, Rainer: Burg Friedberg, Regensburg 2011

Auf Websites, die ausführliche Darstellungen und Hinweise zum Besuch der Objekte beinhalten, wird direkt im Text hingewiesen.

Renaissancekacheln vom Typ HANS HEFN

Funde in der Wetterau und Mittelhessen und die Frage nach beteiligten Kunsthandwerkern

Heinz-Peter Mielke

Ursprünglich war vorgesehen, an dieser Stelle einen Beitrag über diejenigen Kacheln zu liefern, welche die Signaturzeile HANS BERMAN 1558 oder 1562 zeigen. Denn nach meinem grundlegenden Aufsatz von 1981[1] über diese Kachelgruppe gab es viele neue Funde, auch im Ausland, so dass allein schon aufgrund dieses Sachverhaltes eine Anpassung an das bestehende Bild wünschenswert gewesen wäre. Mit einem Anstieg des Fundmaterials wären zugleich Neuigkeiten zur Person von Hans Berman zu erwarten, womöglich eine topographische Eingrenzung, doch genau das Gegenteil ist der Fall. Und alles erschien auf einmal weit komplizierter, verwobener und kaum noch ohne naturwissenschaftliche Verfahrenstechnik erklärbar, als es sich noch 1981 dargestellt hatte. Da Analysen noch ausstehen, kann ich den Leser nur mit einem Teilaspekt vertraut machen. Doch zuvor ein kurzer, knapper Forschungsabriss als Einstieg in die Materie und ihre Problematik.

Lange Zeit sind Bildkacheln nur aus kunsthistorischem Blickwinkel betrachtet worden, wobei die Auflösung von Motiven und grafischen Vorlagen Ziel der Betrachtungsweise war. Parallel dazu wurden Kacheln aus lokalgeschichtlicher und volkskundlicher Perspektive erfasst, wenn sie in Vergesellschaftung mit Irdenwarenerzeugnissen in bestimmten Betriebsstätten auftraten. Unterstellt wurde in beiden Fällen zumeist, dass der Kachelbäcker zugleich der Formenhersteller war. Spätestens mit den Berman-Kacheln, deren breite Streuung schon 1910 durch Sune Ambrosiani[2] bekannt gemacht wurde, sah man, dass es zumindest bei diesen Stücken nicht der Fall sein konnte.

Durch die mittelalterliche und neuzeitliche Archäologie fiel dem Model eine neue Rolle zu: Man sah vielfach, dass sich der Scherben der Kachel von dem des Models unterschied, so dass „Wanderungen" der Formen in Betracht gezogen wurden. Fragen nach der Vermarktung von Modellen und Modeln wurden anfänglich noch nicht gestellt. Rückschlüsse auf Modellschneider stehen erst am Anfang der Betrachtungsweise. Alles lässt an einen wohlorganisierten Transfer denken, bei dem die „Groschendrucke" der damaligen Zeit und ihre Hersteller in das Netz von Produktion und Vermarktung genauso integriert waren wie ambulante Ofenbauer mit „Musterkoffer und Bestellformular". Doch hier ist noch viel an grundsätzlicher Arbeit zu leisten.

Kacheln mit der Inschrift HANS HEFN unter dem Bildmotiv sind recht selten. Bislang sind auch nur drei Exemplare bekannt.[3] Sie kommen in Gesellschaft mit Kacheln vor, die mit HANS BERMAN 1562 signiert und datiert sind. Stilistisch gehören sie zur Berman-Werkstatt. Dies zeigt sich auch bei anderen Serien in demselben Rahmen, so bei den Erzbischöfen und den Heiligen Drei Königen, insbesondere beim Faltenwurf ihrer Gewänder, der in den Aposteln aus der entsprechenden Berman-Serie seine Entsprechung hat.

Eine Kachel mit Darstellung eines Kurfürsten von Sachsen mit eben dem genannten Namen wurde Ende der 60er Jahre auf dem Hattstein[4] durch den Verfasser gefunden, eine weitere Kachel folgte aus dem Schloss Windecken[5]. Dort fand sich ein weiteres Motiv, nämlich das des Kaisers, allerdings mit der Nennung eines bislang kaum bekannten Handwerkers: KVRT LOR[6]. Auf Schloss Laubach fand sich ein grün glasiertes Fragment mit GORG (stilisierte Blume) B... ein; ob hier der Name Berman lautet oder anders ist derzeit Spekulation.

Für die Verbindungen zur Berman-Werkstatt spricht auch die Signaturleiste. Hinsichtlich des Namens kann davon ausgegangen werden, dass mit HEFN (er) eine Berufsbezeichnung gemeint ist, sich folglich „Hans, der Hafner" manifestiert hat, was wiederum einen hohen Bekanntheitsgrad voraussetzt. HANS HEFN(er) setze ich bis auf besseres Wissen mit Hans Berman gleich. So sieht es auch Ludwig Baron Döry und spricht von dem HANS-HEFN-Typus.[7] Für eine enge Verbindung spricht auch und gerade das Motiv der Christgeburt[8] und der Fundzusammenhang von Bermankacheln und dieser Gruppierung auf dem Hattstein und zu Windecken, wobei beide Komplexe aus unterschiedlichen Werkstätten stammen.[9] Durch die neuerlichen Funde aus Aschaffenburg kann der Kanon dieser Kachelserie erheblich erweitert werden. Allerdings spricht gegen eine Gleichsetzung - und das muss man ehrlicherweise zugeben - das Vorhandensein einer Kurfürstenkachel mit der Darstellung

Fürstenkachel, August von Sachsen? (Motiv 3.5), Kaisermotiv mit KVRT LOR (Motiv 3.9), Fürstenmotiv mit GORG B... (Motiv 3.8).

August von Sachsens in dem Berman-Rahmen von 1558[10] (bis auf die Datierung identisch mit dem gängigen Berman-Rahmen). Warum sollte ein Motiv zweimal vorhanden sein? Es sei denn, unser unter Vorbehalt als August von Sachsen identifiziertes Motiv wäre das eines anderen Sachsen.[11]

Die hier zu betrachtende Kachelserie hat die Wetterau als Mittelpunkt der Fundverortung. Dies gilt auch für die Berman-Kacheln. Bei Gleichsetzung beider Kachelgruppen bedeutet dies jedoch, dass Hans Berman nicht aus der hessisch-wetterauischen Region stammt. Hier ist nämlich die Bezeichnung „Ulner“ gebräuchlich, während „Hafner“ süddeutsch ist. Oder sollte es sich bei Hans Berman um einen in die Wetterau zugewanderten Keramiker handeln? Man sieht: Hinsichtlich einer Verortung des Meisters Hans Berman ist weiterhin alles offen.

Zu dieser hier vorgestellten Kachelgruppe gehört ein einfach gestalteter Rahmen mit einem „Blümchenportal“ und je einer Lilie in den Zwickeln. Bislang sind Motive aus einer Fürstenserie, einer Wappenfolge, aus dem Kreis der Evangelisten und aus der Folge der Heiligen Drei Könige bekannt geworden. Daneben finden sich auch Einzelmotive. Im Einzelnen sind dies:

1. Wappen

1.1 Wappen des Mainzer Kurfürsten Daniel Brendel (1555-1582)[12], monogrammiert WH an der Basis und M 3 im Mittelfeld, Fo. (Fundort) Aschaffenburg

1.2 Reichswappen mit Krone und Goldenem Vlies[13] (Wappen Karls V. als Großmeister des Ordens vom Goldenen Vlies – bis 1555), monogrammiert WH, Fo. Aschaffenburg, auch Fo. Frankfurt am Main[14]

1.3 Vermutlich mainzisches Wappen, auf der Basis MEINTZ[15]

1.4 Unbekanntes Wappen, auf der Basis ...GRAF[16]

1.5 Weiteres Wappen, unbekannt, stark fragmentarisch[17]

1.3, 1.4 Wappenkachelfragmente

1.5 Unbekanntes Wappen

1.1 Erzbischof Daniel von Mainz

1.2 Reichswappen

2. Evangelisten

Auffällig ist, dass der Evangelist Matthäus bislang noch nicht erschienen ist. Bei den bislang jedoch recht wenigen Fundstellen kann das Motiv noch aus dem Boden kommen. Genauso ist aber denkbar, dass es gar nicht angefertigt worden ist, so dass während der Herstellungsphase der Modelle eine Zäsur aufgetreten war, möglicherweise das Ableben des Formenschneiders.

2.1 Johannes, bezeichnet S ·IOHAN[18], monogrammiert WH
2.2 Markus, bezeichnet S ·MARX[19] fragmentarisch
2.3 Lukas, bezeichnet S ·LVCAS[20]
2.4 Matthäus, noch nicht gefunden[21]

2.1 Johannes

2.2 Markus

2.3 Lukas

3. Fürsten

Hier ist nicht sicher, ob an eine Serie der drei geistlichen Kurfürsten gedacht war, an eine mit den Kurfürsten des Reiches oder an eine lose Folge von Reichsfürsten im Allgemeinen.

3.1 Erzbischof von Mainz, bezeichnet MAINZ[22], monogrammiert WH
3.2 Landgraf Wilhelm (1567-1592), jedoch in einem anderen Rahmen[23]
3.3 Erzbischof von Köln, bezeichnet COELN[24]

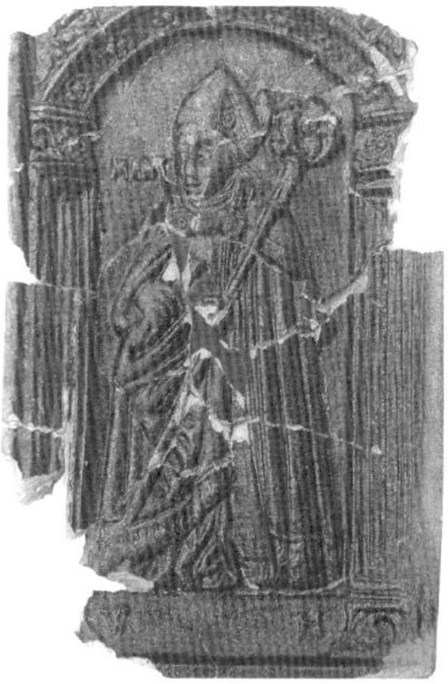

3.1 Erzbischof von Mainz,

3.2 Erzbischof von Köln

3.4 Erzbischof von Trier, noch nicht gefunden
3.5 Kurfürst von Sachsen[25], bezeichnet SAXN
3.6 Herzog von Württemberg[26], bezeichnet WIRTEMBERG
3.7 Markgraf von Brandenburg, bezeichnet MARKGRAF[27]
3.8 Unbekannte Person, recht fragmentarisch[28]
3.9 Kaiser Ferdinand I.[29]

3.7 Model mit Darstellung von Joachim II. Markgraf von Brandenburg 3.6. Herzog Christian von Württemberg

4. Die Hl. Drei Könige

4.1 Kaspar[30], bezeichnet CASPAR
4.2 Melchior[31], bezeichnet [ME]LCHIOR
4.3 Balthasar[32], bezeichnet BALTASAR, das fragmentarische Aschaffenburger Exemplar monogrammiert WH, das Treysaer Exemplar in einem anderen Rahmen

4.1-3 Kaspar, Melchior, Balthasar

5.6 Fenster

5.7. Hl. Georg

5. Sonstiges

Hier sind Kacheln erfasst, bei denen das Motiv aus dem Kontext gelöst ist, die jedoch, gäbe es sie auch in dem bekannten Berman-Rahmen, dort eine Lücke in der Abfolge schließen würden. Dies gilt freilich nicht für die Justitia. Das Fenster, welches auch im Berman-Rahmen mit entsprechender Signaturzeile oder veränderter Namensgebung erscheint, steht hingegen völlig isoliert. An diesen Stücken erkennt man die Variationsbreite in der Kombination von Motiv und Rahmen.

5.1 Adam und Eva (Der Sündenfall)[33]
5.2 Christgeburt[34]
5.3 Abraham opfert Isaak[35]
5.4 David und Goliath[36]
5.5 Justitia, bezeichnet GERECTIKEIT[37]
5.7. St. Georg[38]

David und Goliath

5.5. Justitia

5.3 Opfer Abrahams

Die Fundverteilung zeigt, dass mit Ausnahme des Lemgoer Stückes und des Mindener Kachelfragmentes die Kacheln in einem Gebiet mit Zentrum Wetterau hergestellt worden sein müssen. Sie waren wie die Model für den regionalen Markt bestimmt und nicht für den Export. Dass sie trotzdem weit gehandelt wurden, zeigt der Fund des Fensters (5.6) im neumärkischen Marienwalde (heute Bierzwnik) und zu Stargard.[39] Die urspünglichen Model dürften

5.1 Der Sündenfall

5.2 Christgeburt

5.2 Christgeburt

die Signaturzeile HANS HEFN aufgewiesen haben. Dies ist auch bei dem Windecker Fund der Abraham-Kachel der Fall. Die Verwendung an anderen Töpferstätten hat dann zu einer Tilgung des Namens geführt. Die meisten Aschaffenburger Stücke sind dahingehend verändert, dass zwar der ursprüngliche Name getilgt wurde, dafür aber sich der neue Produzent nach alter Manier, jedoch nur mit Monogrammen ausgewiesen hat. WH steht, wie es Ludwig Döry[40] aufzeigen konnte, für den Töpfer Wolf Höpf, aus dessen Werkstatt auch die Fragmente aus Alzenau und Bischbrunn stammen dürften. Höpf erhielt 1549 das Aschaffenburger Bürgerrecht.[41] Döry mutmaßt, dass Höpf Bermans Formen kopiert hat. Wenn er damit meint, dass er sie abgeformt hat, ist dies nicht treffend, weil jede Abformung einen Schwund bei der Replik mit sich brachte. Auch wenn daran gedacht war, dass Höpf sich dem Stile Bermans angepasst habe, so ist auch dies abzulehnen, würde es doch bedeuten, dass er Schnitzer des Modells oder zumindest der Auftraggeber war oder über Modellteile verfügt haben muss, was alles nicht zu beweisen ist. Auch weist er Kacheln, völlig anders gerahmt, Berman zu, ohne gleichfalls einen Beweis hierfür anzutreten.[42] Noch in späterer Zeit, unter Brendels Nachfolger auf dem Mainzer Stuhl, gibt es eine Wappenkachel. Das Motiv ist wie die vorherigen grob geschnitten; sonst gibt es keine Parallelen mehr.

Die Buchstaben W und H wirken, weil sie jeweils in die Ecke gesetzt sind, unbeholfen. Warum signierte er nicht mit vollem Namen? Auch wirken die Initialen im Vergleich untereinander leicht abweichend, so dass es fraglich ist, ob sie ursprünglich geschnitzt waren oder als Bleibuchstaben unten auf dem Modell aufgelegt waren; die letzte Möglichkeit ist hier wahrscheinlich. Eines aber ist unumstritten: er signierte das Modell als Töpfer, so wie es mehr oder minder auch zeitgleich Hans Hefner, Peter Kitz in Burgholzhausen und andere taten. So verstärkt sich die Vermutung, dass Hans Berman, der uns nach wie vor nebulös ist, ein Töpfer war, der sich wohl auf die Kachelbäckerei verlegt hatte. Dass bei Höpf ein Motiv, das Brendelsche Wappen, im Mittelfeld mit „M3“ (was immer dies zu bedeuten hat) gekennzeichnet ist, fast einer Artikelnummer gleich kommt, mag Schlüsse auf die Organisation oder Lagerhaltung zulassen; sie sollen hier aber nicht weiter gedanklich verfolgt werden. Sollte einmal die Töpferei Höpfs ausgegraben werden können, so wären dann verlässlichere Gedankenspiele angebracht.

Hinsichtlich der Anordnung der Initialen gibt es eine Parallele bei einer im Historischen Museum der Pfalz in Speyer befindlichen Kachel mit dem Evangelisten Lukas. Leider ist über die Provenienz nichts bekannt. Hier finden sich die Buchstaben L und B[43]. Von letzterem auf Berman – konkreter auf einen Leonhard Berman – schließen zu wollen, ist verfrüht. Bei einem weiteren Motiv, einer Wappenkachel aus Frankfurt am Main, das identisch mit einem Aschaffenburger Fund ist, variiert die Buchstabenkombination weiter: die rechte Initiale scheint ein G zu sein.[44] Doch warum sollte ein Aschaffenburger Töpfer nach Frankfurt geliefert haben?

Kacheln mit dem Lilienzwickel wurden auch in Gießen hergestellt. All diese Kacheln – bis jetzt wurden eine gelb glasierte Kachel mit Melchior-Darstellung und das Fragment eines unbekannten Wappens in Grün bekannt – haben die Signaturzeile HANS HART, der als Töpfer in Gießen erstmalig 1566 und letztmalig 1601 erfasst wird, wohl aber schon früher in Gießen als Keramiker wirkte.[45] Auch in Friedberg fand sich in der Ausgrabung auf dem Elvis-Presley-Platz ein grün glasiertes Randstück mit HANS H... sowie ein braunschwarz glasiertes Eckstück des Lilienzwickels, dazu Teil eines Kopfes, zu Motiv 3.5 gehörend. Die Tatsache, dass sich solche Kacheln mit Ausnahme des Mindener Fragmentes in einem überschaubaren Raum fanden, spricht für das Vorhandensein des Modells in der Landschaft zwischen Lahn, Main und Vogelsberg. Und gerade der Lilienzwickel findet sich wieder in der Grafik des in der Wetterau tätigen Hans Döring.

Zeitlich dürfte die Erstedition der Kacheln vor den Berman-Kacheln von 1558/1562 liegen. Die dazugehörenden Model waren wohl nicht für den Handel, sondern für die eigene Werkstatt bestimmt. Für diese Datierung spricht die

Wappenkachel mit dem Wappen des Erzbischofs Daniel Brendel von Homburg; Daniel von Mainz kam im Jahre 1555 auf den Mainzer Stuhl. August von Sachsen war 1553 in Kurwürden gekommen. Kachelproduzenten mussten wegen der starken Konkurrenz zeitnah mit ihren Motiven aufwarten. Wäre die Serie weit nach 1562 entstanden, wäre die Kachel mit dem Landgrafen Wilhelm IV. von Hessen, der 1567 an die Regierung kam, nicht in einer anderen Gestalt. Trotzdem kommt die Landgrafen-Kachel dem Sujet nach den Berman-Kacheln gleich. Die Aschaffenburger Ausformungen aber dürften noch einige Jahre jünger sein und aus den siebziger Jahren stammen. Kacheln können aber eine lange Lebensdauer haben. Da die Ziroffhütte in die Blütezeit der Glashütten unter Johann Schweikhard von Mainz (1604-1626) fiel, von 1627 an überliefert ist.[46]

In der Vergangenheit dominierte die Betrachtungsweise des Kunsthistorikers, in den letzten Jahrzehnten gewann die Betrachtung der Formen und die Distribution derselben einen immer größer werdenden Anteil an den Fragestellungen. Nun rückt zwingendermaßen die Frage nach dem Bindeglied zwischen Vorlagengeber und Umsetzer der Idee auf, die Frage nach dem Formenschneider.[47]

Wer nun die Hersteller dieser neuen Kacheln waren, ist nicht einfach zu beantworten, hatte eine Blattkachel doch gleich mehrere Väter. Das fertige Produkt kam zwar aus dem Brennofen eines Töpfers oder Ulners, wie sich die Töpfer meist selbst nannten, doch lieferte dieser auch die Form, fertigte er den Model dazu und wer war der Ideengeber? Diese Fragen, könnten wir sie beantworten, würde die gesamte Forschung um die Ofenkachel zwar nicht gerade revolutionieren, aber doch ein Bündel unbeantworteten Fragen klären helfen. Doch davon sind wir noch weit entfernt.

Der erste, der meines Wissensstandes nach die Frage nach einer Urheberschaft der Modelle gestellt hat, ist Jens Kulick 1985 in seiner Studie zu den Niedersteiner Ofenkacheln: „Es wäre daran zu denken, daß die Meister, welche die Model für die gusseisernen Ofenplatten schnitten, auch Model für die Kachel der keramischen Ofenaufsätze der eisernen Kastenöfen oder auch für vollständige Kachelöfen fertigten“, schreibt er, dabei an Philipp Soldan denkend, um gleich anschließend zu resümieren: „Der vergleichenden Kunstgeschichte bietet sich hier ein bisher noch unberührtes Arbeitsfeld dar.“[48] Damit griff er einen Nebensatz von mir auf, als ich von der Identität des Kreuzigungsmotivs bei Berman mit dem einer Ofenplatte Soldans sprach.[49] Auch der

Aussage von Karl Baeumerth über einen Formenschneider aus dem Taunus gehört Beachtung: Es ist dies der Usinger Baumeister und Hofbildmaler Heinrich Wendt (um 1621-1691), der seinen Formenschnitt für Ofenplatten „ohne eines Schreiners Hulff verfertigt" hat.[50] Demnach kommen handwerkliche Multitalente wie Baumeister, Architekten und Maler als Hersteller von Kachelmodellen genauso in Frage wie begabte Schreiner und andere mit der Materie Holz arbeitende Handwerker.

Dem hessischen Raum von Marburg bis Darmstadt fällt nicht nur wegen der besonderen Tonlager eine herausragende Rolle für keramische Produktionen zu, auch die zentrale Lage, der Messeplatz Frankfurt und die verkehrstechnische Anbindung an die Fernhandelsstrecke von der Mainmetropole aus und nach Norden durch die „langen und kurzen Hessen", sodann der alte Handelsweg nach Leipzig, auch die Wasserwege von Main, Rhein und Lahn haben ihren Beitrag geleistet, dass Produkte dieses Schaffensraumes nicht nur für den lokalen und regionalen Markt interessant waren. Die Ritterschaft jenes Gebietes war wohlhabend, die Patrizier der Reichsstädte waren Neuerungen gegenüber aufgeschlossen und die Kaufleute galten als erfolgreich. Ereignisse wie die Frankfurter Kaiserwahl (von 1562 an Wahl und Krönung an einem Ort) ließen den Glanz noch weit über die Reichsstadtgrenze hinaus abstrahlen.
All diese Rahmenfaktoren haben dazu geführt, dass neue keramische Produkte wie die Nischenkachel vom späten 14. Jahrhundert an und die Blattkachel von etwa 1500 an hier gute Marktchancen hatten. Vor allem dürfte hier auch entsprechende Kunstfertigkeit ansässig gewesen sein.

Wir kennen den Beruf des Formenschneiders. Diese Bezeichnung tritt aber meist in Zusammenhang mit der Buchproduktion auf[51]. Nun aber stellten diese Leute sicherlich nicht allein Lettern, Vignetten und graphische Darstellungen für den Buchdruck her; damit allein wären ihre Familien nicht zu ernähren gewesen. Wir müssen davon ausgehen, dass sie auch für die feineren Model zuständig waren, während der Mollenhauer, war er etwas geschickt, grobe Formen herstellte. Möglicherweise hat sich der Beruf des Formenschneiders aus dem Schüsselmacher oder Mollenhauer abgespalten, sonst würde man etwa von Bilderschneidern sprechen.

In Frankfurt als einer der Hochburgen für das Druckergewerbe dürfte daher auch eine stattliche Anzahl von Formenschneidern gelebt haben. Einer davon war der aus Montauban stammende Antoni Curtois, der 1537 in Augsburg wirkte, dort seine Berufsbezeichnung zum Nachnamen machte, 1542/43 bis über 1551 hinaus in Frankfurt arbeitete und 1556 endgültig nach Heidelberg übersiedelte[52]. Wir müssen uns jedoch mehr auf diejenigen Personen konzentrieren, die sich als Künstler und als Handwerker gleichermaßen verstanden und die auch eine gewisse Bodenständigkeit mitbrachten.[53]

Zu dieser Personengruppe zählt der Frankenberger Philipp Soldan (*1500, gest. nach 1569), dem Albrecht Kippenberger 1926 eine Monographie gewidmet hat.[54] Bei Soldan, nach eigener Aussage einem Formenschneider, aber auch ein Bildhauer in Holz und Stein[55], fällt auf, dass er als „Chefdesigner" der Klosterhütte Haina gerade diese Produkte weit bekannt machte, er also auch mit Öfen im Allgemeinen vertraut war. Von ihm ist bekannt, dass er Formen für die Herstellung gusseiserner Ofenplatten schuf und auch Öfen aufsetzte. Es liegt daher nahe, dass er auch Formen für die Kachelproduktion hergestellt hat. Einen archivalischen oder qualifizierten Beleg gibt es freilich nicht. Wohl aber findet sich die Kreuzigungsplatte[56] Soldans, nur verkleinert, als Motiv einer Berman-Kachel wieder. Als Erfinder des Gerätes für Formatänderungen, des Pantographen, gilt Christoph Scheiner (1603), doch berichtete er von der Existenz solcher Geräte vor seiner eigenen Erfindung, welche wohl eher eine Verbesserung war. Es könnte daher die Vorlage für beide Formate ein und dieselbe Graphik gewesen sein oder aber der eine Model diente als Vorlage für den anderen. In diesem Fall wäre der Auftraggeber jener Hans Berman gewesen, der sich auf der entsprechenden Kachel unten auf der Basis namentlich wiederfindet.

Von Soldan ist auch bekannt, dass er eine Zeit lang in Usingen gearbeitet hat.[57] Damit rückt er räumlich an die wetterauischen Töpferzentren heran. Soldan soll Arbeiten von Heinrich Aldegrever und von Lucas Cranach d. Ä. als Vorlage benutzt haben.[58] In der Tat haben auch Berman-Kacheln aldegreversche Holzschnitte als Ausgang aufzuweisen. Für welch andere Kacheln oder Berman-Kacheln Soldan ebenfalls die Form geschnitten hat, bleibt uns freilich verborgen. Kulick schreibt in seiner Inventarisation der Niedernsteiner Funde im Städtischen Korbacher Museum Philipp Soldan aus Frankenberg den Model zur Simskachel mit Löwen und Medaillons zu.[59] Einen Beleg dazu liefert er zwar nicht, doch spricht mehr dafür als dagegen, dass Kulick mit seiner Annahme richtig liegt.

Schüler Soldans waren Heinrich Bunsen aus Adorf, Jost Luppold aus Treysa, Conrad Luckeln aus Korbach und Jost Schilling aus Immighausen. Sollte es sich irgendwann einmal zeigen, dass bestimmte Kachelmotive um Korbach oder Treysa ausschließlich vertreten sind, könnten Luppold und Luckeln in die Reihe möglicher Kachelmotivschnitzer nachrücken.

Ein weiterer, recht vielseitig operierender Künstler, in dessen Schaffensgebiet viele bedeutende Töpferorte lagen, die nicht nur für Gebrauchsgeschirr zuständig waren, war Hans Döring (um 1483-1558).[60] Die Landgrafenkachel scheint nur vordergründig die Urheberschaft Hans Dörings für Hans Hefn(er)- und Hans Berman-Kacheln auszuschließen. Sicher war er nicht allein tätig.[61] Auch sein Sohn Jörg arbeitete mit ihm in seiner Werkstatt, so dass dieser das Erbe des Vaters angetreten haben könnte.

Döring, eigentlich Ritter mit Nachnamen, aus Heustreu in Oberfranken gebürtig, arbeitete von 1511 an für die Grafen von Solms. Sein HD signiertes und entsprechend datiertes Bild zeigt den Grafen Reinhard von Solms-Lich. Insgesamt sind von ihm im Solmsschen Besitz fünf Ölbilder.[62] Die Darstellung der Lukretia von 1514[63] befindet sich im Wiesbadener Landesmuseum und die Heilige Sippe von 1518 in Pommersfelden.[64] Dazu malte er den Altar von 1515 zu Laubach, die Altarflügel im Dorfe Niederweidbach bei Wetzlar zwischen 1518 und 1520 und eine Altartafel zu Kirchhain. Auch die Ausschmückung der Sonnenuhr zu Hungen, datiert und signiert mit „Hans Ritter genannt Doeringk zu Wetzlar Oktober 1557 Okt. 16", stammt von ihm. 1555 kam das Bild der Stadt Vilmar hinzu. Auch die Vorstadt von Friedberg zählt zu seinen Arbeiten.[65] Neben den Grafen von Solms waren die von Nassau auf Dillenburg die zweiten Hauptauftraggeber: Verschiedene Wappen und Porträts, darunter womöglich das der Gräfin Juliane, geb. Stolberg, dürften aus seiner Malstube stammen.[66] Das Dresdner Wappenbuch mit einem Handeintrag von 1554 ist gleichfalls eine Arbeit Dörings, wie er auch 1518 für das Kloster Altenberg bei Wetzlar gearbeitet hat und auch am Mansfelder Altarbild Anteil gehabt haben dürfte.[67]

Abzug von einem Druckstock für das Solmser Kriegsbuch, Gräflich Solmssches Archiv, Laubach

Neben diesen sind für uns besonders die Illustrationen[68] des Kriegsbuches des Grafen Reinhard von Solms und die der 1544 (?) in Mainz erschienenen Schrift interessant. Gerade diese Einzelblätter erinnern stark mit ihrem Rahmenwerk an die Darstellungen auf Ofenkacheln. Ein Bildnis Kaiser Karls V. zeigt den Monarchen auf dem Pferd in Freizeitkleidung. Zu diesem Druck hat sich der Druckstock aus Buchsbaum erhalten. Wir können bei der Vielseitigkeit Dörings davon ausgehen, dass Döring seine „Formen“ selbst geschnitten hat. Ob er eine Vorlage auf Papier hatte oder direkt mit seinen Konturen auf das Holz gegangen ist, mag dahingestellt bleiben.[69]

Solms sieht Döring als einen Dürerschüler; die Lukretia verrät einen Einfluß Cranachs. Und in der Tat gibt es eine Verbindung zu Lukas Cranach, zwar nicht direkt, so doch durch einen Verwandten, den Goldschmied Christian Döring. Beide Cranach und Christian Döring waren 1508 zusammen in Altenburg und richteten gemeinsam in den Jahren 1523-26 eine Druckerei ein. Bedenkt man, dass bei der Ausrichtung Cranachs weniger an den Buchdruck als an den Druck von Grafiken gedacht war, so zeigt sich hier eine Linie hin zum graphischen Werk[70] Hans Dörings auf. Die Verwendung des Rahmens mit dem Lilienzwickel für diverse Motive macht es schwierig, die ursprüngliche Kombination dieses Rahmens mit einem bestimmten Mittelteil zu erschließen. Da aber die Evangelien und die geistlichen Kurfürsten bislang nur in diesem Rahmen bekannt geworden sind, liegt es nahe, die Kombination als die ursprüngliche anzusehen. Dass aber dann andere Stücke im Lilienrahmen erscheinen, die genauso in einem typischen Berman-Rahmen hätten sein können, zu denken ist da an das Motiv der Christgeburt, aber auch an Abrahams Opferung zeigt, dass dem Formenbäcker der Berman Rahmen nicht zur Verfügung stand, wohl aber das Mittelteil. Dies kann man nur verstehen, wenn dieser bereits vorgefertigte Modelle für das Mittelteil erworben hatte, vielleicht aus einem Nachlass heraus oder aus einem nicht mehr an Hans Berman ausgelieferten Fundus.

Daher ist die Verteilung der Lilienrahmenstücke bedeutsam, um die mögliche Herstellung jener Model topografisch festzulegen. Dass nun die Christgeburt auch in einem Mohnkapselzwickelrahmen erscheint, in dem uns viele weitere Motive bekannt sind, mag daran liegen, dass das entsprechende Mittelteil vielleicht durch einen wandernden Gesellen in eine andere Produktionsstätte eingebracht wurde, wo das entsprechende Rahmenmodell seinen Einsatz fand. Doch gesichert ist dies alles freilich nicht.

Solange wir nicht wissen, welche Serien aus der Dieburger Töpferei hervorgegangen sind, wird Vieles Spekulation bleiben. Gerade dieser Ort ist durch seine spätgotischen Kacheln an der Wende hin zum 16. Jahrhundert, aber schon durch die Kachelproduktion ein Jahrhundert zuvor recht bekannt gewesen. Eine Zäsur in der Produktion ist nicht auszumachen. Die Abwürfe der Produktion des 16. Jahrhunderts sollen unter dem jetzigen Bahnhof liegen.

Die Verbreitungskarte zeigt eindeutig, dass unser Kacheltyp zwischen Lahn, Schwalm und Main seinen Ausgang genommen hat. Model für eine Laboranalyse gibt es bis auf wenige Ausnahmen keine.

Die Töpfer waren oft mit Unikaten ausgestattet. Eine Ausnahme scheint auf den ersten Blick das Motiv 2.2 zu sein. Da es sich in Laubach wie auf der Burg Hattstein fand, könnten die Kacheln aus der Kitz-Werkstatt in Seulberg stammen. Ein Kacheltransfer vom Taunusvorland nach Laubach ist bekannt. Da aber auch im Hanauer Umland Produkte mit der Werkstattmarke „Krug", die für Peter Kitz und Konsorten steht, zum Vorschein kamen, könnte auch das Alzenauer Fragment daher stammen.

Die unsere Kachelmodel verwendenden Töpfereien waren nicht an Motivfolgen interessiert; ihnen schien ein schön anzuschauendes Bildnis genügt zu haben. Wichtig für ihr Geschäft war - anders bei den Stücken mit HANS HEFN -, dass die Kacheln „neutralisiert" oder, wie im Falle der Aschaffenburger Stücke, weitgehend anonymisiert waren. Deshalb dürfte der Rahmen mit dem Namen zu Beginn der Produktion stehen.

Die Motive unseres Kacheltyps finden sich mit Ausnahme des Fensters nicht wieder im Berman-Rahmen von 1562, doch gibt es sie gelegentlich in einem anderen Rahmenwerk. Sie sind daher trotz stilistischer Übereinstimmung aus einer anderen Modellwerkstatt oder aber zeitlich später anzusetzen. Für beide Thesen gibt es Hinweise.

Zwickelfüllungen bei Grafiken aus dem Solmsschen Kriegsbuch

Fassen wir zusammen: Als möglicher Modellschneider für die Kacheln vom Typ HANS HEFN bietet sich Hans Döring und seine Werkstatt als eine Möglichkeit an. Dafür sprechen der verwendete Lilienzwickel, Dörings Beschäftigung mit der Wappenmalerei und die Fundverteilung. Der größte Widerspruch sind aber die Lebensdaten Dörings, weshalb ich auch gerne von seiner Werkstatt sprechen möchte. Gerade die Fundverteilung erweckt den Anschein, als sei hier ein Nachlass aufgeteilt worden.
Als zweite Möglichkeit bietet sich der in Treysa wirkende, aus dem Kreis um Philipp Soldan stammende Jost Luppold an. Dafür fehlen aber die Belege. Philipp Soldan selbst möchte ich an dieser Stelle, obwohl er sich hier fast aufdrängt, nicht ins Gespräch bringen und ihn eher für die gängigen Berman-Kacheln (wenn auch nicht für alle) mit dem datierten Rahmen reservieren.
Als These bietet sich an, dass die hier behandelte Kachelserie ursprünglich mit HANS HEFN ausgestattet war, dass später der Name getilgt wurde beziehungsweise andere Namen auf dem Modell erschienen, was eine Vererbung der alten Modelle oder gar einen Verkauf bedeuten kann. Es kann aber auch sein, dass sich Hans Hefner und andere Kachelformen an einer zentralen Stelle besorgt haben, die dann, dem Wunsche des Kunden entsprechend, eine entsprechende Signatur erhalten haben.

Funde vom Friedberger Elvis Presley Platz

Abschließend ist seitens des Verfassers nur noch anzumerken, dass sich dieser auf weitere Belege aus der Leserschaft freut, so sie dann vorhanden sind. Dazu zählen auch quadratische Medaillonkacheln[71] mit eben dem Lilienzwickel, wie sie in der Werkstatt des Hans Harc/Hark vorkamen, die, weil sie im Nordhessischen anzutreffen sind und nicht in der Wetterau, hier nicht weiter aufgeführt werden sollen.

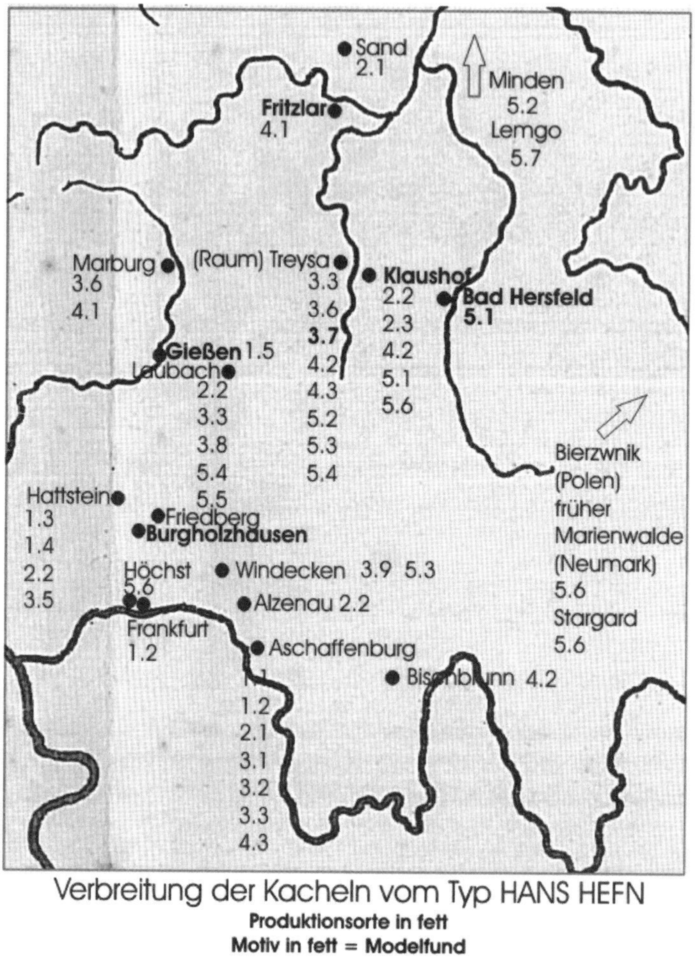

Verbreitungskarte (nur Fundorte)

1 HEINZ-PETER MIELKE: Ein hessischer Hafner und sein Werk. Hans Berman. Kunst in Hessen und am Mittelrhein 21 (1981), S. 23 - 52.

2 SUNE AMBROSIANI: Zur Typologie der älteren Kacheln. Stockholm 1910.

3 Möglicherweise gibt es dazu eine Entsprechung aus Hamm (Westfalen), wo eine Fürstenkachel mit H·HANS überschrieben ist, sofern in diesem Fall das „H" nicht als „Herzog" aufzulösen ist.

4 MIELKE (1981), Nr. 52; heutiger Verwahrort Heimatmuseum Schmitten-Arnoldshain. - Die Kurfürstenkachel hatte im Mittelfeld die Bezeichnung SAXN, der entsprechende Scherben ist jedoch verlorengegangen. Bei diesem Motiv könnte es sich um August von Sachsen (1526-1586, Kurfürst ab 1553) handeln. Das Windecker Exemplar zeigt den Namen rechts neben dem Kopf, der untere Rand mit einer entsprechenden Signatur fehlt dort.

5 HEIKE LASCH : Ofenkacheln des 16. und 17. Jahrhunderts aus Schloß Windecken. In www.staff.uni-marburg.de/~altwasser/wartburg/diskfor.html vom 24.11.2001, dort allerdings irrig mit „Hans Hef" angegeben. - Frau Dr. Lasch danke ich für die liebenswürdige Überlassung von Scans. Vgl. dazu Anm. 33.

6 Ein Cort Lorau, den ich mit Kurt Lor gleichsetze, lebte 1584 im fuldischen Giesel, wobei nicht gesagt ist, ob er immer dort ansässig war oder sich dorthin verheiratet hatte. Vgl. dazu ALFRED HÖCK: Beiträge zur hessischen Töpferei III. Giesel im Kreis Fulda, Hessische Blätter für Volkskunde 58, (1967), S. 121-137, insbes. S. 123.

7 GERHARD ERMISCHER: Schlossarchäologie. Funde zu Schloß Johannisburg in Aschaffenburg. Mit Beiträgen von Baron Ludwig Döry, Karl Heinz Franck, Hans-Bernd Spies, Aschaffenburg 1996, S. 69.

8 Siehe unten.

9 Für den Hattsteiner Fundkomplex gilt aufgrund des Töpferzeichens „Krug" die Werkstatt des Peter Kitz; die Windecker Bermankacheln weisen kein Töpferzeichen auf, waren auch anders zusammengestellt.

10 Vgl. MICHAL B. SOUKUP, MARKÉTA SOUKUPOVÁ und ADAM ŠREJBER: Bohemian finds of stole tiles with the signature „Hans Berman", in: Studies in Post-Medieval Archaeology 4 (Prag 2012), S. 152.

11 Hierzu böte sich das Motiv 11, resp. 17 aus den böhmischen Funden an, was derzeit wegen der hohen Fragmentalität allerdings nicht genau gesagt werden kann.

12 ERMISCHER, S. 62.

13 EBD. ,Abb. S. 66.

14 MIELKE (1981); beschrieben bei LUDWIG BARON DÖRY: Keramika. Frankfurt als Herstellungsort und Markt für keramische Erzeugnisse im 16. und 17. Jahrhundert. Frankfurt am Main 1978, Nr. 237, Fo. Frankfurt, Verwahrort: Historisches Museum Frankfurt am Main, Inv. Nr. HMF X 76:198.

15 MIELKE (1981), Nr. 49, Fo. Hattstein. Nicht auszuschließen ist es, dass hier ein Personenname steht.

16 MIELKE (1981), Nr. 50, Fo. Hattstein. Dabei handelt es sich nicht um das markgräflich badische Wappen, da das Fragment eine waagerechte Gliederung andeutet. Nicht auszuschließen ist, dass hier ein Töpfername steht, da in Heldenbergen Kacheln mit HANS KRAF bekannt geworden sind.

17 KLAUS ENGELBACH: Renaissance-Kacheln mit dem Namen THOMVS H... In: Fornax 1(2004), S. 21 , insbes. S. 25. - Die fragmentarische Inschrift ist mit THOMVS HART aufzulösen. Es scheint rechts des Wappens der Buchstabe N angedeutet zu sein. Diverse Fragmente mit dem Töpfernamen sind auch in Laubach gefunden worden. Vgl. hierzu KONRAD STRAUSS: Die Kachelkunst des 15. und 16 Jahrhunderts in Deutschland, Österreich und der Schweiz, Straßburg 1966, Tf32, 4-6. Dort ist einmal das"V" im Namen schräg stehend (32,4), zum anderen aber gerade stehend (32,5-6) abgebildet, was auf eine Korrektur bzw. auf eine unterschiedliche Form hinausläuft. Der Verbleib dieser Stücke ließ sich nicht klären. Zur Töpferfamilie Hart auch KLAUS ENGELBACH: Beiträge zur Gießener Töpferei IV. Gießener Töpfer und ihre Produkte im 16. und 17. Jahrhundert, MOHG NF 79 (1994), S. 117-144.

18 ERMISCHER, S. 57; auch auf dem Klaushof bei Ziegenhain gefunden (vgl. HERIBERT HEIDENREICH: Die Renaissancetöpferei auf dem Klaushof in der Gemarkung Neukirchen (Schwalm-Eder-Kreis), Marburg 2011, Tafel 147. Die dortige zeichnerische Rekonstruktion zeigt mit S JOHN eine abweichende Beschriftung. Siehe dazu auch HERIBERT HEIDENREICH: Eine Kachelserie aus dem 16. Jahrhundert, Schwälmer Jahrbuch , (1979), S. 184. Auch als Kachelfund in Sand, dazu HEINRICH WENDEL: Kunsttöpferei in Emstal-Sand zur Zeit der Renaissance, in: Jahrbuch Kreisausschuss Kassel 1975, S. 81f.

19 MIELKE (1981), Nr. 57; Fundorte Laubach, Hattstein und Alzenau. Hier nicht abgebildet. Abgebildet ist hier das Exemplar vom Klaushof (HERIBERT HEIDENREICH, Tafel 146; auch bei HERIBERT HEIDENREICH (wie Anm. 18), S. 185).

20 Historisches Museum der Pfalz in Speyer, Inv. Nr. HM 0/2365 (=HM 0/1210), Ziegelton, grünglasiert. - Eine Lukas-Kachel stammt auch vom Klaushof bei Ziegenhain (vgl. HERBERT (!) HEIDENREICH: Die typologische Entwicklung der Ofenkachel im Schwalmgebiet, o. O. u. J., Abb. 9 ders. (wie Anm. 19), S. 186 und HERIBERT (!) HEIDENREICH, Tafel 147), bei der die Pfeiler des Rahmens nachgearbeitet sind (innenliegende Linearstruktur fehlt) und die Aureole des Stiers keine „Strahlen" aufweist.

21 Vielleicht auf dem Hattstein belegt (MIELKE, 1981, Nr. 58 - auf S. 43 rechte Darstellung, irrig mit „57" bezeichnet).

22 ERMISCHER, S. 98.

23 EBD., S. 99; hier nicht abgebildet.

24 Hetjensmuseum Deutsches Keramikmuseum Düsseldorf, Inv. Nr.185/6592, aus Sammlung Taubert, Fo. Raum Treysa. Weiterer Fundorte: Schloß Laubach, grün glasiert, fragmentarisch (unterer Teil fehlt).

25 MIELKE (1981), Nr. 52, Fo. Hattstein. Womöglich auch in Friedberg gefunden (Ausgrabung Elvis-Presley-Platz), im Wetterau-Museum eine unglasierte untere Leiste mit THOMVS HART (Inv. Nr. 1979/72) ohne Bezug zum Motiv.

26 MIELKE (1983), Fo. Raum Treysa, Verwahrort: Hetjensmuseum Deutsches Keramikmuseum, aus Sammlung Taubert; auch Hessische Töpferkunst, Nr. 100 mit Angabe des Fundortes Marburg. Wenngleich hier in einem anderen Rahmen, so spricht die Provenienz dafür, dass das Motiv durchaus auch in dem hier behandelten Rahmen erscheinen kann. Auch im Fundkomplex des Philippinums (Marburg, Universitätsmuseum). - Auch ein weiteres Motiv, in einem ganz anderen Rahmen, würde ich hier einreihen. Es ist das des Pfalzgrafen Ottheinrich, datiert 1557, also ein Jahr nach Regie-

rungsantritt. Abgebildet bei DIETRICH LUTZ, in: Denkmalpflege in Baden-Württemberg 1973, S. 43.

27 Model mit einfacher Handhabung. Hetjensmuseum Deutsches Keramikmuseum, aus Sammlung Taubert, Raum Treysa, Inv. Nr. 1959-108; auch Hessische Töpferkunst, Nr.100 mit Fundangabe Marburg. Die Kachel aus Windecken ist mit dem Namen HANS HEFN versehen; bei einem dortigen 2. Exemplar fehlt der untere Teil.

28 Siehe Abbildung ganz vorne, Mit GORG B... auf der Basis.

29 Siehe Abbildung ganz vorne. Mit KVRT LOR auf der Basis.

30 MIELKE (1981), Nr. 53, Fo. Marburg (?). Zuletzt ein Fragment mit rückseitigen Ofenspuren aus einem hellen Ziegelton, ehemals grafitiert, aus dem Fundkomplex von Fritzlar.

31 EBD., Nr. 54, Fo. Treysa, jedoch in anderem Rahmen, weiterer Fo. Bischbrunn, wohl aus Aschaffenburger Produktion. Hier abgebildet der Fund vom Klaushof (HERIBERT HEIDENREICH, Tafel 148; auch HERIBERT HEIDENREICH (wie Anm. 19), S. 183). Zum Bischbrunner Exemplar vgl. ERNST TOCHTERMANN: Spessart-Glashütte des Hans Ziroff 1627-1631, Bischbrunn 1979, S. 88. Das Motiv, braunschwarz glasiert, erscheint auch mit dem Mohnkapsel..in: Hessische Töpferkunst aus 600 Jahren, Düsseldorf 1956, mit differierenden Fundortangaben.

32 Ebd. Nr. 55, Fo. Treysa und Ermischer, S.102, Fo. Aschaffenburg.

33 Gespiegelter Model aus Bad Hersfeld, abgebildet und kommentiert bei HEINZ-PETER MIELKE: Zur Geschichte des Hersfelder Töpferwesens. Hessische Heimat 36 (1986), S. 42-47; DERS.: Renaissance-Ofenkacheln mit Vollsignatur ihrer Hersteller: Berman (Herc(i), Kitz, Obetschon und Q(uis). Keramos 102 (1983), S. 45-54. Neutrales Objekt auch vom Klaushof, vgl. HERIBERT HEIDENREICH, Tafel 149.

34 MIELKE (1981), 55a, Fo. Minden. Zu erwarten wäre das Motiv im bekannten Berman-Rahmen. Das Motiv im Rahmen wie bei Balthasar aus dem Hetjens-Museum, aus der Sammlung Taubert, Raum Treysa.

35 MIELKE (1983), Nr. 9, Fo,. Treysa, Pfeiler jedoch vereinfacht. Standort: Hetjens-Museum Düsseldorf, Nr. 185/6573; auch Hessische Töpferkunst, Nr. 99 mit Fundortangabe Marburg. Ein braunschwarzes Exemplar mit der Zeile HANS HEFN stammt aus Windecken.

36 MIELKE (1983), Fundort Raum Treysa. Standort: Hetjens-Museum Düsseldorf, Inv. Nr. 1959/92.

37 MIELKE (1983), Fundort Laubach.

38 Vgl. UTA HALLE: Die Lemgoer Kachelproduktion im 16. und 17. Jahrhundert - Archäologische Funde und historische Überlieferung, in: Leben mit Geschichte. Festschrift für Friedrich Hohenschwert, Detmold 1996, S. 89-104, insbes. Abb. 6 auf S. 95. Der hier wiedergegebene Scan, wofür Frau Halle sehr zu danken ist, ist leider abgeschnitten; im Zweifel wird auf das Bild im zuvor genannten Aufsatz verwiesen.

39 Freundliche Mitteilung von Marcin Majewski, Museum Stargard. Zwei Fragmente aus Marienwalde sind von grüner Glasur, zwei Fragmente aus Stargard ebenfalls.

40 In ERMISCHER, S. 69.

41 EBD., 69f.

42 EBD., Abb. 69-71.

43 Anders KONRAD STRAUẞ: Die Kachelkunst des 15. bis 17. Jahrhunderts. III. Teil, München 1983, Tafel 118,2.

44 Vgl. Anm. 13. - Oder sollte hier etwa GRAF stehen?

45 ENGELBACH, S. 24f.

46 TOCHTERMANN wie Anm. 30. - Leider fehlt das untere Randstück, so dass eine Zuweisung zur Aschaffenburger Produktion nicht absolut gesichert ist.

47 Die Herstellung der Form aus einem modellierten Modell, wie sie bei den Kachelherstellern, die aus dem Bossierergewerbe gekommen sind, feststellbar ist, mag hier ausgelassen werden.

48 JENS KULICK: Niedensteiner Ofenkacheln der Renaissance auf Burg Eisenstein. In: Hessische Heimat 35 (1985), S. 99 -107, insbes. S.106.

49 MIELKE (1981), S. 25.

50 KARL BAEUMERTH: Ofenplattenmodel des Hinrich Wendt aus Usingen aus dem Jahr 1685, in: Nassauische Annalen 104 (1993), S. 117-136, insbes. S. 118; auch HEINZ-PETER MIELKE: Ofenkachelforschung: Rückblick - Stand - Perspektive, in: Keramik als Zeichen regionaler Identität. Kittseer Schriften zur Volkskunde 16 (2005), S. 173.

51 HANS-JÖRG KÜNAST: <Getruckt zu Augspurg>. Buchdruck und Buchhandel in Augsburg zwischen 1468 und 1555. Tübingen 1997, S, 111ff. kennt 22 Formschneider als Ergänzung zum Buch- und Druckergewerbe. Vgl. auch FRIEDRICH ROTH: Zur Lebensgeschichte des Augsburger Formschneiders David Denecker und seines Freundes, des Dichters Martin Schrot. Archiv f. Reformationsgeschichte 9 (1911/12), S. 189-230.

52 KÜNAST, S. 126, Anm. 69.

53 Der Vollständigkeit halber sei erwähnt, dass nicht alle Model den Weg über den Holzschnitt gingen. Bei denjenigen Kachelproduzenten, die vom Bossieren herkamen, war das Modell ein keramisches.

54 ALBRECHT KIPPENBERGER: Philipp Soldan zu Frankenberg. Ein hessischer Bildhauer des 16ten Jahrhunderts. Meister der Ofenplatten. Wetzlar 1926.

55 EBD., S. 130, Nr. 130 und 131, Nr.43.

56 EBD., Tafel XVI, Beschreibung S. 130, Nr. 34.

57 EBD., S. 128.

58 EBD., S. 107-110.

59 Inv. Br. 16/Ei/03/0071; für diesen Hinweis wird der Museumsleitung recht herzlich gedankt.

60 Über ihn OTTO RENKHOFF: Nassauische Biographie. Kurzbiographien aus 13 Jahrhunderten. Wiesbaden 21992, Nr. 788, sonst ausführlich ERNST EHLERS: Hans Döring. Ein hessischer Maler des 16. Jahrhunderts. Darmstadt 1919 mit ausführlichem Abbildungsapparat. Zuletzt FRANK RUDOLPH (ohne jedoch auch die Rüdesheimer Gemälde zu erfassen): Die evangelische Marienkirche in Niederweidbach und ihr Marienaltar. Nordhausen 2009, S. 142-149.

61 Bei den Kacheln der Serie HANS BERMAN 1562 fällt auf, dass der Heiligenschein differenziert, so dass von zwei Händen ausgegangen werden kann.

62 ERNST OTTO GRAF VON SOLMS: Bildnisse des 16. Jahrhunderts im Schloß zu Laubach. Frankfurt am Main 1955: Graf Philipp mit Söhnen Reinhardt und Otto von 1515, Graf Philipp von 1520, Graf Johann, dessen Bruder, von 1528 und dessen Schwester Dorothea von 1527 mit ihrem Mann Graf Ernst von Mansfeld. Diese auch beschrieben bei EHLERS, S. 7ff. Hinzu kommt wohl noch ein Bildnis des Grafen Reinhard aus dem Jahre 1556. Vgl. hierzu: HESSEN UND THÜRINGEN. Von den Anfängen bis zur Reformation. 1992, S. 320, Nr. 574c.

63 EBD., S. 2ff.

64 EBD., S. 4ff.

65 Vgl. FRITZ H. HERRMANN: Friedbergs „Vorstatt uff Franckfurt zu". Ein verschollenes Aquarell Hans Dörings wieder aufgetaucht, in: Wetterauer Geschichtsblätter, Bd.. 30, Friedberg 1981, S. 47-54.

66 ERNST BECKER: Hans Döring, ein Dillenburger Hofmaler des 16. Jahrhunderts, in: Nassauische Annalen, Bd. 53, Wiesbaden 1933, S. 57-78.

67 Ebd. S. 61, 63, 69; zum Marienaltar auch RUDOLPH, S. 129-141.

68 Abzüge der Illustrationen befinden sich in Schloss Laubach; sie sind hier wiedergegeben. Hieraus ergibt sich, dass die Zuweisung eines Druckes bei Strauss an Hieronymus Deckinger (WALTER L. STRAUSS: The German Single-Leaf Woodcut 1500-1600. A pictoral catalogue,Bd. 1: A-J New York 1975, S. 164 irrig ist und dass an dieser Stelle Hans Döring erscheinen muss.

69 Eigentlich waren Reißer (derjenige, der die Zeichnung auf das Holz brachte) und Formenschneider nach HANS SACHS (Eigentliche Beschreibung aller Stände auf Erden, Frankfurt 1568) zwei getrennte Berufe. Könnte aber nicht alles ursprünglich in einer Hand gelegen haben und es erst durch erhöhte Anforderung zu einer Spezialisierung gekommen sein?

70 Obwohl hier nicht das graphische Werk Dörings Gegenstand der Studie ist, möchte ich einen weiteren Druck unserem Künstler zuweisen. Vgl. hierzu HEINZ-PETER MIELKE: Hans Döring and the Schwenckfeld Woodcut of 1562, in MICHEL DESJARDINS UND HARALD REMUS (HG.): Tradition and Formation. Claiming an Inheritage. Essays in Honour of Peter C. Erb. Kitchener (Canada) 2008, S. 82-85.

71 Vgl. die Abbildungen bei WENDEL.

Schülerpostkarten der Augustinerschule Friedberg/Hessen

Ulf Wielandt

Schülerpostkarten sind Ansichtskarten, die mit Schülern und ihrer Schule zu tun haben. Meistens auch von ihnen verfertigt, wurden sie aus verschiedenen Anlässen ab etwa 1897 bis im Allgemeinen zum Beginn des Zweiten Weltkrieges, in wenigen Fällen auch noch nach dem Zweiten Weltkrieg, in meist recht geringen Auflagen hergestellt. Sie wurden an Freunde und Verwandte aus Anlass der Matura, also des bestandenen Abiturs, aber auch des so genannten Einjährigen, der heutigen Mittleren Reife, manchmal auch zum Tanzkränzchen oder zum Schuljubiläum verschickt. Diese Karten kündigten in der Regel das Ende der Schulzeit und den Beginn eines neuen Lebensabschnitts, sei es der einjährige Militärdienst oder das Studium, an.

Es handelt sich bei diesen Einjährigen- bzw. Abiturientenkarten somit um eine Sonderform der vom späteren Generalpostmeister Heinrich von Stephan 1869 entwickelten und seit 1870 existierenden Ansichtskarte, die um die Jahrhundertwende eine besondere Blütezeit erlebte[1].

Dass auf diesen Karten auch Ansichten, die die Schüler von sich selbst, von ihrer Schule und von ihren Lehrern hatten, in recht verschiedenartiger Weise zum „Aus-Druck" gebracht wurden, lässt sich nicht nur an den wenigen bisher bekannten Schülerkarten aus Friedberg nachweisen. Dieser Brauch war über das ganze damalige deutsche Reichsgebiet verbreitet. Hochburgen dieser Schülerkarten waren u.a. vor allem Donaueschingen[2], Freiburg i.B, Konstanz[3], Villingen[4] und Rottweil[5], aber auch Münster i.W. und Hildesheim[6].

Aus der 1543 gegründeten Augustinerschule Friedbergs, die 1899 ihr 1. Abitur abhielt, sind inzwischen fünf Karten zum Abitur aus den Jahren 1904, 1906, 1907, 1908 und 1912 bekannt geworden; die drei älteren befinden sich im Besitz des Stadtarchivs Friedberg.

Bis auf die Karte aus dem Jahr 1908 ist allen Karten aus Friedberg das Motiv des mulus gemeinsam. So wie der Maulesel, lateinisch mulus, Plural muli, ein Zwischending zwischen Esel und Pferd ist, so sieht sich der abgehende Abiturient und angehende Student als Zwischending zwischen dem Schüler, oft auch als Frosch dargestellt, und dem Studenten, als Fuchs einer Studentenverbindung verkörpert oder auch als Pferd.

Dass dieser Brauch der Abiturientenkarte zu Beginn des letzten Jahrhunderts auch an der Augustinerschule in Friedberg praktiziert wurde, war wohl bisher in Vergessenheit geraten.

1904 ist es der Vorgang des Wiegens bzw. des Gewogenwerdens, mit dem sich die Abiturienten vorstellen. Die Abiturwaage prüft das Gewicht des zunächst mit hängenden Ohren heranschleichenden Esels, der auf der Waage durch einen Professor mit den damaligen Lehrplaninhalten wie u.a. Homers Ilias, Werken des Cicero und der Trigonometrie aufgewogen wird. Neigt sich die Schale zu seinen Gunsten, kann er stolz sein *Maturus sum* – „Ich bin reif" verkünden. Dass es dem Prüfling nicht zu leicht gemacht wird, bezeugen nicht nur die dicken Bücher, sondern auch die auf die Waagschale einwirkende Geste des Professors.

Am 10. März des Jahres 1906 gilt es für den Schüler – wiederum als Esel bzw. mulus – in der Galavorstellung des *Circus Maximus Augustinus* einen Dressurakt zu bestehen, während auf der Tribüne vermutlich der Schulleiter und Kollegen kritisch das Geschehen verfolgen. Auch hier signalisieren die Ohren deutlich das der jeweiligen Situation angemessene Lebensgefühl.

Zum Vergleich seien hier zwei weitere Schülerkarten anderer Gymnasien vorgestellt, die den gleichen Vorgang einer Zirkus-Vorstellung zum Anlass ihrer Selbstdarstellung wählten: das Gymnasien von Freiburg i.B. und das Gymnasium Ettenheim bei Lahr.

1901 entstand in Freiburg eine Farblithographie, die mit dem Ruf *Abitur bestanden* die Genese des Schülers zum Studenten bildhaft darstellt. In einer Art Dressurakt springt vor dem von Fröschen umlagerten Froschteich, dem Gymnasium, zunächst der Schüler als Frosch durch einen von einem Lehrer gehaltenen Reif. Ein zweiter Lehrer hält den Reif für den inzwischen zum mulus mutierten Schüler, während nach dem Sprung durch den dritten Reif nun der mulus als stolzer Hengst sein „Bestanden" feiern kann. Diesen Gedanken der Genese vom Frosch zum mulus nimmt auch das Gymnasium Ettenheim 1904 als Zirkusnummer variiert auf.[7]

Fui – sum – ero- „das bin ich gewesen – das bin ich gerade – das werde ich sein" ist das Motto des Abiturienten der Augustinerschule im Jahr 1907. Sieht er sich links noch als Schüler mit der Nickelbrille und dem Lehrbuch unter dem Arm, wie wir ihn aus der „Feuerzangenbowle" kennen, so zeigt er sich in der Mitte als stolzer mulus im gegenwärtigen Zustand. Das Portrait rechts als Zigaretten rauchender Student mit dem Zwicker auf der Nase verweist auf den künftigen Status. Beachtet man die jeweilige Kopfhaltung, so lässt sich auch hier der aufsteigende Werdegang vom Schüler zum Studiosus anschaulich nachvollziehen.

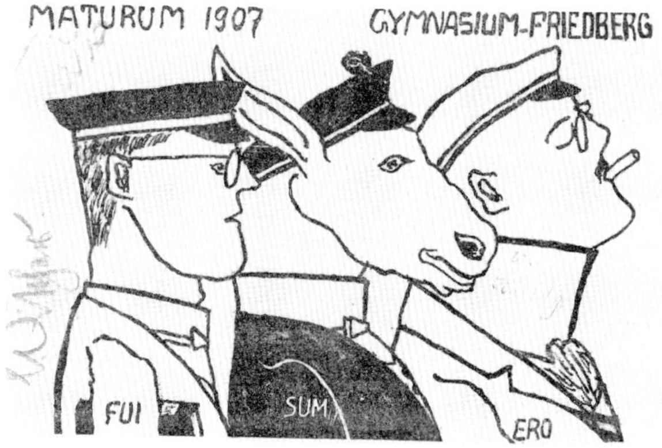

Unter lautem Gehupe *Maturi Sumus* – „reif sind wir" – brausen Schüler der 1a, also der Primarklasse, nun als junge Männer gekleidet, in einem Cabriolet durchs Ziel und dann hinaus *ins Leben*. Dabei werden Bierhumpen geschwungen und geleert, während im Fond ein Mitschüler aus einem großen Korb die nun nicht mehr benötigten Schulbücher – man erkennt Cicero – auf die Straße entleert. Als Datum der „Zieldurchfahrt" wird der 20.2.1908 angegeben. Der Slogan: *Maturus sum* von 1904 wird hier nun im Plural wieder aufgenommen. Verfertigt hat die Karte – so ist es als Nummernschild zu lesen – Ernst Clement.

Auch die Karte aus dem Jahre 1912 dürfte, obwohl die Augustinerschule nicht namentlich erwähnt ist[8], ihrer Machart nach von diesem Gymnasium stammen. Der Esel ist nun selbständig geworden und schüttelt seine bisherigen Dompteure, kenntlich an ihrem Frack, ihren (alten) Zöpfen, dem Federkiel, den Büchern bzw. dem Dressierstock, ab. Wollten die Schüler vielleicht in der antiquierten Darstellung ihrer Professoren auch eine gewisse Kritik an ihren Lehrmeistern loswerden? Doch dürfte, was den Esel anbelangt, weniger seine störrische Art, sondern überwiegend der Drang zur nun gewonnenen Freiheit zum Ausdruck kommen. Diese Karte wurde übrigens auch auf rosa- und orangefarbenem, blauem und grau-blauem Papier gedruckt.

Vielleicht gelingt es mit dieser bruchstückhaften Darstellung der Abiturkarten aus Friedberg weitere Exemplare möglicherweise noch vorhandener Karten ausfindig zu machen. Gab es auch nach 1912 noch diesen Brauch der

Schülerkarten? Sollte jemand in der Lage sein, die noch vorhandenen Lücken zu schließen, so ist er gebeten, es den Verfasser oder das Stadtarchiv Friedberg wissen zu lassen.

1 Dieter Städele, Kitsch und Kunst im Kleinformat. Schülerpostkarten – ein vergessener Brauch. Konstanz 1986.

2 Ulf Wielandt, Schülerpostkarten aus Donaueschingen., in: Festschrift 225 Jahre Fürstenberg- Gymnasium Donaueschingen. 100 Jahre Abitur am Fürstenberg-Gymnasium, Donaueschingen 2003, S.54-59.

3 Vgl. Städele, im Anhang.

4 Ulf Wielandt, Schülerpostkarten aus Villingen, in: Schriften des Vereins für Geschichte und Naturgeschichte der Baar, Bd. 56 (März 2013), S.91-108.

5 Ulf Wielandt, Rottweiler Schülerpostkarten, in: Rottweiler Heimatblätter (RHBl) 1982/4 (43.Jg), Die Einjährigenkarten der Realschule Rottweil 1905-1918, in: RHBl. 1989/4 (50.Jg.), Schülerpostkarten aus dem Lehrerseminar, in: RHBl. 2000/6 (61.Jg.), Schülerpostkarten aus der Mädchenrealschule, dem heutigen DHG, in RHBl. 2006/6 (67.Jg.).

6 Heinz Joseph Adamski, Über Postkarten, von Josephinern entworfen. Gymnasium Josephinum, Hildesheim. 1989/90.

7 Übrigens taucht diese Karte in nur leicht veränderter Form später (1920) in Heidelberg als Einjährigenkarte wieder auf – Zeichen dafür, wie manche Ideen „wanderten". Vgl. dazu auch B. Uttenweiler, Ein vergessener Brauch: Schülerkarten vom Gymnasium Ettenheim, in: Die Ortenau, Offenburg 2008, S.197 – 222.

8 Das Wernher von Braun-Gymnasium der Stadt Friedberg/Bayern ist erst 1970 gegründet worden.

Aus den Aufzeichnungen eines Friedberger Hindemith-Schülers (1913-1917)

Rudolf Roßbach

In Band 52 der Wetterauer Geschichtsblätter ist Rüdiger Jennert in einer gründlich recherchierten Veröffentlichung den Spuren des Komponisten Paul Hindemith in Friedberg nachgegangen.[1] Er berichtet dabei neben umfangreicher Korrespondenz auch von einem Brief des Komponisten vom Dezember 1913 an die Familie Weber in Aarau. Darin erwähnt Hindemith, dass ihm unter seinen Schülern *besonders das kleine Kerlchen in Friedberg durch seinen Fleiß und seine Lust immer viel Freude macht.* Der inzwischen 80-jährige Sohn dieses *kleinen Kerlchens* ist der Berichterstatter des vorliegenden Beitrags.

Der hier gemeinte Schüler war mein Vater Rudolf Roßbach (1902-1987), wohnhaft in der Burg Nr. 24. Die Verbindung zu Paul Hindemith kam wohl dadurch zustande, dass mein Großvater Wilhelm mit Prof. Dr. Karl Schmidt bekannt war, der, wie von Jennert ausführlich dargestellt, oft und besonders gern mit Hindemith zusammen musizierte. Überdies war Prof. Schmidt der Musiklehrer meines Vaters an der Augustinerschule.[2]

Wenn also der junge Hindemith zeitweise wöchentlich mit der Bahn von Frankfurt nach Friedberg anreiste, wird er des Öfteren die Besuche bei Familie Schmidt im Taubenrain 6 mit denen bei Familie Roßbach in der Burg 24 verbunden haben. Der Fußweg vom Alten Bahnhof über die Sandgasse zu seinem Schüler in der Burg war zunächst nur kurz, verlängerte sich aber erheblich durch die Eröffnung des neuen Bahnhofs am 10. August 1913, was der eisenbahninteressierte Musiker sicher mit besonderer Aufmerksamkeit verfolgt haben wird.

In der Burg erwartete ihn dann, außer der pflichtgemäßen Musikstunde, ein belegtes Brot zur Stärkung und während der Weihnachtszeit zur Entspannung eine Spielzeugeisenbahn der Marke Bing Spur 0 mit Dampfbetrieb. So entwikkelte sich zwischen dem anfangs 11-jährigen Schüler und dem 18-jährigen

Lehrer während der rund 120 Unterrichtsstunden in der Zeit vom 28. Februar 1913 bis zum 11. April 1917 ein herzliches und respektvoll-freundschaftliches Verhältnis.[3]

Abb. 1: Zweites Friedberger Bachfest 20.-22.6. 1924. Links oben Rudolf Hindemith, links unten Paul Hindemith, in der Mitte oben Emma-Lübecke-Job, unten Getrud Hindemith, rechts oben Prof. Dr. Karl Schmidt, rechts unten Mischa Schneyder. Stadtarchiv Friedberg: Fotosammlung

Die nachfolgenden Aufzeichnungen des jugendlichen Schülers mit Rückblick auf seine Unterrichtszeit mit Paul Hindemith erscheinen geeignet, den Eindruck dieses Verhältnisses noch etwas zu vertiefen und das Wissen um die Jugend-Biografie des Komponisten zu ergänzen. Anlass zur Niederschrift war vermutlich die Einberufung Hindemiths zum Militär und der damit verbundene Wechsel zu einem neuen Lehrer. Als solchen hatte Hindemith den Nauheimer Konzertmeister Drumm empfohlen, der meinem Vater schon am 23. April 1917 die erste Unterrichtsstunde gab.

Der Stil der Niederschrift entspricht der noch schülerhaften Ausdrucksweise eines 15-jährigen Gymnasiasten. Der Inhalt bezieht sich überwiegend auf die Themen Violinstunden und Geigenkauf durch Paul Hindemith sowie das Schulorchester der Augustinerschule und dessen Konzertveranstaltungen während des Ersten Weltkrieges.

1912/13

„Es war Weihnachten 1912. Auf meinem Weihnachtstisch lag eine $^3/_4$ - Geige. Auf dieser Violine haben schon Einige das Geigen gelernt. Eine Zeitlang verstrich, ohne daß ich mich noch um die Geige kümmerte. So wurde es allmählich Mitte März. Um diese Zeit spielten wir, mein älterer Bruder und ich, abends, es dunkelte schon, im Hof.[4] Da kam ein junger Herr herein und wollte meine Mutter sprechen. Er stellte sich vor als Paul Hindemith und erbot sich, mir Stunden zu geben. Jede Woche sollte ich nun eine Stunde haben. Ich übte nicht gerade sehr fleißig, konnte aber dennoch in jeder Stunde meine Sachen ganz gut. So ging es immer weiter, und ich lernte ziemlich gut."

Abb. 2: Wohnhaus Burg 24 um 1927. Foto: Dr. Rudolf Roßbach. Stadtarchiv Friedberg: Fotosammlung

1914/15

„Auch 1914 ging noch alles gut. Da brach der Krieg aus. Von jetzt ab wurden die Zugverbindungen immer schlechter. Die Stunden wurden unregelmäßiger. Manchmal hatte ich 4 Wochen lang keine Stunde. Ich verließ mich immer darauf, dass Herr Hindemith das nächste Mal nicht kommen werde und übte daher nur sehr wenig, zum großen Ärger der Mutter. Wenn dann der Herr Hindemith kam, konnte ich nichts oder doch nur sehr wenig. Darüber war ich mißmutig, und schließlich kam es so weit, daß ich der Mutter sagte, ich hätte keine Lust mehr, ich wollte es aufstecken. Aber die Mutter gab zum Glück nicht nach. Schließlich arbeitete ich dann doch etwas mehr, und so ging es dann immer weiter auch das Jahr 1915 hindurch. Im August 1915 hatte ich die 2. Lage angefangen."

1916

„In den Kriegsjahren 1914/15/16 war das Schulorchester der Augustinerschule aufgelöst worden, denn die Feiern wurden nicht mehr so großartig veranstaltet. Endlich nach den Herbstferien 1916 sollte es wieder errichtet werden. Anfangs wollte ich absolut nicht mitmachen. Aber auf der Eltern Bitten hin ließ ich mich endlich dazu bewegen, schweren Herzens einzutreten. So spielte ich denn zum ersten Male bei der Feier von Großherzogs Geburtstag (24. Nov.) mit; und zwar spielten wir den Königsmarsch der Priester aus *Athalja*.[5] Kurz vor dem Spielen war ich sehr aufgeregt, aber, sowie wir angefangen hatten, da ging´s, und es machte mir dazu noch großen Spaß. Da lebte allmählich die Freude am Geigen wieder in mir auf. Im Sommer hatte ich die 3. Lage begonnen. Am 7.12. haben wir den *Schüler-Musik-Club* gegründet. Vorsitzender: Ohl, Schriftleiter: Beste, Geiger: Ohl, Jäger, Hirsch, Roßbach, Klavierspieler: Trapp. Beste trat später aus, Hirsch wurde Schriftleiter.

So nahte wieder die Weihnachtszeit. Kurz vor Weihnachten hatte ich noch eine Violinstunde. Es war auffallend, daß Herr Hindemith heute seine Geige mitbrachte. Das tat er nämlich sonst nie, sondern er spielte auf meiner kleinen Geige und ich auf der großen vom Vater. Als wir nun oben[6] in der Klavierstube waren und er seine Geige aus dem Kasten nahm, fiel mir sofort ihr wunderbarer Klang und die dunkle Farbe auf. Soviel ich mich früher erinnern konnte, hatte er eine mit heller Farbe. Nachdem er sie gestimmt hatte, spielte er mir vor. Auch dieses Vorspielen tat er sonst nicht. Am Ende der Stunde, als wir die Geigen eingepackt hatten, kamen Vater und Mutter herauf.[7] Sonst kam der Vater sehr selten. Die Mutter brachte, wie gewöhnlich, Herrn Hindemith ein belegtes Brot. Ich musste in die Küche hinunter und ein Glas Wein heraufholen, das gerade bis an den Rand voll Wein gefüllt war und dazu noch auf einem Servierbrett stand. Um nichts zu verschütten und das Glas nicht hinzuwerfen, mußte ich sehr langsam und vorsichtig gehen. Herr Hindemith ließ sich´s gut schmecken, nahm Abschied und ging fort mit dem Violinkasten im Arm. Der Klang dieser Geige hatte mich so begeistert, daß ich nachher zu den Eltern sagte: *Wie hat diese Geige so gut geklungen!*

Endlich kam der ersehnte Weihnachtstag. Ich war sehr neugierig, was mir beschert würde. Auf dem Weihnachtstisch stand der alte schwarze Geigenkasten Vaters. Als ich ihn öffnete, lag eine schöne, dunkelfarbige Geige darin. Diese Freude! Als ich sie herausgenommen und betrachtet hatte, sagte Vater: *Nun Rudolf, erkennst du sie nicht wieder?* Es war die Geige, mit der Herr Hindemith in der letzten Stunde gespielt hatte. Das Glas Wein nämlich, das ich von der Küche über die Treppe heraufholen mußte, hatten die Eltern absichtlich so randvoll gefüllt, damit ich möglichst langsam gehen sollte. Während ich unterwegs war, hatten Vater und Herr Hindemith den Kasten schnell geöffnet, Vater nahm die Geige heraus und verbarg sie in der Weißen Stube. Bis ich wieder heraufkam, war der Kasten wieder geschlossen und alles in Ordnung. Herr Hindemith ging mit dem leeren Kasten fort. Er hatte unter Beihilfe einiger Kollegen kurz vor Weihnachten beim Frankfurter Geigenmacher Kessler eine Geige für 500 Mark herausgesucht. Dieser sollte die Violine nicht verkaufen, bis Herr Hindemith ihm Antwort gesagt hätte, ob Vater die Geige nehmen wolle. Er telegrafierte hierher und Vater willigte ein. Als Herr Hindemith wieder in die Geigenhandlung kam, war die Geige schon verkauft. Es wurde nun eine andere herausgesucht, die jedoch 50 Mark teurer war. Dann sagte Herr Hindemith: *Ich nehme diese, aber zum gleichen Preis wie die zurückgelegte, da ich sonst mehr Geld ausgeben müsste, als ich eigentlich wollte.* Was wollte der Geigenhändler machen, er mußte nachgeben!

Abb. 3: Der Weihnachtsbaum im Haus Roßbach 1926.
Foto: Dr. Rudolf Roßbach. Stadtarchiv Friedberg Fotosammlung.

Am 1. Weihnachtstag hatte ich die Geige viel in der Hand und betrachtete sie. Da warf ich einen Blick hinein. Am Boden war ein Zettel aufgeklebt mit der Inschrift: Joannes Udalricus Eberle Pragae 1766. Da wurde meine Freude und mein Stolz auf die Geige noch gesteigert. Jetzt wurde mein Fleiß noch mehr angeregt. Dann kam das Jahr"

1917

„Am 26. Januar war Kaisers Geburtstags-Feier. Es war das 2. Mal, daß ich im Orchester mitspielte. Wir spielten drei österreichische Armeemärsche. Die nächste Feier war die Einführung des neuen Herrn Direktor und zwar am 17. Februar:[8] Vom Orchester wurde als Einleitung der Kriegsmarsch der Priester aus *Athalja* vorgetragen. Am selben Mittag brachte mir Herr Hindemith einen schönen, neuen, leichten Bogen mit. Später folgten dann gewöhnlich freitags die Orchesterproben. Außerdem fanden ziemlich pünktlich die Versammlungen des *Schüler-Musik-Clubs* statt.

Am 3. März erhielt ich von Herrn Hindemith eine Karte, in der er mir mitteilte, daß er Gestellungsbefehl hat. Aber er wurde dann doch wieder freigelassen. Am 14. März veranstaltete die Augustinerschule eine öffentliche Feier anläßlich des Regierungsjubiläums des Großherzogs.
Vortragsfolge:
1.Orchester: Koburger Marsch, 2. Gedichtvorträge, 3. Gemischter Chor: Lobe den Herrn, 4. Gedichtvorträge, 5. Orchester: Du Hirte Israels; Reigen seliger Geister – aus Orpheus, 6. Gedichtvorträge, 7. Gemischter Chor: Wilhelmus von Nassau, 8. Orchester: Marsch des 1. Bataillons Garde, 9. Rede.
Es war dies die erste öffentliche Feier, in der ich mitwirkte, und zwar als 2. Geiger. Die Stücke des Orchesters waren gutgegangen."

Mit diesem Rückblick auf die mitgestalteten Musik-Veranstaltungen des Jahresanfangs 1917 enden die Aufzeichnungen des Friedberger Hindemith-Schülers Rudolf Roßbach. Das vertrauensvolle Verhältnis zwischen ihm, seinem Lehrer und meinen Großeltern zeigt sich nicht zuletzt auch in den unverdrossenen Bemühungen Hindemiths, seinem Schüler doch noch in „letzter Minute" zum Weihnachtsfest zu einer neuen Geige zu verhelfen. Denn wegen des vorzeitigen Verkaufs der zunächst ausgesuchten und zurückgelegten Geige, die er eigentlich, laut Brief an Frau Roßbach, *...am Mittwoch um ½ 6 Uhr* überbringen wollte, mußte er nun von neuem nach einem Ersatz-Instrument suchen.

Dieses, wie in den Aufzeichnungen oben beschrieben, brachte er dann noch zwei Tage vor Heiligabend, am Freitag, den 22. Dezember, nach Friedberg.

Diese Violine, auf der mir mein Vater später noch manchmal die Träumerei Op. 39 von Peter Tschaikowsky vorspielte, hat den Zweiten Weltkrieg durch die gottlob kampflose Übergabe der Burg unbeschadet überstanden. Erhalten geblieben ist auch die Dampf-Lokomotive, deren durchdringenden Pfiff mein

Vater, wie er mir einmal erzählte, bisweilen hörte, während er seine Tonleitern einübte und im Nebenzimmer Paul Hindemith und mein Großvater gemeinsam die Eisenbahn für das nahende Weihnachtsfest aufbauten.

Abb.4: Das Lieblingsspielzeug des Komponisten: Die Eisenbahn im Hause Roßbach. Foto: Dr. Rudolf Roßbach

Trotz ganz sporadischen Schriftwechsels ist es zu einer persönlichen Kontaktaufnahme nach dem Krieg und auch später nicht mehr gekommen. Mein Vater hat jedoch bis ins hohe Alter jeden Presse-Artikel zum Thema Hindemith akribisch gesammelt. Von einem Schweizer Aufenthalt in Saas-Fee schickte der Komponist am 14. März 1949 vor seiner Rückreise in die Vereinigten Staaten eine Postkarte an Dr. Rudolf Roßbach und Dr. Fritz Roßbach mit folgendem Inhalt:

Liebes Brüderpaar, vor kurzem, als ich in Frankfurt war, dachte ich, Sie würden vielleicht im Konzert erscheinen, dann hätte ich Ihnen persönlich für Ihre netten Briefe danken können. Es geschieht hiermit auf diesem Wege. Nach einer 7monatigen, reichlich anstrengenden Tour durch Europa gehe ich jetzt wieder „heim" d.h. nach drüben zurück. Vielleicht sehe ich Sie bei meinem nächsten Hiersein! Viele herzliche Grüße
Ihr alter Paul Hindemith

1 Rüdiger Jennert, Paul Hindemith in Friedberg. Ein Beitrag zum frühen Hindemith, in: Wetterauer Geschichtsblätter, Bd. 52, Friedberg 2003, S. 125-155. In einem früheren Artikel ist die Friedberg betr. Korrespondenz komplett enthalten: Rüdiger Jennert, Paul Hindemith in Friedberg/Hessen, in: Hindemith-Jahrbuch, Annales Hindemith, Bd. XXX/2001, S. 24-82.

2 Karl Schmidt (*10.7. 1869 Friedberg, gest. 28.2. 1948 Friedberg) studierte Musik am Leipziger Konservatorium und Philologie an der Universität Leipzig. 1899 promovierte er in Gießen. Ab 1902 unterrichtete er an der Augustinerschule und war von 1903 bis 1912 auch Lehrer am evangelischen Predigerseminar in Friedberg. Er begleitete Paul Hindemith als Pianist bei seinen Konzerten in Friedberg. Sein Sohn aus zweiter Ehe, Wolf Schmidt, wurde als Autor und Regisseur der Serie Die Familie Hesselbach bundesweit bekannt. Neben dem Wolf- Schmidt- Platz in der Lutheranlage erinnert auch an seinem Geburtshaus - Am Taubenrain 6 - eine Gedenkplakette an ihn. (Anmerkung des Herausgebers).

3 Die Angaben stützen sich auf die noch erhaltenen Unterrichtsheftchen in Kombination mit den Haushaltsbüchern meines Großvaters.

4 Hof des Hauses Burg 24, ehemalige Lackfabrik und Wohnhaus meiner Großeltern Wilhelm und Marie Roßbach.

5 Freiherr Johann Nepomuk von Poißl (1783-1865), Komponist und Intendant, war von 1824 bis 1833 Intendant des Hoftheaters München und komponierte mehrere Opern. Die Oper Athalia entstand 1814 und löste als „nationale“ Oper große Begeisterung aus. (Anmerkung des Herausgebers).

6 Das Musikzimmer mit dem Stutzflügel befand sich im 2. Stock.

7 Vom ersten Stock, in dem sich Wohnzimmer und Küche befanden.

8 Amtsantritt von Direktor Otto Altendorf als Leiter der Augustinerschule, der während seiner Amtszeit (1917-1927) den Titel Oberstudiendirektor erhielt.

Erinnerung an Wilhelm Jost zum 140. Geburtstag am 2. November.

Ein hessischer Architekt gefeiert in Halle an der Saale

Britta Spranger

Der in Darmstadt geborene und mit Auszeichnung zum Großh. Regierungsbaumeister ausgebildete Wilhelm Jost (1874-1944) hat in Hessen interessante Werke seiner Forscher-, Denkmalschutz- und Bautätigkeit hinterlassen; so in Darmstadt (Restaurierung der Ostfassade des Schlosses im Zusammenwirken mit dem jungen Großherzog Ernst Ludwig), in Gießen (Bauforschung und Wiederherstellung des Fachwerkschlosses, das auch als Beispiel in das erste deutsche Denkmalschutzgesetz eingegangen ist), in Grünberg (Entwurf und Bau des Amtsgerichts), in Alsfeld und Schotten (Wiederherstellung der Rathäuser in ihrem typischen oberhessischen Fachwerk), in Friedberg (neues Großh. Hochbauamt mit Forstamt und Wohnungen – städtebaulich angepasst an die gegenüberliegende Augustinerschule) – und insbesondere in Bad Nauheim mit den Bade-, Kur- und Wirtschaftsanlagen, im „Sprudelhof", in der Trinkkuranlage, an den Gradierbauten und am Goldstein.

1912, nachdem das 10-Millionen Sonderprogramm für die Bad Nauheimer Kuranlagen ausgelaufen war, wurde Wilhelm Jost als Stadtbaurat nach Halle an der Saale berufen, einer wirtschaftlich aufblühenden Universitäts- und Verwaltungsstadt mit großer kulturgeschichtlicher Vergangenheit. Seiner Leitung des Hochbauamtes wurden in den Folgejahren auch die Abteilungen für Tiefbau, Friedhof, Forst, Sport- und Energiewirtschaftsbauten sowie für Stadtverschönerung angeschlossen. Jost wirkte mit einer umfassenden, geradezu visionären Stadtbau-Idee für Halle – wofür er z. B. einen Ruf an die TH Dresden in den 1920er Jahren ausschlug – über 27 Jahre, bis er 1939 in den Ruhestand verabschiedet wurde, nachdem er zuvor noch den die Stadt umgebenden Forst- und Heidebezirk ökologisch erweitert hatte.[1]

An Josts Dienstbeginn in Halle vor 100 Jahren wird nun schon seit 2012 in vielen Veranstaltungen, Ausstellungen, Vorträgen, Lesungen und Publikationen erinnert.

Neben Verwaltungs-, Schul-, Hospital-, Altenheim- und Industriebauten sowie Sport-, Park- und Forstanlagen schuf Jost gleich in den ersten Arbeitsjahren vor dem Ersten Weltkrieg – und glücklich noch fertiggestellt – das ökologisch und künstlerisch hervorragend ausgestaltete STADTBAD. Dazu den in die freie Landschaft parkähnlich eingebundenen neuen Friedhof mit eigentümlichen Zugangsbereichen und gewaltiger Zentralanlage mit einer großen Feierhalle aus Säulen, Fenstern, Kuppel-Skulpturen und Gemälden; der hoheitsvolle Bau, flankiert von Säulen-Umgängen und präsentiert hinter einem großen See unter einem großzügigen Freiplatz, auf dem einst, die Seitendächer überragende Figuren auf grauen Säulen von Leben und Tod kündeten, die leider vor einigen Jahren, wohl baufällig, verschwanden, was der Aussagekraft der zentralen Feieranlage schadet. Entlang des großen Sees stehen zwei Reihen Hochpappeln anstelle südländischer Zypressen: Ein erhabenes Bild der Ruhe.

Abb. 1: Grabmal Wilhelm Jost auf dem Gertraudenfriedhof Halle (Saale). Foto: Britta Spranger

Vor hundert Jahren hatte Jost diesen GERTRAUDENFRIEDHOF zur Belegung freigegeben, was damals wegen des Kriegsausbruchs in aller Stille geschah. Im September 2014 nun, eine Woche nach dem „Tag des offenen Denkmals" – an dem auch Josts STADTBAD vielen Interessierten öffentlich zugänglich war – gab es eine besondere Erinnerungsfeier für den GERTRAUDENFRIEDHOF: Die Stadt Halle hatte um 10 Uhr zu einer von vielen Menschen besuchten „Andacht unter freiem Himmel" geladen, begleitet vom Bläserchor der Evangelischen

Abb. 2: Die große Feierhalle des Gertraudenfriedhofs in Halle im Originalzustand. Foto: Stadtarchiv Halle

Paulus-Gemeinde. Um 11 Uhr dann versammelte man sich zu festlichem Gedenken in der großen Feierhalle; es sprachen der Bürgermeister der Stadt Halle Egbert Geier, der Ministerpräsident des Landes Sachsen-Anhalt Reiner Haseloff, der Vorsitzende des Vereins für Friedhofskultur, der frühere Landtagspräsident Dr. Reiner Fikentscher, und schließlich Matthäus Vogel, Leiter des Städtischen Friedhofsamtes der Stadt Karlsruhe, der „Geschwisterstadt" Halles in Baden-Württemberg. Die Ansprachen wechselten mit Kammermusik von J. S. Bach, F. Schubert und W. A. Mozart, gespielt vom Streichquartett der Martin-Luther-Universität Halle-Wittenberg.

Eingeladen hatte die Stadt Halle auf handlichen Programmkarten mit dem Foto der imposanten Sicht auf den Zentralbau mit Säulengängen hinter dem See mit „Zypressen-Hain". Die Presse hatte vor und nach dem Ereignis reich illustriert berichtet. In der *Mitteldeutschen Zeitung* vom 22. September 2014 heißt es unter der Überschrift *GERTRAUDENFRIEDHOF-HUNDERTJAHRFEIER WIRD AUCH ZUR DEBATTE ÜBER DIE ZUKUNFT: Bei der Hundertjahrfeier am Sonnabend würdigten Vertreter von Stadt und Land die Geschichte ebenso wie die Schönheit und Einzigartigkeit des Friedhofs.* Außer den informativen Faltblättern über zu schützende Denkmäler in Sachsen-Anhalt brachte der Hasenverlag/Halle als Band 28 seiner Reihe *Mitteldeutsche kulturhistorische Hefte* die reichbebilderte Broschüre *NATUR UND KUNST – ARCHITEKTUR UND LANDSCHAFT / 100 JAHRE GERTRAUDEN-*

FRIEDHOF HALLE/SAALE mit Fachbeiträgen verschiedener Themen und Autoren heraus.

Den ganzen Tag über gab es Führungen zu den einzelnen Abteilungen der Friedhofsanlage, zu Brunnenanlagen und Grabmälern – und so auch zum Grab des Schöpfers dieses Friedhofs, Wilhelm Jost, der sich diesen stillen Ort mit den christlichen Gedanken *LEBEN WIR SO LEBEN WIR DEM HERRN / STERBEN WIR SO STERBEN WIR DEM HERRN* zu Lebzeiten selbst geschaffen hatte. Über Jahrzehnte hin hatte ich dieses Grab von Wildwuchs überwuchert, von Schmutz und Moos überzogen erleben müssen. Im Frühjahr dieses Jahres hatte ich einem Amtsträger angeboten, das Grab unter seiner Aufsicht vorsichtig zu säubern, aber die Aktion war nicht zustande gekommen.

Zur größten Überraschung aber war es pünktlich zu den Feierlichkeiten im September gänzlich restauriert. Am Fuße des Grabmals war ein Schildchen aufgestellt, auf dem zu lesen stand: „Die Bürgerinnen und Bürger der Stadt Halle (Saale) bedanken sich beim Steinmetzbetrieb Kühn für die Sanierung des Grabmals und bei der Gärtnerei Axt für die gärtnerische Instandsetzung der Grabstätte des Stadtbaurats Wilhelm Jost, die im Rahmen des 100jährigen Bestehens des Gertraudenfriedhofs veranlasst wurde". Eine Nachfrage im Steinmetzbetrieb ergab, dass die beiden Handwerker ihre Arbeiten zu sehr geringem Lohn geleistet hatten.

Zum Zustand des Jost-Grabmals wird im *MAGAZIN ZACHOW,* 4. Jahrgang September 2014, Seite 14 f., der Friedhofsspezialist Dr Walter Müller/ Universität Halle-Wittenberg, zitiert, der berichtete, dass vor nun drei Jahren die „Liegezeit" für das Jost-Grab abgelaufen war und seine jetzt lebenden Nachfahren für eine Verlängerung nicht aufkommen wollten und also das Grab zum Auflassen freigaben…"bis die Stadt die Pflege übernommen hat", so Dr. Müller. Auf Seite 12 desselben Magazins wird unter dem Thema *HALLES PRACHTSTÜCKE – GRABSTEINE* der nun gereinigte Stein mit gut leserlicher Inschrift stolz präsentiert.

Jost-Enkel von Gierke war gefeierter Ehrengast anlässlich der Wiedereröffnung des restaurierten STADTBADES und in den letzten Jahren wiederholt Gast der *Stiftung Sprudelhof* und des Bad Nauheimer *Jugendstilvereins,* dessen Ehrenmitglied er ist.

1 Neueste Literatur hierzu: Britta Spranger, Moderne Architekturgeschichte würdigt den Darmstädter Wilhelm Jost, in: Archiv für hessische Geschichte, NF 71/2013, S. 189-206.

Die Glocken von Friedberg aus 8 Jahrhunderten.

Einzelheiten und Erklärungen zur Gestaltung der Doppel-CD

Rainer Gutberlet

Vorbemerkung

CD's mit Glockenklängen und Glockengeläute gibt es im Tonträgerhandel eine ganze Reihe, wobei das „Stadtgeläute Frankfurt" wohl eines der bekanntesten sein dürfte. Die Gestaltungen sind sehr vielfältig und auch über die praktizierten Aufnahmetechniken und die dargestellten Klangbilder vertreten die Branchenkollegen sehr unterschiedliche Standpunkte. Dem Verfasser ging es bei diesem hier vorgestellten CD-Projekt nicht darum, „noch eine" Glocken-CD zu produzieren, sondern es sollte etwas Besonderes werden, was in dieser Form noch nicht erschienen ist.

Das Grundkonzept der Gestaltung der CD's geht auf ein Projekt zurück, das der Verfasser im Jahr 1995 in Alsfeld im Auftrag der dortigen Kirchengemeinden ausgeführt hat, und stammt von dem Alsfelder OStR i.R. Heinrich Dittmar. Anlass dazu war das 600-jährige Jubiläum des Turmes der Walpurgiskirche und des neuen Geläutes der katholischen Christkönig-Kirche – beide in Alsfeld.

Eine sich an diesem Grundkonzept orientierende Dokumentation – ohne jetzt das Alsfelder Konzept und andere Gestaltungselemente einfach nur zu kopieren – sollte die o.g. CD werden, die dann als Projektarbeit im Rahmen der Lehrveranstaltung „Angewandte Tontechnik" an der Technischen Hochschule Mittelhessen, Bereich Friedberg, vergeben wurde. Diese Lehrveranstaltung ist Wahlpflichtfach im Studiengang „Medieninformatik".

Da die Gestaltung einer solchen CD, wie sie in der jetzigen Fassung vorliegt, die Anforderungen und Inhalte des genannten Studiengangs weit übersteigt, wurde von den Studenten zunächst eine einfachere Version erstellt. Diese wurde dann später vom Verfasser ergänzt und erweitert. Sie ist auch weit komplizierter als das erwähnte Projekt in Alsfeld.

Die Gestaltung der CD's aus künstlerischer Sicht

Die für die künstlerische Gestaltung der CD's hinsichtlich der in den folgenden Abschnitten beschriebenen Symbolik notwendigen Parameter (z.B. Länge des erklärenden Textes, Sprechtempo des Sprechers in Verbindung mit den spezifischen Anschlagszahlen der einzelnen Glocken etc.) waren bei der Aufgabenstellung und Projektvergabe weder vorhersehbar noch planbar. Dies kann nicht ohne weiteres mit einem Liedtext oder Gedicht verglichen werden, zu dem dann eine passende Melodie bzw. ein Tonsatz komponiert werden soll. So wurde die jetzige Fassung erst nach einer Reihe von Versuchen, die sich über mehrere Wochen hinweg zogen, gefunden. Beide CD's enthalten daher vom ersten bis zum letzten Track sowie von der Gesamtanzahl der Schrift-, Zahlen und Satzzeichen her eine Symbolik:
Gelb als Farbe der katholischen Kirche und Lila für die evangelische Kirche. Der fließende Übergang von Gelb zu Lila soll andeuten, dass zwischen den beiden Konfessionen in Friedberg kein „eiserner Vorhang" besteht. Beide Gemeinden verstehen einander, arbeiten zusammen und bilden letztlich eine christliche Einheit. Die Anzahl der Zeichen – einschließlich der Schriftzeichen im Logo des Geschichtsvereins – ist für beide CD's zusammen exakt 900, was man (3 x 3 x 100) als Symbolzahl für die Dreieinigkeit Gottes (3) und die 100 sowie die drei in der Potenz als Symbol seiner Allmacht deuten darf. Derartige Symboliken hat auch Johann Sebastian Bach selbst auf den Titelseiten seiner Kompositionen eingebaut.

Die Gestaltung der musikalischen und dramaturgischen Symbolik unter dem Aspekt ihrer theologischen Bedeutung

Bei der Auswahl der Symbolik und der gematrischen Gestaltungselemente hat kein Geringerer Pate gestanden als der größte Meister aller Kirchenmusik: Johann Sebastian Bach. Die Allegorien, die er in seinen Werken anwendet, erschließen sich dem Laien nicht oder nur sehr schwer. Nur dann, wenn man die Partituren seiner Werke intensiv analysiert, ist diese Symbolik erkennbar. Auch deren Deutung bedarf einer tiefergreifenden musiktheoretischen bzw. musikwissenschaftlichen Fachkenntnis. Bei der Erstellung des künstlerischen Konzeptes der CD's wurden konsequent die Symboliken Johann Sebastian Bachs verwendet. Die Übernahme von Gestaltungselementen aus der Alsfelder CD ist vergleichbar mit der Parodietechnik, die Bach in seinen Werken angewandt hat: z.B. die Übernahme von Tonsätzen aus weltlichen Kantaten in sein „Weihnachtsoratorium". Auch die Bach oft nachgesagten „Kreuzessymbole" in den Notenbildern seiner Partituren sind auf den Labeldruck der CD's anwendbar: Die Anordnung der Schriften (Titel und Untertitel) sowie die Bilder (Logo des *Friedberger Geschichtsvereins* und Stadtwappen Friedberg). Verbindet man sie in der Senkrechten und Waagerechten, ergibt dies ebenfalls ein „Kreuzessymbol", Für all diese Betrachtungen – insbesondere die Zahlensymbolik – wurden die Beschreibungen in dem Buch *Die verborgene Symbolsprache Johann Sebastian Bachs* zugrunde gelegt.

Johann Sebastian Bach verwendet in seinen Werken das lateinische Zahlenalphabet. In dieser Version wird nicht zwischen den Buchstaben „I" und „J" unterschieden, ebenso nicht zwischen „U" und „V", wodurch die Zählung der Buchstaben ab dem „I" von unserer heutigen abweicht. Somit ergeben sich für das gesamte Alphabet auch nur 24 anstatt 26 Zeichen.

Die Schlagtöne der Glocken als Grundlage zur Erstellung eines „musikalischen Logos"

Da auf einer Glocke der Burgkirche die Buchstaben „S" und „F" stehen (für „Stadt Friedberg"), kam dem Verfasser der Gedanke, aus den Schlagtönen der Glocken ein „musikalisches Akronym" zu bilden. Zunächst sollte es nur die Tonfolge „ES-F-B" – entsprechend dem Friedberger Autokennzeichen „FB" – sein. Dies erschien dann aber einerseits zu profan und andererseits bestanden urheberrechtliche Bedenken mit dem Signet des früheren „Sender Freies Berlin", der ebenfalls die – von Werner Eisbrenner stammende – Tonfolge „ES-F-B" hatte. Somit musste ein anderes, mit dem SFB-Signet unverwechselbares Logo komponiert werden. (Der Ton „ES" steht hier und auch allgemein in der Musik lautschriftlich für den Buchstaben „S").

Da die Schlagtöne aller 19 Glocken glücklicherweise so günstig liegen, dass sich daraus ein „musikalisches Logo" sowohl für die Burg als auch für die Stadt Friedberg bilden lässt und auch das „G" in den Schlagtönen vorkommt, lag es nahe, auch die „Burg Friedberg" mit einzubeziehen. Somit entstand dann das Logo „B-G-F-B-G-ES-F-B-G", was eine Verwechslung mit einem – zwar nicht mehr verwendeten, jedoch noch unter dem Schutz des Urheberrechts stehenden – anderen Logo unmöglich macht. In diesem Logo kommen dann sogar Glockentöne aller Friedberger Kirchen vor und mit ihm beginnt die CD 1: Die Tonfolge „B-G-F-B-G“ und dann sogleich „ES-F-B-G“ steht für „**B**ur**g** **F**ried**b**er**g** – **S**tadt **F**ried**b**er**g**“. Es soll an die im Text genannten beiden Reichsterritorien erinnern. Am Schluss der CD 1 erscheint dieses Logo noch einmal, um das Ganze in einen gewissen Rahmen einzubauen. Danach erscheinen, im verklingenden Nachhall der G-Glocke noch einmal zwei Schläge der größten Glocke der Stadtkirche, der Sonntagsglocke, die auch die größte Glocke im Stadtgeläute ist. Vergegenwärtigt man sich die deutsche Übersetzung ihrer Inschrift: *...Kommt alle, die ihr durch meine Stimme eingeladen seid, und gehorcht gerne den Ermahnungen der Gottesdienste, wenn euch am wahren Heil der Seele gelegen ist,* so wird deutlich, dass dies symbolisch derart zu verstehen ist, dass Gott die Menschen ruft und dass ER das letzte Wort über alles hat. Auch der Schluss der CD 2 verklingt auf dieselbe Weise.

Die eigentliche Symbolik aus theologischer Sicht unter Bezugnahme auf die Zahlensymbolik bei Johann Sebastian Bach

Nach dem „Logo“ am Anfang folgt zunächst ein kurzer Einleitungstext. Dieser ist bereits mit dem Läuten einer Glocke der Stadtkirche unterlegt. Hier wurde bewusst nicht die Glocke 2 gewählt, die jeden Mittag um 12 Uhr ertönt, sondern wegen der Bedeutung ihrer oben zitierten Inschrift erklingt die Glocke 1. 29 Schläge am Anfang des Vorworts: 15 sind dem Text leise unterlegt und 14 ertönen nach der Texteinleitung. Am Schluss des Vorwortes über die Stadt Friedberg ertönen noch einmal 29 Schläge der Glocke 1, womit zum einen das Vorwort ebenfalls in einen gewissen „Rahmen“ eingebettet ist und zum anderen wird dem Meister in dreifacher Weise gedacht:

1. Die Zahl „29“ verwendet Bach symbolisch für *Soli Deo Gloria* (Allein Gott in der Höh’ sei Ehr), womit er ja alle seine geistlichen Werke überschrieb. Nimmt man die Buchstaben „S“, „D“ und „G“, so ergibt sich aufgrund ihrer Position im lateinischen Zahlenalphabet (siehe oben) als Summe 29.

2. Mit den 14 Schlägen nach dem Ende des Einleitungstextes: Die Zahl 14 benutzt Bach für die Darstellung seines Namens als Summe im Zahlenalphabet: B=2, A=1, C=3, H=8 ergibt als Summe 14.

3. Die Anfangsbuchstaben seines Namens (J.S.B.) ergeben als Summe im Zahlenalphabet ebenfalls 29. Die Schläge am Schluss des Vorworts beginnen

nicht irgendwo im Text, sondern genau in dem Moment, wo das Wort „Stadtkirche“ genannt wird. Dies soll aussagen, dass die Glocken als fester Bestandteil eines Kirchengebäudes zu sehen sind. Die Einbettung in einen „Rahmen“ geschieht auch im gesamten Werk: Das am Anfang zu hörende musikalische Logo erscheint auch am Ende der CD. Und auch die Vorstellung der Glocken der vier Kirchen wird in einen musikalischen Rahmen des jeweiligen Gesamtgeläutes eingebaut. Auch hier hat ein bedeutendes Werk des großen Meisters Johann Sebastian Bach Pate gestanden: Das „Weihnachtsoratorium“. Wie man beim Studium der Partitur sehr leicht feststellen kann, endet jeder Teil in derselben Tonart, in der er begonnen hat, und das ganze Werk endet in der Tonart, in der es begann.

Danach beginnt an der Burgkirche die virtuelle Wanderung durch die Stadt. Ihr 12-Uhr-Schlag – mit dem die Wanderung eingeleitet wird - bedeutet einerseits, dass 12 Uhr das Ziel der Zeit ist (wie es im dem bekannten Lied des Nachwächters *Hört Ihr Herrn und laßt Euch sagen...* heisst), und andererseits ist „12“ die Symbolzahl für „Christus“ – „Jünger“ – „Kirche“ – „Ewige Stadt“, wobei letzteres nicht Rom oder Friedberg meint, sondern die Stadt Gottes.

Nach dem Uhrschlag ertönt dann das Geläut der Burgkirche. Wegen der besseren Harmonie wurden die beiden kleinen Glocken in der Lautstärke etwas zurückgehalten, da sie – historisch bedingt – harmonisch nicht auf die übrigen Glocken abgestimmt sind.

Das Geläut wird dann zunächst unterbrochen und durch Texterklärungen erläutert. Dabei werden die vier Glocken einzeln nacheinander vorgestellt und auch ihre Inschriften, Schlagtöne sowie ihre Gießer und Gußdaten genannt. Die Texte werden hier ebenfalls mit den Glockenschlägen unterlegt. Auch diese Schläge beginnen immer zu einem bestimmten Zeitpunkt: Nämlich dann, wenn der Name des Schlagtons genannt wird bzw. die Inschrift der betreffenden Glocke. Alle Glocken werden nach dem Verlesen des jeweiligen Textes wieder laut aufgeblendet, um ihren vollen Klang hörbar zu machen. All dies geschieht in derselben Weise auch bei den Glocken der drei anderen Kirchen. Die Zahl der Schläge nach dem Text sind bei den Glocken 1 bis 3 jeweils immer 12, welches auch wieder als Symbolzahl für die Kirche steht (siehe oben). Nur die 4. Glocke – die „Vaterunserglocke“ – ertönt nach dem Textende 19 Schläge lang. Die Zahl „19“ steht bei J.S.B. als Symbol für „Gottes Thron und Richterstuhl“, und im Vaterunser rufen wir ja direkt zu Gott. Die restlichen Schlagzahlen während des Textes haben zunächst nur indirekte Bedeutung. In diesem Zusammenhang ist auch interessant zu erwähnen, dass die Zahl 19 auch die Anzahl der Glocken ist, die in Friedberg erklingen. Und sogar in dem erwähnten „musikalischen Logo“ zu Burg und Stadt Friedberg steckt die Zahl 19! Addiert man im Zahlenalphabet die Stellen der Buchstaben der dazu benutzten Schlagtöne, kommt man auf die Zahl 57. Dies ist das 3-fache Produkt von 19. Johann Sebastian Bach stellt die Zahl „3“ als Symbolzahl für die Dreieinigkeit dar. Die Bedeutung der Zahl 19 wurde ja weiter oben schon beschrieben. Geradezu kurios mag es daher erscheinen, wenn man bedenkt, dass in Friedberg die Gründung der Evangelischen Kirche in Hessen und Nassau (EKHN) erfolgte und der jetzige amtierende Kirchenpräsident – Dr. Volker Jung – 2008 in der Friedberger Stadtkirche in sein Amt eingeführt wurde. Vielleicht fragt sich hier mancher scherzhaft, ob anhand dieser Zusammenhänge Friedberg der „Vatikan der EKHN“ ist? Zweifellos hat aber die Burgkirche Friedberg als Gründungskirche für die EKHN eine besondere Bedeutung.

Nach dem Verklingen der Vaterunserglocke wird das Vollgeläut wieder hörbar und geht dann fließend über in das Geläut der Stadtkirche – entsprechend der Wanderung von der Burgkirche über die Kaiserstraße zur Stadtkirche. Das volle Geläut der Stadtkirche (alle acht Glocken!) ertönt nun kurz und wird dann wieder durch die Texterklärungen zu den einzelnen Glocken unterbrochen.

Die Glocke 6 – das Marktglöckchen – ertönt nun 33 Schläge lang, wovon wieder 12 Schläge nach dem Textende erfolgen, entsprechend der Symbolzahl 12. Die Glocke erklingt zusammen mit dem Satz „heute erklingt sie nur noch separat....“ auf das Wort „heute“.

Die „Rats- oder Armsünderglocke“ erhält 18 Schläge, die mit dem letzten Satz des betreffenden Textes erklingen.

Die Zahl „11“ wird von J.S.B. symbolisch für Übertretung der Gebote und Sünde benutzt – daher ertönen nach dem Textende nicht 12, sondern nur 11 Schläge. Die restlichen sieben Schläge, die im Text unterlegt sind, haben - wie schon bei den Glocken der Burgkirche - nur indirekte Bedeutung.

Bei der Glocke 3 – „Sturmglocke“ – ertönen nach der Nennung des Schlagtons insgesamt 21 Schläge, wobei 13 Schläge nach dem Textende erklingen. Diese Zahl hat absolut nichts mit dem heute grassierenden Aberglauben („Unglückszahl 13“ etc.) zu tun, sondern J.S.B. benutzt sie als Symbolzahl für den Tod. Denn in der Inschrift der Glocke heißt es ja: *Gebt Acht auf Straßenräuber, Diebe, Feuer,* ***Tod*** *und Feinde.*

Die Zahl „17“ steht bei J.S.B. für „Erlösung, Seligkeit“.

Somit wird sofort offensichtlich, weshalb bei der Glocke 4 mit ihrer Inschrift *DIE SCHLAFFENDE WECK ICH DIE SUNDER SCHRECK ICH DIE DOTTEN BEWEIN ICH DAS JUNGSTEN GERICHT ERINRE ICH.* 17 Schläge nach dem Text erfolgen. Bewußt wird hier nicht die 13 gewählt (weil etwa in der Inschrift von den Toten die Rede ist), sondern weil vom Jüngsten Gericht gesprochen wird, worauf ja die Erlösung und die ewige Seligkeit erfolgt. Nicht der Tod, sondern die Erlösung ist es, was wir als Christen erwarten.
Bei der Glocke 1 – der größten Glocke – deren Inschrift lautet: *JEHOVA WIRK IN DENEN AL DIE HÖREN WERDEN MEINEN SCHAL, DAS SIE LAUFFEN AN DEN ORT, WO MAN HÖRET GOTTES WORT, AL DA ZU WIRKEN IN DER ZEIT, DAS SIE BRINGT ZUR SELIGKEIT.* sind es ebenfalls 17 Schläge, die nach dem Text erklingen.
In beiden Fällen hat die Glockeninschrift eschatologischen Charakter.
Die Glocke 5 ist wieder eine Vaterunserglocke. Dies wird an ihrer Inschrift deutlich: *VATTER UNSER HILF UNS BAETEN WANN WIR VOR DEIN ANTLITZ TRETTEN.* Die Symbolzahl hierfür ist die wieder die „19“ (siehe Erklärung zur Glocke 4 der Burgkirche). Daher erfolgen hier 19 Schläge nach dem Textende.
Die neue Glocke (Glocke 2) der Stadtkirche enthält die Inschrift: *WIE LAUT DICH AUCH DER TAG UMGIBT NUN HALTE LAUSCHEND STILL WEIL GOTT DER DICH BESCHENKT UND LIEBT DIE GABE SEGNEN WILL.* J. Klepper 1938.
Bei dieser Glocke war es etwas schwierig, eine passende Symbolzahl zu finden. Nach Ansicht des Verfassers sind hier 17 Schläge nach dem Textende sinnvoll. Auch hier als Symbol für die Verheißung Gottes auf die Ewigkeit, an der Jochen Klepper schon jetzt Teil haben darf. Die Glocke beginnt bereits am Textanfang der Inschrift zu läuten.

Nach der Vorstellung der Glocken der Stadtkirche ertönt dann wieder das Vollgeläut und geht dann mit einer Überblendung in das Geläut der Marienkirche über.

Der Ablauf ist derselbe wie bei den vorangehenden Kirchen: Nach einem kurzen Einläuten des Gesamtgeläuts werden die drei Glocken der Marienkirche vorgestellt. Für alle drei Glocken erklingen jeweils 12 Schläge nach dem Textende, als Symbol für „Christus, Jünger, Kirche“.

Am Ende der Glockenvorstellung der Marienkirche ertönt wieder das Vollgeläut der Marienkirche, welches dann wieder mit einer Überblendung in das Geläute der Heilig-Geist-Kirche übergeht.

Das Geläut wird dann unterbrochen in dem wieder wie bei den vorangehenden Kirchen die Glocken einzeln vorgestellt werden.
Die erste – größte – Glocke läutet wieder mit 17 Schlägen nach dem Textende weiter, was auf den Frieden und die Seligkeit hinweisen soll. Der Beginn der Glockenschläge liegt genau auf dem Wort „Komm" (Heiliger Geist....), welches auch hier wieder symbolisch zu verstehen ist: Die Glocke als rufendes Instrument.
Bei der zweiten Glocke sind es wieder 12 Schläge nach dem Textende, welche wieder die Symbolzahl der Kirche darstellt. Allerdings beginnt die Glocke nicht schon zu Anfang des Textes, sondern erst mit der Nennung des Namens Gottes. Damit soll ausgesagt werden, dass trotz aller guten Werke des Menschen – in diesem Fall des Naturwissenschaftlers Albertus Magnus – einzig und allein Gott die Ehre gebührt. Für diese Symbolik hat auch wieder eines der bedeutendsten Werke J.S.Bachs als Vorbild gedient: Die „Matthäuspassion". In diesem Werk sind die Rezitative des Evangelisten gewöhnliche Secco-Rezitative, also solche, die nur von der Generalbassgruppe begleitet werden. Dagegen sind die Christusworte als Accompagnato-Rezitative ausgeführt – als Zeichen dafür, dass nur Christus die Ehre gebührt. Einzige Ausnahme: An der Stelle, an der Jesus ruft: *Eli, Eli, lama asabthani.* Dort wird die Stimme nur durch die Generalbassgruppe begleitet – als Symbol dafür, dass Gott ihn in dieser Stunde verlassen hat.
Die Glocke 3 läutet ebenfalls für 12 Schläge nach dem Textende. Sie beginnt aber erst an der Textstelle: *öffne unsere Herzen....*
Die Inschrift der Glocke 4 soll an die im Konzentrationslager Auschwitz-Birkenau ermordete Edith Stein erinnern.
Da hier ihrem Tod und der Greuel des Naziterrors gedacht wird, ist die Schlagzahl nach Textende „13".
Alles in allem: Glocken sollen uns an die christliche Botschaft erinnern und zum Gottesdienst rufen. Da sich aber die christliche Botschaft auf Christus selbst gründet, soll an ihn in besonderer Weise erinnert werden. Johann Sebastian Bach stellt dies in sehr beeindruckender Weise dar: Christus ist durch den Heiligen Geist (Symbolzahl „7") gemäß Luk. 1, 35 und 3, 23ff als 77. Glied in der Geschlechterreihe geboren. Somit ist die Symbolzahl für Ihn

das Produkt aus 7 x 77 = 539. Addiert man nun alle Einzelschläge der im Text vorgestellten Glocken, einschließlich derer, die im Text unterlegt sind – und hier werden nun auch die unterlegten Schläge bedeutungsvoll - erhält man die Zahl 539!

Im Anschluß an das Vollgeläut der Heilig-Geist-Kirche geht die virtuelle Tour wieder zurück zur Burgkirche und während dieser Rückwanderung entsteht sukzessive das gesamte Stadtgeläute. Die Tour endet aber nicht an der Burgkirche, sondern an einem fiktiven Punkt in der Stadt, wo man alle Geläute gleich gut hören kann, denn es gibt keinen Punkt in der ganzen Stadt, an dem alle Glocken in ausgewogener Lautstärke zueinander zu hören sind. Dieser fiktive Punkt darf auch wieder als Allegorie auf die Stadt Gottes gedeutet werden, in der dann einst alle Glocken die Christen zum gemeinsamen Fest rufen. Nach ca. zwei Minuten Vollgeläute der HGK kommt zunächst langsam das Gesamtgeläut der Marienkirche hinzu. Während des Einblendvorgangs beginnt auch die Einblendung des Gesamtgeläuts (alle 8 Glocken) der Stadtkirche. Nachdem dieses voll ertönt, kommt dann noch die Burgkirche hinzu. Alle 19 Glocken läuten dann ca. eineinhalb Minuten lang im voll eingeschwungenen Zustand. Danach verstummt zunächst die Burgkirche und die übrigen Geläute schwingen dann nacheinander aus. Auch das Ausläuten wurde nicht dem Zufall überlassen, sondern so gestaltet, dass zuerst die kleinen Glocken ausschwingen (wie es beim Läuten allgemein üblich ist), aber auch derart, dass am Ende wieder das „Burg/Stadt Friedberg-Motiv“ entsteht: Die Glocken klingen aus mit den Tönen „B-G-ES-F-B-G“, was soviel bedeutet wie „**B**ur**g**- und **S**tadt **F**ried**b**er**g**“. Aber auch hier wieder: Die letzten Schläge kommen von der größten Glocke der Stadtkirche, deren Symbolik anfangs schon erwähnt wurde, zum Zeichen dafür, dass bei allem Gott das letzte Wort hat. Dass in dem „Logo“ von jeder Kirche immer zwei Glocken erklingen, darf so gedeutet werden: Die „2“ steht bei Bach für „Christus“ und dieser soll in unserem Glauben der Mittelpunkt sein. Dies bedeutet, dass er auch in allen Kirchen gegenwärtig sein will.

Schlagzahlen in den Glockenvorstellungen
Einleitung:
29 (15+14) ; 29
Burgkirche:
23 (11+12) ; 25 (13+12) ; 39 (27+12) ; 39 (20+19)
Stadtkirche:
33 (21+12) ; 18 (7+11) ; 21 (8+13) ; 50 (33+17) ; 28 (11+17) ; 38 (19+19) ; 27 (10+17)
Für 1 Glocke gibt es keine Textdokumentation, daher entfällt deren Vorstellung.
Marienkirche:
15 (3+12) ; 16 (4+12) ; 17 (5+12)
Heilig-Geist-Kirche:
23 (6+17) ; 32 (20+12) ; 15 (3+12) ; 22 (9+13)
Summe aller Schlagzahlen: 539

Die zweite CD enthält die Vollgeläute aller vier Kirchen. Die Reihenfolge der Geläute entspricht hier nicht der geographischen Lage von der Burgkirche aus beginnend, sondern es beginnt die Burgkirche, danach folgen die beiden katholischen Kirchen und erst am Schluss dann die Stadtkirche, was andeuten soll, dass in der überwiegend evangelischen Bevölkerung Friedbergs die katholischen Mitchristen kein Außenseiterdasein führen, sondern als christliche Gemeinde mit eingebunden sind. Für die Stadtkirche sind mehrere Varianten dargestellt, entsprechend der dem Verfasser vorliegenden Läuteordnung. Auch soll hier aufgezeigt werden, welche vielfältigen Kombinationsmöglichkeiten bei 8 Glocken bestehen. Theoretisch könnte man bei 8 Glocken 256 verschiedene Klangkombinationen erstellen – incl. der 8 Einzelglocken. So ist auch die historisch überlieferte Form dargestellt, bei der die Glocken 5 bis 8 der Stadtkirche läuten und danach die Glocken 1 bis 4 bzw. die Glocken 6 bis 8 und im Anschluss die Glocken 1 bis 5. Für alle 19 Glocken der vier Kirchen wären sogar 524288 (2 hoch 19) mögliche Kombinationen denkbar!

Zum Schluss sind zwei von drei möglichen Variationen des Stadtgeläutes dargestellt: Denkbar wäre, die Glocken so einsetzen und auch ausläuten zu lassen, dass das o.g. „Friedberg-Motiv" sowohl am Anfang als auch am Ende entsteht. Doch: Je mehr Glocken ein Geläute enthält und je komplizierter die Verhältnisse ihrer Schlagzahlen pro Zeiteinheit sind (und diese sind eine unveränderliche Größe, die von den Eigenschaften der Glocke abhängen), desto seltener kommt es vor, dass alle Glocken während des Läutens gleichzeitig anschlagen. Deshalb ist diese Variante unmöglich, weil die Tonfolge nicht voraus berechnet werden kann bzw. sich erst nach sehr langer Läutedauer ergibt. Möglicherweise würde dazu die ganze Zeitkapazität der CD benötigt. Dies wäre für den Zuhörer alles andere als sinnvoll. Daher wurde die erste Variante gewählt, bei der dieses Motiv am Anfang und bei der zweiten erst am Schluss beim Ausläuten entsteht.

Gestaltung der musikalischen Darstellungen aus künstlerisch-technischer Sicht

Beim Beginn der virtuellen „Wanderung" an der Burgkirche ertönt nicht das Geläut der Burgkirche allein, sondern es ertönen ebenso alle drei anderen Geläute zugleich. Nur entsprechend leise. Dies bleibt während der ganzen Wanderung durchgehend so. Auch wenn in der Stadt alle vier Geläute gleichzeitig erklingen, wird man diese am jeweiligen Standort – wenn auch teils sehr leise – hören. In der auf der CD dargestellten virtuellen Wanderung ertönt immer nur das Geläute mit voller Lautstärke, an dessen Kirche die Wanderung gerade vorbeizieht. Bei genauem Hinhören ist dies auch zu erkennen – vor allem beim Beginn der Wanderung.

Die Anordnung der Glocken im stereofonen Klangbild wurde nicht nach technischen, sondern ausschließlich nach klangästhetischen Gesichtspunkten gestaltet - sie entspricht nicht der Anordnung im jeweiligen Glockenturm, da dies mit der zweikanaligen Stereofonie nicht möglich ist. Auch die Mischung der einzelnen Glocken im Gesamtklangbild des Stadtgeläutes ist keineswegs so erfolgt, daß alle Glocken gleich laut sind, sondern auch hier wurde streng auf musikalische Ästhetik geachtet. Die Schlagtöne der Glocken der Stadtkirche bilden eine b-moll-Folge und dabei ist der Ton „fes" bzw. die enharmonische Verwechslung mit „e" tonartfremd, ebenso der Ton „a". Daher wurde bei der Mischung diese Glocke (Glocke 3) etwas zurück gehalten- trotz ihres sonst sehr schönen Klanges. Die Glocke mit dem Ton „a" ist dabei allerdings weniger harmoniestörend.

Würden alle 19 Glocken gleich laut zusammen erklingen, wäre der Gesamtklang völlig unmusikalisch und das Ergebnis würde eher dem Lärm in einer großen Fabrikhalle gleichen. Wenngleich die Glocken der Burgkirche – historisch bedingt – nicht auf die der drei übrigen Kirchen abgestimmt sind, läßt sich durch feinfühlige Mischung trotzdem ein musikalisch angenehmer Klang erzeugen. Der Gesamtklang ändert sich aber sofort sehr empfindlich bei nur geringfügiger Veränderung der Pegelverhältnisse der einzelnen Glocken. Die Mischung eines Instrumentalensembles – und sei es ein großes Orchester – ist viel leichter und „klangtoleranter" bei Änderung der Mischung, als dies bei Glocken der Fall ist. Die Glocken wurden auch nicht – wie es von manchen Branchenkollegen praktiziert wird – von der Straße aus aufgenommen, sondern wegen der Vermeidung von Straßengeräuschen direkt im Glockenturm. Welche der beiden genannten Arten „natürlicher" klingt, möge jeder nach seinem persönlichen Geschmack entscheiden. Auf eine Ergänzung durch das Medium „Bild" (sowohl Festbild als auch Bewegtbild) wurde hier bewusst verzichtet, da einerseits der Zuhörer sich nur auf das Hören konzentrieren soll, denn es lassen sich gerade beim hören des Stadtgeläutes auch eine ganze Reihe Melodien – wenn auch mehr Phantasiemelodien – heraushören.

Für den technisch interessierten Hörer/Leser

Aufgezeichnet wurden die Glocken mit modernen Digitalmikrofonen vom Typ KM183D der Firma Georg Neumann, Berlin. Als Aufnahmegerät diente ein NAGRA LB des Schweizer Herstellers Nagravision Kudelski, Cheseaux sur Lausanne.

Mischung, Schnitt und Premaster-Erstellung erfolgte auf einem SADiE-6-Schnittplatz.

Dieses Projekt sollte den Studierenden auch aufzeigen, welche künstlerischen Gestaltungsmöglichkeiten das alleinige Medium „Ton" – ohne Bildunterstützung – bieten kann. Ferner sollten sie mit der Problematik der Tonaufnahme extrem lauter Schallquellen vertraut gemacht werden – denn bei der größten Glocke der Stadtkirche treten Schallpegel von bis zu 140 dBSPL in ca. 1m Abstand vom Klöppelanschlagpunkt auf. Gemessen wurde dieser Wert mit einem Schallpegelmesser vom Typ 2209 der Firma Bruel&Kjaer.

Die Schlagtöne der Glocken

Burgkirche (BK): g' – b' – **fis'' – cis'''**

Stadtkirche (STK): b° - des' – **fes' (e')** – f' – des'' – es'' – as'' – **a''** (b-moll-Folge)

Marienkirche (MK): g' – b' – c'' (g-moll-Folge)

Heilig-Geist-Kirche (HGK): c' – es' – f' – as' (c-moll-Folge)

Musikalisches Stadt-Logo

Vollversion; B-Dur-Motiv

Kurzversion; desgl.: B-Dur-Motiv

Verwendete Glocken zur Darstellung des „Burg-und Stadt-Friedberg"-Motivs:
„Burg": (B-G-F-B-G) BK2 – BK1 – STK4 – MK2
„Stadt": (ES-F-B-G) HGK2-HGK3-STK1-MK1
(Jede Kirche ist im Gesamtmotiv mit jeweils zwei Glocken vertreten.)

Quellen- und Literaturverzeichnis

Partitur des Weihnachtsoratoriums
Partitur der Matthäuspassion (Edition Eulenberg, Nr. 953) : Nr. 71, Takt 7 –9
Walter Blankenburg, Das Weihnachtsoratorium von Johann Sebastian Bach, München 1982
Ludwig Prautzsch, Die verborgene Symbolsprache Johann Sebastian Bachs. Zeichen und Zahlenalphabet auf den Titelseiten der kirchenmusikalischen Werke, Kassel 2004

Dr. Karlheinz Rübeling 90 Jahre

Lothar Kreuzer

Am 10. Februar 2014 konnte Dr. Karlheinz Rübeling seinen 90. Geburtstag feiern.

Der ehemalige Lehrer des Burggymnasiums mit den Fächern Latein und Geschichte ist seit nunmehr 57 Jahren ein sehr aktives Mitglied im Friedberger Geschichtsverein. Schon 1961 hielt er einen ersten Vortrag über Trier.

Meilensteine in der Erforschung der Geschichte der Stadt Friedberg setzte Dr. Rübeling 1963: zum einen mit seinen Erkenntnissen zur alten Burgkirche, die 1965 in den Wetterauer Geschichtsblättern veröffentlicht wurden, aber noch weitreichender mit dem Aufspüren der Fundamente des Römerbades in Zusammenhang mit den Neubauplänen für das Burggymnasium. Seine Schüler hat er zur Freilegung mit herangezogen, aber vor allem die zuständigen Stellen zu weitergehender fachmännischer archäologischen Arbeit veranlasst. Seine Broschüre über das Bad ist immer noch der einzige, aber ein verlässlicher Führer, während die Auswertung der Funde durch die Landesarchäologie bisher nicht publiziert wurde. Aufgrund der Größe des Bades kann es sich seiner Meinung nach nur um das Bad für die Kommandeure des Lagers handeln.

1990 untermauerte er in einem Vortrag die These Hermann Roths, der nach Grabungen in der Burg es als erwiesen ansah, die gefundenen Reste eines Kastells mit der Angabe in den Annalen des Tacitus über ein *castellum in monte Tauno* in Verbindung zu bringen und dieses in Friedberg zu lokalisieren.

In den Jahren 1985 - 1994 hatte Dr. Rübeling das Amt des 2. Vorsitzenden inne.

Seine breitgefächerten Kenntnisse brachte er über ein Jahrzehnt als Leiter vieler Fahrten ein, Ziele waren u.a. die Barockstadt Fulda, der Mittelrhein, der Neckar, die Nahe, das Bundesarchiv in Koblenz, Worms und die Nibelungen, Ludwigsburg, Thüringen, die Region Köln/ Bonn und Trier; in Frankreich führte er anlässlich eines Besuchs in Friedbergs Partnerstadt Villiers-sur-Marne.

1994 ernannte ihn der Friedberger Geschichtsverein zu seinem Ehrenmitglied.

Wann immer es ihm möglich ist, verfolgt er höchst interessiert das Leben an seiner alten Wirkungsstätte Friedberg und nimmt an Veranstaltungen des Geschichtsvereins teil.

Hans Wolf 75 Jahre

Am 4. Mai 2014 feierte unser Ehrenvorsitzender Hans Wolf seinen 75. Geburtstag.

Lothar Kreuzer

Er wurde in Bonn geboren, wuchs in Alsfeld auf und kam als Schüler in die Oberstufe der Augustinerschule, an der er 1959 sein Abitur ablegte. Unterbrochen vom Studium der Germanistik und Geschichte in Marburg und München blieb er seiner Schule über Jahrzehnte als Lehrer treu. Lange war er Mitglied der Schulleitung, zuletzt als sehr geschätzter Leiter der Oberstufe. Er war leitender Herausgeber der Festschrift zum 450jährigen Schuljubiläum 1993, in der er einen großen Abschnitt der Schulgeschichte darstellte. Er organisierte als Krönung seines jahrzehntelangen Wirkens als Vorsitzender 1996 die Feierlichkeiten zum 100jährigen Jubiläum unseres Vereins. In diesem Rahmen wurde ihm der Ehrenschild der Stadt Friedberg verliehen. Er schrieb immer wieder Beiträge, nicht nur für die damals als Wetterauer Geschichtsblätter erschienene Stadtgeschichte, hielt Vorträge und führte Gruppen in der Stadt. Er steht für den Friedberger Geschichtsverein und trägt entscheidend zu dessen Ansehen bei.

Mit Beginn seiner Lehrertätigkeit an der Augustinerschule trat Hans Wolf 1967 dem Geschichtsverein bei. Seit nunmehr 46 Jahren arbeitet er im Vorstand, 27 Jahre leitete er den Verein, vorher war er zwölf Jahre Stellvertreter, 2009 wurde er zum Ehrenvorsitzenden ernannt. Über Friedberg hinaus wirkte er im Denkmalbeirat des Wetteraukreises und im Hauptausschuss der Historischen Kommission für Hessen, deren Mitglied er seit 1993 ist.

Obwohl er den Vereinsvorsitz in jüngere Hände gelegt hat, plant und leitet Hans Wolf weiterhin die Fahrten, das Aushängeschild des Vereins. Sowohl seine Tagesexkursionen als auch zweimal pro Jahr viertägige Fahrten unter thematischen Schwerpunkten in alle Regionen Deutschlands finden großen Zuspruch, da er es versteht, systematisch, ausgewählt und prägnant historische Erkenntnis zu vermitteln. Die jeweilige Region wird dabei in ihrer historischen Bedeutung lebendig, man wird über ihre typischen Merkmale informiert und durch die Erkundung mit dem Bus erhält man einen Eindruck von ihrer Ausdehnung. Die heimische lokale und regionale Geschichte sowie Erfahrungen früherer Fahrten werden sinnvoll eingebunden. Herrn Wolf gelingt es dabei immer wieder, auch nicht so bekannte Kleinode aufzuspüren.

Der Anklang, den diese Veranstaltungen finden, ist für Herrn Wolf wichtiger als offizielle Anerkennung, die seine ehrenamtliche Arbeit gefunden hat: Neben dem Ehrenschild der Stadt Friedberg erhielt er 2009 den Ehrenbrief des Landes Hessen.

Das Wirken des Lokalhistorikers Wolf steht in enger Verbindung zu seinem Einsatz in der evangelischen Kirchengemeinde. Die Liebe zur Historie und zur Musik führten Hans Wolf einst in die Kantorei und zur Begründung der Fördervereine für Burg- und Stadtkirche, im Kirchenvorstand engagiert er sich federführend im Ausschuss für Kirchenmusik und in der Redaktion des Gemeindebriefs. Bewährt hat sich auch die Kooperation des Geschichtsvereins mit dem Literaturprojekt der evangelischen Kirchengemeinde unter Leitung seiner Frau, mit der er schon viele kulturelle Projekte in Friedberg umgesetzt hat.

Kurzbiografien der Autoren

Harald Bechstein, Dipl.-Ing., geb. 1958, aufgewachsen und wohnhaft in Friedberg, Studium der Raum- und Umweltplanung an der Universität Kaiserslautern. Als Stadtplaner 1984 - 2000 in einem Friedberger Architekturbüro und seitdem im Fachbereich Bauen, Planen, Umwelt der Stadtverwaltung Nidda tätig. Seit 1985 einer der stellvertretenden Vorsitzenden des Kunstvereins Friedberg. Publikationen: *Die Gebäude der Augustinerschule, in: Festschrift 450 Jahre Augustinerschule Friedberg,* Bad Nauheim 1993, S. 277-304; *Das Tauf- und das Abendmahlfenster von Charles Crodel* (1963), in: *Kirchenfenster erzählen die Bibel - Geschichte und Deutung der Glasmalereien der Stadtkirche in Friedberg (Hessen),* Wetterauer Geschichtsblätter 54/2006, S. 63-69.

Norbert Bewerunge, geb. 1932 in Köln-Mülheim, Besuch der Grundschule in Berlin, nach Evakuierung 1943-53 in Ilbenstadt im Hause seines Onkels Pfarrer Hattemer, Besuch der Augustinerschule in Friedberg, Studium der Theologie, Archäologie und Kunstgeschichte in Mainz, Innsbruck, Rom und Frankfurt. 1961/62 Pfarrverwalter in Ilbenstadt, mit der ersten Stufe der Renovierung der Basilika beauftragt, 1965-97 Pfarrer an St. Hildegard in Viernheim, lebt jetzt in Mainz. Autor mehrerer Publikationen zur Geschichte und Kunstgeschichte von Ilbenstadt.

Manfred Breitmoser, M.E., geb. 1949 in Oppershofen. Handwerkerlehre, Malermeister und Restaurator im Handwerk. Seit 1976 Inhaber eines Handwerk-Betriebes mit dem Schwerpunkt Malerei, Beschriftung, Vergoldung und Restaurierung. Kurzzeitige Lehrtätigkeit an der Gewerblichen Berufsschule in Friedberg und Dozent im Berufsbildungs- und Technologiezentrum Lahn-Dill in Wetzlar. Einige Jahre Kursleiter in der Druckwerkstatt des Gutenberg-Museums in Mainz. Gründer des Kultur- und Geschichtsvereins Oppershofen e.V. und bis heute dessen 1. Vorsitzender. Zahlreiche Veröffentlichungen u.a. zu den Themen: Rockenberger Kloster- und Ortsgeschichte, zur Wetterau sowie fachbezogene Arbeiten über historische Vergoldungen, Farben und alte Handwerkstechniken. Langjährige Tätigkeit auf dem Gebiet der Familienforschung, Heraldik und Kalligraphie.

Rainer Gutberlet, geb. 1949. Lehre als Elektromechaniker, danach Studium der elektronischen Nachrichtentechnik an der FH Gießen-Friedberg am Studienort Friedberg.
Berufliche Tätigkeit als Entwicklungs- und Projektierungsingenieur für Tonregieanlagen für Rundfunk und Fernsehen (Firma Lawo AG in Rastatt).
Seit 1990 wissenschaftlicher Mitarbeiter an der heutigen Technischen Hochschule Mittelhessen im Fachbereich Elektrotechnik und Tonstudio der Medieninformatik.
Darüber hinaus noch freiberuflich als Toningenieur im klassischen Musikbereich tätig.

Dr. Konstantin Hermann, geb. 1974 in Erfurt. Studium der Neueren/ Neuesten Geschichte und Evang. Theologie an der Humboldt-Universität zu Berlin. 2008 Promotion zu einem bibliothekshistorischen Thema. 2000-2014 Fachreferent für Geschichte an der Sächsischen Landesbibliothek - Staats- und Universitätsbibliothek Dresden. Seit 2014 an das Sächsische Staatsministerium für Wissenschaft und Kunst abgeordnet.
Mitglied der Historischen Kommission der Sächsischen Akademie der Wissenschaften zu Leipzig. Vorsitzender des Vereins zur sächsischen Landesgeschichte e.V. (vormals Sächsischer Altertumsverein).
Veröffentlichungen zur sächsischen Geschichte und zur Geschichte der DDR. U.a.: (als Hg.) *Sachsen und der Prager Frühling* (2008), (als Hg.) *Sachsen seit der Friedlichen Revolution* (2010), (als Hg.) *Die DDR und die Solidarnosc* (2013), (mit André Thieme): *Sächsische Geschichte im Überblick,* (als Hg.): *Führerschule-Thingplatz-"Judenhaus". Orte und Gebäude der nationalsozialistischen Diktatur in Sachsen* (2014).

Wilfried Jäckel, geb. 1950 in Herborn, Banklehre, Studium der Betriebswirtschaft in Siegen, beschäftigt bis 2014 im Finanz- und Rechnungswesen diverser Holdinggesellschaften. Hobby-Genealoge und heimatkundlich Interessierter mit Schwerpunkt Raum Herborn und Schwalm.

Lothar Kreuzer, geb. 1952 in Karlsruhe, aufgewachsen in Frankfurt, Studium der Klassischen Philologie an der Johann- Wolfgang- Goethe- Universität, seit 1981 Lehrer an der Augustinerschule Friedberg. Mitarbeit an der Festschrift 450 Jahre Augustinerschule, betreut ab 2013 das Schularchiv. Seit 2005 Beisitzer im Friedberger Geschichtsverein, seit 2009 Vorsitzender.

Dr. Heinz-Peter Mielke, geb. 1947, Abitur in Frankfurt a.M., Banklehre, Studium der Betriebswirtschaft(nicht vollendet), danach in der Wirtschaft tätig, 1972-76 Studium der Geschichtswissenschaften in Frankfurt a.M., Abschluss 1977 mit der Promotion über die Herren von Hattstein, danach an verschiedenen Museen tätig, zuletzt als Direktor des Niederrheinischen Freilichtmuseums in Grefrath. Von 2008-2013 Lehrbeauftragter an der Universität Essen. Bedeutsamste wiss. Arbeit: *Kirche im Geheimen* von 2012 (2 Bde.), 2013 Gründung des Plejaden-Verlags. Lebt seit 2010 in Bunsoh, Kreis Dithmarschen.

Dr. Rudolf Roßbach, geb. 1934 in Friedberg. Nach dem Besuch der Augustinerschule Studium der Biologie in Mainz und Frankfurt a.M. Von 1965 bis 1997 promovierter Ornithologe an der Staatlichen Vogelschutzwarte für Hessen, Rheinland-Pfalz und das Saarland in Frankfurt a.M. Veröffentlichungen zu den Themen Vogelschutz und Vogelökologie sowie zur Vermeidung von Schäden durch Vögel. Redaktionsmitglied der Zeitschrift *Vogel und Umwelt.* Seit 1969 in Bad Homburg v.d.H.. Beschäftigung mit Archivdokumenten und lokalhistorischen Fragen sowie mit numismatischen und musikgeschichtlichen Themen.

Lutz Schneider M.A., geb. 1963 in Frankfurt a.M. Studium der Mittleren und Neueren Geschichte, Politikwissenschaft und Philosophie an der Johann-Wolfgang-Goethe-Universität Frankfurt a.M. Ausbildung zum Wirtschaftsarchivar bei der Fortbildungsakademie der Wirtschaft in Köln. Mitarbeiter im Universitätsarchiv der Justus-Liebig-Universität Gießen und in der Kommunikationsabteilung der Deutschen Bank in Frankfurt a.M. Seit 1999 im Stadtarchiv Friedberg. Veröffentlichungen zur Frankfurter, Gießener und Friedberger Geschichte. Schriftführer im Friedberger Geschichtsverein seit März 2006. Verantwortlicher Redakteur und Herausgeber der *Wetterauer Geschichtsblätter.* Seit 2009 kommissarischer und seit 2011 Leiter des Stadtarchivs Friedberg.

Dr. Britta Spranger, geb. 1931 in Stettin, aufgewachsen in Pommern und Thüringen. Studium der Pädagogik an der Friedrich-Schiller-Universität Jena. 1952 Übersiedlung nach Westdeutschland. Drei Jahre im Auswärtigen Dienst und Sprachstudien in Havanna/Kuba. Anschließend Studium der Kunstgeschichte, Musikwissenschaft und Germanistik in Kiel und Mainz. 1982 Promotion an der Johannes-Gutenberg-Universität Mainz über *Jugendstil in Bad Nauheim. Die Neubauten der Bade- und Kuranlagen und ihr Architekt Wil-*

helm Jost. Zahlreiche Publikationen zur Geschichte, Architektur- und Kunstgeschichte Bad Nauheims. 2010 erweiterte Neuauflage der Dissertation als Band 33 in der Reihe *Arbeiten der Hessischen Historischen Kommission.* 2007 Verleihung des Bundesverdienstkreuzes. 2014 Publikation des Aufsatzes *Erinnerungen an den Darmstädter Architekten Heinrich Petry in der Zeitschrift Archiv für Hessische Geschichte,* Band 72.

Dr. Ulf Wielandt, geb. 1939 in Augsburg, absolvierte seine Gymnasialzeit in Donaueschingen. Anschließend Studium der Germanistik und Romanistik in Hamburg und Freiburg mit abschließender Promotion. Von 1969 bis 2004 Lehrer für Deutsch und Französisch am Leibniz-Gymnasium in Rottweil. Er schrieb mehrere Lehrwerke für Französisch und war Mitherausgeber der Zeitschrift *französisch heute.* Seine regionalgeschichtlichen Interessen gelten u.a. den Flurnamen des Kreises Rottweil sowie Fragen des Brauchtums. Dr. Ulf Wielandt wurde zum „Officier dans l´ordre des palmes académiques“ ernannt.